조선시대 과시 문헌과 문체

조선시대 과시 문헌과 문체

고려대학교 한자한문연구소 연구총서 01

고려대학교 한자한문연구소 과시연구센터 기획
심경호·노요한·김경·박선이·김기엽·김광년·이상욱·윤선영 저

읻다

한국연구재단 인문사회연구소지원사업
〈조선시대 과시(科試) 자료의 DB구축 및 수사문체와 논리구축방식의 변천사 연구〉

연구책임자
양원석(고려대학교 한문학과 교수)

공동연구원
심경호(고려대학교 한문학과 명예교수)
윤재민(고려대학교 한문학과 명예교수)
송혁기(고려대학교 한문학과 교수)
임준철(고려대학교 한문학과 교수)
송호빈(고려대학교 한문학과 교수)
정태선(아주대학교 소프트웨어학과 교수)
김광년(고려대학교 한자한문연구소 연구교수)
노요한(고려대학교 한자한문연구소 연구교수)
박선이(고려대학교 한자한문연구소 연구교수)
윤선영(고려대학교 한자한문연구소 연구교수)
김기엽(경북대학교 영남문화연구원 연구초빙교수)
이상욱(연세대학교 국어국문학과 강사)

전임연구인력
김경(고려대학교 한자한문연구소 연구교수)
류인태(고려대학교 한자한문연구소 연구교수)
이미진(고려대학교 한자한문연구소 연구교수)

연구원
강다형(고려대학교 한자한문연구소 연구원)
김세연(고려대학교 한자한문연구소 연구원)
김영인(고려대학교 한자한문연구소 연구원)
남윤지(고려대학교 한자한문연구소 연구원)
변은미(고려대학교 한자한문연구소 연구원)
송채은(고려대학교 한자한문연구소 연구원)
이길환(고려대학교 한자한문연구소 연구원)
이창희(고려대학교 한자한문연구소 연구원)
한승현(고려대학교 한자한문연구소 연구원)
홍심두(고려대학교 한자한문연구소 연구원)

고려대학교 한자한문연구소 연구총서 01
조선시대 과시 문헌과 문체

발행일 2023년 12월 29일 초판 1쇄
지은이 심경호·노요한·김경·박선이
　　　　　김기엽·김광년·이상욱·윤선영
편집 김보미·김준섭
디자인 이은돌
제작 영신사
펴낸곳 읻다
펴낸이 김현우

등록 제2017-000046호. 2015년 3월 11일
주소 (04035) 서울시 마포구 양화로 11길 64, 401호
전화 02-6494-2001
팩스 0303-3442-0305
홈페이지 itta.co.kr
이메일 itta@itta.co.kr

ISBN 979-11-89433-92-5 (94800)
　　　　979-11-89433-91-8(세트)

책값은 뒤표지에 있습니다.
잘못된 책은 구입하신 서점에서 바꾸어 드립니다.

이 저서는 2022년 대한민국 교육부와 한국연구재단의 지원을 받아 수행된 연구임. (NRF-2022S1A5C2A02093644)

과시 총서 서문

　근대 이전의 한국은 국가권력에 의해 문학과 학술이 공고하게 유지되는 한편, 이에 대한 추동, 수용과 반발 속에서 문학과 학술이 발달했다. 국가는 공론을 형성하고 주도하여 통합된 이념을 제시하고자 했다. 독서층은 문학을 통해 국가의 문화를 장식하고 경세의 의지를 표출했다. 학술에서도 국가 현실을 고려하고 국가가 지향하는 방향을 가늠하고 때로는 그것에 반발하면서 내용과 체계를 구축해 왔다. 이렇듯이 문학과 학술은 정치 권력을 추동하거나 혹은 정치 권력을 비판하면서 새로운 방법과 내용을 모색해 왔다. 따라서 근대 이전의 문학과 학술은 정치 권력과의 관계를 고려하지 않고는 그 전개 과정을 설명할 수가 없다. 그런데 정치 권력은 곧 인재를 선발하는 방식에서 구현되었으며, 인재 선발 방식으로는 과거제도가 중요한 역할을 했다.

　　고려 때 관리 등용은 음서보다 필기시험을 공정한 인재 선발 방법으로 간주하게 되어 이후 19세기 말까지 과거가 시행되었다. 이 가운데 소과 입격자와 문과 급제자는 국가권력을 구현하는 일원으로서 각계 각층에서 활동했다. 대대로 정무를 담당해 왔던 사대부의 자제만이 아니라 한사나 중인, 서얼 등의 독서인들도 일명(一命)을 얻기 위해 과거 공부를 했다. 물론 과거제도는 부정적인 측면도 있었다. 계층을 고착시키고 지역 발전의 불균형을 가져왔다는 지적은 그 제도가 실시되는 때에 이미 있었다. 16세기 후반 이후의 문과는 급제자가 소수 성관에 집중되고, 공신이나 상층 가계를 중심으로 벌열화되었다. 그렇기에 이익(李瀷)은 사회적 병폐로 육두(六蠹)를 거론하면서, 그 가운데 하나가 과업(科業)이라고 했다. 하지만 이익은 천거제를 전면적으로 실시할 수 없었으므로 과거제도 폐지를 주장하지는 못했다. 박지원(朴趾源)은 문학의 이념을 '국가의 성대함을 울려냄[鳴國家之盛]'에 두고, 그렇지 못한 자신의 문학을 '문으로 유희함[以文爲戲]'이라고 자조했다.

과거제도에 관한 종래의 연구는 제도의 연혁이나 시행 세칙을 고찰하고 입격 및 급제자의 성분을 분석하는 일에 중점을 두어 왔다. 그런데 소과와 문과의 과목이나 과문 문체는 시기별로 변화를 겪었다. 이 가운데 과목의 변동에 대해서는 법령집을 통해 그 사실을 확인할 수 있으나, 그 변동의 사실을 공시하는 해당 시기의 규정은 아직 발견되지 않았다. 따라서 그 변동의 사실은 시권의 분석과 관련 자료의 집적을 통해서 밝혀나가야 한다. 또한 과거에 관한 연구는 제도의 연혁과 합격자 등용의 사실을 추적하는 것은 물론, 과문이나 제목이 당시 국가가 인재에게 요구하는 현실감각을 문학 및 학문의 내용을 통해 검증하고자 하는 이념과 논리를 어떻게 구현했는지 살펴보아야 할 것이다.

또한 근대 이전의 소과와 문과 필기시험, 그리고 사부학당의 시취(試取)에 드러난 문제점을 해부하는 일은 현대 한국의 입시와 각종 인재 선발 방식을 개선하는 데 의미 있는 준거로 활용될 수 있을 것이다.

고려대학교 한자한문연구소에서 2019년부터 한국연구재단의 지원을 받아, 「조선시대 과시(科試) 자료의 DB 구축 및 수사문체와 논리구축방식의 변천사 연구」를 수행해 왔다. 이 연구는 문헌학적 방법, 한문문체 분석법을 이용하여, 과거에 부과된 각종 문체의 특징과 연혁, 필수 공용서적의 편찬과 지정, 수험용 서적 및 수험결과 편찬물의 유통을 연구하고, 그로써 조선시대 학술, 문학, 출판인쇄 문화의 발달상을 이해하는 기초를 제공하고자 한다. 본 연구소의 이 과시 총서는 연구의 노정에서 이루어진 논저와 핵심자료 주해로 이루어져 있다.

본 연구소가 수행하는 과제의 목표이자, 이 과시 총서가 궁극적으로 담아내고자 하는 내용은 다음과 같이 제시할 수 있다.

(1) 과거에서 부과된 문체나 제목은 국가가 요구하는 현실감각을 문학 및 학문의 내용을 통해서 검증하고자 하는 이념을 담고 있다. 독서층은 과문의 연마 중에 역사 사실의 배후와 역사 인물의 심리, 역사 진행의 가설 등을 탐구하고, 경전의 의문점을 적출하거나 스스로 경문의 내용에 회의하여 새로운 논리를 구축했다. 과문의 문체와 제목은 독서층의 일상 문자 생활에까지 깊은 영향을 끼쳤다. 과거는 한문의 각종 문체를 부과했고, 그 문체 가운데는 유운(有韻)의 문체가 있어, 응시자들은 고문과 함께 변문과 과시를 오랜 기간 연마해야 했다. 과문의 연마는 교양을 확산시키는 한편, 규제와 억압의 기능도 했다. 하지만 일부 독서층은 과문을 배체 등의 희작을 통하여 삶의 내면을 드러내었으며, 어떤 작가는 현실의 모순을 드러내고 비판하는 데 활용하기도 했다. 따라서 각 과종별, 시기별로 과문 문체 및 제목을 목록화하고 문체 연구의 방법을 이용하여, 근대 이전 독서층의 문학 및 학술이 내용으로 형성되고 시대의 통념을 받아들이거나 수정하는 방식을 이해하는 토대를 마련하고자 한다.

(2) 과거제도는 운서, 자서 등 필수 도구서, 수험 문체 연마용 과본, 지식정보를 체계적으로 집적한 첩괄(帖括) 유서, 우수 답안을 과종별로 선별한 과문 선집 등을 발달시켰다. 종래 일반 서목으로 분류되었던 서적들 가운데는 과거제도의 발달과 긴밀한 관계에 있었던 것들이 대단히 많다. 이러한 서적들은 시대별로 학술 경향과 문화적 역량, 학술논쟁의 역사와 학술방법의 변화를 이해하고자 할 때 가장 초보적인 자료가 될 것이다. 이에, 문헌학적 연구방법을 활용하여, 도구서, 과본, 첩괄 유서, 과문 선집 등의 편찬과 유통을 조사하여, 서적문화의 발달상을 기술하는 기초 정보를 제공하고자 한다.

(3) 조선시대의 과시 문체와 제목은 사부학당의 시취(試取), 성균

관 유생의 제술(製述), 급제한 젊은 문신들을 대상으로 하는 중시(重試), 홍문관원을 대상으로 하는 월과(月課), 18세기 중반 이후 규장각 초계문신을 대상으로 하는 강제(講製)의 문체 및 제목과 깊은 관련이 있다. 어제(御製)에 대한 갱재(賡載)나 어명에 따른 응제(應製)의 문체 및 제목도 이와 관련을 맺었다. 또한 도화원 화원의 취재(取才)에 부과된 화제(畫題)와도 관련이 있다. 따라서 과시 문체와 제목에 관한 연구는 협의의 과거제도의 실상을 설명하는 데 그치는 것이 아니라, 여러 문화예술 부문을 시대별로 종합하여 이해하도록 도와줄 것이다.

　　(4) 과거제도와 관련된 문체, 주제, 과문 편찬물 등의 정보는 한 시대의 다양한 문화적 국면을 이해하는 데 필수적이다. 그 일부는 책자의 형태로 묶여 있지만, 일부 자료들은 문집이나 단행본 속에 분산되어 있다. 후자의 경우, 그것이 과거제도 관련 정보로서 파악되지 못해 왔다. 따라서 다양한 형태의 문화적 결정체로부터 과거의 과목별, 문체별, 제목별 정보를 추출하고 그 정보들을 체계화하여 제시할 필요가 있다. 본 연구는 관련 자료 일체를 DB로 구축함으로써, 한국학 연구를 증진시킬 뿐만 아니라, 근대 이전 문화의 형성과정과 지식정보의 축적 방법을 과학적으로 해명하는 데 원초적인 토대를 구축하고자 한다.

　　(5) 한국의 과거는 문필 시험이라는 점에서 중국의 과거와 여러 면에서 유사하다. 한 시대의 학술사상, 현실 인식, 역사 해석, 문학적 내용을 규제하는 한편으로, 지역적 차별을 없애는 방안을 강구한 점은 특히 비슷하다. 심지어 조선시대의 과거에서 부과된 일부 문체와 제목은 중국의 그것을 참고한 것도 있다. 하지만 과거제도의 시행 방식이나 과문의 문체 등은 중국의 그것과는 완전히 다르다. 중국의 과거제도와 비교한다면 한국의 과거제도가 지닌 역사적 특성과 실제 기능이 더욱 도드라질 것이다.

　　이 총서는 본 연구소의 연구 성과를 점검하고 향후 연구 방향을 지시하는 기능을 지닌다고 말할 수 있다. 관련 연구분야의 여러 성과들을 종합하는 것 또한 필수적인 일이다. 여러 연구자들의 질정과 독려를 청하는 바이다.

2023년 6월
고려대학교 특훈교수 심경호

차례

과시 총서 서문　5
심경호

서문　조선과거문화사 서설: 제도, 출판, 문체, 학술　13
노요한

과시(科試), 반제(泮製) 및 응제(應製) 자료의 편재 상황　77
심경호

조선 후기 남인계 과체시집(科體詩集) 『근예준선(近藝雋選)』 연구　139
김경

조선 후기 과문선집(科文選集) 『여림(儷林)』에 대하여　169
— 자료 개관 및 가치와 그 의의를 중심으로
박선이

『교남빈흥록(嶠南賓興錄)』의 판본과 어고(御考) 과부(科賦)　193
시권(試券)에 대한 소고
김기엽

조선 후기 과문(科文)의 실제에 관한 일고찰　225
— 『동려문(東儷文)』과 『여림(儷林)』에 수록된 과표(科表)를 중심으로
박선이

정조-고종 연간(年間)의 과문집 『임헌공령(臨軒功令)』 연구   257
김광년

조선 후기 과책(科策) 참고서의 작법 요령   289
— 『책형(策型)』과 『변려화조(駢儷華藻)』를 중심으로
이상욱

한·중 과거(科擧) 경의문(經義文) 비교   331
— 조선시대 사서의(四書疑)·오경의(五經義)와 명·청대 팔고문(八股文)을 중심으로
윤선영

색인   365

서문

조선과거문화사 서설: 제도, 출판, 문체, 학술

노요한(고려대 한자한문연구소 연구교수)

1.

조선 태조는 수창궁에서 왕위에 오른 열흘 후인 1392년 7월 28일 중외(中外)의 대소 신료(大小臣僚)와 한량(閑良)·기로(耆老)·군민(軍民)들에게 즉위 교지를 내린다. 그 교지는 과거제도의 시행과 관련해서 다음과 같은 내용을 담고 있었다.

> 1. 문무(文武) 두 과거는 한 가지만 취하고 한 가지는 버릴 수 없으니 중앙에는 국학(國學)과 지방에는 향교(鄕校)에 생도(生徒)를 더 두고 강학(講學)을 힘쓰게 하여 인재를 양육하게 할 것이다. 그 과거의 법은 본디 나라를 위하여 인재를 뽑았던 것인데, 그들이 좌주(座主)니 문생(門生)이니 일컬으면서 공적인 천거로써 사적인 은혜로 삼으니, 매우 법을 제정한 뜻이 아니다. 지금부터는 중앙에는 성균 정록소(成均正錄所)와 지방에는 각도의 안렴사(按廉使)가 그 학교에서 경의(經義)에 밝고 덕행을 닦은 사람을 뽑아, 연령·본관(本貫)·삼대(三代)와 경서(經書)에 통하는 바를 잘 갖추어 기록하여 성균관장이소(成均館長貳所)에 올려, 경에서 통하는 바를 시강(試講)하되 사서(四書)로부터 오경(五經)과 『통감(通鑑)』 이상을 통달

한 사람을, 그 통달한 경서의 많고 적은 것과 알아낸 사리(事理)의 정밀하고 소략한 것으로써 그 높고 낮은 등급을 정하여 제일장(第一場)으로 하고, 입격(入格)한 사람은 예조(禮曹)로 보내면, 예조에서 표문(表文)·장주(章奏)·고부(古賦)를 시험하여 중장(中場)으로 하고, 책문(策問)을 시험하여 종장(終場)으로 할 것이며, 삼장(三場)을 통하여 입격한 사람 33명을 상고하여 이조(吏曹)로 보내면, 이조에서 재주를 헤아려 탁용(擢用)하게 하고, 감시(監試)는 폐지할 것이다. 그 강무(講武)하는 법은 주장(主掌)한 훈련관(訓鍊觀)에서 때때로 『무경칠서(武經七書)』와 사어(射御)의 기술을 강습시켜, 그 통달한 경서의 많고 적은 것과 기술의 정하고 거친 것으로써 그 높고 낮은 등급을 정하여, 입격한 사람 33명을 출신패(出身牌)를 주고, 명단을 병조(兵曹)로 보내어 탁용에 대비하게 할 것이다.[1]

이 교지의 과거 관련 항목은 다음의 내용을 골자로 한다. 1) 과거는 문·무과 양과를 균형 있게 시행한다(고려의 과거에는 무과가 없었다). 2) 고려 과거제의 유풍인 좌주문생제를 혁파한다. 3) 학교제도를 개선하여 과거제도와 유기적으로 연결시킨다. 4) 고시 과목은 초장을 사서(四書), 오경(五經), 『자치통감(資治通鑑)』 등의 강경(講經), 중장을 표문(表文)·장주(章奏)·고부(古賦), 종장을 책문(策問)으로 정한다.

조선 조정은 이러한 제도 개선을 통해 1) 경학에 통하고, 2) 문장에 능하며, 3) 시무에 밝은 문인 관료를 국가 주도로 양성하고 그중 우수

---

1 『太祖實錄』권1, 태조 1년 7월 28일(1392, 洪武25), "一. 文武兩科, 不可偏廢. 內而國學, 外而鄕校, 增置生徒, 敎加講勸, 養育人才. 其科擧之法, 本以爲國取人, 其稱座主門生, 以公擧爲私恩, 甚非立法之意. 今後內而成均正錄所, 外而各道按廉使, 擇其在學經明行修者, 開具年貫三代及所通經書, 登于成均館長貳所, 試講所通經書, 自四書五經『通鑑』已上通者, 以其通經多少, 見理精粗, 第其高下爲第一場; 入格者, 送于禮曹, 禮曹試表章古賦爲中場; 試策問爲終場, 通三場相考入格者三十三人, 送于吏曹, 量才擢用, 監試革去. 其講武之法, 主掌訓鍊觀, 以時講習武經七書及射御之藝, 以其通經多少, 藝能精粗, 第其高下, 入格者三十三人, 依文科例, 給出身牌, 以名送于兵曹, 以備擢用."

한 자를 조정의 인원으로 선발하고자 하였다. 문과의 고시과목을 초장에서 경학, 중장에서 시(詩)·부(賦)·표(表) 등 문학, 종장에서 시무책을 시험하도록 한 것 역시 이러한 정책 의도를 반영한 것이었다.

국가시험제도 정비와 동시에 조선 조정은 학교제도를 정비해 나갔다. 태조 즉위 교지를 내린 같은 날 문무 백관(文武百官)의 관제(官制)를 정하면서 성균관과 사학의 학제를 대폭 개편하고, 천도(遷都) 결정에 따라 태조 4년(1395) 한양에 성균관을 착공하여 3년 뒤인 태조 7년(1398) 7월에 완공하였다. 또한 고려의 제도를 답습하여 한성부의 5부에 각각 학당을 세우고『소학』과 사서오경을 중심으로 유교 교육을 실시하였다(다만 북부학당은 설립되지 못하여 4부학당으로 굳어지게 되었다). 또한 지방에는 관학 교육기관으로 향교를 설립하여 1군(郡) 1향교 체제로 운영하였으며, 중앙에서 교관을 파견하고 군현에서 학장을 차출하는 등 건국 초부터 제도를 정비해 나갔다. 잘 알려져 있듯이 성균관, 사학, 향교는 기능의 측면에서 서로 밀접한 관계를 지니고 있었다. 성균관이 문묘제향을 통한 존현(尊賢)과 강학(講學)을 통한 교학(敎學)의 두 기능을 갖추도록 설계되었던 것과 마찬가지로 향교는 대성전과 동서무(東西廡), 명륜당과 동서재를 갖추되 규모가 작았고, 사학은 성균관을 축소한 것으로 명륜당과 동서재(東西齋)를 갖추되 문묘는 없었다. 조선초에 제정된 학령(學令)에는 관학의 교육 내용이 다음과 같이 정리되었다.

○ […] 항상 사서·오경 및 제사(諸史) 등의 글을 읽고『장자』·『노자』·불경의 잡류(雜流)와 백가자집(百家子集) 등의 책을 끼고 다녀서는 안 된다. 이를 어기면 처벌한다.

○ 매월 제술(製述)은 초순에는 의(疑)·의(義) 혹은 논(論)으로 하고, 중순에는 부(賦)·표(表) 혹은 송(頌)으로 하며, 하순에는 대책(對策) 혹은 기(記)로 한다. 그 체제는 반드시 간엄(簡嚴)하고 정절(精切)하여 글이 뜻을 전달할 뿐이어야 하며 험벽(險僻)하고 기괴(奇

怪)한 것을 일삼아서는 안 된다. 만약 시체(時體)를 변경하여 부미(浮靡)한 문체를 창솔(倡率)하는 자는 물리치고, 서체가 바르지 못한 자 역시 처벌한다.[2]

한편 조선 조정은 건국 초부터 왕도정치의 지침서로서 진덕수(眞德秀)의 『대학연의(大學衍義)』를 경연에서 강독하여 국가학문으로서 유학(=주자학)의 이해를 심화해 나갔다. 특히 세종은 동궁 시절부터 『대학연의』를 강독하여, 즉위 후 경연의 첫 교재로 『대학연의』를 선정하고,[3] 이듬해에도 다시 이 『대학연의』를 강하였다.[4] 세종은 이후 『사서오경대전』, 『자치통감』 및 『자치통감강목』, 『성리대전』을 경연에서 강독함으로써 국가학문으로서의 주자학의 체계를 공고히 다져나갔다. 『사서오경대전』과 『성리대전』은 명나라에서 이 책이 출간되고 4년여 후인 세종 1년인 1419년에 완질이 수입되었다.[5] 세종은 재위 6년이던 1424년 2월 경자자로 『대학장구대전』 50벌을 찍어 문신들에게 반사하였다.[6] 재위 8년(1426) 11월에는 진헌사(進獻使) 김시우(金時遇)가 명나라 황제의 칙서와 함께 『사서오경대전』과 『성리대전』 1부 도합 1백 20권과 『자치통감강목(資治通鑑綱目)』 1부 도합 14권을 하사받아 왔다.[7] 이때 들어온 『성리대전』과

---

2 『태학지』권5 章甫·學令, "○ […] 常讀四書五經, 及諸史等書, 不挾莊老佛經雜流, 百家子集等書, 違者罰. ○每月製述, 初旬疑義或論, 中旬賦表或頌, 終旬對策或記. 其體制要須簡嚴精切, 辭達而已, 勿事險僻奇怪, 如或變更時體, 倡率浮靡者, 黜, 書字不楷者, 亦罰."
3 『세종실록』권1, 세종 즉위년 10월 7일(1418, 永樂16).
4 『세종실록』권3, 세종 1년 3월 30일(1419, 永樂17).
5 『세종실록』권6, 세종 1년 12월 7일(1419, 永樂17), "敬寧君裶·贊成鄭易·刑曹參判洪汝方等回自北京. […] 特賜御製序新修『性理大全』, 四書五經大全及黃金一百兩, 白金五百兩, 色段羅彩絹各五十匹, 生絹五百匹, 馬十二匹, 羊五百頭以寵異之."
6 『세종실록』권23, 세종 6년 2월 14일(1424, 永樂22), "分賜鑄字所所印『大全大學』五十件于文臣."
7 『세종실록』권34, 세종 8년 11월 24일(1426, 宣德1), "進獻使僉摠制金時遇, 奉勅而回, 上出迎于慕華樓如儀. 其勅曰: "勅朝鮮國王. 今賜王五經四書及『性理大全』一部一百二十冊, 『通鑑綱目』一部計十四冊, 至可領也." 上御慶會樓下宴慰, 仍賜鞍馬, 百官行賀禮. 初尹鳳之廻也, 上請(大全)四書五經·『性理大全』·『宋史』等書籍, 時遇之還, 帝特賜之."

『사서오경대전』은 텍스트의 국내 확산을 위한 복각에 사용되었다.

『성리대전』과 『사서오경대전』의 복각은 동시에 이루어져, 이듬해 7월 경상도 감사 최부(崔府)가 『성리대전』을 상재(上梓)하여 올리자,[8] 같은 해 9월 세종은 다시 『주역대전』·『서전대전』·『춘추대전』을 경상감사에게 보내 『성리대전』의 예에 의거하여 판을 찍도록 하였다.[9] 또 같은 해 10월에는 전라도 감사 심도원(沈道源)에게 『시전대전』·『춘추대전』을 보내면서 전에 보낸 『성리대전』의 예를 따라 판을 찍어내도록 전지하였다.[10] 이듬해인 재위 10년(1428) 3월 2일 세종은 경연에서 집현전 응교 김돈(金墩)에게 "『성리대전서(性理大全書)』가 지금 인쇄되었는지라, 내가 이를 시독(試讀)해보니 의리가 정미하여 궁구하기 쉽지 않으나, 그대는 정상(精詳)한 사람이니 마음을 써서 한번 읽어 보라."[11]라고 하고 있어 『성리대전』의 인쇄는 이때 마무리된 것을 알 수 있다. 또 같은 해 12월에는 『성리대전』과 『경서대전』을 간출(刊出)한 사람에게 미곡을 내리고 있어,[12] 『성리대전』과 『사서오경대전』의 복각 사업은 이 무렵 완료되었음을 알 수 있다.

세종 9년(1427) 12월 당시 집현전 대제학 변계량은 「사서오경성리대전발(四書五經性理大全跋)」[13]이라는 제목으로 『사서오경대전』과 『성리

---

8 『세종실록』 권37, 세종 9년 7월 18일(1427, 宣德2), "慶尙道監司, 進新刊『性理大全』."

9 『세종실록』 권37, 세종 9년 9월 3일(1427, 宣德2), "傳旨慶尙道監司: '今送『大全易』·『書』·『春秋』, 依『性理大全』例刊板.'"

10 『세종실록』 권38, 세종 9년 10월 28일(1427, 宣德2), "傳旨全羅道監司: '今送『大全詩』·『春秋』, 依前送『性理大全』例, 刊板.'" 『춘추대전』은 『예기대전』의 잘못인 듯하다. 정형우, 「五經·四書大全」의 輸入 및 그 刊板 廣布」, 『동방학지』63, 연세대 국학연구원, 1989.

11 『세종실록』 권39, 세종 10년 3월 2일(1428, 宣德3), "輪對, 御經筵. 上謂集賢殿應敎金墩曰: '『性理大全』書, 今已印之, 予試讀之, 義理精微, 未易究觀. 爾精詳人也, 可用心觀之.' 墩曰: '非因師授, 未易究觀, 然臣當盡心.' 上曰: '雖欲得師, 固難得也.'"

12 『세종실록』 권42, 세종 10년 12월 13일(1428, 宣德3), "賜刊『性理大全』及『經書大全』人, 米穀有差."

13 卞季良, 「四書五經性理大全」, "『五經四書』若『性理大全』, 皇明太宗文皇帝命儒臣編輯之書也. 帝以我殿下之好學, 山於至誠, 特賜是書, 書摠二百二十九卷. 我殿下思廣其傳, 命慶尙道監司臣崔府 全羅道監司臣沈道源 江原道監司臣趙從生, 鋟梓于其道. 臣竊惟吾東方文籍鮮少, 學者病其未

대전』에 대해 발문을 작성하였다. 『사고제요』는 『사서오경대전』과 『성리대전』 등 영락제 칙찬의 대전본 텍스트가 기왕의 설들을 여기저기서 잘라 모아 번잡하고 불필요한 내용이 많다고 혹평하기도 하였지만, 변계량은 이 발문에서 대전본이 송나라 이래 수 많은 유학자들의 설을 일목요연하게 담고 있다는 사실을 특기하였다. 이것은 국가학문인 주자학의 정립과 확산을 위해 세종이 경연의 주교재로 이 텍스트를 활용하고 이 텍스트에 대해 국가적 역량을 들여 복각 사업을 시행한 이유이기도 하였다. 중앙정부를 중심으로 운영되는 학교 시스템의 설치와 대전본 텍스트의 간행 및 유포는 중앙과 지방의 학교 교육을 일원화하는 토대를 이루었으며, 이를 바탕으로 한 과거제도의 시행은 국가학문의 기틀을 공고히 하고 국가에서 요구하는 문인을 양성하는 아교 역할을 하였다.

2.

조선의 과거시험에서는 시(詩), 부(賦), 표(表), 전(箋), 책(策), 잠(箴), 명(銘), 송(頌), 논(論), 기(記), 제(制), 조(詔), 의(義), 의(疑)가 시험 과목으로 지정되어 있었으나 주로 고시된 문체는 시, 부, 표, 책, 사서의(四書疑), 오경의(五經義) 등 이른바 과문육체(科文六體)였다. 『사서오경대전』과 『성리대전』은 이 과문육체의 답안작성을 위한 기본적인 텍스트의 역할을 하였으나 그중 특히 가장 밀접한 관련을 지닌 과목은 사서의와 오경의였다.

사서의는 『논어』・『맹자』・『대학』・『중용』의 사서의 본문에 보이는

能盡博. 大宋以來諸儒之說輔翼經書者, 凡百二十人, 而皆具此書, 一覽瞭然, 今此刊行, 豈非吾東方學者之幸也耶? 而我主上殿下, 欽崇帝貴, 緝熙聖學之誠心, 廣惠後學, 以淑人心之德敎, 嗚乎至哉! 宣德丁未冬十有二月甲寅崇政大夫右軍都摠制府事集賢殿大提學知經筵春秋館事兼成均大司成世子貳師臣卞季良拜手稽首謹跋." (이 발문은 『春亭先生文集』 卷12 銘○跋에도 「四書五經性理大全跋」이라는 제목으로 실려 있다.)

내용상의 의문점에 대해 질의하고 이에 대한 답을 서술하도록 한 과목이고, 오경의는 『주역』·『예기』·『춘추』·『시경』·『서경』 등 오경(五經)의 경문을 제시하고 그 문의(文義)를 서술하도록 한 과목으로, 소과 생원시 초시·복시와 식년시·증광시의 문과 초시의 초장에서 출제되었다. 고려의 명경과에서 치러진 경의(經義) 시험이 조선으로 넘어오면서 사서의와 오경의로 나뉘게 되었고 중국과는 다른 독자적인 형식으로 정착된 이후 1894년 과거제도가 폐지될 때까지 존속하였다. 조선 초기에는 오경의를 사서의보다 중히 여겨 분수(分數)에 반영하는 풍토가 있었지만, 중종·명종대로 내려오면서 두 과목의 과차(科次) 비중이 변화하면서 오경의는 비편(備篇)으로 하락하게 된다.[14]

이 사서의·오경의 과목의 답안 작성에 있어 『사서오경대전』과 『성리대전』의 경해(經解)는 국가 공인의 '성설(成說)'로서 기준이 되었다. 곧, 문제의 출제 의도는 기본적으로 대전본 주해를 바탕으로 한 수험생의 경전 이해도를 확인하는 데 있었으며, 따라서 경전의 음훈(音訓)과 문의(文意), 경전 내외의 차이 등이 출제된 사서의·오경의 시험에서 수험생들은 대전본을 바탕으로 한 경전의 정합적 이해를 요구받았다. 따라서 사서의와 오경의의 시험은 수험생 나름의 경전 이해나 경문 구절의 해석 방식을 묻고 답하는 창의적 시험은 되지는 못하였다. 문인들에게 주희를 비롯한 송원대 성리학자들의 경전 해석을 종합한 대전본 텍스트를 학습시키고 그 이해 정도를 과거 시험의 첫 관문에서 테스트한 것은 주자학을 국시로 내 건 조선 조정의 정책적 의도를 충실히 반영한 것이기도 하였으며, 이러한 과목 기조는 조선 후기에까지 변함이 없었다.

예를 들어 정조(1752~1800)의 명으로 편찬되어 고종대까지 지속적으로 편찬된 과문집 『임헌공령(臨軒功令)』(국립중앙도서관 소장. 청구기호: 古貴3647-5)에 수록된 사서의 문제와 답안을 살펴보자. 을해년(1864)에 실

---

14 윤선영(2019)

시된 식년시 초시에서 출제된 문제는 아래와 같다.

> 묻는다. 『논어』에 "벗이 먼 곳에서 오면 또한 즐겁지 아니한가"라고 했는데 '먼 곳'은 어디를 가리키는가? 주자(朱子)가 이에 대해 설명한 글에서 "먼 곳에서도 오니 가까운 사람은 어떠한지 알 수 있다."라고 했는데 '가까운 사람'은 누구를 가리키는가? '즐겁지 아니한가'의 의미를 상세하게 설명할 수 있는가? 앞의 문장에서는 '또한 기쁘지 아니한가[不亦悅]'라고 했는데 '기쁘다[悅]'와 '즐겁다[樂]'도 차이가 있는가?[15]

이 문제는 "학이시습지"로 시작하는 『논어』의 저 유명한 첫 구절을 대상으로 하고 있으며, 『임헌공령』은 이 문제에 대한 모범 답안으로 삼중(三中)을 얻은 유학(幼學) 오인상(吳仁相)의 답안을 수록하고 있다. 그 일부를 들면 다음과 같다.

> 사서의 을해년(1864) 10월 황해도 식년문과 초시 유학 오인상 삼중(三中)
>
> 대답합니다. 아아! 우리 부자(夫子)께서 일찍이 말씀하시길 "하루라도 사욕을 이겨 예로 돌아가면 천하가 인을 허여할 것이다[一日克己復禮, 天下歸仁焉]."라고 하고, 추부자(鄒夫子)께서 일찍이 말씀하시길 "한 고을의 선사(善士)라야 한 고을의 선사(善士)를 벗할 수 있다[一鄕之善士, 斯友一鄕之善士]."라고 하였습니다. 먼 곳이 어찌 천하가 아니겠으며, 가까운 곳이 어찌 한 고을이 아니겠습니까? 어째서입니까? 군자의 도는 멀리 감에 가까운 곳에서부터 시작하니, 독신(篤信)하여 사람들이 복종하면 남쪽으로부터 북쪽으로부터 서쪽으로부터 동쪽으로부터 오

---

15 問. 論語曰: "有朋自遠方來, 不亦樂乎?" 遠方指何處歟? 說文曰: "自遠方來, 則近者可知." 近者指何人歟? 樂乎之義, 亦可詳言之歟? 上文曰不亦悅, 樂與悅亦有同異之可言歟?

는 자들이 종신(從信)하지 않는 자가 없을 것입니다. 집에서 향당에서 주(州)에서 리(里)에서 또한 열복(悅服)하지 않는 자가 없을 것입니다. '원방(遠方)'은 반드시 멀리 있는 한 곳을 확실히 가리키는 것이 아니고 가까운 자는 가까이에 있는 한 사람을 명확히 지목한 것이 아닙니다. 사해구주(四海九州)의 사람들이 모두 나의 원방(遠方)의 벗이고 일향사린(一鄕四隣)의 사람들이 또한 나의 근방(近方)의 벗이니, 어찌 반드시 먼 곳과 가까운 곳이 한 곳과 한 사람을 가리키는 것이겠습니까? […] 아! 삼가 대답합니다.[16]

『논어』「학이편」 첫머리의 "벗이 먼 곳에서 오면 또한 즐겁지 아니한가"에서 '먼 곳'은 어디를 가리키는지, 이에 대해 주희가 "먼 곳에서도 오니 가까운 사람은 어떠한지 알 수 있다."라고 풀이한 데에서 '가까운 사람'은 누구를 가리키는지 물은 것에 대해 오인상은 군자가 독신(篤信)하여 덕을 이루고 그 덕이 다른 바깥에 미쳐 사람들이 열복(悅服)하면 가까이로는 이웃과 멀리로는 천하의 모든 사람들이 그 덕에 참여하여 나의 벗이 되므로 먼 곳과 가까운 곳은 한 곳과 한 사람을 가리키는 것이 아니라고 답하였다.

이 답안은 『중용』 제15장의 "군자의 도는 비유하자면 먼 길을 감에 반드시 가까운 곳에서 시작하고, 높은 곳을 오름에 반드시 낮은 곳에서 시작하는 것과 같다[君子之道, 辟如行遠必自邇, 辟如登高必自卑]."라고 한 구절과 『논어대전』의 해당 구절의 소주에 제시된 주희의 다음 말을 응용

---

16 [疑 乙亥十月 黃海道 式年文科 初試 幼學 吳仁相 三中] 對. 於戱! 吾夫子嘗曰: "一日克己復禮, 天下歸仁焉." 鄒夫子嘗曰: "一鄕之善士, 斯友一鄕之善士." 遠豈非天下乎? 近豈非一鄕乎? 何者? 君子之道, 行遠自邇, 篤信人服, 則自南自北, 自西自東者, 此莫非信從之人也. 於家於鄕於州於里, 亦無非悅服之人也. 遠方不必的指一處之遠也. 近者亦不必明指一人之近也. 四海九州之人, 皆我是遠方之朋也. 一鄕四隣之人, 亦莫我近方之朋也. 何必遠近之指一處指一人乎?『易』曰: "西南得朋." 玩於此, 則君子之遠朋, 可驗也. 經曰: "德不孤, 必有隣." 究於是, 則君子之近朋, 亦可想也. 咩! 夫樂與悅, 似無區別, 而悅是淺悅之謂也. 樂是深樂之謂也. 悅與樂, 必有淺深之義也. […] 吁! 謹對

하여 작성한 것이다.

> 주자께서 말씀하셨다. 리의(理義)는 사람의 마음이[人心]이 함께 하는 바이니 내가 사사롭게 할 수 있는 것이 없다. […] 이제 나의 학문이 족히 다른 사람에게 미치기에 족하여 믿고 따르는 자가 또 많으면 장차 모두 그 마음에 함께 하는 바를 얻어 나의 얻음이 비단 한 몸의 사사로움이 아닐 것이다. 내가 아는 바를 저 사람도 알고 내가 능한 바를 저 사람도 능하다면 그 기쁨이 선창(宣暢)하여 궁상(宮商)이 서로 펼쳐지고 율려(律呂)가 서로 조화를 이루더라도 어찌 족히 그 즐거움에 비할 수 있겠는가? 이것이 학문의 드러맞음이다.[17]

사서의·오경의의 문제는 간혹 출제 당시 학계의 동향이나 시관의 학문적 성향을 반영하기도 하였다. 일례로 장서각 소장 『의동(疑東)』(청구기호 D2F 109)에 수록된, 숙종 39년(1713) 증광시(增廣試)에서 출제된 사서의 문제는 조선의 학계에서 주자의 초년설과 만년설의 이동(異同)에 대한 담론이 전개되던 당시 학계 동향을 반영한 것이라 할 수 있다.

> 묻는다. 학문의 도는 지(知)와 행(行)일 따름이니, 그 공력을 쓰는 선후에는 마땅히 정론(定論)이 있어야 한다. 그런데 『논어』에서는 박문(博文)을 약례(約禮)보다 앞에 두었고, 『중용』에서는 존덕성(尊德性)을 도문학(道問學)보다 앞에 두었다. 성인(聖人)의 말도 이미 같지 않은 바가 있으며 주자의 초년설과 만년설도 다름이 있으니 장차 어떤 설을 따라야 하는가?[18]

---

17 朱子曰, 理義, 人心所同然, 非有我之得私也. […] 今吾之學, 足以及人, 而信從者又衆, 則將皆有以得其心之所同然者, 而吾之所得, 不獨為一己之私矣. 吾之所知, 彼亦知之, 吾之所能, 彼亦能之, 則其懽欣宣暢, 雖宮商相宣, 律呂諧和, 何足以方其樂哉! 此學之中也.
18 問. 學問之道, 知與行而已, 用工先後, 宜有定論, 而論語則博文先於約禮, 中庸則尊德性先於道問

왕수인(王守仁, 1472~1528)은 「주자만년정론(朱子晩年定論)」에서 주희의 학설에 초년과 만년의 차이가 있어 만년의 설을 정론으로 삼아야 하며, 그 정론은 육구연(陸九淵)과 자신의 생각과 일치한다고 논설한 바 있다. 주자의 학설에 초만의 이동(異同)이 있다는 사실은 조선의 학자들 사이에서도 관심을 받아, 이황(李滉), 이이(李珥), 송시열(宋時烈), 한원진(韓元震), 박세당(朴世堂), 박세채(朴世采) 등 여러 학자들이 논문을 남겼다. 이황은 「심경후론」에서 주희와 육상산이 초년에는 설이 같았지만 만년에 이르러 견해가 달라졌다고 주장한 정민정(程敏政)의 설을 비판하여 주희와 육상산은 일생 서로의 학문을 조금도 인정하지 않았다고 하였다.[19] 또한 정민정이 주자학은 도문학을 중시하고 육왕학은 존덕성을 중시한다고 주장한 것에 대해 이황은 주자학이 존덕성을 중시하는 면이 있지만 도문학을 겸전(兼全)한 것이라고 논증한 바 있다.[20] 이후 송시열은 숙종 15년(1689) 정월 『주자언론동이고(朱子言論同異攷)』의 미완고에 부친 서문에서 "『대전』과 『어류』에 서로 차이가 나는 것이 매우 많으며 또 두 책 자체에도 제각기 서로 다른 것들이 있다. 대개 『대전』에는 주자가 초년에 가졌던 견해와 만년에 가졌던 견해의 다름이 있으며, 『주자어류』의 경우는 더욱이 한 사람 손으로 기록한 것이 아니기 때문에, 이와 같이 서로 차이가 나는 것은 조금도 괴이할 것이 없다."라고 하였다.[21] 조선 후기 성리학의 핵심 문제들을 주희의 만년정론(晩年正論)으로 확정해 풀어나간 이 『주자언론동이고』는 영조 17년(1741) 송시열의 문인 한원진에 의해 완성되

    學. 聖人之言, 已有不同, 而朱子之論初晩之異存者, 將何所適從歟?
19 이황, 『退溪集』 권41 雜著, 「心經後論」, "其三則陳建論公道一編說也. 其說云, 篁墩欲彌縫陸學, 乃取朱陸二家言語, 早晩一切顚倒變亂之, 矯誣朱子, 以爲早年誤疑象山. 晩年始悔悟, 而與象山合. 其誤後學甚矣. 因爲之著蒁通辨, 編年考訂, 以究極同異是非之歸云. 噫, 信斯言也, 篁墩其果誤矣. 其爲學, 果有可疑者矣. 蓋嘗思之, 朱陸二氏之不同, 非故有意於不同也. 此儒而彼禪, 此正而彼邪, 此公平而彼私狠. 夫如是, 安得而相同耶?"
20 전재동(2007).
21 宋時烈, 『宋子大全』 卷130 雜著, 「朱子言論同異攷」, "大全與語類異同者固多, 而二書之中, 各自有異同焉. 蓋大全有初晩之分, 而至於語類則記者非一手, 其如此無怪也. […]"

어 간행되었다.

3.

세종은 『사서오경대전』과 『성리대전』 등 대전본의 문헌가공과 주해방식에 크게 공감하여 한문 고전의 찬주본 편찬을 기획하였다. 그 시작은 『자치통감』과 『자치통감강목』에 대한 주해서의 편찬이었으며, 그것은 역사학에 특히 큰 관심을 가지고 있던 세종의 학문 취향과 국가 정통성의 확립을 위한 자국 역사 서술의 필요성 대두가 합쳐진 결과이기도 하였다. 세종은 즉위 초부터 『자치통감』과 『자치통감강목』을 경연에서 여러 차례 읽고, 통감 관련 서적을 활자로 간행하는 등 역사학의 정립에 힘을 쏟았다. 이와 같은 노력은 세종 당대의 『자치통감사정전훈의(資治通鑑思政殿訓義)』와 『자치통감강목사정전훈의(資治通鑑綱目思政殿訓義)』 등 이른바 '사정전훈의(思政殿訓義)'와 그것을 바탕으로 한 세종 당대의 『치평요람(治平要覽)』 및 『용비어천가(龍飛御天歌)』 편찬, 그리고 다음 세대의 『고려사(高麗史)』, 『동국통감(東國通鑑)』 등 자국 역사의 정리·편찬으로 결실을 맺었다.

세종은 재위 18년(1436) 2월 27일 새로 주조한 초주갑인자로 간행한 『자치통감사정전훈의』를 문신들에게 반사(頒賜)하였다.[22] 서문을 작성한 안지(安止, 1377~1464)는 세종의 말을 인용하여 이 『자치통감사정전훈의』가 여러 사람의 훈고(訓詁)를 모으고 여러 의론의 정화(精華)만을 가려 번거로움을 제거하고 잘못된 곳을 깎고는, 사건마다 협주(挾註)하여 열람하기에 편하게 하였다고 하였다.[23] 세종은 같은 해(1436) 7월, 집현전 부

---

22 『세종실록』 권71, 세종 18년 2월 27일(1436, 正統1).
23 安止, 『東文選』 卷94 序, 「資治通鑑訓義序」, "[…] 一日, 命藝文館大提學尹淮等曰: '[…] 宜集諸家之訓詁, 撮衆論之精華, 芟繁釐枉, 尋其文義, 辨其節次, 隨事挾註, 以便觀覽.' […]"

교리 이계전(李季甸), 김문(金汶)에게 『자치통감강목』에 대한 사정전훈의를 편찬하도록 하여,[24] 세종 20년(1438) 11월 『자치통감강목사정전훈의』 139권을 간행하였다. 이때 진양대군(세조)으로 하여금 대자(大字)를 써서 주조한 병진자(丙辰字)로 강(綱)을 인쇄하고, 갑인자로 중소자(中小字)인 목(目)을 인쇄하였다. 집현전 직제학 유의손(柳義孫, 1398~1450)은 서문에서 『자치통감강목사정전훈의』는 역사서의 '대전(大全)'이라고 하였다.[25]

세종은 재위 22년이던 1440년에는 기존의 중국본 『춘추경전집해(春秋經傳集解)』의 단점을 보완할 수 있는 책을 만들 것을 집현전에 명하다. 세종은 두예(杜預) 『춘추경전집해』는 정밀하나 혹 지나치게 간명하고, 임요수(林堯叟) 『음주전문춘추괄례시말좌전구두직해(音註全文春秋括例始末左傳句讀直解)』와 주신(朱申) 『음점춘추좌전상절구해(音點春秋左傳詳節句解)』는 자세하나 지나치게 번다하다는 점을 지적하며, 두예본을 위주로 하고 임요수와 주신의 주해에서 긴요한 내용만을 가려 새로운 주해서를 만들도록 하였다. 발문에서 세종은 '산번촬요[刪繁撮要, 번잡한 내용을 산삭하고 요점만을 취함]'와 '편어람열[便於覽閱, 열람에 편하게 함]'이라는 편집 원칙을 언급하였는데, 이것은 세종조에 편찬된 일련의 관찬 주해서들의 편집 강령을 이루는 말이었다.

세종조의 이러한 찬주본 편찬 방식은 성종조에까지 이어졌다. 조위(曹偉)는 『분류두공부시언해』의 서문에서 성종의 말을 빌려, 언해 작업의 동기가 『두공부초당시전(杜工部草堂詩箋)』은 번다하되 오류가 많고 『집천가주비점분류두공부시집(集千家註批點分類杜工部詩集)』은 간략하되 소략하며, 또 여러 두시에 대해서는 제설이 분분하며 주해가 서로 모순되는 경우도 있으므로, 이를 일목요연하게 정리하고 정설을 제시할 필요가

24 『세종실록』 권74, 세종 18년 7월 29일(1436, 正統1).
25 朱文公『綱目』, 祖『春秋』之筆, 其文則史, 而義則經也. […] 恭惟我主上殿下, 天縱聖學, 潛心經史, 萬機之暇, 緬閱一書, 參究諸註之異同, 俾歸于一, 毫分縷析, 粲然可考, 誠史書之大全也. […] 유의손의 서문은 『세종실록』 권74, 세종 18년 7월 29일(1436, 正統1)의 기사에도 수록되어 있다

있다고 하였다.[26] 『대학연의집략』은 홍경손(洪敬孫)·조지(趙祉)·민정(閔貞) 등이 진덕수 『대학연의』의 분량을 대폭 줄이고 『고려사』 중에서 감계(鑑戒)가 될 만한 사실을 덧붙여 편찬한 책인데, 이석형(李石亨)은 「대학연의집략서」에서 번잡한 곳은 요약하고 『고려사』에서 거울로 삼을 만한 것을 첨가하여 열람에 편하게 하였다고 서술하였다.

  세종조 이래 조정을 중심으로 편찬된 일련의 찬주본들은 대전본의 문헌가공 및 주해방식을 참고로 경서와 역사서에 대한 주요 주해들을 종합하고 열람에 편한 방식으로 본문을 구성한 것이었다. 이때 열람을 편하게 한다는 것은 책의 체제를 일목요연하게 하고 본문에 있어 협주(夾註)의 형식을 사용한다는 형식적인 것과 함께, 여러 주해서에서 긴요한 주해만을 채택하여 종합한다는 내용적인 것을 함께 포함하였다. 그런데 '주해의 긴요한 종합'은 서로 모순되는 여러 주해들을 종합하여 하나의 '정설'을 제시한다는 목적을 함께 지니고 있었다. 조선 왕실 주도로 편찬된 이 주해서들은 『사서오경대전』 및 『성리대전』과 마찬가지로 해당 한문 고전에 대한 국가 공인의 주해서로서 문인들에 의해 독서되었으며, 대전본과 마찬가지로 과거 시험 답안 작성에 있어 하나의 기준이 되었다. 다만 이러한 종합 주해서들은 학문 연찬의 정전에 해당하는 것으로, 수험생들은 과거 응시를 위해 이들 서적과 함께 별도의 수험서들을 활용하고 있었다.

  조선 전기에는 이처럼 경학과 역사학의 정립을 목적으로 상세한 주해를 덧붙여 조정에서 경서 및 역사서의 찬주본을 간행한 것과 별도로, 중앙과 지방에서 원나라와 명나라의 과거수험용 도서와 진사 장원의 제술집 등을 인쇄하여 이것이 수험생들 사이에서 독서되었다. 『세종실록』

---

26 曹偉,「杜詩序」, 『分類杜工部詩諺解』 重刻本所收, "成化辛丑, 上命弘文館典翰臣柳允謙等, 若曰, "杜詩諸家之注詳矣. 然『會箋』繁而失之謬, 『須溪』簡而失之略. 衆說紛紜, 互相牴牾, 不可不硏覈而一. 爾其纂之." 於是廣摭諸註, 芟繁釐正, 地理人物字義之難解者, 逐節略疏, 以便考閱, 又以諺語, 譯其意旨, 向之所謂難澁者, 一覽瞭然. 書成, 繕寫以進. 命臣序."

권55, 세종 14년(1432) 3월 11일 기사에는 과거 응시와 관련하여 당시 생도들이 평소 고문을 강습하지 않고 과장(科場)에 책을 몰래 가지고 들어가는 부정을 질책하는 세종의 하교가 실려 전한다.

> 과거 제도를 설치하여 선비를 시취(試取)하는 것은 장차 등용하기 위한 것이다. 지금 응시하는 생도들은 다만 경서와 역사서를 깊이 연구하지 않을 뿐 아니라, 『원류지론(源流至論)』·『책학제강(策學提綱)』·『단지독대(丹墀獨對)』·『송원파방(宋元播芳)』 등의 과장(科場)에서 존중하여 표본으로 삼을 수 있는 고문(古文)까지도 전연 의방(依倣)하려 하지 않고, 오로지 제배(儕輩) 저술을 전사(傳寫)해서 한결같이 그대로 도습(蹈襲)하여 요행으로 과거에 합격하기를 바란다. 신진(新進)의 선비가 지취(志趣)가 일찍부터 비루하여서 취할 만한 가치가 없다. [⋯]²⁷

세종은 유생들이 경서와 역사서를 깊이 연구하지 않을 뿐 아니라, 『원류지론(源流至論)』·『책학제강(策學提綱)』·『단지독대(丹墀獨對)』·『송원파방(宋元播芳)』 등 과장(科場)의 법식이 되는 고문 역시 본받으려 하지 않는다고 질책하고 있다. 세종의 이 언급에서 당시 학문의 중심으로서 경서와 역사서에 대한 강론이 중시되고 있었음을 알 수 있다. 그런데 여기서 세종이 과장(科場)의 모범으로 언급하고 있는 『원류지론』·『책학제강』·『단지독대』·『송원파방』 등은 원나라 지주로(池州路) 건덕현학(建德縣學) 교유(教諭) 정단례(程端禮)가 과거시험 준비를 위해 편찬한 『정씨가숙독서분년일정(程氏家塾讀書分年日程)』에서 과거수험서로 저록한 서적들이다.²⁸ 임경(林絅)·황이옹(黃履翁) 편 『원류지론』(=新箋決科古今源流至論)』,

---

27 『세종실록』 권55, 세종 14년 3월 11일(1432, 宣德7), "下敎曰: '設科取士, 將以致用也. 今也赴試生徒等, 非但不窮經史, 至於『源流至論』·『策學提綱』·『丹墀獨對』·『宋元播芳』等科場矜式古文, 則專不依倣, 傳寫儕輩所述, 一切蹈襲, 僥倖中科. 新進之士, 志趣早陋, 無足可取. [⋯]'"
28 宮紀子(2006).

축요(祝堯) 편 『책학제강』, 오보(吳輔) 편 『단지독대』는 책문 대비를 위해, 『송원파방(宋元播芳)』, 곧 위제현(魏齊賢)·섭분(葉棻) 편 『송조명현오백가파방대전문수(宋朝名賢五百家播芳大全文粹)』와 『성원명현파방속집(聖元名賢播芳續集)』은 표 대비를 위해 편찬된 서적이다. 주목할 만한 것은 세종의 언급에서 알 수 있듯이 이 서적들이 조선에 들어와 과거 응시 대비와 함께 '고문'을 익히기 위한 주요 참고서로 독서되고 있었다는 점이다. 조선 전기에는 그 외 『문선(文選)』·『첩산선생비점문장궤범(疊山先生批點文章軌範)』·『우재선생표주숭고문결(迂齋先生標註崇古文訣)』·『문장변체(文章辨體)』·『문장정종(文章正宗)』 등 고문선집이 간행되어 고문 학습서 및 과거 대비서로 독서되었다.[29]

한편 『단종실록』 권2 단종 즉위년(1452) 8월 23일 기사에는 진둔(陳鈍)·이관(李寬) 등 중국 사신들이 명륜당에 나아가 성균관 수재들과 경전에 대해 강론하는 내용이 나온다. 당시 안평대군 이용(李瑢), 겸대사성(兼大司成) 정인지(鄭麟趾), 가대사성(假大司成) 김조(金銚), 예조 참판 정척(鄭陟), 병조 참판 이변(李邊)과, 겸사성(兼司成) 김말(金末), 가사성(假司成) 최항(崔恒), 사성(司成) 설위(薛緯), 가사예(假司藝) 신숙주(申叔舟)·박팽년(朴彭年) 등 모든 학관(學官)들이 참여하였고, 생원 구치동(丘致峒)과 김석통(金石通) 두 사람이 앞으로 나아가 꿇어앉고 사서오경과 『춘추』, 『통감』 등을 강하였다. 기사는 진둔과 이관의 여러 질문에 대해 성균관 생원 두 사람이 대전본의 주해로 대답하는 모습을 그대로 전하고 있다. 『주역』을 강하면서 이변이 구치동의 질문을 전하자 진둔은 "『대전(大全)』을 가져오시오. 내가 보고 말하겠습니다."라고 대답한다. 이변은 "흠사(欽賜)

---

29 조선 전기에 중앙과 지방에서 간행한 원나라와 명나라의 과거수험용 도서로는 다음의 것들이 있다. 林絅·黃履翁 편, 『新箋決科古今源流至論』, 樽林 편 『文範』, 劉仁初 편, 『新刊類編歷擧三場文選對策』, 『御試策』, 『策文』, 歐陽起鳴 『歐陽論範』, 『律賦表箋』, 安瑺 편 『續文範』, 何如愚 解 『標音古文句解精粹大典』, 심경호(2012).

받은 『대전』은 왕부(王府)에 보관하고 있습니다."라고 하였다.³⁰ 이것은 대전본을 기준으로 사서오경의 경전을 이해하던 경전학습의 모습을 잘 보여준다.

진둔은 이어서 구치동이 일과로 작성한 문장을 가지고 오게 한다.

「관어대부(觀魚臺賦)」, 「진삼강행실전(進三綱行實箋)」, 「예기의(禮記義)」와 책문(策問) 각각 1통을 보이니, 진둔이 부(賦)를 보고 말하기를, "이 체제는 원조(元朝)의 사습(士習)이 있는 것 같습니다."라고 하였다. 이변이 말하기를, "우리 나라의 유생은 원조의 『삼장문선(三場文選)』과 『문범(文範)』을 보고 지은 까닭에 서로 비슷합니다."라고 하였다. […] 진둔이 또 묻기를, "과거 본 문장을 인쇄하여 배포합니까?"라고 하니, 대답하기를, "없습니다."라고 하였다. 진둔이 말하기를, "중국 조정의 고제(高第)의 문장은 모두 인쇄하여 반포합니다."라고 하고, 드디어 관(館)으로 돌아가 시를 지어서 구치동 등에게 보냈다.³¹

이상의 내용을 살펴보면, 제술의 경우 이미 작성되어 있던 것을 점검한 것이지만, 명나라 사신들이 조선의 수재를 대상으로 강경과 제술의 과거시험을 본 것과 다름이 없었다. 곧 경전에 대한 문답은 강경에, 일과로 작성한 문장 점검은 제술에 해당한다. 그런데 진둔은 조선 수재의 문장이 원나라의 사습이 있다고 지적하였고, 이변은 이것이 『삼장문선』과 『문범』을 본받은 때문이라고 답하였다. 당시 조선에서는 『삼장문선』

---

30 『단종실록』 권2, 단종 즉위년 8월 23일(1452, 景泰3), "鈍曰: '如何九爲老陽?' 致峒曰: '三三爲九, 九爲極數, 老陽.' 鈍曰: '有未盡, 有知『易』老先生來.' 邊使致峒說話, 因言: '此生聞, 八則陽生, 未知是何意?' 鈍曰: '將『大全』來, 吾看說.' 邊曰: '欽賜『大全』, 藏在王府.'"

31 『단종실록』 권2, 단종 즉위년 8월 23일(1452, 景泰3), "[…] 鈍曰, '將此生日課文章來.' 以「觀魚臺賦」·「進三綱行實箋」·「禮記義」及策問各一道示之. 鈍見賦曰, '此體制, 似有元朝士習.' 邊曰, '我國儒生, 看元朝「二場文選」「文範」製述, 故相似也.' […] 鈍又問, '科擧文章印頒乎?' 答曰: '無.' 鈍曰: '中朝高第文章, 皆印頒.' 遂還館作詩, 送于致峒等."

과『문범』과 같은 원나라 과거수험용 도서가 공적으로 이용되고 있었으며, 문과 장원의 답안을 아직 출판하고 있지 않았음을 알 수 있다. 조선 전기에는 중앙과 지방에서 원나라와 명나라의 과거수험용 도서와 진사장원의 제술집을 인쇄하여 유포하다가 16세기에 이르러『동국장원책(東國壯元策)』,『동국장원집(東國壯元集)』,『동인책선(東人策選)』,『동책정수(東策精粹)』,『전책정수(殿策精粹)』등 점차 조선의 문과 장원 제술집을 인쇄하기에 이른다.[32]

4.

건국 초 조선 조정은 경술(經術) 중심의 학술문화 정책을 시행해 나갔으며, 이에 따라 사장(詞章) 중심이던 고려의 과거제도 역시 경학 중심으로 재편되었다. 한문학 역시 '문장화국(文章華國)'과 '문장경국(文章經國)'을 함께 추구하되, 국가의 수식을 위한 화국(華國)의 문장 역시 경술에 근간을 둘 것을 지향하였다.

경학 중심의 학술문화에 시학 진흥의 필요성을 제기한 것은 집현전 학자들이었다. 세종 17년(1435) 6월 대제학 이맹균(李孟畇, 1371~1440)을 비롯한 집현전 학자들은, 지난 40여 년 동안『원전(元典)』의 문과정식(文科程式)에 의거하여 향관(鄕館) 회시(會試)의 중장(中場)에서 표(表)·논(論)·고부(古賦) 중에서 두 문제를 내고 생원시에는 사서의와 오경의 각 한 문제를 내어 경술(經術)을 권면하는 방도는 갖추어졌으나, 시학만은 전폐하여 대소 문사들이 시법을 알지 못한다고 진단하였다. 또한 시학의 부진은 국가적 대소문장의 작성에도 큰 결락이 되므로 닦지 않을 수 없다고 하였다. 이맹균 등은 시학 진흥을 위해 진사시를 부활하여 부(賦) 또는 배율십

---

32 박현순(2015).

운시(排律十韻詩)를 시험 보일 것을 요청하고,[33] 성균관 생원들이 경학 이외에도 『초사』, 『문선』, 이백·두보·한유·유종원 등의 시를 함께 익히도록 청하여 윤허를 받았다.[34]

    이 시학 진흥책은 작시의 모범이 되는 여러 중국 시인들의 시집 등 일련의 문학 서적의 편찬 및 출판으로 이어졌다. 이후 『분류보주이태백시(分類補註李太白詩)』(1435), 『주문공교창려선생집(朱文公校昌黎先生集)』(1438), 『당유선생집(唐柳先生集)』(1440), 『풍아익선시(風雅翼選詩)』(1442), 『찬주분류두시(纂註分類杜詩)』(1443년 간행령), 『증간교정왕장원집주분류동파선생집(增刊校正王壯元集註分類東坡先生集)』(1444), 『향산삼체법(香山三體法)』(1445), 『완릉매선생시선(宛陵梅先生詩選)』(1446), 『비해당정선반산정화(匪懈堂精選半山精華)』(1446) 등이 활자로 간행되고, 『증주당현절구삼체시법(增註唐賢絶句三體詩法)』(1436), 『시인옥설(詩人玉屑)』(1439), 『산곡시주(山谷詩註)』(1444) 등이 목판으로 간행되었다.[35]

---

33 이후 진사시는 일시 폐지되었다가 단종 원년(1453)에 다시 부활되고 문종 때 시행규정이 확정되었다. 이때 賦 1문제, 배율십운시 1문제이던 과목이 古賦 1문제, 고시·율시 중 1문제로 바뀌었으며, 이후 약간의 조정을 거쳐 『경국대전』(성종 2년[1471] 시행)에서는 賦 1문제, 고시·銘·箴 중에서 1문제로 명문화되었다. 심경호(2015).

34 『세종실록』권68, 세종 17년 6월 26일(1435, 宣德10), "丙寅/集賢殿大提學李孟畇等啓: '謹按『元典』文科程式, 鄕館會試中場, 出表論古賦中二題, 生員試疑義各一道, 行之四十年于玆, 其勸勉經術之方備矣. 獨詩學專廢, 大小文士不知詩法, 非惟一身之藝不全, 抑亦有關於國家之用, 不可以末技偏廢. 臣等謹參酌『元典』詩學興行條件, 開具于後. 一. 詩學當及妙年, 宜復前朝進士科, 出賦一題·排律十韻詩一題, 各取五十人放榜. 及人吏免鄕·犯罪收贖等事, 一依生員例, 其居館坐於生員之下. 一. 進士取試, 用文科式年, 其鄕漢城額數依生員例, 兩試會一處開場, 先試進士, 隔一兩日試生員. 進士赴生員試者聽, 生員及年過二十五歲者, 不許赴進士試. 一. 進士試, 令禮曹集賢殿主之, 錄名則三館主之. 一. 文科中場, 以賦及排律十韻詩中一題代論. 一. 成均館生員經學餘暇, 兼習『楚辭』·『文選』·李·杜·韓·柳·歐·王·蘇·黃等歷代諸家詩, 春秋議政府六曹都試, 或令賦詩, 四部學堂及外方鄕校, 亦依此講習, 幷錄書徒, 每當都會, 亦加考講. 一. 春秋等文臣中直以下應製詩者, 亦令兼習李·杜·韓·柳等詩, 令藝文館考其所讀卷數, 賦詩科次同, 幷錄啓聞. 一. 集賢殿直提學以下所讀書冊, 堂上每旬, 幷加考察所讀多少, 月季啓聞. 一. 書筵官雖職在輔導, 然自己學詩, 固爲無損. 依集賢殿例學詩賦詩, 賓客考察, 每月季啓聞.' 從之. 自廢講經以來, 學生不務經學, 專習詞章, 其弊至矣. 今集賢殿又請以詩賦取士, 命下詳定所議之, 黃喜·許誠等議云: '不可以詞章爲敎.' 再請不可, 上乃從集賢殿之言."

35 손보기(1986), 심경호(2012).

그런데 이 시기 출판된 여러 시집 중 조선시대를 통틀어 시학의 기준이 된 것은 단연 두보의 시였다. 두시는 조선시대를 통틀어 시학의 기본적인 학습서이자 과시에서 부과된 율시의 작성을 위한 수험서로서 문인들 사이에서 널리 독서되었다. 시학에 있어 두시가 이처럼 중심을 차지하게 된 것은 무엇보다 두보의 시만이 『시경』의 여운을 담고 있으며 그와 함께 두시가 '충군애국의 마음[忠君愛國之心]'과 '충군애친의 정[忠君愛親之情]'을 본의로 한다는 당대의 평가에 의한 것이었다. 조선시대 두보 시집의 편찬과 복각에는 이러한 기조가 늘 바탕을 이루고 있다. 두보는 조선 조정에 의해 『시경』의 정신을 계승한 율시의 집대성자로 인정받아, 조선 조정은 두시의 종합적 주해서인 『찬주분류두시』와 한글 번역본인 『두시언해』를 편찬·간행하였다.[36]

조선 후기의 정조(재위 1777~1800)는 두시를 국가의 시풍(詩風) 순화 수단으로 활용하기도 하였다. 곧, 1798년(정조 22) 7월에 『두율분운(杜律分韻)』 5권(생생자본과 정리자본)과 『육율분운(陸律分韻)』 39권을 내사하고, 이듬해 1799년(정조 23) 12월에 『두륙천선(杜陸千選)』 8권(정유자본)을 내사하였다.[37] 정조는 「군서표기」에서 『두륙천선』에 대해 다음과 같이 말하였다. 정조는 두보에 대한 주희의 인물평을 인용하여 오늘날 백성을 가르치고 풍속을 변화시킬 수 있는 방법으로서 두보의 시를 언급하고 있다.

> 주 부자는 언젠가 또 말하기를, "광명정대하고 막힘없이 탁 트여 분명하며, 뜻이 크고 결백하며 지조와 절개가 분명하여 조금도 의심할 바가 없는 사람으로는 당나라 시인 중에서 오직 두공부 선생을 들 수 있다."라고 하였다. 주 부자는 아성이니, 인물의 선악을 논하는 한마디 말이 구정보다도 더 무거운 것이다. 그런데 그가 두공부를 이처럼 칭

---

36 노요한(2019).
37 심경호(1999).

송한 것은 그의 시를 읽고서 그 사람됨을 알아서 그런 것이 아니겠는 가. [⋯] 나는 때때로 『춘추좌전』을 읽으면서, "산에는 개암나무, 진펄에는 씀바귀[山有榛, 隰有苓.]"라는 시구에서 느낀 바가 있어서 『시경』이후에 나온 시 중에서 『시경』의 대지를 충분히 표출한 시를 차례로 꼽아 보았더니, 오직 두보와 육유의 시만이 그에 가까웠다.[38]

정조가 두보의 율시만을 선별하여 『두율분운』과 『두륙천선』을 간행한 것은, 과거에서 율시를 중시한 정조의 정책 기조와도 관련이 있었다.

성종조에는 『경국대전』이 반포되어 식년시 고시 과목과 고시 방식이 법제화되었다. 여기에는 경학과 사장의 균형을 추구한 집권세력의 의지가 반영되어 있다고 평가된다.[39] 다만 성종은 세종 이래의 사장 진흥책을 계승하여 문사 양성을 목적으로 문신들에게 자주 시부를 짓게 하고, 『두시언해』의 편찬을 포함하여 사장에 관계된 책들을 주해하고 간행하도록 명하였다. 『소식시집(蘇軾詩集)』의 주해, 『이백시집(李白詩集)』의 간행, 『황산곡시집(黃山谷詩集)』 언해, 『연주시격(聯珠詩格)』의 언해와 주해, 『문한유선(文翰類選)』의 반하(頒下), 『왕형공시집(王荊公詩集)』의 간행, 『문천상집(文天祥集)』의 간행, 『사문유취(事文類聚)』의 간행, 『당시화(唐詩話)』・『송시화(宋詩話)』・『파한집(破閑集)』・『보한집(補閑集)』의 약주(略注)가 모두 왕명으로 이루어졌다.[40]

문예 취향이 있었던 연산군 역시 재위 2년(1496) 11월 경오에 『시학대성(詩學大成)』 30권을 간행하게 하고, 11년(1505) 5월에는 교서관에 명하여 『당시고취(唐詩鼓吹)』・『속고취(續鼓吹)』・『삼체시(三體詩)』・『당음(唐

---

38 正祖, 『弘齋全書』 卷182 羣書標記4 ○御定4, 「杜陸千選八卷」, "夫子又嘗曰: '光明正大, 疏暢洞達, 磊磊落落, 無纖芥之可疑者, 於唐得工部杜先生.' 夫子亞聖也, 於人物臧否, 一言重於九鼎, 而其稱道杜工部乃如此者, 豈非讀其詩而知其人也歟? [⋯] 予時讀春秋左氏傳, 起感於山榛隰苓之什, 歷選三百篇以後, 能得三百篇之大旨者, 惟杜陸其庶幾乎!"
39 차미희(1999).
40 심경호(1999).

音)』・『시림광기(詩林廣記)』・『당현시(唐賢詩)』・『송현시(宋賢詩)』・『영규율수(瀛奎律髓)』・『원시체요(元詩體要)』 등을 간행하게 하였다.[41] 이중 『당시고취』는 특히 문인들 사이에서 과시 대비 수험서로 두루 읽혔다. 연산군은 재위 10년(1504) 11월 22일에 실시한 정시(庭試)에서 율시를 시험 보인 후 다음날 최세절(崔世節) 등 합격자에게 어서를 내리면서 다음과 같이 사장의 중요성을 언급하였다.

> 인재는 반드시 경술만 취할 것이 아니다. 다행히 중국 사신이 문학에 능한 자가 온다면, 『중용』 및 『대학』의 3강령(三綱領)이나 8조목(八條目)의 격물치지(格物致知)로써 창수(唱酬)함은 불가하니, 반드시 시에 능한 자를 취한 뒤에 나라를 빛나게 할 수 있을 것이다. 또 시에 능한 사람이 어찌 경술을 모르겠는가. 그러므로 시로써 뽑은 것인데, 승정원의 뜻은 어떠한가.[42]

이에 대해 『연산군일기』는 다음과 같은 사론을 덧붙여 두었다.

> 율시 4운(律詩四韻)으로 시험 보여 선비를 취하므로 어린 초학자들이 많이 참여하니, 당시 사람들이 조롱하기를 '연구아동방(聯句兒童榜)'이라 하였다. 이로 말미암아 선비의 습관이 더욱 파괴되어 다투어 실학(實學)을 버리고 시구를 일삼게 되므로 수년 동안에 경사(經史)는 일체 폐지되고 『당시고취』만 다투어 외워 요행히 등제하기를 바랐다.[43]

---

41 심경호(2012).
42 『연산군일기』 권56, 연산 10년 11월 23일(1504, 弘治17), "傳曰: '人材不必以經術取. 幸有中朝使臣能文者來, 則不可以『中庸』・『大學』三綱領・八條目・格物致知爲之酬唱也. 必能取能詩者然後, 可以華國也. 且能詩者豈不知經術乎? 故以此取之, 於政院意何如?'"
43 『연산군일기』 권56, 연산 10년 11월 23일(1504, 弘治17), "[…] 試律詩四韻以取士, 幼小初學之輩多與焉. 時人譏之曰: '聯句兒童榜.' 由是, 士習愈毀, 競棄實學, 而事詩句, 數年之間經史一廢, 爭誦『唐詩鼓吹』, 徼幸科第. […]"

사론 작성자는 사장으로 시험을 보이던 당시의 정책을 비판하며 『당시고취』만을 언급하고 있지만, 위에서 언급된 시문선집의 대부분은 학시(學詩)의 텍스트로서 뿐만 아니라 과시 대비를 위한 텍스트로서도 중시되었을 것이다. 일례로 성종 연간에 나온 『당송천가연주시격(唐宋千家聯珠詩格)』의 주해서 『정선당송천가연주시격(精選唐宋千家聯珠詩格)』은 주희, 소옹 등 성리학자들의 시의 주해에서 『성리군서구해(性理群書句解)』의 주해 내용을 그대로 인용하고 있다.[44] 예를 들어 『연주시격』 권2 「사구첩자상관격(四句疊字相貫格)」에 실려 있는 장횡거(張橫渠)의 「파초(芭蕉)」 시에 대해 제목 아래에 주해를 달며 "이 편은 사물을 빌려 인심의 생생한 이치가 무궁함을 형용하였다."[45]라고 하는 등 시 전체에 대해 『성리군서』의 주해를 그대로 인용하고 있다. 성리학자들의 시에 대한 주해에 성리서의 주해를 그대로 인용한 것은 초학자들이 시를 배우면서 시에 대한 성리학적 해석과 함께 성리학의 기본 이론을 함께 익히게 하려는 편집자의 의도가 담겨 있다고 할 수 있으며, 이것이 과거시험과 관련 있음은 쉽게 알 수 있다.

세종대에 집현전 학사들의 건의에 의해 진사시에서 배율십운시가 고시되고, 문종대에는 십운시의 폐단을 들어 진사도 생원의 예에 의거하여 모두 고부(古賦)와 고시·율시 중의 1편으로 뽑도록 하였다. 이때 율시는 6운(六韻) 이상을 시험하고, 고시(古詩)는 10운(十韻) 이상을 시험하고, 오언시(五言詩)와 칠언시(七言詩)는 시관(試官)이 그때에 정하도록 하였다.[46] 이후 『경국대전』은 진사시에서 부 1편과 고시(古詩)·명(銘)·잠(箴)

---

44 류화정(2023).

45 『聯珠詩格』권2 「四句疊字相貫格」, 張橫渠, 「芭蕉」 「增註」 『性理群書』 註, "此篇借物形容人心生生之理無窮."

46 『문종실록』권13, 문종 2년 4월 4일(1452, 景泰3), "禮曹啓進士試取條件: '一, 十韻詩有破題直言景句, 方今之格, 卑陋莫甚. 繕寫故作, 爭相蹈襲, 製述旣易, 遂開冒濫之弊, 乞除十韻, 進士依生員試例, 皆以古賦及古律詩中一篇取之, 律詩則六韻以上, 古詩則十韻以上, 五七言, 試官臨時定之. […]'"

가운데 1편을 작성하도록 하였는데 그중 고시만이 시험에서 실제로 고시되었다.

배율십운시는 형식상 제1구와 제10구를 제외한 나머지 구를 대구로 구성하는 배율시의 율격을 지키되 제목에서 한 글자를 취하여 일운도저로 압운하는 것이 요구되었다. 5언과 7언은 고시관에 의해 결정되었다. 내용상으로는 영사시와 유사하여, 서-본문-결어로 구성하되, 서에서는 주로 대상의 역사적 배경이 서술되고 결어에서는 역사에 대한 시인의 논평이 서술되는 액자식 구성을 이루었다. 문종대 이후의 고시는 내용의 구성 방식이나 압운 방식 등은 배율십운시와 대략 같되 출구 첫 2구에 평성을 점대 없이 반복하는 행시체와 자유로운 대구를 사용한다는 점에서 차이가 있었다. 또한 조선 중기에 오면 시체가 다시 일변하여 평측법과 압운법, 대구법은 전대의 '고시'와 대략 같으나, 7언을 중심으로 하되 장단구의 구법을 지닌 시가 등장하는 등 구법, 구수, 제목의 출제 방식, 내용의 결구 방식에 변화가 생긴다.[47]

조선전기의 배율시와 고시가 영사시의 시체를 지닌 사실과 '고시'가 장단구를 포함한 비교적 자유로운 형식 시체를 띠었다는 사실은 조선전기 영사시의 유행과의 관련성을 떠올리게 한다. 원말과 명초에는 악부체를 도입한 영사악부 작품이 출현하여, 그것이 조선과 일본에 일정한 영향을 끼쳤다. 즉 원의 양유정(楊維楨)은 역사 사실과 신화를 제재로 하여 『고악부(古樂府)』를 지었고, 명의 이동양(李東陽)은 역사 사실만을 소재로 삼아 『의고악부(擬古樂府)』(1504년 서문)를 엮었다. 후자의 영향 속에서 조선에서는 광해군조의 심광세(沈光世) 『해동악부』(1617년 서문)가 나와 목판으로 간행되었다. 이동양 『의고악부』는 선조연간에 갑인자로 인쇄되어 국내외 도서관에 전한다.[48]

---

47 이상욱(2015).
48 심경호(1999); 노요한(2014).

심광세는 계축옥사(1613)에 연루되어 경남 고성에 유배되어 있던 중 『해동악부』를 지었다. 그 서문에서 "우리 동국이 비록 배우는 것을 좋아하기는 하나 배우는 자들이 익히는 것이 오직 중국의 서적에만 있고 동국의 서적은 그 제목조차 전혀 알지 못한다. 때문에 상하 수천 년 동안의 선악·흥망의 일을 몽연(懜然)히 알지 못하니 어찌 가하겠는가? 그리하여 악을 행하는 자가 방자하게 행동하며 돌아볼 줄을 모르고, 심지어 누가 『동국통감』을 보느냐는 말까지 있다. 나는 이를 애통해 하였다."[49]라고 하고는 "간간이 동국의 역사를 열람하여 그중 읊을 만하고 감계가 될 만한 것 약간 조목을 추려내어 가시(歌詩)를 짓고 『해동악부』라고 명명하였으니, 이로써 아이들을 가르치기 위함이다."라고 저술의 동기를 밝혔다.[50]

심광세의 이 서문은 『해동악부』가 동몽 학습서로 제작된 사실, 악부가행체의 영사시를 수록하되 중국의 역사가 아닌 동국의 역사를 소재로 한 사실을 역설하고 있다. 이것은 거꾸로 당시 동몽 초학자들이 중국의 역사를 소재로 한 영사시를 학습하고 있던 사실을 알려준다. 그리고 당시 진사시의 '고시'가 중국의 역사를 소재로 한 영사시 혹은 영사악부의 시체였다는 점을 상기할 때 이것이 과거 대비를 위한 것임은 말할 것도 없다.

또한 조선 전기에는 『신간대자부음석문삼주(新刊大字附音釋文三註)』(상중하 3권)가 갑인자로 간행되었다.[51] 이 책은 동몽의 학습을 위해 간행된 것으로, 상권은 궐명씨 주(註) 주흥사 『천자문』, 중권은 원나라 호원(胡元) 질주(質註) 『영사시』, 하권은 후진(後晉) 이한(李瀚) 주(註) 『몽

49　沈光世, 『海東樂府』, 「海東樂府序」, "吾東雖曰好學, 學者所習, 惟在中國書籍, 東國之書, 漫不識其題目. 故上下數千年善惡興亡之事, 懜然莫知, 豈可乎哉? 是以爲惡之人, 恣行不顧, 至有誰見東國通鑑之語, 余爲此痛. […]"

50　沈光世, 『海東樂府』, 「海東樂府序」, "[…] 逮蒙恩譴投荒, 魑魅之與遊, 魚蝦之爲侶, 無以自遣, 只以書籍爲娛, 偶讀 『西崖樂府』, 愛其辭旨剴切, 引事比類, 勸戒明白, 能使人感發而興起, 有補於初學爲多, 間閱東史, 就其中可以贊詠鑑戒者, 除出若干條, 作爲歌詩, 名曰 『海東樂府』, 以敎兒輩. […]"

51　게이오대학 부속연구소 사도문고에 전질이 전하고(091/ㅏ355/1), 국내에는 연세대학교 도서관(고서(귀) 709 0)과 계명대학교 두서관(귀189)에 영본이 전한다.

구(蒙求)』이다. 양식적으로 『천자문』, 『영사시』, 『몽구』 모두 압운을 지녀 초학자들의 내용과 함께 운어를 학습할 수 있도록 한 것이 특징이다. 이중 『영사시』는 고려 후기부터 단행의 형태로 널리 독서되었으며, 「부주산(不周山)」, 「탁록(涿鹿)」, 「동정(洞庭)」, 「기산(箕山)」, 「창오(蒼梧)」 등 150개의 중국 역대 역사 주제를 영사시의 형식으로 노래한 것이다. 주어진 역사 주제어에 대해 영사시의 형식으로 논평하는 시 형식은 조선 전기 진사시의 '고시' 형식과도 매우 유사하다. 곧 이 책의 간행과 학습 역시 진사시의 '고시' 과목과 깊은 관련이 있었음을 알 수 있다.

5.

명종 8년(1553)에는 과거제도의 개선에 대한 논의가 대대적으로 이루어져, 이를 토대로 『과거사목(科擧事目)』이 이루어졌다. 『과거사목』은 「신과거사목」과 「구사목」으로 이루어져 있다. 「구사목」은 1551년 7월부터 1553년 3월까지 작성한 다섯 개의 과거제도 관련 절목을 모은 것이고, 「신과거사목」은 1553년 6월에 마련한 과거제도 규정(전사목)과 그 이후 첨부된 각 조항에 대한 보완설명(후사목)으로 이루어져 있다.[52] 『과거사목』을 새롭게 정한 의의는 1553년 6월 사간원에서 올린 계에 잘 드러나 있다.

> 문장이 국가에 관계됨이 어찌 중대하지 않겠습니까. 도(道)의 성쇠가 여기에서 결정되고 정치의 융성 여부가 이에 따라 판정됩니다. 근래 40~50년 이래로 위에서 숭상하는 것은 한갓 시덥지 않은 허문(虛文)뿐이고 아래에서 호응하는 것도 역시 구구한 말기(末技)로, 해마다 심해

---

52 김경용(2013a).

지고 날마다 심해져 이른바 지금의 문장이란 것은 글이라고 칠 수도 없으니, 사대(事大)하는 표문(表文)은 누가 지을 수 있겠으며 교린(交隣)하는 서계(書契)는 누가 만들 수 있겠습니까? 지금 문풍(文風)을 완전히 변경하여 조종(祖宗)의 구규(舊規)를 회복하려 한다면, 시의(時宜)를 참작한 뒤에 변경하여 통하게 하여야 합니다. [...][53]

명종 8년의 과거 개선 논의를 주도한 인물은 당시 대사간 윤춘년(尹春年, 1514~1567)이었다.[54] 윤춘년은 을사사화 때 친족인 윤원형(尹元衡)의 수족으로 대윤 일파를 제거하는 데 앞장서 후대에 사림으로부터 많은 비판을 받았지만, 시를 보는 안목과 성률에 대한 깊은 지식으로 당대에 저명한 인물이기도 하였다.[55] 이 계문에서 사간원은 지금까지 사장이 중시되어 왔지만 그것은 모두 시의에 맞지 않는 허문과 말기에 지나지 않았다고 지적하고 사대교린의 문체인 표문의 제작 능력을 중시할 것을 건의하였다. 사간원의 이 건의는 그대로 수용되어 『과거사목』에는 사륙문이 기본 형식을 이루는 표문과 율부를 중시한다는 취지가 그대로 담겼다. 「신과거사목」의 사륙문 관련 일부 조목을 들면 다음과 같다.[56]

一. 文科中場表·箋外, 專用律賦, 或於別試·庭試, 不時用此試取. 進士試, 依前試取, 或製律賦者並取, 同等者, 先取律賦.

1. 문과 중장은 표(表)·전(箋) 이외에 오로지 율부(律賦)만 사용하며, 별

---

53 『명종실록』 권14, 명종 8년 6월 9일(1553, 嘉靖32), "文章之有關於國家, 豈不大哉? 道之盛衰, 於此而決焉, 治之汚隆, 由是而判焉. 近自四五十年來, 上之所尙者, 徒屑屑於虛文, 而下之所應者, 徒區區於末技, 年以年甚, 日以日甚, 所謂文章者, 不可謂文矣. 事大之表, 孰能作之, 交隣之書, 孰能製之? 今欲頓變文風, 復祖宗之舊規, 則不可不參酌時宜, 變而通之. [...]."
54 『명종실록』 권14, 명종 8년 6월 9일(1553, 嘉靖32), "[...] 時, 尹春年爲大司諫, 主張獻議."
55 『어우야담(於于野談)』, 『오산설림(五山說林)』, 『순오지(旬五志)』 등에 관련 일화가 전한다. (1995).
56 이하 「과거사목」의 번역과 해설은 고려대학교 한자한문연구소 과시연구센터의 정기번역세미나 자료 참조(연구과제명: 조선시대 科試 자료의 DB구축 및 수사문체와 논리구축방식의 변천사 연구)

시(別試)와 정시(庭試)에도 불시에 율부를 써서 시취(試取)한다. 진사시(進士試)는 전과 같이 시취하고 혹 율부를 제술한 자가 있으면 함께 시취하되 등급이 같은 경우에는 율부를 제술한 자를 먼저 뽑는다.

사간원이 사륙문의 실용적 중요성을 강조하면서 가장 개정하고자 했던 것은 식년시 중장의 고시 과목이었다. 『경국대전』은 문과 중장에서 부(賦)·송(頌)·명(銘)·잠(箴)·기(記) 중 1편, 표(表)·전(箋) 중 1편을 선택하여 2편을 작성하도록 규정되어 있었다. 『과거사목』은 이를 개정하여 표(表)·전(箋) 이외에 율부(律賦)만 사용하며 2편을 작성하도록 하였다. 또한 진사시는 『경국대전』에서 부 1편과 고시(古詩)·명(銘)·잠(箴) 가운데 1편을 작성하도록 하였는데 『과거사목』에서 이를 유지하되 율부 작성자를 우선 선발한다고 하였다. 이것은 사륙변려문에 뛰어난 응시자를 우선 선발한다는 과거 운영 기조를 반영한 것이었다.

一. 凡賦不押韻或疊韻或散押上去聲者, 表·箋違簾疊簾者, 一切勿取.
1. 대체로 부(賦) 가운데 압운(押韻)을 하지 않았거나 첩운(疊韻)을 하였거나 상성(上聲)과 거성(去聲)으로 산압(散押)한 것과 표(表)·전(箋) 가운데 위렴(違簾)하였거나 첩렴(疊簾)한 것은 일체 취하지 않는다.

이 조목도 마찬가지로 과문 작성에서 사륙문의 능력을 중시하여 율부의 기본 격식인 압운법과 함께 표문과 전문의 기본 격식인 가위법[簾律]을 지키지 않은 시권은 일체 취하지 않는다는 조목을 새로 마련한 것이다. 그런데 이러한 사륙문 학습에서 가장 주목받은 텍스트는 『문선』이었다. 사간원은 명종 8년 6월 9일에 올린 같은 계문에서 특히 『문선』을 통한 시문 학습의 필요성을 강조하였다. 곧 고려시대에는 취재에 있어 율부를 사용하고 『문선』을 암송하도록 했으므로 문인들이 모두 사륙문에 능했다고 하였다.

오늘날 의논하는 자는 "유생들이 사륙문(四六文)을 익히지 않아 표문(表文)과 전문(箋文)에는 전혀 공력을 들이지 않는다. 고려에서는 부(賦)는 율체(律體)를 사용하여 인재를 뽑을 때『문선(文選)』을 암송하도록 했기 때문에 사람마다 모두 사륙문에 익숙하다. 지금의 계책으로는 인재를 뽑을 때 모두 부(賦)의 체제에 팔각법(八角法)을 사용하도록 하고, 동당회시(東堂會試)에서 녹명(錄名)할 때는『문선』의 산문과 함께『경국대전(經國大典)』,『가례(家禮)』를 강하도록 해야 한다. 사마 회시에서『소학』·『가례』로 강할 경우, 생원시는『문선』의 산문을 함께 강하게 하고 진사시는『문선』의 시부(詩賦)를 함께 강하게 해야 한다. 이렇게 해서 약(略) 이상의 성적을 얻은 자만 회시에 응시하게 한다면『문선』이 현세에 다시 성행하게 될 것이다. […]"라고 하였습니다.[57]

사간원은 같은 계문에서 "과거의 사목(事目)을 외방에서는 자세히 알지 못하고, 율부(律賦)의 체재도 아는 이가 매우 적으니, 인출하여 반포하지 않아서는 안 된다. 더구나『문선』은 우리나라에는 매우 희귀하니 역시 널리 펴지 않을 수 없다.『문선』의 주(註)는 이선(李善)의 주보다 더 자세한 것이 없으니 속히 인출하는 것이 매우 좋다."[58]라고 한 의론을 올렸다. 또한 "『문선』을 강(講)하여 뽑는 일은 매우 느슨한 것이며 율부를 익힌다면 자연히 읽게 됩니다."라고 하고 건의하였다.『문선』은 세종대에 경자자로 간행하고 이후 성종연간과 중종연간에 갑인자로 간행하였으나, 이후 문자 생활에서 활용되지 못한 탓인지 명종연간에는 이미 매우

---

57 『명종실록』권14, 명종 8년 6월 9일(1553, 嘉靖32), "今之議者曰: '四六之體, 儒者不講, 表·箋專不用功. 其在前朝, 賦用律體, 取人之時, 許誦『文選』, 故人人皆習於四六. 爲今之計, 一切取人之際, 賦體皆用八角, 而東堂會試錄名之時, 『文選』行文, 竝與『大典』·『家禮』而講之. 司馬會試, 講『小學』·『家禮』之時, 生員試則許講『文選』行文, 進士試則許講『文選』詩賦, 略以上許赴會試, 則『文選』可復盛行於今世矣. […]'云."

58 『명종실록』권14, 명종 8년 6월 9일(1553, 嘉靖32), "今之議者曰: '[…] 況『文選』之書, 我國其書, 亦不可不廣布, 而其註之議密者, 莫過於李善註, 速爲印出甚可'云."

희귀하게 되었다고 하고 있다. 동당회시 녹명에서 『문선』을 강하도록 한 건의는 시행되지 않았으나 『문선』의 중요성이 다시금 중시되어 이때 전라도에서 육신주 『문선』이 간행되었다.[59] 『문선』은 이후 광해군 대에도 이이첨(李爾瞻)이 시학 진흥책으로 감시에서 이백·두보의 시와 함께 『문선』을 윤강하게 하도록 계를 올려 다시금 조명을 받았다.[60]

一. 律賦二十篇[61], 表·箋各體各三篇, 對策五篇, 可作楷範者, 令大提學抄出印頒, 使之取式.

1. 율부(律賦) 20편, 표(表)·전(箋) 각 체마다 3편, 대책(對策) 5편씩 모범이 될 만한 작품을 대제학(大提學)이 가려 뽑아 인쇄하고 반사(頒賜)하도록 해서 응시자들이 그 격식을 따르게 한다.

이 조목이 마련된 배경과 관련하여 『명종실록』 8년(1553) 6월 9일 기사에는 중국의 전례에 의거하여 전국 팔도와 서울 유생의 합격자 시권 중에 가장 우수한 시권을 선별하여 인쇄하여 서울과 지방에 반사(頒賜)해야 한다는 논의가 있다.[62] 『조선왕조실록』의 기록에 의하면 명종대 이전에도 국가에서 문장에 뛰어난 문인의 표문·전문·대책을 비롯해 우수한 성적을 받은 과거 합격자의 시권을 선별하여 책으로 간행해 반포하고자 한 일이 있다.[63] 그러나 이러한 사안이 제도적인 규정으로 마련된 것은 명

---

59 『명종실록』 권14, 명종 8년 6월 9일(1553, 嘉靖32), "[…] 三公又磨鍊節目以進曰: '[…] 『文選』雖不在講例, 乃四六之祖, 甚切於儒生讀習, 依諫官所啓, 李善註本, 下送全羅道刊板.'"
60 『광해군일기』(중초본) 권91, 광해 7년 6월 18일(1615, 萬曆43), "禮曹啓曰: '我國接待華使之際, 專以詩律唱酬, 至於華國, 豈曰小補? 前日臣爾瞻啓辭中, 請以李·杜·『文選』爲監試輪講者, 正爲此而發也. 近來詩學專廢, 閭閻間初學之士, 雖欲業詩, 無從傳學. 曾以進士成汝學, 願爲詩學敎官, 呈文於本曹者非一. 請依私敎官例, 專掌詩學, 善誘童蒙, 以期作成之效.' 傳曰: '允.'"
61 律賦二十篇: 『명종실록』 8년(1553) 6월 9일 기사에는 '律賦十篇'으로 되어 있다.
62 『명종실록』 권14, 명종 8년 6월 9일(1553, 嘉靖32), "[…] 或者又曰: '依中朝例, 八道京中儒生入格試券, 擇其最好者, 印頒中外可也.' […]"
63 『세종실록』 11년(1429) 5월 28일; 『단종실록』 즉위년(1452) 8월 23일.

종대 편찬된 이 『과거사목』인 것으로 보인다.

위의 「신과거사목」 조목과 관련하여 「후사목」, 곧 1553년 8월 2일에 의정부·육조 판서·판윤·해조당상(該曹堂上)이 의논하여 보완 설명한 사목은 우수답안의 간행 및 반사와 관련하여 다음과 같은 설명을 덧붙였다. "제술에서 모범으로 삼을 만한 작품을 뽑을 때에는 율부(律賦) 20편씩, 표(表)·전(箋) 각 체마다 3편씩, 대책(對策) 5편씩 모범이 될 만한 작품을 대제학이 가려 뽑는다. 인쇄하고 반사하는 일은 예문관 관원이 대제학에게 알리고 때에 맞추어 선별하는 일을 완료하고 나서 예조에 보고하면 예조에서 임금의 재가를 받아 인쇄한다."[64]

6.

이상욱의 연구에 의하면 과시문은 내용과 형식 면에서 16세기 중반 무렵 크게 일변한다.[65] 곧, 이 무렵에 이르러 과시문은 일반 문체에서 벗어나 '과시문'이라고 하는 특수 문체를 형성해 나가기에 이른다. 다만 그 변화의 직접적인 원인이 되어준 배경이나 조건은 아직 알려져 있지 않다. 16세기 중반 이후 과시, 과부, 과표, 과책은 일반문체로서의 시, 부, 표, 책과 1) 제목, 2) 서술 방식, 3) 내용 결구에 있어 크게 달라지며, 이 세 가지 요소는 독립적이기보다 서로 긴밀한 관계를 맺고 있었다.

먼저 과문의 제목은 살펴보면 조선 초기의 과문들은 그 제목이 일반적인 문체와 형태적으로 크게 다르지 않다. 하지만 16세기 중반부터 과시·과부·과부는 특정한 고전의 특정한 문구에서 출제하는 방식으로 시제 출제 경향이 바뀌면서 그 이전의 제목과 형태적으로 크게 구분되기 시작

---

64 『과거사목』「후사목」, "製述取式, 律賦二十篇, 表·箋各體各三篇, 對策五篇, 可作楷範者抄出, 印頒事乙良, 令藝文館官員告于大提學, 及時抄完報本曹, 啓下印出."

65 이하 16세기 중반 이후 과시문이 변화에 대해서는 다음을 참조 이상욱(2015).

하였다. 이를 문체별로 살펴보면, 16세기 중반 이후 과시·과부의 경우 형태적으로 주어가 생략된 형태의 '문장형'이 출제되었다. 이때 제목 속 행위 주체를 명시하지 않음으로써 응시자들이 해당 시제의 전고를 알고 있는지 여부를 함께 시험하였다. 과표는 기본적인 출제 방식에 크게 변화가 없지만 후대로 내려올수록 시제의 분량이 길어지고 보다 구체적인 상황이 적시되는 경향으로 흘러갔다. 과책은 시무에 대한 견해를 묻는 과목이므로 제목에 변화가 생기지는 않았지만, 17세기 초 이후 집책과 전책 모두에서 책문 내용의 절반 가량이 경전이나 역사서에 언급된 관련 사례를 묻는 내용으로 출제되었다.

둘째로 과책을 제외한 조선 중기 이후 과문은 서술 방식에 있어 대언적 서술 방식을 전면적으로 채용하였다. 단, 과표는 조선 초기부터 대언으로 본문을 작성하는 방식이었으며 이는 조선 후기까지 변함이 없었다. 이러한 출제 방식의 변화를 적시한 기록은 확인되지 않으나, 16세기 중반 이후 과시·과부의 출제 방식이 단어형에서 주어가 생략된 문장형으로 바뀌면서 서술 방식 역시 대언적 서술로 바뀌게 된다. 예를 들어 조선 초기 과시·과부는 주로 「황금대」, 「장성」, 「옥문관」 등 중국 역사의 주요 주제를 단어형의 시제로 출제하고 응시자들은 비교적 자유롭게 해당 주제에 대한 역사 사실과 함께 자신의 견해를 서술하였다. 하지만 조선 중기 이후에는 「등악양루탄관산융마(登岳陽樓歎關山戎馬)」와 같이 구체적 전고를 지닌 문장형의 시제를 출제하여 1) 이 시제의 전고가 두보의 「등악양루」 시임을 파악한 후, 2) 두보가 '관산융마를 탄식하는' 구체적 장면에 대해, 3) 두보의 입장이 되어 서술할 것을 응시자에게 요구하였다.

셋째로 조선 중기 이후 과거문체는 일반문체와 달리 내용 결구를 강조하였다. 조선 초기의 과문에도 일정한 포치 형식이 있었으나, 시제가 포괄적으로 주어졌으므로 본문 역시 응시자가 비교적 자유롭게 구성할 수 있었다. 하지만 16세기 중반 이후 과문은 파제(破題) 또는 입제(入題), 강제(講題), 망제(望題), 회제(回題) 등 주요 포치 명칭이 '제목'[題]과 해당

구 사이의 내용적 관계를 지시하고 있는 점에서도 알 수 있듯이 시제를 중심으로 일사불란한 서사를 구성하는 것이 요구되었다. 곧, 응시자들은 답안 작성에 있어 일정한 형식적 틀 속에서 제목에서 암시된 핵심 주제[肯綮]로부터 벗어나지 않고서 수미쌍관의 일관된 흐름을 지니는 글을 작성해야 하였다. 이러한 과문의 글쓰기 방식은 당시 지나치게 '촉급한' 구성이라고 지적되기도 하였다.

구체적으로 과책의 문체 변화를 예로 들어 살펴보자. 과책은 크게 문과 초·복시 종장에서 시험되던 집책(執策)과 전시에서 시험되던 전책(殿策)으로 나뉘고, 내용에 따라서는 당대의 폐단에 대한 해결책을 묻는 시무책과 해당 사안에 대한 역사적 지식을 묻는 역대책[史策]으로 나뉜다. 또한 단락을 구성하는 방식에 따라서는 책문의 질문에 따라 단락을 구성하는 축조식(逐條式)과 사실(史實)을 검토하여 현재의 폐단을 구할 계책을 제시하는 구폐식(救弊式)으로 나뉜다.

집책은 16세기 초부터 역대 집책의 비율이 줄어들기 시작하며 시무 집책의 경우 허두(虛頭), 중두(中頭), 축조(逐條), 아동(我東), 당금(當今)[아조(我朝)], 설폐(說弊), 구폐(救弊)[원폐(原弊)]의 구분이 규식화되고 각 단락을 시작하는 상투어들이 등장하기 시작한다. 16세기 이전 대부분 축조식 구성 방식을 취하던 전책 역시 16세기 초부터 시무 집책을 따라 구폐식의 형식을 취하기 시작하여, 16세기 중반부터 구폐식 단락 구성이 대세를 이루게 된다. 또한 17세기 이후에는 '신복독성책왈(臣伏讀聖策曰)'을 중두와 당금 그리고 편종(篇終)의 첫머리에 써서 세 단락을 구성하는 이른바 구폐식 시무 전책이 대부분을 차지하게 된다. 이를 후대에 '삼복독지법(三伏讀之法)'이라 불렀다.

그런데 구폐식 구성은 책문에서 제시한 폐단들의 원인을 서술하고 그에 대한 근원적인 '하나'의 해결책을 제시해야 하는 구조를 지니고 있다. 그리고 모든 문제 현상에 대한 근원적 해결책은 대부분의 경우 군주의 정심(正心), 수신(修身), 성(誠), 학(學), 덕(德) 등 성리학의 원리에 입각한 군주의 올바른 실천을 촉구하는 것으로 귀결된다. 혹은 그와 같은 하나의 근원적 해결책을 도출하기 위해 위와 같은 질문과 답안의 구성을 지니게 되었다고 볼 수도 있다. 따라서 답안 작성자가 매 사안에 대한 해결책을 비교적 자유롭게 서술할 수 있었던 축조식 구성과 비교할 때, 조선 중기 이후 과책의 구폐식 구성으로의 전환은 답안의 주제와 서술 내용이 단조로워지는 결과를 낳았다. 그리고 이러한 변화의 아래에는 조선 중기 이후 심화를 거듭해 나간 국가학문으로서의 성리학이 자리잡고 있었다.

조선 중기 전책의 일례로 선조 16년(1583) 별시 문과에서 장원을 차지한 심우정(沈友正, 1546~1599)의 답안을 살펴보자.⁶⁶ 당시 전책은 '족병족식(足兵足食)'을 키워드로 하여 크게 다음과 같은 사항들을 물었다.

1) 어적(禦敵)에 있어 '족병족식(足兵足食)' 이외에 필요한 것은 무엇인가?
2) 역사적 사례를 보면 병사 쓰는 일에 있어 군자를 등용하고 소인을 내쳤는데, 그들이 '진현퇴사(進賢退邪)'하여 '정조정(正朝廷)'했던 이유는 무엇인가?
3) 조정을 바르게 하고 외모(外侮)를 막기 위한 방도는 무엇인가?

이 문제는 백성들의 신뢰가 '족병족식(足兵足食)'에 우선한다고 하는 『논어』의 구절을 가지고 오되 이를 '진현퇴사(進賢退邪)'의 문제로 전환하고는, '진현퇴사'를 통해 조정을 바르게 하는 것이 어째서 '족병족식'의 문제를 해결하는 근본적인 해결책이 되는지 물었다.⁶⁷ 그런데 별시가

---

66 고려대 만송문고 소장 『장책수』(만송 D5 A83) 수록 답안. 이하 해설은 다음을 참조. 노요한 (2023).
67 '족병족식'은 『논어』「안연」에 나오는 말이다. 곧, "자공이 정치를 물으니, 공자께서 '양식을 풍족히 하고 병사를 풍족히 하면 백성이 믿을 것이다.'라고 하였다. 자공이 '부득이해서 버려야 한다면 세 가지 중 어느 것을 먼저 버려야 합니까?'라고 하자 '병사를 버려야 한다.'라고 하였다. 자공이 '부득이해서 버려야 한다면 두 가지 중 어느 것을 먼저 버려야 합니까?'라고 하자, '양

시행된 선조 16년(1583)은 니탕개(尼湯介)의 난이라고도 불리는 계미지란(癸未之亂)이 일어난 해이기도 하였다. 곧, 이 책문은 당시 발생한 변란을 계기로 『논어』의 '족병족식'의 구절을 인용하여 외환의 문제를 해결하기 위한 근원적인 방법을 물은 것이기도 하였다.

　　이에 대한 대책에서 심우정은 외환의 문제에 대한 근본적인 해결 방안은 '족병족식'에 달려 있는 것이 아니라 조정 내부를 바르게 하는 것에 달려 있다고 진단하였다. 곧, 변새에서의 군사적 문제를 조정 내부의 다스림의 문제로 환원하고는, 사지의 병을 근원적으로 치료하기 위해서는 심복(心腹)을 잘 다스려야 하듯이 변새의 환란을 해결하기 위해서는 조정의 정사를 바르게 해야 한다고 하는 보다 '근원적'인 해결책을 제시하였다.

　　또한 심우정은 이에 더하여 조정을 바르게 하는 방법으로서 올바른 신하를 구한다고 하는 구체적인 방안을 제시하였다. 곧 현명한 신하를 등용하고 삿된 신하를 물리치면 백관이 올바르게 되어 조정이 바르게 될 것이며 그렇게 되면 외환의 문제는 자연스럽게 해결될 것이라고 진단하였다. 그런데 이것은 다름 아닌 책문에서 묻고 있는 질문이기도 하다. 책문은 '족병족식' 이전에 '진현퇴사'하여 '정조정'해야 하는 이유를 물었는데, 심우정은 이에 대해 여러 가지 역사 사실과 비유를 들며 '진현퇴사'가 '정조정'의 해결 방안이자 외환 문제를 해결하는 궁극적 방안이 됨을 서술한 것이다. 이러한 순환식 논리 구성은 책문의 출제자가 문제를 통해 응시자에게 요구한 답안이기도 하였다.

　　심우정은 대책문 마지막의 편종에서 "변경의 근본은 조정에 있고 조정의 근본은 또 전하의 마음에 있다[邊境之本, 在於朝廷, 而朝廷之本, 又在

식을 버려야 한다. 예로부터 사람은 누구나 다 죽지만 백성이 믿음이 없으면 설 수가 없다.'라고 하였다."[子貢問政. 子曰: "足食, 足兵, 民信之矣." 子貢曰: "必不得已而去, 於斯三者何先?" 曰: "去兵." 子貢曰: "必不得已而去, 於斯二者何先." 曰: "去食. 自古皆有死, 民無信不立."]라고 한 구절을 인용한 것이다.

於殿下之一心]."라는 명제를 내세워, 외환 문제의 해결 방안은 궁극적으로는 군주의 마음을 바르게 하는 데 달려 있다고 강조하였다. 곧, 외환 문제라고 하는 현실의 문제를 군주의 마음이라고 하는 심학의 문제로 환원한 것이다. 이는 치국(治國)과 평천하(平天下)는 군주의 정심(正心)과 성의(誠意)에 달려 있다고 하는 주자학의 기본적인 원리론에 입각한 문제 해결 방안이면서, 궁극적으로 신하 자신이 섬기는 군주를 성군(聖君)으로 만드는 것을 자신의 임무로 한다는 주자학의 또 다른 원리론에 충실한 해결책이기도 하였다.

한편 과책의 문제는 숙종대 이후 학문 발달과 함께 보다 심화되는 경향을 보이기도 하였다. 일례로 성리설을 주제로 한 과책의 경우 숙종대 이전에는 이기(理氣)와 심성(心性) 중 하나의 주제를 대상으로 그 개념적 의미를 묻는 문제가 주로 출제되었다면, 숙종대 이후로는 이기심성론에 대한 여러 학설의 시비를 분별하고 그 차이에 대한 응시자의 견해를 묻는 문제 등 이기심성론의 미세한 내용을 변론하게 하는 질문들이 등장하게 된다.[68] 조선 중기의 최립(崔岦, 1539~1612)과 한 세대 뒤의 김창협(金昌協, 1651~1708)의 문집에 전하는 책문 중 일부를 차례로 들어 살펴보자. 먼저 최립의 문집에 수록된 6개의 책제 중 두 문항을 들면 다음과 같다.

- 천지의 리(理)라는 측면에서 본다면, 공자(孔子)는 "역(易)에 태극(太極)이 있다."라고 하였으니 지극하다고 할 만하다. 그런데 주자(周子)는 반드시 무극(無極)을 말하여 여기에 결부시키니, 이렇게 하지 않으면 여전히 미진한 바가 있다고 여겨서 그런 것인가?[69]

- 사람의 성(性)이라는 측면에서 본다면, 맹자는 "사람의 성은 선하

---

68 박선이(2022).
69 崔岦,『簡易集』권1 策, "自天地之理, 則孔子言易有太極, 可謂至矣. 而周子必言無極而系之. 其以爲不如是則猶有所未盡者乎?"

다."라고 하였으니 지극하다고 할 만하다. 그런데 장자(張子)는 반드시 기질지성(氣質之性)을 말하여 이를 보족(補足)하니, 이렇게 하지 않으면 여전히 미비한 바가 있다고 여겨서 그런 것인가?[70]

첫 번째 문항은 『주역』 「계사전」에서 공자가 "역에 태극이 있으니, 여기에서 양의(兩儀)가 나오고 양의에서 사상(四象)이 나오고 사상에서 팔괘(八卦)가 나온다."라고 한 구절과 주돈이(周敦頤)가 「태극도설(太極圖說)」의 첫머리에서 "무극이태극(無極而太極)"이라고 한 구절을 가져와 공자가 언급하지 않은 '무극'이라는 개념을 주돈이가 새롭게 덧붙인 이유를 물었다. 두 번째 문항은 "인간의 본성은 선하다"라고 한 맹자의 대명제와 "형체를 지닌 이후에 기질지성이 있게 된다[形而後有氣質之性]."라고 한 장재 『정몽(正蒙)』의 구절을 나란히 두고 맹자가 언급하지 않은 '기질지성'의 개념을 장재가 새롭게 만들어낸 이유를 물었다. 이 두 문항은 모두 경전에 제시된 개념과 명제에 송대 유학자들이 새롭게 덧붙인 내용은 성인과 아성의 본래 취지에 합당한지, 곧 경전의 이해를 심화시킨 것인지, 혹은 왜곡한 것인지 물은 것이다.

김창협이 성균관 대사성으로 재임하던 시기인 숙종 14~15년(1686~1687) 경에 반시(泮試)에서 출제한 11개 책제 중 일부를 들면 다음과 같다.

- 경전의 말 중에는 리(理)와 기(氣)를 나란히 거론한 것이 없다. 『역전(易傳)』에는 "형이상(形而上)을 도(道)라 하고 형이하(形而下)를 기(器)라 한다."라고 하였는데, 선유(先儒)는 이것을 리기에 대한 설이라고 하였다. 그러나 리기라 하지 않고 도기(道器)라 한 데에

---

70 崔岦, 『簡易集』 권1 策, "白人之性, 則孟子言人之性善, 可謂至矣 而張子必言氣質之性以足之, 其以爲不如是則猶有所未備者乎?"

혹시 과연 다른 뜻이 없었겠는가? 『역전』에 또 "한번은 음이 되고 한번은 양이 되고 하는 것을 도라 한다."라고 하고, 또 "역(易)에는 태극이 있는데, 이것이 양의(兩儀)를 낳는다."라고 하였는데, 선유는 이 또한 리기에 대한 설이라고 하였다. 그러나 전자의 설을 따르면 리(理)가 곧 기(氣)이고, 후자의 설을 따르면 리를 말미암아 기가 생겨나는 것이다. 이 두 가지 설이 모두 공자에게서 나왔는데 그 뜻이 합치하지 않는 것은 어째서인가?[71]

- 우리나라는 퇴계(退溪)·율곡(栗谷) 두 선생에 이르러 사단(四端)과 칠정(七情), 인심(人心)과 도심(道心)에 대한 논변이 있었는데, 이른바 이가 발함에 따라 기가 따르고 기가 발함에 따라 이가 올라탄다는 것과 발하는 것은 기이고 발하게 하는 것은 리라는 두 가지 설은 또 서로 합치되지 않는다. 어느 것이 옳은 것인가?[72]

첫 번째 문항은 경전에서 리기를 하나의 개념어로서 언급한 사례가 없다는 점을 들고, 이어서 경전의 구절과 그에 대한 송대 유학자들의 해설을 나란히 들어 이기론에 입각한 송대 성리학자들의 입론이 경전 본래의 취지에 합당한지 물은 것이다.

첫 번째 인용은 『주역』「계사전」에 나오는 말로 선유는 곧 주희이다. 주희는 『주역본의』에서 해당 구절에 대해 "괘효(卦爻)의 음양은 모두 형이하이고 그 리(理)는 도(道)이다."라고 하였다. 음양은 기(氣)이므로 결과적으로 이 주해는 「계사전」의 '도'와 '기(器)'를 '리'와 '기(氣)'로 치환한

---

71 金昌協, 『農巖集』 卷26 雜著, 「策問」, "經傳之言, 無以理氣並稱者. 惟『易傳』曰: '形而上謂之道, 形而下謂之器.' 先儒以爲此理氣之說也. 然不曰理氣而曰道器, 則豈果無他義歟? 『易傳』又曰: '一陰一陽之謂道.' 又曰: '易有太極, 是生兩儀.' 先儒以爲此亦理氣之說也. 然由前之說, 則是理卽氣也, 由後之說, 則是由理而生氣也. 二說者, 同出於孔子, 而其旨不合, 何歟?"

72 金昌協, 『農巖集』 卷26 雜著, 「策問」, "至本朝退栗二先生, 有四七人道之辨, 則所謂理發氣隨氣發理乘, 與發之者氣所以發者理, 二說又不相合, 不知何者爲是歟?"

것이 된다. 책문은 이것이 경전 본래의 의미를 훼손한 것은 아닌지 묻고 있다. 두 번째와 세 번째 인용 역시 『주역』「계사전」의 구절이다. 그런데 두 번째 인용은 '일음일양'을 도라고 하였는데, 음양은 기이고 도는 리이므로 결과적으로 기는 리가 되고 만다. 그리고 세 번째 인용은 태극이 양의를 낳는다고 하였는데, 태극은 리이고 양의는 기이므로 리에서 기가 생겨나는 것이 된다. 따라서 이기론에 입각한 해설에 따르면 「계사전」에 나오는 공자의 이 두 말은 자기모순에 빠지고 만다. 책문은 이에 대한 해명을 요구하고 있는 것이다.

'일음일양'을 도라고 한다는 것에 대해 주희는 『본의』에서 "음양이 번갈아 운행하는 것은 기(氣)이니, 그 리는 이른바 도이다."라고 풀이하였다. 주희의 입장에서 「계사전」의 이 구절은 자칫 위와 같이 형이하의 음양이 곧장 형이상의 도라고 오해될 수 있었으므로 한번 음이 되고 한번 양이 되는 '원리'가 도라고 하여 그 둘의 분속을 분명히 해 주었다. 또한 태극이 양의를 낳는다는 것에 대해서도 "하나가 매양 둘을 낳는 것은 자연의 이치이다. 역은 음양의 변화이니, 태극이 그 원리이다."라고 하여 음양의 변화의 '원리'가 태극이라고 태극과 양의의 하이어라키(Hierarchy)를 구분해 주었다. 책문은 이기론으로 설명할 때 얼핏 모순처럼 보이는 「계사전」 경문의 내용을 이기론에 입각하여 올바르게 이해할 수 있는지 물은 것이다.

두 번째 문항은 퇴계 이황(李滉, 1501~1570)과 율곡 이이(李珥, 1536~1584)의 사단칠정논변, 인심도심논변을 살펴보면 이황은 이발기수(理發氣隨), 곧 리가 발함에 기가 따른다고 하고 이이는 기발리승(氣發理乘), 곧 기가 발함에 리가 따른다고 하였다. 또한 이황은 "사단의 정은 리가 발함에 기가 따르는 것이요, 칠정은 기가 발함에 리가 타는 것이다."[73] 라고 하여 이기호발(理氣互發)을 주장하였지만, 이이는 "발하는 것은 기이고 발하게 하는 것은 리이니 기가 아니면 발할 수 없고 이가 아니면 발

---

73 李滉, 『退溪集』 권7 箚, 「進聖學十圖箚」, "四端之情, 理發而氣隨之, [⋯] 七者之情, 氣發而理乘之."

하는 것이 없다."라고 하여, 선후도 없고 이합(離合)도 없으므로 호발(互發)이라고 말할 수 없다고 하였다.[74] 책제는 이 두 가지 설 중 어느 것이 옳은지 묻고 있는 것이다. 한편으로 이 책제는 자국 학자들의 학설을 공식적인 국가 시험에서 출제할 만큼 자국 내 학문이 발달하여 하나의 굳건한 흐름을 형성한 상황을 잘 보여주고 있다고도 할 수 있다.

　　김창협은 마지막 책제에서 옛 사람은 이기에 대해 거의 말하지 않았는데 후세에 이르러 논변이 점차 많아졌다고 하며 이기에 대해 깊이 연구하고 명확히 분별하여 여러 설의 동이(同異)와 득실을 모두 절충할 수 있는지를 물었다.[75] 김창협의 이 마지막 책제는 이기론에 대한 미세하고 다단한 여러 학설을 변론하고 절충해 나갈 필요가 있었던, 동시에 이기론에 대한 여러 학설을 책제에서 다룰 만큼 학문 범위의 폭이 넓어져 있었던 당시 학계의 모습을 함께 보여준다.

7.

조선 중기의 문장가 택당(澤堂) 이식(李植, 1584~1647)은 만년이던 임오년(1642, 인조 20) 원일(元日)에 「아손들에게 보이는 글[示兒孫等]」을 작성하여 자손들에게 독서의 순서와 방법에 대해 알려준 일이 있다. 이 글에서 이식은 '먼저 읽을 책[先讀]'으로 『시경』, 『서경』, 『논어』, 『맹자』, 『중용』, 『대학』, 『통감강목』, 『송감(宋鑑)』 등을, '다음으로 읽을 책[次讀]'으로 『주역』의 대문(大文), 『춘추좌씨전』, 『춘추호씨전』, 『예기』, 『의례』, 『주례』, 『소학』, 『주자가례』, 『근사록』, 『성리대전』, 『성리군서』, 『심경』, 『이정

---

[74] 成渾, 『牛溪集』 권4 簡牘1, 「與栗谷論理氣第二書」, "發之者氣也 所以發者理也 非氣則不能發 非理則無所發."

[75] 金昌協, 『農巖集』 卷26 雜著, 「策問」, "大抵理氣之說, 古人所罕言, 而至後世辨論漸多, 此果切於爲學而不可緩者歟? 何以則於此二者, 有以深究明辨, 而諸說之同異得失, 亦皆得以折衷無疑歟?"

전서(二程全書)』,『주자전서』등을 들고 그 독서법을 함께 서술하였다. 그런데 흥미로운 것은 이식이 이 글에서 '선독'과 '차독'에 이어 '과문 공부를 위한 책[科文工夫]'과 함께 그 공부법을 설명하고 있다는 것이다. 그 서목과 공부법은 다음과 같다.

- 한유(韓愈)·유종원(柳宗元)·소식(蘇軾)의 문장,『문선』, 당송팔대가(唐宋八大家)의 문장,『고문진보』,『문장궤범』등 중에서 취향에 따라 1권을 초록(抄錄)해서 100번까지 읽어라. [이것은 먼저 읽어야 할 글에 속한다]
- 『사기』와『한서』를 1책으로 합쳐서 초록하되 30편은 넘지 않게 하고 100번까지 읽어라.
- 『순자』,『한비자』,『양자법언』중 한 책으로 초록하여 수십 번 읽어라.
- 『문선』과『초사』를 1책으로 초록하고, 이백·두보·한유·소식·황정견의 칠언시를 초록하되 2책을 넘지 않도록 하라. [횟수를 정하지 말고 항상 독송(讀誦)하라. 부(賦)와 시(詩)를 학습하는 자는 이 두 가지 중에서 택해야 할 것이다.]
- 사륙문(四六文)의 초록은 1책을 넘지 않도록 하라.
- 『노자』·『장자』·『열자』등의 책은『근사록』등 여러 글을 읽을 때 참고만 하고 읽지는 말라.
- 역대사(歷代史) 전서(全書)와 동국사(東國史) 및 문집 등,『경국대전』·『국조전고』·소설 등은『통감강목』을 읽은 뒤에 참고만 하라.
- 우리나라 사람들의 과제(科製)를 몇 책으로 초록하여 과문(科文)을 지을 때 참고하도록 하라.[76]

[76] 李植,『澤堂別集』卷14 雜著,「示兒孫等」, "科文工夫. 韓柳蘇文·『文選』·八大家文·『古文眞寶』·『文章軌範』等中, 從所好鈔讀一卷, 限百番[此屬先讀]/『班』·『馬』合抄一冊, 毋過三十篇, 限百讀./『荀』·『韓』·『楊』中, 抄一冊數十番讀/『文選』·『楚辭』抄一冊, 李杜韓蘇黃七言, 毋過兩冊, 常時讀

이식은 서목에 이어서 독서의 의의와 방법에 대해 덧붙여 설명하고 있다. 특히 과거와 관련하여 "국가가 경술에 대해서 책문과 오경의로 선비를 시험하는 것은 선비가 그 도를 알아서 정사에 적용하기를 바라는 것이고, 시부와 사륙문을 함께 시험하는 것은 선비가 문장으로써 나라를 빛내고 세도(世道)를 돕기를 바라는 것이니, 모름지기 국가의 지극한 뜻을 깊이 깨달아야 한다."[77]라고 과거의 의의를 설명하고는 "시부나 사륙문 등의 작품 또한 중정(中正)하고 온아(溫雅)한 것을 위주로 하여 읽고 익힐 것이요, 맹랑(孟浪)하고 부잡(浮雜)하고 표절한 것들은 일절 입 밖에 내지 말아야 한다. 그렇게 해야만 비로소 유용한 글이 되고 경륜을 펼치는 도구가 된다."[78]라고 하여 좋은 문장이 지향해야 할 바를 강조하였다. 이식은 이어서 문장에 대한 자신의 의론을 서술해 나간다.

> 대저 문장은 별개의 일로 보아서는 안 되니, 경서를 근본으로 한다. 과문 중에서도 혼후(渾厚)하고 고아(高雅)하며 화평(和平)하고 순수(純粹)한 작품들을 익힌다면 또한 장원(壯元)을 놓치지 않고 그 쓰임이 클 것이다. 허탄(虛誕)하고 괴기(怪奇)한 글을 배운다면 비록 이것이 지름길일지는 모르나, 이것은 명(命)이 있는 것이니 반드시 얻지는 못할 것이다. 그리하여 종신토록 담벼락을 대한 듯하고 구렁텅이에 떨어져 선비가 될 수 없으니, 무슨 유익함이 있겠는가.[79]

誦, 不限數. 學賦者學詩者, 擇於二者/ 四六文, 毋過一冊/ 『老子』・『莊』・『列』之屬, 讀 『近思錄』諸書時, 旁考不讀/ 歷代史全書・東國史及文集等, 『經國大典』・『國朝典故』・小說, 讀 『綱目』後旁考/ 東人科製, 抄得數冊, 作文時考閱."

77　李植, 『澤堂別集』 卷14 雜著, 「示兒孫等」, "[…] 國家以經術策義試士, 欲其知道而達於政也. 以詩賦四六兼試者, 欲其以文章華國輔世也. 要須體國家至意. […]"

78　李植, 『澤堂別集』 卷14 雜著, 「示兒孫等」, "[…] 詩賦四六等作, 亦以中正溫雅爲主, 而讀之習之, 而孟浪浮雜躗勒之體樣, 切勿出口, 方爲有用之文達施之具也. […]"

79　李植, 『澤堂別集』 卷14 雜著, 「示兒孫等」, "[…] 大抵文章, 不可別作一事看, 以經書爲根本, 而於科文中, 習其渾雅平粹之作, 亦不失爲壯元, 而其用大矣. 學虛誕怪奇之文, 雖是捷逕, 是有命焉, 未必得也. 終身面墻陷坑, 不得爲士矣, 有何益哉? […]"

이식은 문장은 경학에 근본하는 것이 되어야 하며 과문 역시 이러한 기조 위에서 고아하고 순수한 작품을 익혀야 한다고 하였다. 그리고 그것은 얼핏 우활해 보일지 모르나 그것이야말로 장원 급제를 보장하는 길이라고 하였다. 반면 허탄하고 괴기한 글, 곧 과거 합격을 위한 수험서의 글들을 읽으며 과거를 준비한다면 그것이 혹 지름길로 보일지는 모르나 반드시 과거에 합격하는 것은 아니며, 결국은 학문적 내실도 갖추지 못하여 끝내 선비가 될 수 없다고 역설하였다. 이것은 거꾸로 당시 대부분의 과거 수험생들이 과거 대비를 위해 특별히 제작된 여러 수험서를 읽고 과거를 준비하고 있었던 사실을 잘 보여준다.

그런데 여기서 주목할 만한 것은 과거 문체 중 산문 작성을 위해 한유·유종원·소식 등 문장가의 문장, 당송팔대가의 문장, 『문선』, 『고문진보』, 『문장궤범』 등의 문장 선집, 『사기』·『한서』 등 역사서, 『순자』·『한비자』·『양자법언』 등 제자서 등을 독서하고, 운문 작성을 위해 『문선』과 『초사』, 이백·두보·한유·소식·황정견의 칠언시 등을 독서할 것을 권유하고 있는 것이다. 이 서목은 당송고문가로 평가받는 이식의 문장론이 투영된 것이지만, 당시 이들 서적이 일반적인 시문 학습뿐만 아니라 과시문 학습을 위한 '정식'의 책-과시 대비 '수험서'가 아닌 '교과서' 성격의-으로도 인식되고 독서되고 있었음을 잘 보여준다.[80] 그리고 앞서 보았듯이 경서가 과거 대비를 위한 기본적인 텍스트였음을 상기한다면 「아손들에게 보이는 글」에 제시된 서목 전체가 과시 대비를 위한 독서 범위에 포함된다고 할 수 있다.

이중 『사기』에 대해 좀 더 살펴보면, 『사기』는 특히 과표 대비를

---

80 특히 『장자』·『사기』·『한서』는 김정국이 『성리대전서절요』(1538년)에 부친 발문에서 "『장자』·『열자』·『사기』·『한서』의 문장을 배우는 자들은 모방과 다름이 없게 되어 부화(浮華)한 데로 흘러간다. 하지만 과장(科場)에서 합격자를 거둘 때 부득이 진부한 것을 물리치고 부화한 것을 취하므로, 벼슬에 뜻을 둔 자들이 다투어 서로 모방하고 권질(卷帙)을 연이어 썼다."라고 하고 있듯이 화려한 문장을 익히기 위한 테스트로 조선 문인들 사이에서 오랫동안 널리 읽히고 있었다.

위한 필수 서적으로 독서되고 있었으며, 이 무렵 독서되던 『사기』의 주요 텍스트는 『사찬(史纂)』이었다. 『사찬』은 명나라 능치륭(凌稚隆)이 『사기』에 대한 제가(諸家)의 평주(評註)를 집록하여 『사기평림』을 간행한 뒤 다시 초선(抄選)하여 17권으로 모은 것이다. 광해군 2년(1610)에 조위한(趙緯韓)·이덕형(李德馨)·윤근수(尹根壽)·이항복(李恒福)의 노력으로 명간본 『사찬』을 재산정한 텍스트가 훈련도감자로 인출되었다. 이 훈련도감자본 『사찬』은 같은 해 훈련도감에서 『주문공교한창려집(朱文公校韓昌黎集)』을 인출한 뒤에 간행되고, 뒤이어 『소학집설』이 간행되었다.[81]

그런데 당시 훈련도감의 출판사업에서 이 세 텍스트가 선택된 것은 다른 이유에서가 아니었다. 곧, 이항복이 『한창려집』을 간행하면서 부친 발문에서 "다만 한스러운 것은 간행한 책들은 대부분 과거 준비를 위한 소질(小秩)이니, 쉽게 팔리기를 구한 것이다."라고 소회를 밝히고 있듯이 책들이 과거 준비를 위한 필수 서적으로 절대적 수요를 가지고 있었기 때문이었다. 군비 충당을 위해 잘 팔릴 책을 찍어낼 수밖에 없었다는 이항복의 이 고백은 훈련도감에서 간행된 여러 서적 중 적지 않은 수가 과거와 관련을 지니고 있음을 시사해 준다. 이항복은 이어서 "심지어 고경(古經)과 대전(大傳)은 소서(素書)와 은문(隱文) 보듯이 하여 속사(俗士)들이 팔을 내저으며 거들떠보지도 않으므로 간행할 겨를이 없었다."라고 하며 자신의 이상과 어그러져만 가는 현실에 깊은 한숨을 쉰다. 이항복은 그러한 무리를 '속사'라고 지칭하였지만, 이 속사의 무리에 포함되지 않는다 여겨지는 사람은 오히려 매우 드물었을 것이다.

한편 이식은 도가 서적인 『노자』·『장자』·『열자』 등의 책은 참고 서적으로 활용하고 독서하지는 말라고 하였다. 하지만 선조-광해 연간에 유생들의 책문 답안에서 『장자』와 『전국책』의 문구가 인용되어 문제가 생길 정도로 『장자』는 과거 응시생들 사이에서 널리 독서되고 있었

---

81 심경호(1996).

다. 그것은 『장자』와 『전국책』의 생동감 넘치는 표현들 때문이었을 것이다.[82] 이식은 이 사건과 관련해서 「을유년 9월에 관학(館學)의 제생에게 고유한 방문[乙酉九月諭館學諸生榜]」을 작성해서 이렇게 말하였다.

> 이는 근래에 이단과 사설이 한꺼번에 일어나 국가에서 시험하는 과문에까지 『장자』와 『전국책』을 오로지 법도로 삼기 때문이다. 이 책두(策頭)의 행문은 바로 종횡가(縱橫家)가 유세하는 말이고, 그 마음은 다만 시관을 극구 칭송하여 입선되기를 희망하는 것이니, 바로 장자가 거리낌 없이 성현을 모욕하던 종지(宗旨)이다.[83]

『장자』는 『열자』와 함께 임희일의 『장자권재구의』·『열자권재구의』가 세종 7년(1425) 경자자로 처음 간행되었다. 임희일은 『장자권재구의』의 「발제(發題)」에서 『장자』가 유학의 입장에서는 불경하지만 그 문장은 제자백가의 으뜸이 되며, 언뜻 보기에 유가의 취지에서 크게 어긋난 듯 보이지만 『장자』를 올바르게 이해하면 큰 강령과 취지가 유가와 전혀 다르지 않다고 변호하였다. 김종직 역시 성종 5년(1474) 경자자본 『장자권재구의』를 경상도에서 복각할 때 발문을 지어, 『장자』의 문장은 사람을 신명하게 고무시키는데 그 큰 취지는 유가의 서적과 전혀 다르지 않다고 하며 『장자』가 이단서라고 하는 인식을 불식시키고 문장서로서 지니는 특장(特長)을 부각시켰다. 이후 중종-명종연간에는 구결을 더한 『구해남화진경』이 초주갑인자로 간행되는 등 『장자』는 문장학습서로 문인들 사이에서 널리 읽혔다.[84]

---

82 안세현(2011).
83 李植, 『澤堂集』 卷14, 「乙酉九月諭館學諸生榜」, "此由近來異端邪說竝作, 至於國試科文, 亦專以『莊子』·『戰國策』爲法. 此策頭行文, 乃縱橫游說之說, 而其心則只欲極頌試官, 希望入選, 乃莊子侮聖賢無忌憚宗旨也."
04 노요한(2019).

한편 17세기에는 과거 시행 횟수가 증가하고 특히 유생들이 응시하기 쉬운 증광시나 정시·춘당대시가 자주 시행되었다. 정시·알성시·춘당대시는 친림시로 한 문제만 출제하였는데, 시제는 주로 표가 출제되었다. 그 이유는 효종 2년(1651) 동지경연사 조석윤(趙錫胤)이 경연 후 효종에게 건의한 내용에 잘 나타나 있다. 변려문은 외교 문서 작성에 필요한 문체였을뿐더러 친림시는 즉일방방으로 시행하였는데 변려문은 다른 문체에 비해 제술이 쉽지 않고 채점에도 용이하다는 것이었다.

변려문은 외교 문서에 가장 관계가 큰데 이와 같이 거치니, 반드시 국가에서 권장한 다음에야 성취시킬 수 있습니다. 그런데 권장하는 방도는 단지 과거에 달려 있습니다. 잠·명·송은 비록 공부가 없더라도 글을 지을 수 있으나, 변려문은 공부가 없으면 실로 글을 짓기가 어렵습니다. 이 경우 고관(考官)이 우열을 평가하기도 쉬울 듯합니다.[85]

그런데 표가 집중적으로 출제되자 과거 응시생들이 과표만을 집중적으로 학습하는 풍조와 함께 급제자들이 서울 출신에 편중되는 현상이 생겨났다. 현종 12년(1671) 영의정 허적(許積)이 "정시(庭試)의 서제(書題)를 사륙문으로 내면 향유(鄕儒)들은 붓을 놓을 것이고, 사륙문으로 내지 않으면 경유(京儒)들은 실망할 것입니다."[86]라고 한 언급은 그러한 사정을 잘 보여준다. 또한 숙종대 말에 이르면 식년시와 경과가 이원적으로 운영되어 향유들은 식년시 강경을 위주로, 경유들은 정시·알성시의 표문

---

85 『효종실록』 권7, 효종 2년 10월 8일(1651, 順治8), "上御晝講, 講『書傳』'西伯戡黎.' 講訖, 同知經筵趙錫胤進曰: '臣曾入試院, 見儒生所製之文, 則漸不如古, 此皆不勤讀書之致也. 儷文最關於辭命, 而如是荒拙, 必自國家勸獎, 然後可以成就. 勸獎之道, 只在於科擧也. 箴銘頌, 雖無工夫, 可以成篇, 至於儷文, 非有工夫, 則實難成篇, 考官之辨其優劣, 亦似易也.' 上曰: '然.'"
86 『현종실록』 권20, 현종 12년 12월 20일(1671, 康熙10), "[…] 先是, 許積白上曰: '庭試書題, 若出四六, 則鄕儒閣筆, 不出四六, 則京儒缺望. […]'"

을 위주로 응시하는 경향도 생겨났다.[87]

남구만은 숙종 20년(1694) 당시 과거의 설행을 줄일 것을 건의하면서 다음과 같이 진술하였다.

> 과거를 자주 보는 것이 당저(當宁)와 같은 적이 없었고, 문재(文才)가 끊어진 것도 오늘과 같은 적이 없었습니다. 그래서 국옥(鞫獄)의 문안(文案)을 작성하는 데도 여간 어려움을 겪지 않으니 개탄스러운 일입니다. 이것은 주상께서 오로지 변려문만 숭상하시므로, 강독(講讀)을 익히지 않았던 자들도 요행을 바라고 나오니, 이것이 인재가 없는 까닭입니다. 그리고 무사(武士)의 시사(試射)에도 직부(直赴)의 과(科)가 더욱 많아져서 활을 잡을 줄도 모르는 자가 모두 응시를 하고 있으니, 문무의 과거를 모두 드물게 하소서.[88]

남구만은 과거를 지금처럼 자주 설행한 적이 없는데도 문재 있는 선비들이 선발되지 않는 것은 변려문 위주의 취재 방식 때문이라고 하였다. 곧 학교의 공부 내용과 과거의 선발 기준이 괴리되어 경서 강독에 힘쓰지 않아 유학적 교양을 전혀 갖추지 못한 급제자가 속출한다는 것이었다. 하지만 표가 집중적으로 출제되자 수험생들은 과표의 기본적인 작법을 설명하는 작법류 참고서, 대구와 어구를 주제별로 엮은 유초류 서적이나 급제 답안 등 모범 답안들을 한 데 묶은 과시 수험서로 '맞춤형' 시험 대비를 하였다.[89] 그와 더불어 이식(李植) 『여문정선(儷文程選)』(1631, 훈

---

[87] 차미희(1999); 박현순(2014).
[88] 『숙종실록』 권26, 숙종 20년 윤5월 24일(1694, 康熙33), "科擧之數, 無如當宁, 而文才乏絶, 亦無如今日. 鞫獄文案之成, 亦患艱難, 可慨也. 自上專尙儷文, 不勉講讀者, 亦冀僥倖, 此所以無人才耳. 武士試射, 直赴之科尤多, 不知操弓者, 皆爲之, 文武俱宜罕其試."
[89] 이상욱(2015). 과표 작성법을 설명한 대표적인 문헌으로 『駢儷華藻』, 『儷式』, 『儷規』(이상 국립중앙도서관), 『科儷規式』(규장각), 『表樵』(장서각) 등을, 과표 작성을 위한 유초 참고서로 『儷量』(6책), 『表格』(4책), 『儷門』(坤冊), 『表規』, 『表式』(이상 국립중앙도서관) 등을 소개하였다.

련도감자), 강백년(姜栢年) 『설봉소선(雪峰所選)』(가칭, 실전), 김석주(金錫胄)『여문초(儷文抄)』(숙종연간, 한구자), 남용익(南龍翼)『병문양체(騈文兩體)』(실전), 유근(柳近)『여문주석(儷文註釋)』(1711, 목활자), 김진규(金鎭圭)『여문집성(儷文集成)』(1711, 정리자) 등 변려문 선집이 간행되어 응시자들의 작문 전범이 되었다.[90]

8.

정조의 과문 정책은 두 가지 방향으로 진행되었다. 하나는 과문의 격식을 회복하는 것이고 하나는 과문 형식을 개선하여 실효성 있는 문장이 되도록 하는 것이었다.[91] 그런데 이러한 정조의 과문 정책은 문체의 순화라고 하는 정조의 문체 정책과도 깊은 관련이 있었다.

정조는 문체의 진흥이 시운에 관계되어 있다고 여겨, 재위 8년(1784)의 삼일제(三日製)와 재위 13년(1789)의 초계문신 친시에서「문체」에 관한 책문을 출제하였다. 재위 8년(1784)에 출제한 책문에서 정조는 문체란 세대에 따라 동일하지 않아서 한 세대의 사이에도 혹 누차 변하는데 그 성쇠와 흥망이 일찍이 정치와 공통되지 않는 것이 없다고 하였다. 또한 좋은 문장이란 도를 담는 문장이고 그 이하라도 반드시 학식이 속에 쌓여야 아름다움이 밖으로 드러난다고 하였다.[92] 이어서 정조는 우리나라에는 역대로 큰 문장가들이 줄지어 나와 성대한 문풍을 이루어왔는데 근래에 유생들이 힘쓰는 것이란 과거를 위한 문장밖에 없다고 한탄한다.

---

90 박우훈(1995).
91 박현순(2014).
92 正祖,『弘齋全書』卷49 策問2,「文體(三日製)」, "[…] 大抵文體隨世不同, 而一世之間, 亦或屢變, 惟時之所尙, 而其盛衰興替, 未嘗不與政通矣. 貫道之文尙矣, 雖其下者, 必也學識積於中, 而英華發於外, 不求順而自順, 不求奇而自奇. 其順者, 如江淮安流一日千里, 其奇者, 如怒濤激石變態橫生, 然後方可爲盛世之文, 而以文取士者, 亦可以叩其外而質其中之所蘊也. […]"

그러나 어쩐 일인지 근래에 적막하여 들리는 것이 없고 유생들이 익히는 것은 과장(科場)의 문자에 불과할 뿐이어서, 만일 평범한 것에 얽매여 있지 않으면 반드시 억지로 괴기하게 만든다. 그것은 문장의 체격에 있어서 어렵다거나 평이하다고 원래 말할 것이 없는데, 천박하고 난잡함이 갈수록 더욱 심해진다. 이것은 진실로 세속의 유행이 그렇게 만든 것인가, 아니면 배양을 잘못하여 그러한 것인가? 어떻게 하면 문체를 크게 혁신하여 혹은 순탄하고 혹은 기이하여 각각 그 마땅함을 얻어 사문(斯文)을 확장하고 세도(世道)를 환하게 할 수 있겠는가?[93]

정조는 재위 13년(1789) 초계문신 친시에서 다시「문체」로 책제를 내었다. 이때의 책제에서도 문장은 한 시대의 체제가 있어서 세상을 도와 함께 부침하므로 그 문장을 읽어 보면 그 세상을 논할 수 있다고 하는 문장론으로 시작하고는 우리나라의 문장에 대해 다음과 같이 질문을 이어간다.

근래에는 문풍이 점점 변하여 이른바 붓을 잡은 선비는 『시』·『서』 육예의 문장에 바탕을 두지 않고 머리를 싸매고 마음 쓰는 것이 도리어 패가(稗家) 소품의 책에 있고, 발분하여 시문이나 변려체를 지으면 붓이 종이 위에 닿기도 전에 기운이 이미 빠져 버린다. 비유하자면 마치 혼수에 빠진 사람이 때때로 헛소리를 하는 것 같은데, 스스로는 극히 공교롭고 기묘함을 통하였다고 여기나, 남의 문장을 흉내 내지도 못한 글은 마치 마술쟁이의 속임수 같아서, 향당에 사용하려고 하면 도리어 시골 훈장의 해묵은 언사만도 못하고 조정에 사용하려고 하면

---

93 正祖,『弘齋全書』卷49 策問2,「文體(三日製)」, "[…] 夫何挽近以來, 寂然無聞, 儒生所習, 不過科臼文字, 而如非泥於庸常, 亦必強作詭怪. 其於文章體格, 元無艱易之可言, 而膚淺淆雜, 愈往愈甚. 此固俗尚之使然歟, 抑亦培養之失宜歟? 何以則丕新文體, 或順或奇, 各得其宜, 俾有以張斯文而賁世道歟? […]"

크고 작은 사명(詞命)을 행할 수 없다. 전대에 찾아보아도 이러한 체제는 없었고 우리 동방에 상고하여 보아도 이러한 품격은 없었다. 이것이 과연 누구를 따라서 전해진 법인가?[94]

정조는 근래의 문풍이 점점 쇠락하여, 글 쓰는 선비들이 육경의 문장에 뿌리를 두지 않고 도리어 패관 소품에 전심하여, 시문이나 변려문과 같은 격식 있는 글을 쓰게 되면 붓이 종이에 닿기도 전에 기운이 빠지고 만다고 개탄하였다.[95] 정조는 경서의 문자만 탐하는 과문은 '실학(實學)'이 아니라 했고, 명말청초의 문학과 고증학을 비판하면서 정학인 경학을 익히는 것이 '취실지학(就實之學)'이라 했다.[96] 다만 정조는 과문을 배격한 것이 아니라 과거의 문체가 '실용지학(實用之學)'을 지향하도록 했다. 요컨대 육경에 바탕을 둔 고시문의 회복, 이것이 정조가 추구했던 순정한 문체였으며, 과거 문체의 정비 역시 이러한 문체 순화 정책의 일환으로 진행해 나갔던 것이라 할 수 있다.

정조는 과문이 허문이 아니라 실학에 바탕한 실질적인 글이 되어야 한다고 보았다. 그러한 이유에서 재위 14년(1790)에는 초계(抄啓)와 순제(旬製) 등에서 변려문인 표전과 이소의 뜻을 지닌 부를 시험하려고 했다고 술회하였다.

---

[94] 正祖,『弘齋全書』卷50 策問3,「文體(抄啓文臣親試)」, "[…] 近來文風漸變, 其所謂操觚之士, 不本乎詩書六藝之文, 埋頭用心, 反在於稗家小品之書, 發而爲詩文騈儷之作也, 筆未落紙, 氣已索然, 譬如昏睡之人, 時作譫囈, 自以爲極其巧透其妙, 而不成葫蘆之畵, 殆同迷藏之戱, 用之鄕黨, 而反不如學究陳言, 用之朝廷, 而無以行大小詞命, 求之前代, 無此體段, 考之我東, 無此品格, 是果孰從而傳法之也? […]"

[95] 正祖,『弘齋全書』卷49 策問2,「文體(三日製)」, "[…] 予爲是悶, 每對筵臣, 未嘗不以變文體之說, 反復申戒, 不翅勤懇, 而聽我藐藐, 成效漠然. 如欲一洗啁啾之陋, 咸歸醇正之域, 蘊之爲經術, 著之爲文章, 庸成一代之體, 俾新八方之觀, 則其道何由? 子大夫, 其自是策, 擺近臼挽古轍, 使予莫爲空言."

[96] 正祖,『弘齋全書』卷50 策問3,「俗學」, "[…] 誠欲使反而求諸就實之學, 寢廟於六經, 堂奧於左史, 門墻於八家, 則津涉浩如烟海, 披剝紛如縷絲, 斗筲之力量, 不得不望洋回首. […]"

팔고(八股)가 성해지면서 육경(六經)이 쇠미해지고, 십팔방(十八房)이 일어나면서 이십일사(二十一史)가 폐지되었으니, 과문(科文)이 실학(實學)에 방해되는 것은 예로부터 그러하였다. 그러나 나는 반드시 과문체(科文體)에다 실학의 실용성을 접합시키고자 하였기 때문에 초계(抄啓)나 순제(旬製)를 막론하고 성적을 매길 때면 변려체(騈儷體)를 갖춘 표전(表箋)이나 이소(離騷)의 뜻을 지닌 부(賦)를 취하려고 힘썼는데, 끝내 문체가 크게 변화되는 것을 보지 못하였다. 그러니 위에서 인도하고 이끄는 것이 도리어 적임자를 골라 그 일을 맡기는 것보다 못하다는 사실을 비로소 알겠다.[97]

표전은 앞서 보았듯이 숙종대 이후부터 경시에서 가장 많이 출제된 고시 과목이었다. 하지만 사륙문의 형식을 온전히 지키면서 표를 능숙히 작성할 수 있는 사람은 드물었다. 채홍리(蔡弘履, 1737~1806)의 언급에서 이러한 사실을 확인할 수 있다.

사륙문은 사대교린에 관계되어 사체(事體)가 더욱 자별한데도 근래의 과작(科作)은 전혀 제대로 된 것이 없습니다. 초항(初項)과 이항(二項)이 서로 연결되지 않고 렴(簾)을 어기고 중첩된 렴(簾)을 쓰면서 또한 살피지 않으며, 요행히 입격하면 곧 자만에 빠져서 능수라고 여깁니다. 과문의 문체가 모두 정식(程式)에 부합하더라도 수용(需用)할 수 있는 것이 몇 되지 않는데, 하물며 이렇게 거칠고 서투른 과작의 경우야 말해 무엇하겠습니까?[98]

---

[97] 正祖, 『弘齋全書』 卷162 日得錄2 文學2, "八股盛而六經微, 十八房興而二十一史廢, 科文之有妨於實學, 自古然矣. 然予意必欲因科文之體, 寓實學之用, 故勿論抄啓與旬製, 考下之際, 務取表箋之有儷體, 賦家之帶騷意者, 而終未見文體之一變, 始知自上導率, 反不如有司之得其人也. [⋯] 檢校直閣臣尹行恁庚戌(1790)錄."

[98] 『日省錄』 正祖 10年 1月 22日, "行副司直 蔡弘履啓言 [⋯] 至於四六之文, 事大交鄰, 事體尤別, 而近來科作, 全不成說, 初項二項, 不相連繡, 違簾疊簾, 亦不致察, 而儻倖得雋, 則輒自矜滿, 以爲

정조는 문과에서 제술을 중시했다. 또한 즉위 초부터 정규시험 외에 성균관 유생, 문신, 초계문신들을 대상으로 한 절일제, 월과 등을 빈번하게 시행하였는데, 이들 시험은 대부분 정조가 직접 시제를 출제하거나 시험에 참관하는 친시로 시행되었다. 『내각일력』의 기록에 의하면 이때 출제 빈도가 가장 높은 문체는 시였고 표가 그다음으로 높았다.[99] 제술의 일례를 들면 정조는 재위 16년(1792) 4월 27일에 검서관들에게 「성시전도(城市全圖)」라는 제목으로 100운의 칠언배율을 지어 바치라고 했다. 이에 앞서 정조는 성균관과 사학의 유생들 가운데 특별히 선발된 응제유생들에게, 국왕이 궁궐에서 음식을 내린 것에 감사하는 글을 지어 올리되 「봄비가 온 뒤 유생들에게 경림연을 베풀다[春雨瓊林宴綠袍]」라는 제목으로 사륙문을 바치라고 했다. 그런데 검서관들은 사륙문을 잘 짓지 못할 터이므로 「성시전도」라는 시제로 100운 칠언배율을 지어 올리라고 명한 것이다.[100]

한편 정조는 『어정규장전운』을 편찬하여 과장에서 활용하도록 하였다. 『어정규장전운』은 정조의 명으로 이덕무(李德懋)가 정조 16년(1792) 4월에 초고를 만들고, 이후 정조의 명으로 정조 18년(1794) 겨울부터 윤행임(尹行恁), 서영보(徐榮輔), 남공철(南公轍), 이서구(李書九), 이가환(李家煥), 성대중(成大中), 유득공(柳得恭), 박제가(朴齊家) 등 규장각 각신(閣臣)과 초계문신이 교정하여 정조 20년(1796) 8월 내각이 간행한 관찬 운서이다. 편찬 과정에서 정조의 재결을 일일이 얻었으므로 『어정규장전운』으로 서명을 삼았다. 일반적으로 『규장전운』으로 약칭한다. 정조 20년(1796) 8월 11일에 『규장전운』의 정서본이 올라오자, 정조는 다음과 같은 교명(敎命)을 내렸다.[101]

能手, 雖使科體之文, 盡合程規, 其所需用無幾, 而況於魯莽如此者乎?"
99 박선이(2022).
100 李德懋, 『靑莊館全書』 卷71 附錄[下], 「先考積城縣監府君年譜[下]」.
101 이 교명은 『홍재전서』에 수록한 것과 『정조실록』, 『내각일력』, 『일성록』의 해당 날짜에 수록한 것이 주지는 같지만 어구상 약간 차이가 있다. 『내각일력』과 『일성록』의 기록은 같다. 전체를 비교하여 보면 『내각일력』과 『일성록』 수록문이 가장 완정하다.

『어정규장전운』을 중외에 반사하셨다. 교명은 이러하다. 우리나라 운서(韻書)가 삼운(三韻)으로 모으고 입성(入聲)을 따로 두는 것은 운이 본래 사성(四聲)에 근본하는 뜻에 어긋난다. 그리고 (『증보삼운통고』의) 증운(增韻)과 입성을 압운(押韻)하지 않고 과장(科場)에서 증보(增補)의 운자를 압운하지 않는 것은 아무래도 통운(通韻)과 협음(叶音)의 격식을 알지 못하기 때문이니, 너무 엉성하고 어리석다 하겠다. 그래서 두루 전거를 이끌어오고 널리 증거를 대어 이 책을 편찬하도록 명한 것이다. 이후로 공적이든 사적이든 압운을 하여 글자가 입성에까지 미치는 것은 이 운서의 의례(義例)와 식령(式令)에 준하도록 하라는 것을 경외의 과시를 관장하는 유사에게 분부하라. 곧 나의 고심은 습속을 교정하고자 하는 데 있으니, 이 책의 편찬이 어찌 음성(音聲)을 해화(諧和)하게 하려는 것뿐이겠는가? 정녕코 거짓된 비루함을 한바탕 씻어 내고자 하는 것이다. 근래의 인본(印本) 서책에서 어휘(御諱)를 산획(刪畫)하는 것은 보기에 매우 놀랍다. 그러나 여러 차례 신칙하는 교명을 내렸는데도 즉시 예전대로 회복하지 않고 있다. 심지어 휘를 칭하는 자음에서 중간 것까지도 아울러 휘하여, 그대로 답습하여 교정할 만한 단서가 아닌 것이 없다. 지금부터 이와 같은 습속은 일체 엄금하라. 운서는 오늘을 시작으로 쓰도록 하라.[102]

정조는 당시 통행되던 『삼운통고(三韻通考)』와 『화동정음(華東正音)』 등은 모두 삼운(三韻) 체제로 편찬되어 중국의 운서들과 괴리되고 사성 체계를 어그러뜨렸다고 보았다. 정조는 위의 교서에서 음성을 해화하

---

102 『正祖實錄』卷45 正祖 20年(1796) 8月 11日(1796, 嘉慶1), "領賜『御定奎章全韻』于中外. 敎曰: 我東韻書之彙以三韻, 別置入聲, 有非韻本四聲之義, 而不押增韻與入聲, 科場不押增補, 亦不曉通韻. 叶音之格, 鹵莽莫甚. 所以博據廣證, 命編是書者也. 此後公私押韻字及入聲, 準此韻書義例. 式令事, 分付京外掌試之司. 即予苦心, 在於矯俗正習, 是書之編, 豈特專爲諧音比聲? 政欲一洗詔僞之陋. 近年印木書冊, 御諱之刪畫, 所見甚駭然. 屢勤飭敎, 不卽復古. 甚至諱稱字音, 中間竝諱之, 因循而無非可以矯正之端. 自今, 似此習俗, 一切勵禁. 韻書, 今日爲始行用."

고 더 나아가 '습속'을 교정하기 위해 『규장전운』을 편찬했다고 밝혔다. 운서의 체계면에서 보면, 조선의 운서가 평성·상성·거성 등 3개의 운을 모으고 입성을 따로 두는 것을 옳지 않다고 보았다. 또한 문자생활에서는 통운(通韻)과 협음(叶音)의 격식을 알지 못하여 과거 시험장에서 '증운'과 '입성'을 압운하지 않는 것이 잘못이라고 지적했다. 정조는 이 운서의 의례와 식령에 준하도록 과시를 관장하는 유사들에게 분부하도록 하여 과거의 누습을 일소하고 나아가 문자 생활의 습속을 교정하고자 하였다.

정조는 과문의 전범을 제시하고자 초계문신의 친시와 성균관 유생의 응제에서 제출된 우수한 답안을 모아 『경림문희록(瓊林文喜錄)』, 『규화명선(奎華名選)』, 『정시문정(正始文程)』 등 과문집으로 편찬·간행하였다. 『경림문희록』은 정조가 재위 15년(1791)에 성균관 유생들과 음관들을 대상으로 시행한 응제에서 선발된 시권을 선집한 것, 『규화명선』은 재위 17년(1793)에 제1차 초계문신의 시권을 수록한 『신축선』과 제2차 초계문신의 시권을 수록한 『계묘선』을 수합하여 엮은 것, 『정시문정』은 재위 19년(1795) 초계문신의 친시와 성균관 유생의 응제에서 선발된 시권을 선집한 것이다. 『정시문정』의 「군서표기」에서 정조는 다음과 같이 이 책의 출판의 의의를 서술하였다.

> 을묘년(1795, 정조 19) 여름에 '뜻이 확 트이다[意豁如也]'로 표(表)·부(賦)·율시의 시제(試題)로 내어 신(新)·구(舊) 강제문신(講製文臣)을 시험 보이고 3일 후에 다시 부의 시제로 삼아 성균관 유생에게 시험 보였다. 모든 작품들이 다 전아하고 법에 맞았는데, 그중에서도 성균관 유생 김이영(金履永)의 작품이 뛰어난 구절이 많았으므로, 나는 문체가 회순(回醇)되고 있는 조짐이라고 생각하였다. 그래서 김이영에게 특별히 급제를 내리고 강제문신 중에 최우수를 차지한 최광태(崔光泰)에게 지제교(知製敎)를 제수하고 나머지에게는 내장(內藏) 서적을 하사하였다. 이어 내각에 명하여 우등을 한 시권을 임인자(壬寅字)로 인쇄하여

반포하도록 하고 첫머리에 문체에 대하여 언급한 교령(敎令)과 비지(批旨) 등을 싣게 하여『정시문정』이라 명명하였다. […]¹⁰³

정조는 평소 중요하게 여기던 표·부·율시로 책제를 내어 강제문신과 성균관 유생들에게 시험을 보였는데 모든 작품들이 전아하고 격식에 맞았다고 하였다. 특히 주목할 것은 성균관 유생 김이영의 작품에 뛰어난 구절이 많아 이것이 문체가 순화되고 있는 조짐이라고 정조 스스로 여겼다는 사실이다. 정조의 이 진술은 정조의 과시 정책이 문체 순화 정책의 일환으로 함께 진행되었음을 잘 보여준다.

다만 정조의 이러한 과시 정책이 반드시 성공적이었다고는 말할 수 없다. 정약용(丁若鏞, 1762~1836)은 순조 26년(1826) 맹동에 젊은 시절부터 연습한 것에서부터 성균관 입학 후 반시와 문과 합격 후 내각(규장각)의 과시(課試)에서 제작한 표(表)·전(箋)·조(詔)·제(制) 등 잡체 460수를 모아『열수문황(洌水文簧)』3책을 엮었다. 그런데 정약용은 그 자서에서 "문자에 변려체가 있는 것은 오래지 않았다."¹⁰⁴라고 하며 변려문이 고문이 아니라는 것에서부터 붓을 써 내려가, '문황'이라고 이름을 붙인 이유는 '후회를 표시하기 위한 것'이라고 했다. 또한 변려문은 혹 각각 조예가 깊은 사람도 있지만 요컨대 모두 '교언(巧言)'이라고 했다. 그리고『시경』「교언」의 "교묘한 말이 황과 같은 자는 얼굴이 두껍도다[巧言如簧, 顔之厚矣]."라는 말에서 제목을 따왔다고 했다. 정조는 제술 부과를 통해 취실지문(就實之文)을 이루고 국가 문체의 순화를 이루고자 하였으나, 정약용은 이것이 실학이 아니라 교언이라고 일축하며 5·6년 동안 단정갈려(單精竭

---

103 정조,『弘齋全書』卷184 羣書標記6 ○命撰2,「正始文程三卷(刊本)」, "乙卯夏, 以意豁如也爲表賦律詩題, 試新舊選講製文臣, 粤三日, 復以賦題試泮儒, 諸作皆雅馴合矩, 泮儒金履永之作, 尤多傑句, 予以爲文體之回醇, 此其兆也. 特賜履永及第, 除講製文臣居魁崔光泰知製敎, 餘賜內藏書籍. 仍命內閣以壬寅字印頒優等諸券, 而首揭敎令批旨之及於文體者, 名之曰『正始文程』. […]"

104 정약용,「自序」,『與猶堂全書補遺』○洌水文簧, "文之有駢儷之體, 非古也. […]"

慮)하여 교언 수천만 언을 지어 자손과 벗들에게 보여주니 부끄럽지 않을 수 있겠느냐고 반문했다.[105]

9.

이 저서는 2019년 선정 한국연구재단 인문사회연구소지원사업인 「조선시대 과시 자료의 DB 구축 및 수사문체와 논리구축방식의 변천사 연구」에 공동연구원 및 전임연구인력으로 참여하고 있는 심경호·김경·박선이·김기엽·김광년·이상욱·윤선영 박사가 연구 과제를 진행하면서 제출한 연구 논문을 모은 책이다. 「연구 총서1」로 간행되는 이 책은 조선시대 과시 관련 문헌과 수사문체를 본격적으로 연구하여 집성했다는 점에서 의의가 있다.

본 저서는 크게 조선시대 과시 문헌과 문체의 연구라고 할 수 있다. 조선시대 과시와 관련한 문헌을 발굴하여 검토하고, 그 문헌에 실린 시제나 시권, 참고서 등을 문체별로 고찰한 것이다.

심경호 교수는 한국의 근대 이전의 '문'과 '학'이 정치권력과 화해하여 그것을 추동하거나 혹은 정치권력을 비판하면서 새로운 방법과 내용을 모색해 온 사실에 주목하여, 정치권력의 향배를 이해하고 문과 학의 발전 양상을 살피기 위해서는 과거제도의 본질을 제대로 파악할 필요가 있다고 보았다. 과거에서 부과된 문체나 제목은, 당시 국가가 인재에게 요구하는 현실 감각을 문학 및 학문의 내용을 통해서 검증하고자 하는 이념과 논리를 담고 있다. 따라서 과거제도를 전면적, 과학적으로 연구하기 위해서는 시행 세칙을 검토하는 이외에, 부과 문체 및 제목을 세밀하게 검토하고, 필수 공용서적(운서, 자서 등), 수험대비용 서적, 수험 결과

---

105 정약용,「自序」,『與猶堂全書補遺』○洌水文簧: "[…] 夫五六年單精竭慮, 作巧言累千萬, 以示其子孫諸友, 可不悔哉? […]"

편찬물의 유통을 조사하여, 각 시대의 학술 경향과 문화적 역량, 학술 논쟁의 역사와 학술 방법의 변화를 이해하는 바탕으로 삼을 필요가 있음을 논증하였다.

김경 박사는 18세기에 편찬된 과시 선집 『근예준선(近藝雋選)』의 편찬 시기 및 목적을 분석하였다. 특히 고려대 소장 『근예준선』에 주목하여 이 텍스트가 1781년 이후 필사되었고, 입격(入格)에서부터 세계(世系)까지 다양한 정보가 수록되어 있다는 점에서 자료적 가치를 지님을 밝혔다. 『근예준선』의 편찬자 및 선정 작가들이 모두 남인계(南人系) 인물이며, 이 책의 편찬 시기가 이들의 정치적 도약기와 맞물려 있다. 이러한 점을 고려했을 때, 『근예준선』은 남인 세력의 능력을 과시하거나 불우함을 부각시키기 위한 의도가 내재된 결과물이며, 현전하는 남인계 과체 시집이 확인되지 않는 만큼 이 책을 통해 1782년대 남인이 분파하기 이전의 문학적 활동을 가늠할 수 있다고 논증하였다.

박선이 박사는 조선 후기 과문선집 『여림(儷林)』에 주목하였다. 『여림』은 주로 숙종, 영조, 정조대에 활동했던 90명의 작가들이 실제 과거 시험에 제출했던 답안지와 습작한 과표(科表) 708편을 수록하고 있다. 이 책은 당대 응시자들이 과거 시험을 준비하는 과정에서 실제 참고하여 학습한 전범이 되는 작품들을 작가별로 분류하여 정리한 책으로, 당대의 과문의 전범이 되었던 작가들과 그들의 작품을 살펴보는 데 중요한 자료라고 할 수 있다. 또한 『여림』은 당대 응시자들이 습작 중에서도 과표로 이름났던 작가들과 그들의 작품들을 광범위하게 수록하고 있다는 점, 이일제(李日躋, 1683~1757), 유동빈(柳東賓, 1720~?), 박도상(朴道翔, 1728~?), 권경(權絅, 1708~?) 등 기존에 알려지지 않은 많은 과표 작가군을 다수 수록하고 있다는 점에 자료적 가치가 있음을 특기하였다.

김기엽 박사는 정조대(正祖代)에 시행된 지방 별시의 전말을 기록하고 별시에 합격한 시권(試券)을 수록한 자료집인 『빈흥록(賓興錄)』을 분석하였다. 빈흥(賓興)은 빈객으로 예우하여 천거한다는 뜻으로, 조선 시대 각 지방에서 실시한 1차 시험인 향시(鄕試)를 나타내는 말로도 쓰인다. 정조는 주(周)나라 때의 빈흥법(賓興法)을 근거로 지방 유생(儒生)의 지위를 향상시키기 위해 경상, 강원, 제주, 함흥, 영흥, 함경, 평안 등의 도에 빈흥(賓興)을 여러 차례 실시하고 그 결과 여러 빈흥록을 남겼다. 김기엽 박사는 그중 1792년 영남 유생의 응제(應製) 시권(試券)을 수록한 『교남빈흥록(嶠南賓興錄)』에 주목하여, 정조대 영남 지방에서 시행된 도산별시 관련 자료를 파악하고, 과거 시험 문체 중의 하나인 과부(科賦)의 수사와 규식, 그리고 시권의 비점에 반영된 평가 기준 등을 세밀히 분석하였다.

박선이 박사의 두 번째 논고 역시 조선시대 과표(科表)에 주목하였다. 특히 조선 후기에 편찬된 과문선집 중 『동려문(東儷文)』과 『여림(儷林)』이라는 텍스트에 주목하여 응시자들이 어떤 과문 작가들과 작품들을 주목했는지 살펴보고, 두 책에 수록된 작품 가운데 조선 후기 응시자들이 과표 작성의 모범으로 참고했던 작품들의 양상과 실제를 면밀히 분석하였다. 또한 『동려문』과 『여림』에 모두 수록된 작가와 작품 가운데 당시 응시자들 사이에서 과표의 능수로 명망이 있던 이일제와 유동빈의 작품을 들어 그들 작품의 형식적인 면과 내용적인 면을 고찰하였다.

김광년 박사는 조선 정조(正祖) 연간부터 편찬이 이루어진 과문집인 『임헌공령(臨軒功令)』의 체재와 내용 및 그 특징 등을 탐색하였다. 정조는 즉위 때부터 과거에 지대한 관심을 가지고 그 개혁을 시도한 바 있었으며, 과거 시험 문제와 답안 자료를 통해 시대상을 보여줄 수 있다고 생각하였다. 이러한 문제의식은 그가 즉위 초부터 각종 과거 시험 및 과제(課製)의 문제와 답안을 수집하여 과문집인 『임헌공령』을 편찬하도록 지시하는 결과로 이어졌다. 『임헌공령』은 시행일자, 문제, 답안, 해당 답안의 작성자 및 성적 등 정조 연간 이후 과거 시험의 양상을 구체적으로 보여주는 자료로서 매우 중요한 가치를 지닌다. 김광년 박사의 논고는 『임헌공령』에 대한 기초 연구로서 『임헌공령』 연구에 대한 초석을 마련하였다.

이상욱 박사는 조선 후기에 편찬된 과책 참고서 『책형』과 『변려화조』를 대상으로 그 내용을 분석하고 이 참고서들이 강조하는 글쓰기 방식을 검토하였다. 두 참고서는 모두 각 정식의 단락을 세분하여 논리 진행 방식과 수사법을 형식화·유형화하고 있으며, 풍부한 예문, 모범답안, 문장의 투식 등을 제시함으로써 수험생들이 효과적으로 과책문을 공부할 수 있도록 돕고 있음을 논증하였다. 또한 많은 18세기 과책 참고서에서 볼 수 있듯이 구폐식 과책의 형식과 수사법이 더 정교하게 규정되고, 문제의 근원적 해결책은 군주성학론으로 귀결되는 일관성의 긴밀한 구성이라는 큰 방향성을 가지고 있었다고 분석하였다. 또한 이를 통해 조선 후기의 구폐식 과책의 정식, 글쓰기 틀은 당대의 모든 문제 현상의 원인을 하나, 곧 임금에게로 귀결시키도록 고안된 혹은 진화된 체계임을 논증하였다.

윤선영 박사는 한중 경의문을 비교하였다. 명·청대 팔고문(八股文)은 팔고(八股)의 철저한 격식[파제(破題)-승제(升題)-기강(起講)-입제(入題)-기고(起股)-중고(中股)-후고(後股)-속고(束股)] 하에 답안이 작성되었으나, 조선의 경우 '對'로 시작하여, 중간부에 '請申之', '請詳論之' 등, 결미에 '吁, 勤對'라는 투식어가 보인다는 점 이외에는 형식상 거의 제약을 받지 않았다. 내용적인 면에 있어서는 주자설 수용 방식과 의존도의 변화 양상에 주목하여, 조선의 경의문은 시제와 답안에서 주소가들의 이름을 직접 거론하고 그 설들을 그대로 인용하고 있으나 팔고문에서는 답안 작성자가 성현을 대신하여 글을 쓰는 방식이었으므로 선유들의 설을 자신의 글 속에 녹여 내어 간접적으로 인용하는 방식을 쓰고 있다고 분석하였다.

이상의 논고들은 1단계 3년간의 연구 성과를 책으로 엮어낸 첫 성과물이다. 본 연구팀은 지난 3년간 조선시대 과거시험 관련 문헌을 조사하고 번역하고 DB화하였으며, 앞으로 3년간 그 성과를 바탕으로 조선시대 과거의 수사문체 및 논리구축방식에 대한 연구를 집중적으로 해나갈 예정이다. 본서가 앞으로 우리나라의 과시 연구와 한문학 연구를 심화해 나가는 큰 디딤돌이 되기를 바란다.

참고문헌

1. DB 및 웹사이트

국립중앙도서관 한국고전적종합목록시스템(http://www.nl.go.kr/korcis/)
국사편찬위원회 승정원일기(http://sjw.history.go.kr/)
국사편찬위원회 조선왕조실록(http://sillok.history.go.kr/main/main.do)
국사편찬위원회 한국역사정보시스템(http://www.koreanhistory.or.kr/)
한국고전번역원 한국고전종합DB(http://db.itkc.or.kr/)
한국학중앙연구원 한국역대인물종합정보시스템(http://people.aks.ac.kr/)

2. 연구 논저

김경(2020), 「事實性으로 바라본 『穎尾編·科場』의 특징과 의미」, 『동양고전연구』 80, 동양고전학회, 67~98면.
김경(2021a), 「조선 후기 南人系 과체시집 『近藝雋選』 연구」, 『민족문화』 57, 한국고전번역원, 161~191면.
김경(2021b), 「조선 후기 향촌사회 科詩 창작 一考」, 『동방한문학』 88, 동방한문학회, 149~179면.
김경·이진경(2020), 「諧謔性으로 바라본 『穎尾編·科場』의 특징과 의미」, 『대동한문학』 64, 대동한문학회, 145~176면.
김경용(2012), 「역주 『과거사목』 연구」, 『교육사학연구』 22-2, 교육사학회, 149~174면.
김경용(2013a), 「역주 『과거사목(신과거사목)』 연구」, 『교육사학연구』 23-1, 교육사학회, 1~20면.
김경용(2013b), 「역주 『상정과거규식』 연구」, 『교육사학연구』 23-2, 교육사학회, 1~22면.
김광년(2020a), 「正祖-高宗年間의 科文集 『臨軒功令』 硏究」, 『동양고전연구』 80, 동양고전학회, 129~159면.
김광년(2020b), 「조선 후기 科試 연구와 『승정원일기』의 활용」, 『동방한문학』 85, 동방한문학회, 55~79면.
김기엽(2021), 「『嶠南賓興錄』의 판본과 御考 科賦 試券에 대한 小考」, 『동방한문학』 87, 동방한문학회, 163~192면.
김동석(2013), 「朝鮮時代 試券 硏究」, 한국학중앙연구원 박사학위논문.
김성준(1993), 「정조년간 과문의 문체변화와 문체반정」, 『한국한문학연구』 16, 한국한문학회, 247~279면.
김우정(2023), 「秋浦 黃愼의 '科製四六' 고찰」, 『한문학논집』 65, 근역한문학회, 7~28면.
노요한(2014), 「심광세 『해동악부』의 사료출처와 형식에 대한 연구」, 고려대 석사학위논문.
노요한(2019), 『조선전기 관찬 주해서의 문헌학적 연구』, 고려대 박사학위논문.
노요한(2019), 「조선전기 莊子書의 유입과 간행」, 『우리문학연구』 64, 우리문학회, 35~60면.

노요한(2023), 「고려대 만송문고 소장 『壯策粹』에 나타난 대책문의 수사법에 대하여」, 『동아한학연구』 17, 고려대 한자한문연구소, 85~113면.

류화정(2023), 「『精選唐宋千家聯珠詩格』 增註와 인용된 문학서」, 『고전문학연구』 63, 한국고전문학회, 191~229면.

박선이(2020), 「조선 후기 科文選集 『儷林』에 대하여」, 『JKC』 50, 한국어문학국제학술포럼, 253~279면.

박선이(2021), 「조선 후기 策題와 출제 경향에 관한 일고찰」, 『한민족어문학』 93, 한민족어문학회, 361~394면.

박선이(2022), 『肅宗-正祖代 科策과 科表 연구』, 고려대 박사학위논문.

박우훈(1995), 「한국의 騈文集 연구」, 『국어국문학』 114, 국어국문학회, 21~41면.

박현순(2014), 『조선 후기의 과거』, 소명출판.

박현순(2015), 「조선시대 과거 수험서」, 『한국문화』 69, 서울대 규장각한국학연구원, 205~243면.

박현순(2016), 「정조의 『臨軒題叢』 편찬과 御題 출제」, 『규장각』 48, 서울대 규장각한국학연구원, 147~189면.

박현순(2019), 「정조의 日次殿講 운영」, 『조선시대사학보』 89, 조선시대사학회, 109~144면.

박현순(2021), 「조선 후기 과문 관련 자료의 유형과 특징: 규장각 소장 자료를 중심으로」, 『한국한문학연구』 83, 한국한문학회, 77~116면.

손보기(1986), 『세종시대의 인쇄출판』, 세종대왕기념사업회.

심경호(1996), 「宣祖·光海君朝의 韓愈文과 史記 硏鑽에 관하여: 韓愈文과 『史纂』의 懸吐와 註解를 중심으로」, 『서지학보』 17, 한국서지학회, 3~39면.

심경호(1999), 『조선시대 한문학과 시경론』, 일지사.

심경호(2012), 『한국한문기초학사3』, 태학사.

심경호(2015), 「조선의 科擧와 參考書, 그리고 韻書」, 『열상고전연구』 46, 열상고전연구회, 327~369면.

심경호(2016), 「정조의 문체정책과 제술부과」, 『진단학보』 127, 진단학회, 131~157면.

심경호(2020), 「과시, 과제 및 응제 자료의 편재 상황」, 『동양고전연구』 80, 동양고전학회, 9~65면.

심경호(2021a), 「조선의 과거와 문자생활」, 『동아한학연구』 15, 고려대 한자한문연구소, 209~262면.

심경호(2021b), 「1634년 별시 책문의 정치성」, 『문명과 경계』 4, 포스텍 융합문명연구원, 259~331면.

안대회(1995), 「윤춘년의 성률론에 대하여」, 『동방학지』 88, 연세대학교 국학연구원, 123~155면.

안세현(2011), 「조선중기 文風의 변화와 科文」, 『대동문화연구』 74, 성균관대 대동문화연구원, 225~254면.

윤선영(2019), 『조선 시대 科試의 四書疑 연구』, 고려대 박사학위논문.

윤선영(2021), 「한·중 科擧 經義文 비교」, 『한국한문학연구』 83, 한국한문학회, 149~182면.

이미진(2022), 「雪峯 姜栢年의 表를 통해 본 조선시대 月課 창작의 일단면」, 『고전과해석』 36, 고전문학한문학연구학회, 231~268면.

이병혁(2003), 『韓國漢文學의 探究』, 국학자료원.

이상욱(2015), 『조선 과문 연구』, 연세대 박사학위논문.

이상욱(2017), 「조선 후기 科表의 문체적 특징과 글쓰기」, 『대동한문학』 53, 대동한문학회,

159~193면.

이상욱(2020), 「조선 후기 과책 참고서의 작법 요령: 『策型』과 『騈儷華藻』를 중심으로」, 『열상고전연구』 72, 열상고전연구회, 459~495면.

이상욱(2022a), 「조선 후기 科賦 참고서와 공부 방법: 『騷賦彙芳』과 『小大由之』를 중심으로」, 『대동한문학』 72, 대동한문학회, 5~40면.

이상욱(2022b), 「三淵 金昌翕 科詩 고찰: 17세기 조선 과시의 역사적 전개와 관련하여」, 『열상고전연구』 77, 열상고전연구회, 360~410면.

전재동(2007), 「조선 유학자들의 주자만년정론설 수용과 비판에 관한 연구」, 『영남학』 12, 경북대학교 영남문화연구원, 157~192면.

曺佐鎬(1996), 『韓國科擧制度史研究』, 범우사.

차미희(1999), 『조선시대 과거제도 연구』, 국학자료원.

황위주(2013), 「科擧試驗 硏究의 現況과 課題」, 『大東漢文學』 38, 대동한문학회, 5~46면.

宮紀子(2006), 『モンゴル時代の出版文化』, 名古屋大學出版會.

조선시대 과시 문헌과 문체

과시(科試), 반제(泮製) 및 응제(應製) 자료의 편재 상황

심경호

한국의 근대 이전의 '문'과 '학'은 정치권력과 화해하여 그것을 추동하거나 혹은 정치권력을 비판하면서 새로운 방법과 내용을 모색해 왔다. 정치권력과의 관계를 고려하지 않고 문학의 독자성을 운위하는 것은 실상에 맞지 않는다. 종래 정치권력의 구현에서 가장 중요한 제도가 인재 선발과 인력 관리의 방식이었다. 이에 정치권력의 향배를 이해하고 문과 학의 발전 양상을 살피기 위해서는 과거제도의 본질을 제대로 파악할 필요가 있다. 종래 조선시대 과거에 관한 연구는 주로 제도의 연혁과 합격자 등용의 사실에 초점을 맞추어 왔다. 하지만 과거에서 부과된 문체나 제목은, 당시 국가가 인재에게 요구하는 현실 감각을 문학 및 학문의 내용을 통해서 검증하고자 하는 이념과 논리를 담고 있다. 따라서 과거제도를 전면적, 과학적으로 연구하기 위해서는 시행 세칙을 검토하는 이외에 부과 문제 및 제목을 세밀하게 검토하고, 필수 공용서적(운서, 자서 등), 수험대비용 서적, 수험 결과 편찬물의 유통을 조사하여 각 시대의 학술 경향과 문화적 역량, 학술 논쟁의 역사와 학술 방법의 변화를 이해하는 바탕으로 삼을 필요가 있다. 필자는 과거 관련 자료가 방목 자료 이외에 문집, 과문 편집본, 필기잡록류, 단행(별행) 자료, 시권 등 다양한 종류의 문헌 자료에 편재되어 있음에 주목하여 향후의 연구 방향 설정에 작은 도움을 주고자 했다.

종래의 문학 연구, 특히 한문학 연구는 서구 중심의 근대화론을 참조하면서 근대적 '개인' 혹은 '주체'를 입증하고자 하는 면이 강했다. 이에 따라 근대 이전의 문학이 일본을 통해 수입된 서구 문학의 범주와는 다르다는 점을 망각하고 말았다. 그러나 한국의 문학실천은 서구의 그것을 가지고 재단할 수는 없으며, 역사적 기능과 의의를 실상에 따라 검토할 필요가 있다. 이를테면 정조의 『일득록』은 전체 네 부류 2,688항목인데, 네 분류는 정조의 통치 방식과 관련하여 매우 중요한 의미를 지닌다. 우선 '문학'은 '문'과 '학'이다. 문장과 학문(경학)이 표리 관계에 있다는 것으로 신료들의 요건을 이 둘의 일치로 본 것이다. 다음으로 '정사'는 구체적인 행정과 치도의 이념을 포괄한다. '인물'은 인물 감평이 바로 지인(知人)의 중요한 방도이며, 지인은 또한 애민의 방도라는 정치철학에 근거한 분류이다. 마지막의 '훈어'는 영조 때부터의 훈요식 정치 방식을 계승한 것이다. 이렇듯 '문학'의 관념은 한국의 역사적 맥락에서 얼마든지 다르게 정의할 수 있다. 그런데 한국의 근대 이전의 '문'과 '학'은 정치권력과 화해하여 그것을 추동하거나 혹은 정치권력을 비판하면서 새로운 방법과 내용을 모색해 왔다. 정치권력과의 관계를 고려하지 않고 문학의 독자성을 운위하는 것은 실상에 맞지 않는다. 종래 정치권력의 구현에서 가장 중요한 제도가 인재 선발과 인력 관리의 방식이었다. 이에 정치권력의 향배를 이해하고 문과 학의 발전 양상을 살피기 위해서는 과거제도의 본질을 제대로 파악할 필요가 있다.

주지하다시피 근대 이전의 한국과 중국, 베트남에서 과거는 인재 선발의 최선책이거나 불가피한 방법으로 간주되었고, 동시에 참된 인재를 선발하지 못하는 불량한 제도로서 조롱되기도 했다.

정만조(鄭萬朝, 1858~1936)의 『과거급과문(科擧及科文)』(서울대 규장각 가람문고 소장)은 그가 1925년 경성제국대학 법문학부 강사로 임명된 이후 교재로 집필했던 원고의 철필등사본이다.[1] 그 원고본의 시작은 다음과 같다.

> 인재를 선발하여 등용하는 방법은 과거보다 좋은 것이 없고, 또한 과거보다 좋지 않은 것이 없다. 어째서인가? 만약 과거로 사람을 뽑지 않으면 이미 표준이 없게 되고 또한 방한(防閑)이 없게 되니, 반드시 그 능력을 시험하고 그 우열을 상고(詳考)하며 그 고하를 품별(品別)하여 차례대로 취하여 등용하면 위로는 함부로 관직을 제수하는 폐단이 없고 아래로는 인재가 재야에 버려지는 곤란한 일이 없을 테니, 또한 좋지 아니한가? (중략) 서한(西漢)이 일어난 때에 이르러, 현량(賢良)하고 방정(方正)한 선비를 뽑아 대책시(對策試)를 치루고, 또 효렴과(孝廉科)와 역전과(力田科)의 이름이 있었으니, 이것이 과거의 이름이 처음 나타난 것이다. 수당(隋唐) 이래로 흔히 사(詞)·부(賦)로 사람을 뽑아서, 과거의 폐단이 마침내 일어났다. 그 후 박학홍사과(博學鴻詞科)·명경과(明經科)·대책과(對策科) 등의 과목이 없던 것은 아니지만 세상의 품격은 날로 떨어지고 풍속은 날로 구차해져서 요행(僥倖)의 문과 조진(躁進)의 길을 열었다. 주나라가 덕행으로 빈객을 천거한 것과 한나라가 현량한 이를 대책으로 등용한 것은 그 기풍이 점차 멀어져서 인재가 무리지어 조정에 나아가는 것이 상고시대에 미치지 못하게 되었으니, 어찌 불선(不善)하지 않겠는가?[2]

---

1 鄭萬朝, 『科學及科文』, 서울대 규장각 가람문고 소장.
2 鄭萬朝, 『科學及科文』, "選擧之法, 莫善於科學, 而亦莫不善於科學. 何者? 若不以科學擧人, 旣無標準, 亦無防閑, 必試其能, 考其優劣, 品其高下, 以次取用, 則上無濫授之弊, 下無野遺之難, 不亦善乎? (중략) 至西漢盛時, 擧賢良方正之士, 試以對策, 又有孝廉力田科之名, 此科學之名之始起也. 隋唐以降, 多以詞賦取人, 而科學之弊遂作. 其後非無博學鴻詞·明經·對策等科目, 而世級日下, 俗尙日偸, 關倖倖之門, 躁進之路. 周賓德行, 漢策賢良, 其風漸遠, 而人才之彙進, 有不及上古, 詎非不善者乎?"

이어서 정만조는 고려 광종 때 후주인 쌍기가 지공거가 되어 진사과, 명경과 등을 설치했고, 이후 조선시대에 이르러 과거제도가 점차 번다하게 되었다고 과거사를 개괄했다.³

한편 이응백 님은 1962년의 논문「갑오경장 이전의 작문 교육」에서 정만조의 개설을 바탕으로 하되『실록』, 법전, 문집의 관련 기록, 과문 습작 대본 국립중앙도서관 소장『과시분운(科詩分韻)』의 발굴 등을 통하여 과거제도와 과거 시험의 명목을 더 상세히 논했다.⁴ 그리고 이병혁 님은「한국과문연구-시(詩)·부(賦)를 중심으로-」(『동양학』 16, 1986, 1~34면),「과문의 형식고(II)-표·책을 중심으로-」(『동양한문학연구』 2, 1987, 169~192면),「한국과문연구(III)」(『동양한문학연구』 12, 1998, 187~204면) 등 일련의 옥고를 통해서 과문의 형식을 상세하게 논술했다.⁵

정만조는 과거의 폐단은 과거 시험의 명목이 너무 번다하다는 점, 과문의 체재에 너무 얽매인다는 점에 있다고 진단했다. 그리고 "지금의 학교는 바로 과거법을 개정한 것이지 과거를 폐지한 것이 아니다"라고 일제강점기 교육제도와 선발법을 칭송했다.⁶ 그 결론은 받아들일 것이 없다. 그런데 정만조가 과목과 관련하여 시(詩)에 대해 "평측률에서 이백

---

3 鄭萬朝,『科擧及科文』, "至高麗光宗九年, 後周人雙冀, 隨冊使而來獻議設科, 遂命爲知貢擧, 以詩賦訟策試取, 稱進士, 以易書詩春秋試取, 稱明經, 又以醫卜律書數地理三禮三傳何論等諸業試取, 亦賜出身. 自是至麗末, 規程屢變, 而大略不出雙氏所定之外. 李朝太祖元年, 始定文武科制, 而仍用麗制, 其翌年定爲式年法. 以子卯午酉年爲式年, 取文科三十三人, 武科無定額, 而常什佰於文科, 取生員進士科, 各百人. 生員者卽麗之明經, 而進士仍麗稱也. 太宗元年, 刱設廣科, 自此科制漸繁."

4 이응백(1962), 1~73면.

5 이병혁(2003). 참조.

6 鄭萬朝,『科擧及科文』, "夫科擧之弊, 一則科試之名目太繁, 一則科文之體裁太拘. 是以選難其精, 才有所局, 又況考試者, 未必皆有藻鑑有公心乎? 且使不繁不拘, 考試者得其人, 不以先之教育不可也. 教育不明, 徒尙科擧, 是不治其本而治其末也. 所以廢科擧而興學校, 以復古昔家塾黨庠州序國學之制, 而迂儒曲士, 尙有以科擧之廢爲深憾, 何其固也? 今之學校, 亦科擧之制也. 嚮者, 文武科之居甲者, 直授六品職, 生進科之被選者, 亦隨才補蔭官. 今大學卒業者, 直無礙爲高等官, 雖中學高等卒業, 皆有就職之望. 嚮者, 占大小科者, 必賜紅白牌, 今學校卒業, 皆有證書褒狀之授, 此皆何異乎科擧也? 故余則曰: "今之學校, 卽科擧法之改良者也, 非廢科擧也.""

의 「양양가」를 모방한다"라고 한 지적은 매우 중요하다.[7] 「양양가」에 "천금의 준마로 소첩을 바꾸니, 웃으며 조안에 앉아 낙매곡을 노래하네. 멀리 보이는 한수 압두처럼 푸르니, 포도주가 처음으로 발효하는 듯하네[千金駿馬換小妾, 笑坐雕鞍歌落梅. 遙看漢水鴨頭綠, 恰似葡萄初醱醅]"라고 했는데, 그 평측은 "平平仄仄仄仄, 仄仄平平平仄平. 平平仄仄仄平仄, 仄仄平平平仄平"이다. 정만조는 과시 형식이 중국시 근체시의 평측률과 달리 염법(簾法)을 지키지 않는 기원을 지적한 셈이다. 종래 조선 후기 과체시의 기원에 관해서는 이학규(李學逵)가 『동사일지(東史日知)』에서 변계량(卞季良) 창안설을 거론했고, 정약용(丁若鏞, 1762~1836)도 그 설을 따랐다. 하지만 이학규가 말한 과체시 형식이 18구(련) 형식을 가리키는지, 제4구(련) 말의 지정운자 압운법을 가리키는지, 구중 평측률에 관한 것인지, 지금까지 명확하게 밝혀진 것이 없었다. 그런데 정만조의 언급을 통해, 과체시의 평측률 가운데서 염법이 악부 형식에서 기원한 것일 수 있다는 가정을 할 수 있게 되었다. 단, 정만조는 그 평측률이 변계량의 고안이라고는 지적하지 않았다. 이제까지 필자가 관련 자료를 검토한 것을 토대로 하면, 변계량은 염률을 고안해서 과시에 강제했다고 볼 근거가 없다.

그런데 정범조나 이후의 학자들은 고시(考試)의 평가 등급에 대해서 그리 주의하지 않았다. 고려 과거를 보면 처음에는 갑, 을, 병과로 하다가 몽골 지배하 때 을, 병, 동진사로 등급을 나누었고, 조선 초에도 그것을 준용하다가 1468년(세조 14) 무자 식년시에서 갑과(甲科)·을과(乙科)·병과(丙科)로 나누었다. 중종 때는 갑과·을과·병과와 1등·2등·3등을 번갈아 사용하다가, 1546년(명종 1)부터 1894년(고종 31) 갑오개혁까지 갑과·을

---

[7] 고대 과거팀 주: 건륭(乾隆) 초부터 갑자기 별격(別格)이 생겨 3운(韻)으로 1단(段)을 삼는데, 그 중단(中段)에는 반드시 대우(對耦)를 사용한다. 백 년 전만 하더라도 이런 격률(格律)이 없었으니, 이것이 하나의 폐단이다. 춘정(春亭) 변계량(卞季良)이 처음으로 과시(科詩)를 지으면서 「양양가(襄陽歌)」의 성률(聲律)을 모방했다.

과·병과로 고정되었다.⁸ 과시의 자료를 정리할 때는 이와 같은 등급 분류의 변천을 염두에 두어야 할 것이다.

방목에 근거한 과거 자료 정리 방향

정만조는 『과거급과문(科擧及科文)』에서 증광과로부터 식년시에 이르기까지 과거 시험의 명목(名目)을 열거했다. 무과(武科), 음양과(陰陽科), 역과(譯科), 의과(醫科), 율과(律科) 등을 제외하고 문과에 관련된 것들만 열거하면 다음과 같다.

增廣試	取文武生進, 額數與式年科同. 遇國有大慶則設.
重試	太宗七年設. 試文武堂下三品以下官, 被選者, 六品以上, 陞堂上三品, 六品以下, 陞六品. 例以十年一次設.
謁聖	太宗十一年, 幸太學謁孔廟, 親試文武科, 卽日放榜.
親試	太宗十六年, 親臨殿庭試士. 明宗初, 改稱庭試, 取文武科.

---

8 1393년(태조 2) 병오 식년시에서는 을과(乙科)·병과(丙科)·동진사(同進士)로 고려 과거제를 따랐으나, 1414년(태종 14) 갑오 식년시에서는 을과1등(乙科一等)·을과2등진사(乙科二等進士)·을과3등동진사(乙科三等同進士), 1414년 갑오 친시에서는 을과1등(乙科一等)·을과2등(乙科二等)·을과3등(乙科三等), 1416년 병신 친시에서는 을과1등(乙科一等)·을과2등(乙科二等)만을 두었다. 1438년(세종 20) 무오 식년시에 을과(乙科)·병과(丙科)·정과(丁科)로 나누어 동진사를 정과로 바꿨으며, 1439년(세종 21) 기미 친시에서는 을과(乙科)·병과(丙科)만 선발하고, 1447년(세종 29) 정묘 친시에서는 을과1등(乙科一等)·병과2등(丙科二等)·정과3등(丁科三等)으로 나누었다. 1460년(세조 6) 경진 평양별시에서 처음으로 1등(一等)·2등(二等)·3등(三等)으로 나누고, 1468년(세조 14)에 무자 식년시에서 갑과(甲科)·을과(乙科)·병과(丙科)로 나누고, 1468년 무자 중시에서 갑과(甲科)·을과(乙科)·병과(丙科)·정과(丁科)로 나누었다. 을과·병과·동진사는 1438년(세종 20) 이후에는 사용되지 않았으며, 을과·병과·정과는 1506년(중종 1) 이후에는 사용하지 않았다. 중종 때는 갑과·을과·병과와 1등·2등·3등을 번갈아 사용했다. 1546년(명종 원년)부터 1894년(고종 31) 갑오개혁까지 갑과·을과·병과로 고정되었다.

別試	世祖六年設. 幷取文武科, 或於外道設. 如設於平壤則今平安道內人赴, 設於咸興則今咸境道內人赴, 而如設於松都濟州水原則只令本邑人赴. 後每於丙年設謂之丙別.
拔英試	世祖十一年設. 令文武宰臣赴.
登俊試	世祖十一年設拔英試尋設登俊試, 文武從一品以下皆赴. 英祖五十年設行, 後不復設.
進賢試	聖宗十二年設, 仍廢.
賢良科	中宗十四年設, 仍罷榜後屢復旋罷.
到記	中宗二十八年設. 自國初養士於成均館及中東南西四學館學儒生之赴食堂者, 謂之到記. 曾多課試之例, 而未嘗賜第. 至是科名稱到記, 春秋試以講製, 魁者竝直赴殿試.
圓點儒生應製	明宗十七年設. 館學儒生, 到記日數最多者, 謂之圓點, 後只稱館學儒生應製.
黃柑	明宗十九年, 濟州貢柑上來試. 館學儒生頒柑, 魁者直赴殿試.
節日製	成宗三年, 以三月三日, 九月九日試, 太學之士, 以令節娛樂也. 孝宗九年, 七月七夕, 亦試士. 英祖八年人日, 亦試士. 魁者或直赴殿試, 或直赴會試.
殿講	列朝多有臨軒試講之時. 至明宗十六年, 落點館學儒生試講一經賜第. 英祖二十年定爲每月一次. 通者直赴殿試, 或直赴會試.
耆老科	英祖三十二年設. 文武科六十歲以上赴擧. 魁者直陞通政正三品.
宗親科	成宗十八年, 命宗親講經史. 太王二年設, 璿派儒生應製. 魁者直赴殿試, 五年又設宗科庭試.
忠良科	英祖四十年設. 並試文武, 以忠烈顯節祠, 忠臣子孫許赴. 魁者直赴殿試.
殿試	文宗元年設.
	【自增廣以下文武科被選者, 皆赴試分甲乙丙三等. 甲科

	直授六品職, 蔭官之已陞六品以上者, 直授通政階. 放榜日賜紅牌, 庭試及謁聖, 卽日放榜, 與殿試同, 故凡直赴殿試者, 未及殿試, 而值廷試與謁聖, 則依赴殿試例來赴.(賜紅牌式年文科同. 生進科放榜日賜白牌.】
式年初試	以式年前秋設. 漢城分三所, 各取五十人. 外道以道之大小, 分排滿三百人(武科初試無定額), 入格者赴會試.
增廣初試	與式年初試同, 但會試前設行.
別試初試	與增廣初試同.
監試初試	亦以式年前秋設. 漢城分二所, 各取二百人(生員初試百人, 進士初試百人). 外道亦以道之大小, 分排滿千人. 入格者赴會試, 增廣監試同, 但生進會試前設行.
陞補	成均館大司成每年十二, 抄以詩賦課試計畫, 畫多者選, 又四學敎授亦以詩賦試士, 各取四十人. 大司成更聚試之, 選其優者名曰合製, 與計畫者, 合爲二十六人, 又以小學試講取四人, 並許赴生進會試. 又以四書試講取四人, 許赴式年文科會試. 外道設公都會如陞補例(但年一試), 每道取十人以內, 並許赴生進會試. 此皆自國初有之, 屢變其規而大略則同. 英祖時『續大典』所定如是.

과거의 종류		단계				비고
		초시	복시	전시	기타	
식년시	식년문과	○	○	○		
	식년생원시	○	○	-		
	식년진사시	○	○	-		
부정기시	증광문과	○	○	○		
	증광생원시	○	○	-		
	증광진사시	○	○	-		
	별시문과	○	-	○		
	정시문과	(○)	-	-		
	알성문과	-	-	○		
	춘당대문과	-	-	○		

과거의 종류		단계				비고
		초시	복시	전시	기타	
부정기시	문과중시(文科重試)				○	
	문신정시(文臣庭試)				○	
	외방별과	-	-		○	
기타1	전강(殿講)				○	문과의 일부
	절일제(節日製)				○	
	황감제(黃柑製)				○	
	통독(通讀)				○	
	도기과 제술(到記科製述)				○	
	대륜차(大輪次)				○	
기타2	승보(陞補)				○	생진시의 일부
	사학합제(四學合製)				○	
	공도회(公都會)				○	

표 1. 법전 상 과거 시험의 종류(○ 법전 상 규정 과거 시험 총 30종).
(한국학중앙연구원 『시권』(2015. 6) 도록에 의거하되 대륜차의 위치를 조정함)

그리고 정범조는 응거문(應擧文)의 격식을 다음과 같이 나열했다.

疑, 論孟庸學四書中, 摘其可疑者爲問題, 卞其疑而對之, 約三十行.
義, 易書詩禮四經中, 摘一句爲題, 敷衍其義, 文體如支那近世八股文, 約三十行.
詩, 古詩文中, 摘一句爲題押, 題中一字爲韻, 押其字於第四聯, 十八韻無轉韻. 例如題曰天命之謂性, 押天字, 第四韻押天, 餘十七韻, 皆用先韻. 平仄律倣李白詩[「襄陽歌」:필자 주]'千金駿馬換少妾, 笑坐雕鞍歌落梅'音節.
賦, 命題與詩同, 但無押韻. 作者隨意轉韻, 必滿三十韻.
表, 題有賀進請謝辭乞六體. 例如'周群臣賀其命維新', '漢諸葛亮進出師表', '陶唐華封人請祝聖人壽富多男子', '宋蘇軾謝命撤金蓮燭歸院', '殷傅說辭爰立作相', '唐柳宗元乞以柳州易播州'. 製法純用四六長短並十八九聯.
策, 或以古事或以時務爲問題. 其對有虛頭中頭逐條說弊捄弊篇終之次序,

務過三千字.

論, 與古文論體同.

箴銘頌等, 只出於御題, 皆用四字, 或並引. (近俗引必以四六)

과거 종류		단계1	단계2	고시과목 (단위: 편(篇) / →: 좌동(左同))				
				조선초	경국대전	속대전	대전통편	대전회통
생진시 (소과)	식년생원시(式年生員試)	초시	-		四書疑1 五經義1	→ →	四經義1 (春秋今廢)	→
		복시	-		상동	상동	상동	상동
	식년진사시(式年進士試)	초시	-	賦1, 排律十韻詩1(世宗)/ 賦1, 古詩·律詩 중 1(文宗)	賦1 古詩·銘·箴 중 1	→ 古詩1 (銘·箴 今廢)	→ →	→ → (賦30구, 詩17,8구 이상)
		복시	-		상동	상동	상동	상동
	증광생원시(增廣生員試)	초시	-		四書疑1 五經義1	→	四經義1 (春秋今廢)	→
		복시	-		상동	상동	상동	상동
	증광진사시(增廣進士試)	초시	-			賦1 古詩1 (銘·箴 今廢)	→ (賦30구, 詩 17,8구 이상)	→
		복시	-		상동	상동	상동	상동
	승보시 (升補試)	초시류	-		賦1 古詩1	→	→	→
	사학합제합강 (四學合製合講)	초시류	-		賦1 古詩1	→	→	→
					四書/小學			
	공도회제술강서 (公都會製述講書)	초시류	-		賦1 古詩1			
					四書			
문과 (대과)	식년문과 (式年文科)	초시	초장	四書三經 背講/四書疑·五經義·論 중 2	四書疑·五經義·論 중 2	四書疑1 論1 (初場五經義今廢)	→	→
			중장		賦·頌·銘·箴·記 중 1 表·箋 중 1	賦1 表·箋 중 1 (中場頌銘箴記今廢)	→	→
			종장		對策1	→	→	→
		복시	초장		四書三經(五經)의 背講	→ (周易, 春秋 倍劃)	→	→
			중장		賦·頌·銘·箴·記 중 1 表·箋 중 1	賦1	→	→
			종장		對策1	→	→	→

과거 종류		단계1	단계2	고시과목 (단위: 편(篇) / →: 좌동(左同))				
				조선초	경국대전	속대전	대전통편	대전회통
문과 (대과)		전시	-		對策·表·箋·箴·頌·制·詔 중 1	對策·表·箋·箴·頌·制·詔·論·賦·銘 중 1	→	→
	증광 문과 (增廣文科)	초시	초장			四書疑1 論1	→	→
			중장			賦1 表·箋 중 1	→	→
			종장			對策1	→	→
		복시	초장			賦1 表·箋 중 1	→	→
			중장			-		
			종장			對策1	→	→
		전시	-			對策·表·箋·箴·頌·制·詔·論·賦·銘 중 1		
	별시 문과 (別試文科)	초시	초장			論1 表·箋1 또는 賦1 (兩題輪回)		
			종장			對策1		
		[회강(會講)]	-			四書 중 1 三經 중 1		
		전시	-			策·表·箋·箴·頌·制·詔·論·賦·銘 중 1		
	정시 문과 (庭試文科)	초시	-			賦1 表·箋 중 1		
		전시	-			策·表·箋·箴·頌·制·詔·論·賦·銘 중 1		
	알성 문과 (謁聖文科)	전시	-			策·表·箋·箴·頌·制·詔·論·賦·銘 중 1		
	춘당대문과 (春塘臺文科)	전시	-			策·表·箋·箴·頌·制·詔·論·賦·銘 중 1		
	외방 별과 (外方別科)	전시	-			策·表·箋·箴·頌·制·詔·論·賦·銘 중 1		
	절일제 (節日製)	초시·복시류	-			策·表·箋·箴·頌·制·詔·論·賦·銘 중 1		
	황감제 (黃柑製)	초시·복시류	-			策·表·箋·箴·頌·制·詔·論·賦·銘 중 1		
	전강(殿講)	초시·복시류	-			三經 중 1경 背講		
	통독(通讀) 제술(製述) 강서(講書)	초시·복시류	-			賦1 表·箋·論 중 1		

과거 종류		단계1	단계2	고시과목 (단위: 편(篇) / →: 좌동(左同))				
				조선초	경국대전	속대전	대전통편	대전회통
문과(대과)	통독(通讀) 제술(製述) 강서(講書)	초시·복시류	-			四書三經 背講		
	도기과 (到記科) 제술(製述) 강서(講書)	초시·복시류	-			賦1 表·箋·論 중1		
			-			三經 중 1경 背講		
	대륜차 (大輪次)	문과낙방자재시험○시(詩)·부(賦) 『인조실록』, 『은대조례』						
	현량과 (賢良科)	전시류	-	薦擧對策 (中宗實錄)				
문신	문과중시 (文科重試)	전시류	-			策·表·箋·頌·制·詔·論·賦·銘 중 1		
	문신정시 (文臣庭試)	전시류	-			律詩·策·表·箋·頌·制·詔·論·賦·銘 중 1		
	문신중월부시 (文臣仲月賦詩)	전시류	-			詩·賦·表 중 2		
	문신전강 (文臣殿講)	전시류	-			五經 背講		

표 2. 문반 과거 종류별·단계별 고시과목.
(한국학중앙연구원『시권』(2015. 6) 도록에 의거)

    이상의 과거 명목과 과문에 대해서는 사마방목이나 문과방목을 통해 어느 정도 실상을 알 수가 있다. 이 가운데 조선시대의 방목에 대해서는 한국학중앙연구원에서 이미 데이터베이스를 구축한 바 있다. 그런데 근대 이전에 방목의 총목을 작성한 예로 이긍익(李肯翊)의『연려실기술(燃藜室記述)』이 있어 그 정리 방식과 주기 사항에 주목할 필요가 있다.[9] 그 「등과총목」은 태조 2년(계유) 봄에 송개신(宋介臣) 등 33명을 뽑았으

---

9 『燃藜室記述』別集 卷9, 官職典故, 科擧三 登科摠目.

며, "을과에 3명, 병과에 7명, 동진사에 23명, 다음은 모두 같다."라고 하고, 지공거(知貢擧)는 설장수(偰長壽), 동지공거(同知貢擧)는 원굉(元紘)이라고 기록한 것을 시작으로 정조 18년(갑인) 2월 알성시에서 김근순(金近淳) 등 5명을 뽑았고, 부의 시제가 「문무길보(文武吉甫)」였음을 기록한 것으로 끝나 있다. 과시의 시기, 과시의 종별에 따른 합격자 수, 자료가 있는 경우 장원급제자와 고시관(試官/命官), 증광시·별시·정시 등등의 과시 문제를 충실하게 밝혔으며 증광시·별시·정시 등의 경우 설장(設場) 사유, 친림(親臨) 여부를 밝혔다. 단, 『연려실기술』의 「등과총목」은 식년시와 생원시·진사시의 과제는 기록하지 않았다.

　　향후 『연려실기술』의 등과총목을 확충해야 할 뿐만 아니라 차이점을 살펴 정확한 정보를 집적해야 한다. 이를테면 정조 8년(갑진) 토역정시의 명은 『일성록』에는 「등현문(登賢門)」으로 명제(銘題)를 삼았다고 되어 있으나[10] 『연려실기술』에는 「은사출(恩賜出)」로 되어 있다. 또한 『일성록』 등의 기록을 통해 설장한 날짜를 비정해야 할 것이다.

방목 이외 과시, 반제 및 응제 관련 자료

(1) 문집 수록 과문

고려, 조선시대의 문집에는 과문을 수록한 예가 적지 않다. 윤선도(尹善道)의 문집인 『고산유고(孤山遺稿)』 권6 상 별집은 시(詩), 부(賦), 논(論), 책(策), 표전(表箋) 등의 과문을 분류해서 수록했다.[11]

---

10 『일성록』, 정조 9년 을사(1705) 10월 28일(갑진).
11 한국고전번역원 제공 한국문집총간 DB, 이상현 역(2015), 『고산유고』.

시(詩)

01 인간의 역사책 속에서 아버지와 아들이 각기 다른 왕조의 임금을 섬긴 내용을 접하고서 느낀 소회를 적다 신해년(1611, 광해군 3) [人間讀史各君臣 辛亥]

02 문인이 「육아」 시편을 전폐한 것에 대하여 신해년(1611, 광해군 3) [門人廢蓼莪 辛亥]

03 시름 임자년(1612, 광해군 4) [愁 壬子]

04 전당의 호수를 봄날에 바라보며[錢塘春望] 승보(陞補)에서 이중(二中)의 수석을 차지하였다.

05 맑은 바람 밝은 달은 돈 한 푼 안 들여도 바로 나의 것 신해년 (1611, 광해군 3) [淸風明月不用一錢買 辛亥]

06 눈을 무릅쓰고 고산을 방문하다[冒雪訪孤山] 임자년(1612, 광해군 4) 감회(監會)에서 이상(二上)의 제이(第二)를 차지하였다.

07 가구가 수레보다도 적은 사람[家具小於車]

08 객의 마음을 흐르는 물에 씻다 무자년(1648, 인조 26) [客心洗流水 戊子]

부(賦)

01 취선루의 과제(科題)에 답한 부[醉仙樓賦] 과제이다.

02 스승이 천자에게 일러줄 때에는 북면(北面)하지 않는 것에 대한 부[詔於天子無北面賦] 절제(節製)에서 입격(入格)하였다.

03 위로 올라가서 옛사람과 벗을 하는 것에 대한 부 신해년(1611, 광해군 3) [尙友賦 辛亥]

04 사마천(司馬遷)이 자기의 저서를 명산에 보관한 것에 대한 부[著書藏名山賦] 승보(陞補)에서 삼상(三上)의 제이를 차지하였다.

논(論)

01 동중서와 가의의 우열에 대해서 논하는 글[董仲舒賈誼優劣論] 과제에서 입격하였다.
02 꽃가지 하나를 꽂은 것에 대해서 논하는 글[簪花一枝論] 초시(初試)에서 이하(二下)의 등급으로, 절서책(節序策)과 함께 모두 입격하였으며 제이의 성적을 차지하였다.
03 증점이 요순의 기상을 지닌 것에 대해서 논하는 글[曾點有堯舜氣象論] 계유년(1633, 인조 11년) 향해(鄕解)에서 삼중(三中)의 등급으로, 「당이강청표(唐李絳請表)」와 함께 모두 입격하였으며 수석을 차지하였다.

책(策)

01 봄에 대한 대책문[對春策] 무진년(1628, 인조 6)○별시 문과(別試文科) 초시(初試)에서 상지중(上之中)의 등급으로 대책문(對策文)의 수석을 차지하였다.
02 병가의 장기에 대한 대책문[對兵家長技策]
03 명절에 대한 대책문[對名節策] 경오년(1630, 인조 8)○별시 문과(別試文科) 초시(初試)에서 상지중(上之中)의 등급으로 두 번째를 차지하였다.
04 비오고 볕 나는 것에 대한 대책문[對雨暘策]
05 법제에 대한 대책문[對法制策] 계유년(1633, 인조 11)○회시(會試)에서 이하(二下)의 성적으로 급제하였다.
06 경전의 종지에 대한 대책문[對經傳宗旨策] 계유년(1633, 인조 11)○전시(殿試)이다.

표전(表箋)

01 당나라 한림학사 백거이가 장수를 통제하고 군대를 통령하는 자

리에 중관을 임명하지 말라고 청한 것을 본떠서 지은 표문[擬唐翰林學士白居易請勿以中官爲制將都統表]

02 태산의 오송을 대신하여 대부에 봉해 준 것을 사양하는 표문[代泰山五松辭封大夫表]

03 고려 예부 원외시랑 곽여가 약두산 한 봉우리를 하사해 준 은혜에 대해 사례한 것을 본떠서 지은 전문[擬高麗禮部員外侍郎郭輿謝賜若頭山一峯箋]

04 당나라 한림학사 이강이 역적의 재산을 절서의 백성들에게 하사하여 금년의 조부로 대신하게 해달라고 청한 것을 본떠서 지은 표문[擬唐翰林學士李絳請以逆人資財賜浙西百姓代今年租賦表] 계유년(1633, 인조 11)의 향해(鄕解)에서 삼상(三上)의 등급으로「증점유요순기상론(曾點有堯舜氣象論)」과 함께 입격하며 수석을 차지하였다.

이 밖에 필자가 과안한 과문의 예를 더 보면 다음과 같다.

① 姜希孟,『私淑齋集』卷6, 策,「育才辨才用才之道」

"王若曰: 人材, 天下國家之極寶也. 其源出於心氣, 心氣陶於政化, 相因變化, 賢愚類分. 人主孰不擧而用之, 而不能者有三焉. 一者不知, 二者不切. 三者不合. 賢之不遇有三焉, 一者不通, 二者不敬, 三者不合, 不知者與不通者相遇," 운운.

강희맹(1424~1483)은 24세 때인 1447년(세종 29, 정묘, 정통[正統] 12) 가을, 문과별시에 장원하여 종부시주부가 되었다. 이해 문과 식년시에는 이승소(李承召) 등 33명이 선발되었다. 추과(秋科) 중시(重試)에서 성삼문(成三問) 등 19명을 뽑았는데[고관(考官): 좌의정 하연(河演), 이조판서 정인지, 예조판서 허조(許稠), 도승지 이사철(李思哲)], 친시 중시(重試) 대거(對擧)

에서 강희맹 등 26명을 뽑았다. 『세종실록』의 세종 29년 8월 27일(병술) 기사에 "문과 중시에 집현전 수찬 성삼문(成三問) 등 19명과, 무과에 사정(司正) 민유(閔諭) 등 21명과, 문과 별시에 강희맹 등 26명과, 무과에 김정언(金精彥) 등 18명이 급제(及第)했는데, 임금이 전(殿)에 나오지 못하므로 허위(虛位)를 근정전에 설치하고 방방(放榜)했다."라고 되어 있다.[12]

② 張晩, 『洛西集』 卷1, 「賜金龍扇」과 「題梅先生碑陰」

장만(張晩, 1566~1629, 시호는 忠定)의 문집은 7권 3책의 운각인서체자 활자본이다.[13] 권1에 정식시(程式詩) 2수가 있다. 첫 번째 「금용선을 하사하다[賜金龍扇]」는 작성 시기가 분명하지 않다. 두 번째 「매선생의 비음에 제하다[題梅先生碑陰]」는 장만이 24세 되던 1589년(선조 22, 기축) 진사시 회시(복시)에서 입격한 과시이다.

「금용선을 하사하다[賜金龍扇]」는 19운 19련(19구)의 장편고시로, 제목의 '扇' 자를 선택하여 그 글자를 제4련 마지막 글자로 사용하고, 그 글자가 속하는 '거성십칠산(去聲十七霰)' 운목(韻目)에 속하는 글자들로 압운(押韻)했다.[14] 각 구 안의 평측은 고시의 형식이다. 시의 3련(즉 조선에서 말하는 구) 1단의 모두 6단으로 구성하고 마지막 결미 1련(1구)을 두었다. 조선 후기 과시와 같은 구성이다. 다만, 조선 후기의 과시와 달리 장편고시의 평측율이다. 시제는 송나라 장영(張詠, 946~1015)의 고사에서 따온 것이다.[15] 장만은 장영이 여룡의 보주와 같은 재능을 지녀 훌륭한 문장을

---

12 『세종실록』 권117, 세종 29년 정묘(1447) 8월 27일(병술).
13 장만, 『洛西集』, 『한국문집총간』 속15, 민족문화추진회; 장만장군기념사업회 번역위원회 (2018), 『낙서집 번역본』, 장만장군기념사업회; 심경호(2020b) 참조.
14 張晩, 「賜金龍扇」, 『洛西集』, 卷1, 程式詩; 장만장군기념사업회(2018), 『낙서집 번역본』, 104~107면. 번역과 해설은 필자가 조금 고쳤다.
15 장영의 자는 복지(復之), 호는 괴애(乖崖), 시호는 충정(忠定)이다. 『송사(宋史)』 권293 「장영열전(張詠列傳)」이 있다. 장영은 강직함을 괴팍하고 모가 났다는 뜻의 '괴애'로 자신의 호를 삼았다. 익주 지시(益州知事), 항주 지사(杭州知事)를 지내고, 내지으로 추밀직학사(樞密直學十)·이부 상서(吏部尙書)를 지냈다. 저서에 『괴애집(乖崖集)』이 있다. 『고금사문유취(古今事文類聚)』 신집

만들어 바쳐서 천자가 늘 쥐고 있던 금용선을 하사받았다는 사실을 우선 노래했다. 그리고 그 부채가 쉬파리를 내모는 기능을 하리라는 점을 말했다. 쉬파리는 『시경(詩經)』「소아(小雅) 청승(靑蠅)」에 나오듯 어진 사람을 무함하는 소인을 가리킨다. 장만은 금용선으로 '어진 바람[仁風]'을 일으키겠노라 다짐했다.

堯賞日永敞金闕, 舜琴風薰開玉殿. 01
龍顔一解御史詩, 文彩膾炙霜臺彦. 02
中官傳詔賜金龍, 拜舞丹墀紆帝眷. 03

淸飇滿握魯練輕, 曾是君王手中扇. 04
驪珠初出碧海中, 筆頭文章龍虎戰. 05
莊鵬始舒北溟翼, 禰鶚端宜文擧薦. 06

平生有志勵秋霜, 正直還參烏府選. 07
淸光得依日月邊, 逸思頗學風雲變. 08
神愁鬼泣累千篇, 鳳起蛟騰堆萬卷. 09

文星一耀北辰中, 錦囊忽入重瞳見. 10
淸新奚啻大人作? 雅麗堪誇謝家練. 11

(新集) 권18에 '사선미헌(賜扇美獻)'의 장영 고사가 있다. 송나라 진종이 어사중승 장영에게 저술을 진헌하게 하여, 그 문장이 훌륭하다고 칭송하고는 늘 쥐고 있던 비단 금용선을 가져오라 하여 그에게 주면서, "오늘 문장을 진헌한 일을 찬미하노라"라고 했다고 한다. 이 일화는 『산당사고(山堂肆考)』 권62에 '장영헌문(張詠獻文)' 항에 실려 있고, 『한원신서(翰苑新書)』 전집(前集) 권13에 '사금룡선(賜金龍扇)' 항목에도 실려 있다. 『산당사고』의 기록은 조금 더 길다. 『언행록(言行錄)』 張詠爲御史中丞, 眞宗曰: "卿平生著述幾多? 可進來." 公遂以所著進, 上閱於龍圖閣, 未竟, 命賜坐, 目曰: "今日暑甚." 令黃門, 於御几取常執紅綃金龍扇, 賜公曰: "美今日獻文事." 그 내용에 '환관이 가져오다', '늘 지니고 있던 금룡선'이라는 말들이 나온다.

天書褒美賜顏色, 不世恩光生顧眄.　12

還將一扇寵錫予, 綵練團團月一片.　13
宮中試出鳳搖尾, 手裏纔揮風滿面.　14
薰薰猶惹御爐香, 皎皎新裁西蜀絹.　15
靑蠅肯敎汚几筵? 五月不受炎威煽.　16
中心嘉貺當百朋, 入手翻敎感淚濺.　17
非汝爲美美人貽, 奉揚仁風期不倦.　18

秋來何忍棄篋笥? 歲暮愈深犬馬戀.　19

요임금 명협에 긴 해 비칠 때 황금 대궐 트였고
순임금 오현금에 남풍 훈훈하여 옥 궁전이 열렸네.
용안은 어사(장영)의 시에 한바탕 환히 펴시고,
문채가 어사대의 관원들 사이에 회자되었네.
중관(내관)이 조칙을 전하여 금룡선을 하사하시매
붉은 섬돌 아래 절하고 춤추나니 황제의 총애가 감도누나.

맑은 회오리바람 손에 꽉 차고 노나라 비단 부채 가볍나니
일찍이 군왕의 수중에 있었던 부채로다.
여룡의 보주가 푸른 바다로부터 갓 나오는 듯하더니
붓끝의 문장은 마치 청룡 백호 싸우는 듯했으며,
장자의 붕새가 비로소 북해에서 날개 펼치자,
독수리 예형이 공문거(공융) 천거받았듯 천거받음이 마땅하여라.

평소 지닌 뜻을 추상처럼 가다듬었으니,
정직한 까닭에 되려 오부(어사대)의 선발에 들었네.

청수한 광채를 해 달 같은 황제 곁에 기댈 수 있고
분방한 상상은 변화무상한 풍운을 배웠도다.
귀신도 수심하고 울릴 만한 천 편이나 누적되고
봉황이 일어나고 교룡이 튀어오를 듯한 문장이 만 권으로 쌓였네.

문창성이 한번 북극성 가운데 빛을 내니
비단 시 주머니가 홀연 황제의 시선에 들었구나.
청신한 작품이 어찌 대가의 작품 뿐이리오
청아하고 미려함은 사안 집안 필련같이 자랑할 만하여라.
조서로 표창하고 인견해 주시니
희세의 은택이 황제의 돌아보심에서 생겨나누나.

게다가 금룡선 한 자루를 내려주셨는데
채색 비단으로 둥글게 만들어 한 조각 달 같아라.
궁중에서 한 번 봉 같은 부채 꼬리를 내와서,
손 안에서 한 번 휘두르자마자 만면에 바람이 생기네.
훈훈하기는 궁중 향로에서 향긋한 연기 생겨나듯 하고,
희고 희기는 서촉 땅 비단을 갓 재단한 듯하여라.

쉬파리로 하여금 어찌 궤연을 더럽히게 만들까?
오뉴월 여름에도 푹푹 찌는 더위를 느끼지 않으리라.
마음에 맞는 좋은 물건으로 만 냥과 맞먹는 것을
손에 넣자 문득 감격의 눈물이 떨어지누나.
네 부채가 예뻐서가 아니라 미인(군주)께서 주신 하사품이기 때문이니
삼가 어진 바람을 일으켜 싫증내지 않으리라 기약하네.

가을이 왔다 하여 어찌 차마 상자에 버려두리오?

세모에도 더욱 견마의 신하가 군주를 사모하는 마음이 깊어지누나.

한편 장만이 24세 되던 1589년(선조 22, 기축) 진사시의 회시(복시)에서 입격한 과시「매선생의 비음에 제하다[題梅先生碑陰]」는 24운 24련(24구)의 장편고시로 제목 중 '비(碑)'자를 선택하여 그 글자를 제15련 마지막 글자로 사용하고, 그 글자가 속하는 '상평성사지(上平聲四支)' 운목(韻目)에 속하는 글자들로 압운했다.[16] 매선생은 전한 말기의 매복(梅福)이다.[17]『한서(漢書)』권67에「매복전(梅福傳)」이 있다. 이「매복전」에 "진나라의 경우는 그렇지 않아 비방에 관한 법망을 펼침으로써 한나라에게 고기를 몰아주고, 태아검을 거꾸로 잡아 칼자루를 초나라에 넘겨준 꼴이 되었다[倒持太阿, 授楚其柄]."라고 하는 말이 나온다. 또 당나라 나은(羅隱, 833~909)이「매선생비(梅先生碑)」를 지어, 그 글이『전당문(全唐門)』권896에 수록되어 전한다. 장만이 부과받은 시제는 이 비의 음기(陰記)를 작성하듯 칠언고시로 의작(擬作)하라는 것이었다. 장만은 과시이기는 하지만, 매복의 고사를 환기하면서 출처행장의 문제를 깊이 성찰했다고 할 수 있다. 4연 1단씩 나누어 소개하면 다음과 같다.

淸霜夜凋洞庭葉, 旅鬢初驚千丈絲. 江南何處訪梅僊, 片石無語傾空陂.

16　張晩,「題梅先生碑陰」(己丑會試入格),『洛西集』卷1, 程式詩; 장만장군기념사업회(2018), 107~362면.

17　한나라 성제(成帝) 때 왕황후(王皇后) 동생인 대장군(大將軍) 왕봉(王鳳)이 정권을 농단하자 경조윤(京兆尹) 왕장(王章)이 왕봉을 비판했다가 죽임을 당한 후, 왕씨의 세력이 강성해지고 재이(災異)가 자주 나타났다. 매복은 상소를 올려, "솔개와 까치가 해를 당하면 어진 새는 더욱더 멀리 날아가고, 어리석은 자가 죄를 입게 되면 지혜로운 선비는 깊이 숨어 버립니다[鳶鵲遭害, 則仁鳥增逝. 愚者蒙戮, 則知士深退]."라 하고, "외척의 권세가 날로 극심해지고 있습니다. 폐하께서 그 형체를 보지 못하시면 그 그림자를 관찰하시기 바랍니다[外戚之權日以益隆, 陛下不見其形, 願察其景]."라고 했다. 왕망(王莽)이 제위를 찬탈하자 벼슬을 그만두고 처자도 버리고 홀로 홍애산(洪崖山)에 들어가서 득도(得道)하여 신선이 되었다고 한다. 그래서 사람들이 그를 매선(梅仙)이라 불렀다. 오주(吳州)의 저자에서 문지기 노릇을 하는 것을 본 사람이 있다고도 한다.

曾於靑史挹淸芬, 過此聊復題新詞. 生全光岳逸氣淸, 澗底落落長松姿.
身當炎運屬中灰, 太阿將倒王家兒. 謙恭豈是學周公? 大漢乾坤朝暮移.
巖廊盡是肉食徒, 慷慨誰能扶國危? 孤忠寧避出位誅? 碎首丹墀臣不辭.
三封直筆凜秋霜, 一寸丹忱天獨知. 浮雲已蔽白日光, 美人還誤黃昏期.
東門雨雪正雱雱, 惠好同歸安可遲? 風塵吳市舊南昌, 姓名人間知者誰?
遺蹤還入野人傳, 古里凄凉餘舊基. 江東騷客好義人, 遠慕先生興一噫.
還將石刻表遺美, 十行瓊詞三尺碑. 文章彪炳照後人, 頂上剝落蟠龍螭.
襃公之美頌公德, 庶使後人徵於斯. 停鞭幾洒志士淚? 播詠多費遊人詩.
空山風雨幾多年? 古字半入苔紋滋. 男兒墮地重意氣, 處世行藏須得宜.
遺風至今尙起敬, 況復當時親見之? 摩挲更惜漢朝臣, 食君之祿終何爲?
衣冠投閣是何人? 地下遊魂應忸怩. 豐安道上一片石, 萬古遺芳其在玆.

맑은 서리는 밤에 동정호의 나뭇잎을 시들게 하고
나그네는 처음으로 천 발 흰 귀밑머리에 깜짝 놀라네.
강남 어디에서 매선(梅仙)을 찾으리오
한 조각 빗돌은 말 없이 빈 강둑에 기울어져 있구나.
옛적에 청사(역사서)에서 읽고 고결한 행적을 존경했으니
지금 여기에 들러서 새로운 사(詞)를 제하노라.
천지의 정기 온전히 지녀 뛰어난 기질이 청수하고
계곡 아래 낙낙한 장송의 자태이로다.

몸이 한나라 불 기운이 재가 되어가는 때를 만나서
태아검이 거꾸로 황실의 아이를 뒤엎으려 했으니,
왕망이 겸양과 공손을 어디 주공에게서 배웠던가
위대한 한나라의 건곤천지가 조석 간에 바뀔 판이었다만,
암랑(조정)의 신하들은 모두 고기 먹는 자들이었으니
강개한 인물 그 누구가 위태로운 국가를 부지할 것인가.

외로운 신하가 어찌 직분 넘었다는 주살을 면하려 하랴
대궐 붉은 섬돌에 머리 찧어 죽는 일도 사양 않으리.

세 번 봉하여 올린 상소의 직필이 서릿발처럼 매서워라
한 조각 붉은 정성은 하늘만은 홀로 알리라.
뜬 구름이 이미 해의 빛을 가렸으니
미인(천자)은 도리어 황혼의 시기라고 오인하셨으니,
동문에 눈이 한창 부슬부슬 내릴 때
동호의 사람과 함께 돌아가거늘 어찌 더디 굴랴.
풍진 가득한 오현과 옛 남창 땅에서
선생의 이름을 인간세계에서 알린 이 누구인가.

남긴 자취는 도리어 야인의 전기(傳記)에 들어갔고
옛 동리는 처량하게 옛터만 남아 있는데,
강동의 시인 나은은 의리를 좋아하여
멀리 매 선생을 흠모하여 탄식을 발하고는,
다시 석각을 하여 끼치신 미덕을 표시하려고
열 줄 아름다운 문사(文詞)를 삼 척 비석에 새겼으니,
문장이 빛나고 훌륭하여 후세 사람을 비추니
정상은 떨어져 나갔고 이수는 똬리 튼 모습이로다.

공의 아름다움을 포창하고 공의 덕을 칭송하여
후인으로 하여금 여기에서 징험하기를 바랐으니,
말 채찍 멈추고 몇 사람이나 지사의 눈물을 흘렸던가
가영이 전파되어 나그네 시들을 많이 허비했구나.
빈 산에 비바람은 몇 년을 뿌렸던가
오래된 글자들이 웃자란 이끼 속에 반나마 들어가 있구나,

남아는 세상에 태어나면 의기를 소중히 여겨
출처행장(出處行藏)을 적의하게 해야 하는 법이로다.

끼치신 풍모가 지금도 공경심을 일으키거늘
하물며 당시에 몸소 그 분을 본 사람들의 경우에랴.
비석 어루만지며 한나라 조정 신하들을 다시 애석히 여기나니
군주의 녹봉을 받아먹고 끝내 무엇을 했단 말인가.
양웅(揚雄)처럼 누각에서 투신한 의관 사대부들은 또 누가 있었나
지하에서 떠도는 영혼이 응당 부끄러워하리라.
풍안(현 절강성 포강현浦江縣) 가는 길의 한 조각 빗돌이여
만고토록 끼친 향기가 바로 여기에 있도다.

③ 金尙憲,『文谷集』卷7, 科體詩 二首,「嗚呼島吊田橫」(乙酉),「藏史名山」

김상헌(1629~1689)은 1646년(인조 24) 18세의 나이로 사마시(司馬試)를 거쳐, 1651년에 23세로 알성(謁聖) 문과에 장원 급제했다. 그 후 1656년(효종 7) 문과 중시에 급제하고 정언(正言)과 교리(校理) 등의 청환직(淸宦職)을 거쳐 이조 정랑(吏曹正郎)과 대사간(大司諫)에 올랐으니, 이미 20대에 당상관이 되었다. 그런데「오호도조전횡」은 을유년 즉 1645년에 지은 것으로 김수항이「오호도」를 대제학 이식(李植)에게 올리자 이식이 몹시 칭찬하고 곁에 있는 손님을 돌아보며, "이는 근래의 과체(科體)를 익힌 자가 지을 수 있는 것이 아니다."라고 평했다고 한다.[18] 이 시는 군불견체로 이른바 행권(行卷)의 시였음을 알 수 있다. 단, 의미단락으로는 3구 6고의 형식인 듯하다.

---

18 『農巖集』卷25,「先集跋」, "又作「嗚呼島」詩, 質于大學士澤堂李公, 澤堂尤稱善, 顧謂其客曰: '此非近世習科體者所能爲也.' 又於覆試, 取以置冠首, 呼前謂曰: '觀所爲詩, 逈脫時俗科臼, 可賞. 宜更肆力爲古歌詩.' 他日又亟稱於人曰: '明年司馬試, 須得此子爲壯元, 可洗科場之陋.' 已而竟如其言."

嗚呼島嗚呼島, 嗚呼之號胡爲乎? 01
田橫之徒死此島, 遂令此島名嗚呼. 02
一片孤島千載下, 夫何使我起長吁? 03

田橫義氣今古稀, 田橫之客天下無. 04
齊人一自歌松柏, 臨淄卽墨不復都. 05
六王旣畢四海一, 秦皇虎視黎元愚. 06

望夷宮中失其鹿, 天下共逐爭馳驅. 07
有嬀之後將復育, 崛起甖畝王一隅. 08
兄弟三人遂更王, 誓雪先恥安寰區. 09

無端全齊七十城, 遽誤高陽一酒徒. 10
烹儒一入海島邊, 屈身肯向漢庭趨? 11
漢使東來傳帝命, 來則王侯否則誅. 12

此日北面寧不愧? 始與漢王同稱孤. 13
尸鄉亭下薤露晞, 一死還與二客俱. 14
島中有客五百人, 同死之志終不渝. 15

還如魯連蹈東海, 却似首陽于嗟咀. 16
若非平生得士心, 信義安得如是乎? 17
當時一士亦足王, 奈何未保千金軀? 18

雖云顚沛亦何傷? 萬古淸風立懦夫. 19
嗚呼之名傳至今, 過客到此皆踟躕. 20
我今弔古酹以文, 想見其人涕沾濡. 21

君不見世上紛紛輕薄兒, 翻覆雲雨在斯須. 22

「장사명산(藏史名山)」이 병술년 과장에 제출한 과시였을 듯하다. 그런데 평측교호법(2-4-6부동)이나 염율을 지키지 않은 것은 물론, 시제의 한 글자를 제4연의 압운자로 사용하지도 않았다. 단, 시제의 한 글자인 史자를 제1연의 압운자로 사용하고 일운도저한 것이라든가, 의미상 3구 6고의 단락을 이룬 것으로 보아 과체시의 일정한 규칙이 형성되어 있었음을 짐작할 수 있다.

[●: 仄聲, ○: 平聲]

01 仲尼絶筆於獲麟, 百世之下無良史.
    ●○●●○● ●●●●○●

02 墳典之書秦火焚, 皇王事跡俱燼燬.
    ○●○○○●○ ○○●●●●●

03 惜哉左狐不復得! 筆削誰能遵聖軌?
    ●○●○●●● ●●○○●●●

04 遙遙華胄祖重黎, 周太史後司馬氏.
    ○○○●●○ ○●●●○●●

05 流風不泯厥緒綿, 祖傳其孫父傳子.
    ○○●●●●○ ●●○○●○●

06 龍門降生豈偶然? 自在孩提已識字.
    ○○●○●● ●●○○●●●

07 二十發軔作遠遊, 東西南北窮山水.
    ●●●●●●○ ○○○●●○●

08 自此添得壯藻思, 冥搜萬古通玄理.
　　●●○●●● ○○●●○●

09 周南留滯固所惜, 執手遺訓猶在耳.
　　○○○●●● ●●○●○●

10 火急著書紹先志, 筆法仰承麟經旨.
　　●●●○●○ ●○○○●●

11 起于五帝至漢代, 表志傳紀爲終始.
　　●○●●●● ●●○●○○

12 首贊明王與誼辟, 次述賢臣及義士.
　　●●○○●● ●●○●●●

13 海外蠻夷戎狄事, 一一昭然備于此.
　　●●○○●● ●●○●○●

14 書成更謀不朽地, 遂將藏去名山裏.
　　○○●●●● ●○●○○●

15 緹巾華匱十襲芸, 簡編不容蟲鼠毀.
　　○○○●●○ ●○●○○●

16 定知山靈煩護呵, 鬼神環擁風雨避.
　　●○○○●○ ●●○●○●

17 山之崩兮史可滅, 此篇壽與玆山似.
　　○○○○●● ●○●●○●

18 世代變遷山依然, 其書尙存其人死.
　　●●●○○○ ○○●○○●

19 其人雖死衮鉞在, 亂臣賊子無敢起.

　　　　○○○●●●●　●○●●○●●

　　20　嗚呼! 亂臣賊子滿天下, 如今誰識春秋義?

　　　　○○　●○●●●○●　○○○●●○●

　　장만과 김상헌의 과체시를 보면, 선조-인조 연간의 과체시는 18~22행 남짓의 고시이되 시의 구성에서 3구(연) 1단의 단락 구성을 요구했던 것으로 추정된다.

　　과시는 조선 초에는 배율십운시 형태로 시험되다가 1450년대부터는 '고시'도 선택 과목이 되었고, 『경국대전』 반포 즈음에 '고시'로 시험 과목이 확정된다. 배율십운시는 당나라 시율시(試律詩)와 흡사했고, 고시는 영사고시(詠史古詩)와 유사했다. 그런데 출구 첫 2자에 평성을 놓고 이를 반복하는 평측법이나 7언 18구, 문장형 제목에 파제, 포서, 회제, 회하가 적용되는 시체가 등장한 것이 언제인지는 확실하지 않다.[19] 언제부터인가 3구 6고 체제를 기본 결구로 갖는 작품들이 등장하여 이것이 정식(定式)으로 인식되었다. 18세기 후반에는 정조의 명으로 과시에 입성운도 쓰이게 되었다.

(2) 과문편집본

현재 공사립 도서관에는 유생들이 과문을 연마하기 위해 참조했던 과문편집본들이 상당히 많이 전한다. 이를테면 조선 전기에는 책문 모음집인 『어시책(御試策)』, 『속문범(續文範)』, 『전책정수(殿策精粹)』나 『동책정수(東策精粹)』가 활자본으로 간행되었고, 조선 후기에는 실용적인 작법을 제시하는 『책문준적(策文準的)』이 나왔다. 『어시책』은 원나라 제과의 책문 답안을 모은 것이고,[20] 『속문범』은 명나라와 조선의 책문을 모은 것이

19　이상욱(2015)은 16세기에 이 형식이 형성된 것으로 보았다.
20　윤병태(1997); 申万里(2018). 참조.

다.²¹ 한편, 조선 후기의 정조는 문체순정 정책의 일환으로 『임헌공령(臨軒功令)』을 편찬하게 했다. 『임헌공령』은 과체시를 분류하여 실었는데, 과장의 시권만이 아니라 문신의 응제 시권도 분류하여 실었다.²² 정조 시대에는 문신의 제술과 성균관 유생의 제술과 관련해서 다음 책들을 엮었다.

『**임헌공령(臨軒功令)**』: 국왕이 주관한 응제를 비롯하여 예조와 성균관 및 각 도의 도회(都會)에서 지어진 과문(科文) 중 우수한 것을 연대순으로 엮은 책이다. 처음에는 예조에서 편찬하다가 뒤에는 규장각에서 담당했다. (『弘齋全書』卷184 羣書標記6 命撰2『臨軒功令』) 정조 즉위년(1776)부터 고종 11년(1874)까지 74책의 필사본이 『임헌제총』과의 합본으로 규장각(청구기호: 奎1143)에 소장되어 있으며, 국립중앙도서관(청구기호: B13647-5-1~4)에도 4책본이 소장되어 있다. 각 응제문 말미에 해당 문장이 작성된 연도·시명(試名)·장소, 작자의 성명·신분·점수가 소자 쌍행으로 기록되어 있다.

『**임헌제총(臨軒題叢)**』: 제술 시험의 시제(試題)를 문체별로 기록하고 각 제목 아래에 언제 무슨 시험에 쓰인 것인지를 밝힌 책이다. 현재 1800년·1811년(1책), 1827년·1828년(2책), 1855년(4책) 치러진 제술에 관한 기록을 적은 3책의 낙질 필사본이 『임헌공령』과 합본으로 규장각(청구기호: 奎11437)에 소장되어 있다. 4책의 『임헌제총』과 74책의 『임헌공령』의 합본으로 필사본이며 『임헌제총』 제3책이 낙질이

---

21 심경호(2009), 156~163면.
22 이를테면 정조는 재위 13년(1789, 기유) 3월 28일(을유) 응제 시권을 고하하고, 그 우수답안을 『임헌공령』에 싣게 했다. 당시 「장안 시장 술집에서 잠들어 있었네[長安市上酒家眠]」를 시제(詩題)로 삼아 칠언백운고시(七言百韻古詩)를 보였는데, 한만유(韓晚裕)가 거수, 우부승지 이서구(李書九)와 동부승지 신기(申耆)가 지차였다. 정조는 하교하길, "100운 장편을 한나절 만에 그 자리에서 완성했는데 구법에 잘 들어맞게 지었을 뿐만 아니라 주제 의식이 수미 관통되어 있으니 매우 가상하다. 상으로 내리는 내하 물품은 흔히 줄 것이다"라고 하고, 원래의 시권을 내각에 보니 『임헌공령』에 싣고 『은대시첩(銀臺詩帖)』에도 기록하게 했다

다. 편자(編者)는 미상이나 필체로 보아 역대의 여러 사람이 계속하여 쓴 것으로 보인다. 『임헌제총』은 제1책이 1800년·1811년, 제2책은 1827년·1828년, 제4책은 1855년(철종 6)의 응제문 제목을 문체별로 수록했다.[23] 『임헌공령』(규장각 소장)은 정조 원년인 1777년의 증광문과 초시 과문부터 수록했다. 각 응제문(應製文)마다 연대, 시명(試名), 장소와 함께 입격자의 성명, 생원(生員)·진사(進士)·동몽(童蒙)·유학(幼學) 등 신분(身分), 차상(次上)·차하(次下) 등 점수(點數)를 밝혀 두었다.[24]

『**육영성휘(育英姓彙)**』: 서유구가 왕명에 의해 응제 시험의 방목을 성씨별로 분류하고, 관향·세(世)·파(派) 및 그동안 시험에 합격한 사실 등을 갖추어 기록한 책이다. 초본은 모두 110개 성씨, 총 29권으로 정조 즉위년(1776)부터 기록되었다.[25] 『정조실록』에 따르면 초본은 정조 17년(1793) 12월 20일 완성되었는데, 「군서표기」에는 본문의 기록 범위를

---

23 『임헌제총(臨軒題叢)』 1책: 부(賦)·표(表)·조(詔)·명(銘)·송(頌)·잠(箴)·율부(律賦)·시(詩)·고시(古詩)·율시(律詩)·절구(絶句)·계(啓)·서(序)·배율(排律)·책(策)·제(制)·논(論)·의(義)·설(說)·찬(贊)·주문(奏文)·답론(答綸) 순으로 시제목(試題目)을 차례로 싣고 각 제목 아래에 언제 무슨 시험의 제목인지 밝혔다. 2책: 부(賦)·표(表)·서(書)·조(詔)·명(銘)·송(頌)·시(詩)·고시(古詩)·율시(律詩)·배율(排律)·절구(絶句)·서(序)·논(論)·판(判)·발(跋)·상소(上疏)·초기(草記)·혼서(婚書)·상량문(上樑文) 순으로 시제를 실었다. 3책: 낙질. 4책: 부(賦)·시(詩)·표(表)·의(疑) 순으로 시제를 차례로 실었다.

24 『임헌공령(臨軒功令)』 1책: 1777년 2월 증광문과초시(增廣文科初試)의 일소(一所)에서 유학(幼學) 정두영(鄭斗榮)이 지은 집책(執策)을 비롯하여 경상도, 전라도, 충청도, 평안도 등의 증광문과(增廣文科) 책(策) 16권. 2책 임인년(壬寅年) 이경윤(李庚運) 등 전책(殿策), 3책 부(賦), 4책 표(表), 5책 송(頌), 6·7책 집책(執策), 8책 부(賦), 9책 표(表), 10책 과체시(科體詩), 11책 집책(執策), 12책 전책(殿策), 13책 시(詩), 14책 집책(執策), 15책 의(擬), 16책 부(賦), 17책 시의(詩義), 18·19책 시(詩), 20책 의(疑), 21책 문(問), 22·23책 경의(經義), 24책 부(賦), 25책 시(詩), 26·27책 문(問), 28책 명(銘), 29책 문(問), 30책 논(論), 31책 칠언시(七言詩), 32·33·34책 부(賦), 35책 표전(表箋), 36책 명(銘), 37책 논(論), 38책 배율(排律), 39책 부(賦), 40·41책 표책(表冊), 42책 논(論), 43책 명(銘), 44책 경의(經義), 45책 논(論), 46책 명(銘), 47책 경의(經義), 48책 표(表), 49책 명(銘), 50책 논(論), 51책 명(銘), 52책 명(名), 53책 표(表), 54책 경의(經義), 55책 명(銘), 56책 시(詩), 57책 문(問), 58책 표(表), 59책 문(問), 60·61책 경의(經義), 62책 책(策), 63책 시(詩), 64책 논(論), 65책 부(賦), 66책 의(疑), 67책 표(表), 68책 문(問), 69·70책 시(詩), 71책 시(詩),, 72책 부(賦), 73책 표(表), 74책 문(問)·경의(經義) 등.

25 『弘齋全書』卷11, 序引4「翼靖公奏藁典禮類叙」;『弘齋全書』卷184, 羣書標記6 命撰2,「育英姓彙」.

병신년(1776)부터 을묘년(1795)까지라 하여 기록의 하한을 늘렸고, 또 검색을 위한 운표(韻表) 4권과 응제 사실 1권이 추가해서 34권이라 했다. 현전본은 확인되지 않는다.

『**어고은사절목(御考恩賜節目)**』: 재위 18년(1794) 3월 1일 정조가 성균관 응제 시험의 어고(御考)를 받은 자들에 대해 특별히 어고의 회수만큼 문과 회시에 직부(直赴)할 수 있도록 하라고 명하여, 내각에서 절차를 정한 절목이다.[26]

『**태학응제어고안(太學應製御考案)**』: 성균관의 응제 때 어고를 내리는 방식을 규정한 것인 듯하다. 이만수(李晚秀)의 『극원유고(屐園遺稿)』 권6, 「사홀집(賜笏集) 절목(節目) 재천절목(齋薦節目)」에 "『태학응제어고』를 기준으로 수석·2등·3등의 석차를 매긴다."라는 말이 보인다. 현전본은 확인되지 않는다.

필자는 고려 말에서 조선 중종조까지 17명의 우리 문인—학자들이 쓴 '논(論)'류 25편을 한데 모은 목활자본을 1책 지니고 있다. 앞부분이 떨어져 나갔는데, 서명을 『동국논선(東國論選)』이라 붙일 수 있을 것이라고 생각된다.[27] 선정된 작가들의 활동 시기와 서적의 판식(版式) 등을 근거로 할 때 그 간행 시기는 중종 말·선조 초로 추정된다. 또 이 전적은 '논'류 선집본으로서는 고본(孤本)이다. 또 이 책에 수록된 작가나 작품 가운데는 개별 문집이나 다른 총집류의 책에서 찾아볼 수 없는 것들이 있다. 더구나 후대의 역사에서 이른바 사장파(詞章派)로 폄하되어 전혀 되돌아보지 않게 된 심정(沈貞) 및 그 당인(黨人)인 이항(李沆), 영남학자들의 비난을 샀던 충청 문인 곽시(郭詩)의 글이 들어 있다. 이 책에는 약자(略字)를 많이 사용하고 있는 것으로 보아 지방이나 경저(京邸)에서 간행되었으리

---

26 규장각에서 작성한 1책 8장 필사본이 규장각(奎9852)에, 1책 12장 필사본이 장서각(K2-3547)에 소장되어 있다. "36.4×28cm 卷末: 乾隆五十九年三月日. 印記: 摛文院印."

27 심경호(1993), 130~153면; 심경호(2002), 167~191면

라 생각된다. '동국논선'의 본문 첫 장도 낙장인데, 내용으로 보아 이곡의 「조포충효론(趙苞忠孝論)」이었음을 알 수 있다. 이곡의 이 글은 문집에 전하고 『동문선』[28]에도 들어 있다. 『동국논선』에 수록된 작품들의 찬자(撰者)와 제목을 일람하고 현전하는 문집이 있으면 대조하여 표를 만들면 다음과 같다.

1	이곡(李穀)	1298~1351	조포충효론 (趙苞忠孝論)	『가정집(稼亭集)』과 『동문선(東文選)』에 수록.
2	김시습(金時習)	1435~1493	위치필법삼대 (爲治必法三代)	『매월당집(梅月堂集)』 문집 권18에 수록. 『속동문선(續東文選)』 미수록.
3	황필(黃㻶)	1464~1526	공안소낙하사 (孔顔所樂何事)	『상정일고(橡亭逸稿)』에 수록.
4	유근(劉瑾)		항우부도오강 (項羽不渡烏江)	
5	이항(李沆)		참정공 (斬丁公)	
6	이항(李沆)		투금궤맹 (渝金櫃盟)	
7	심정(沈貞)	1471~1531	불관불견급암 (不冠不見汲黯)	
8	윤구(尹衢)	1495~ ?	위의제발상 (爲義帝發喪)	『귤정유고(橘亭遺稿)』에 「한고조위의제발상론(漢高祖爲義帝發喪論)」
9	윤구(尹衢)		육방풍(戮防風)	『귤정유고(橘亭遺稿)』에 「대우륙방풍론(大禹戮防風論)」.
10	심사순(沈思順)		요불주사흉 (堯不誅四凶)	
11	민제인(閔齊仁)	1493~1549	기자위무왕진홍범 (箕子爲武王陳洪範)	『입암집(立巖集)』 추보(追補)(1926년 追刻) 수록.
12	박광우(朴光佑)	1495~1545	살구익부인 (殺鉤弋夫人)	『필재집(蓽齋集)』 문집 권2 수록.
13	박광우(朴光佑)		수익유관 (溲溺儒冠)	『필재집(蓽齋集)』 문집 권2 수록.
14	박광우(朴光佑)		가족제복 (加足帝腹)	『필재집(蓽齋集)』 문집 권2 수록.
15	오세우(吳世佑)		소하불고한왕추한신 (蕭何不告漢王追韓信)	
16	나세찬(羅世纘)	1498~1551	숭절의 (崇節義)	『송재선생유고(松齋先生遺稿)』 권2 「숭절의론(崇節義論)」 : 을유정시초시괴(乙酉庭試初試魁)
17	나세찬(羅世纘)		억계 (抑戒)	『송재선생유고(松齋先生遺稿)』 권2 「숭절의론(崇節義論)」 : 무술탁영시괴(戊戌擢英試魁)

28　盧思愼·徐居正 등 찬, 『東文選』 卷99 論.

18	나익(羅瀷)	송경불상변공 (宋璟不賞邊功)	
19	나익(羅瀷)	주발적인걸우열 (周勃狄仁傑優劣)	
20	이원손(李元孫)	마원불여운대 (馬援不與雲臺)	『무하옹집(無何翁集)』 수록.
21	곽시(郭詩)	제육형 (除肉刑)	『원암선생유고(垣庵先生遺稿)』 수록.
22	곽시(郭詩)	서북인재여동남부동 (西北人才與東南不同)	『원암선생유고(垣庵先生遺稿)』 수록.
23	곽시(郭詩)	한유호승 (韓愈好勝)	『원암선생유고(垣庵先生遺稿)』 수록.
24	박민중(朴敏中)	무왕불포록이제 (武王不褒錄夷齊)	
25	윤희성(尹希聖)	문례어노담 (問禮於老聃)	

표 3. 『동국논선』 수록 작품 목록.

　『동국논선』은 과시(科試) 대비용으로 논류(論類)의 가편(佳篇)을 선별해서 편찬한 것으로, 선별된 작품 가운데는 과문(科文)의 우수작이 많이 들어 있으나, 반드시 과장에서 제출한 것이 아닌 논편도 들어 있다. 예를 들면 나세찬(羅世纘)의 「숭절의(崇節義)」는 중종 20년(을유, 1525) 정시(庭試) 초시에서 으뜸으로 뽑힌 글이고, 또 「억계(抑戒)」는 중종 33년(무술, 1538) 탁영시(擢英試)에서 으뜸으로 뽑힌 글이다. 한편 이곡은 충숙왕 4년(1317) 제술업감시(製述業監試) 즉 국자시(國子試)인 거자과(擧子科)에 합격한 뒤 1332년(충숙왕 위 원년) 정동성(征東省) 향시(鄕試)에 수석으로 선발되고 전시(殿試)에 차석으로 합격하였다. 제술업감시는 의종 8년 이후 시·부·십운시(十韻詩)·명경(明經) 중에서 택일하여 부과해 왔으므로 이곡의 「조포충효론(趙苞忠孝論)」은 과제(科題)가 아니었을 가능성이 있다.

　『동국논선』에 수록된 글 가운데 유근(劉瑾)·이항·심정·심사순(沈思順)·오세우(吳世佑)·나익(羅瀷)·박민중(朴敏中)·윤희성(尹希聖) 등의 글은 유일본이어서 자료적 가치가 높다. 또 이곡·김시습(金時習)·윤구(尹衢)·민제인(閔濟仁)·박광우(朴光佑)·나세찬·이원손 등의 글은 문집에 들어 있기는 하여도 이 『동국논선』 수록문이 대교(對校)의 자료로서 가치가 있다.

이원손(李元孫)의 「마원불여운대론(馬援不與雲臺論)」은 『동국논선』 수록본과 『무하옹집(無何翁集)』 수록본 사이에 문자 및 포서(鋪敍)의 차이가 심한데, 문집본은 개작되어 있는 것이 분명하다.

  한편, 이응백 님은 앞서 본 옥고에서 신광수(申光洙), 신광하(申光河), 신응연(申應淵), 김득필(金得弼), 채득순(蔡得淳) 등이 제출한 과시체(科詩體) 시권(試券)을 정서(正書)해 둔 『과문』 필사본 8책의 존재를 소개한 일이 있다. 그 가운데 정약용의 과시로 「지재노화천수변(只在蘆花淺水邊)」을 거론했다. 그 시제는 당나라 사공서(司空曙)가 지은 「강촌즉사(江村卽事)」의 "온밤 내내 바람 불어서 다 없어진대도 얕은 물가에 갈대꽃만은 남아 있으리[縱使一夜風吹去, 只在蘆花淺水邊]."라는 구절에서 따온 것이다. 그런데 정약용은 이 과시를 성균관에 있을 때인 계묘년(정조 7년, 1783)에 제작했다. 정약용은 과시 169편을 『진주선(眞珠船)』이란 책명으로 별도로 편집해 두었다.[29] 정약용은 반제와 초계문신 때의 표전을 『열수문황(洌水文簧)』 상중하로 편집해 두고, 그 자서(自序)에서 표전 문체의 형식성을 신랄하게 비판한 바 있다.[30] 『진주선』에서는 그와 같은 신랄한 서문을 붙여두지는 않았으나, 과시에 대해서도 그 형식성을 비판했으리라 짐작된다. 그런데 『진주선』 수록의 글과 국립중앙도서관 소장 『과시분운(科詩分韻)』 12책 가운데 제7책(午) '선운(先韻)' 수록의 글을 비교하면 약간 다른 부분이 있다. 글자나 문단 구성을 보면 『과시분운』이 대개 옳다. 단, 『과시분운』의 '절민(浙閩)'과 '북과(北過)'는 『진주선』의 '민절(閩浙)'과 '북섭(北涉)'이 옳다.(괄호 속에 『과시분운』의 표기를 밝혔다.)

  [●: 仄聲, ○: 平聲, ◉ :中]

---

29 『與猶堂全書補遺』, ○眞珠船. 정본에 따르면 '계축년, 을묘년'의 것부터 계묘년까지의 시기에 지은 것으로 되어 있다. 계축년과 을묘년은 각각 신축년과 임인년의 잘못인 듯하다.
30 『與猶堂全書補遺』, ○洌水文簧 上中下(상 149편, 중 154편, 하 168편) ; 심경호(2016), 131~157면.

畫家愛作漁村圖, 吳淞一幅幷刀剪.

●○●●○○○ ○○●●○●

於身寡累迹始閒, 與物無爭心亦善.

○○●●●●○ ●●○○○●

空[孤]舟夜放[泛]白鷗波, 一色蘆花寒不辨.

○　○● ●●○○ ●●○○●●

翁家[斯翁]舴艋小如梭, 爲是漣漪秋水淺.

○○ ○○ ●●●○ ●●○○○●

蘋花菱葉晚相隨, 溪鱸江豚時復胃.

○○○●●○○ ●●○○○●

漁家終古少風波, 汎[泛]往浮來聊自遣.

○○○●○○ ● ● ○●●●●

回看海賈萬斛船, 滿載金珠臨水餞.

○○●●●●○ ●●○○●●

南衝鱷浪度閩浙[*浙閩], 北涉[*過]鼉[鯨]濤踰漢沔.

○○●●●○● ●○ ●● ○ ○○●●

沙灣百丈下矴[碇]深, 海寇來時防夜口[爇].

○○●●●● ● ○ ●●○○● ●

吾家本無繫[係]船法, 一葉輕艖嗟不腆.

○○●○● ● ○● ●●○○●

非關由來[曲崖]口[倒]水柳, 且閣回磯經雨蘚.

○○○○ ●○　● ●● ○●○⊙●●

等笞掛處睡正濃, 月落柴門寥一犬. (『科詩分韻』午 銑韻에 이 구가 없음)

○○●●○○ ●●○○●●

山妻[家人]夜報鯉魚風, 或恐瓜皮隨水轉.

○○ ○○ ●●●●○ ●●○●○●

秋江解纜得無誤, 夜壑移舟知不免.

○○●●●○ ●●○○●●

蘆漪[花]流水不沒脛, 一碧玻瓈秋色展.

○○ ○ ○●●● ●●○○●●

寒魚吹處白花飄, 宿鴈頭邊珠露泫.

○○○●●○○ ●○○●○●●

吾舟只在阿那邊, 一似[任]浮萍[輕風]舒復捲[卷].

○○●●○●○ ●● ● ○○ ○○ ○●●

寧愁半渡六鷁退, 郤[却]任三更孤鶴踐.

○○●●●●○ ●○●○●●

樵靑小兒[溪]莫謾憂[愁], 物外閑情知者鮮.

○○●○ ○ ●●○ ●○●●●

山居亦有此樂否, 草中牛羊宵不圈. (『科詩分韻』午 銑韻에 맨 아래 구 없음.)

○○●●●○ ●○○○●○

    정약용의 이 과시를 보면 압운법은 정확하게 지켰고, 홀수구를 평기(平起)하는 일관성을 유지했으나, 구중의 2~4~6부동 원리는 지키지 않은 곳이 있다. 구중 2~4~6부동 원리를 어느 정도 지키지 않아도 '허용'된 것인지 현재로서는 잘 알 수 없다.

    과표를 집성한 자료도 국내 공사립 도서관에서 여럿 확인된다. 필자는 장서각 소장 『표수(表藪)』에서, 1690년(숙종 16년, 경오) 11월 정시(庭試) 문과에서 삼중(三中)의 성적으로 장원한 한명상(韓命相, 1651년=辛卯生)

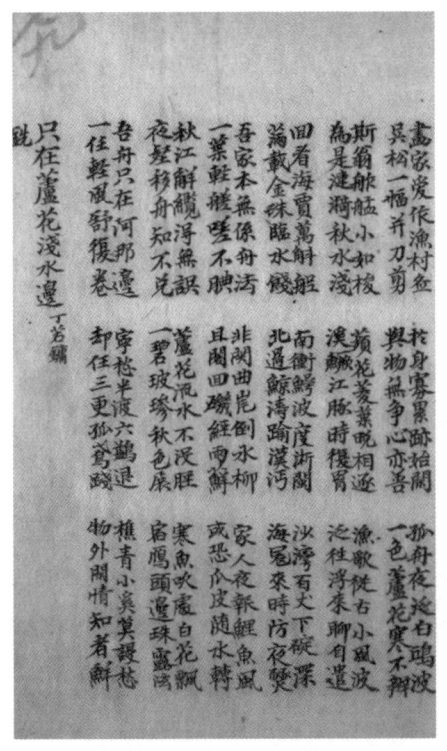

그림 1. 『과시분운(科詩分韻)』 12책 가운데 제7책 오(午) '선운(先韻)' 수록의 정약용 시권. 국립중앙도서관 소장(한古朝45-가258).

의 예를 소개한 바 있다.[31] 한명상의 과표는 23구이다. 압운은 하지 않고, 평측의 교환인 가새법을 지켰다.

進厥良箴厥修方恢任用之術, 見其政知其學盍降徵拜之音.
●●○●●○○○●● ●○○○●●●○●○○

嘉乃不忘, 在帝之簡.
○●●○ ●●○●

---

31 심경호(2020a), 225~300면.

欽鼎新庶政, 器使群工.

○●○●● ●●○○

任千石之惟良與我共理, 點小善者率錄立賢無方.

●○●○○○●●○ ●●●●●●●○○○

顧惟朱熹之洪儒, 早登明庭之鴞薦.

●○○○○○○ ●○○○○○●

표제는「송나라 우상(右相) 왕회(王淮)가 주희(朱熹)의 황정(荒政)은 그의 학문을 시행한 것이니 마땅히 관직을 승급시켜 부르기를 청하다」라는 뜻이다. 그런데 실상 왕회가 처음에 주희를 절동제거에 천거한 것은 주희에게 중앙 관직을 주지 않으려는 계책이었다. 주희는 1181년(순희 8) 8월 절동제거(浙東提擧)에 임명되어, 10월에 부임했으나, 그 이듬해 (1182) 6월 8일에 주희는 왕회를 비난하는 서찰을 내었다. 7월에 주희는 지태주(知台州) 당흥정(唐興正)이 뇌물을 받은 사실이 있어 주차(奏箚)를 올려 탄핵하게 된다. 이때 왕회는 당흥정의 인척이었기 때문에 이 사실을 숨겼다. 주희는 봉장(封章)을 여섯 번이나 올렸다. 당흥정은 강서 제형(江西提刑)에 제수되었으나 아직 부임하지 않았는데, 왕회는 당흥정의 강서 제형을 박탈하고 주희에게 주었다. 주희는 나아가지 않았다. 1183년(순희 10) 6월 5일 감찰어사(監察御史) 진가(陳賈)는 왕회에게 붙어「도학은 세상을 속이고 명성을 훔치니 배척하기 바랍니다[道學欺世盜名 乞擯斥]」상소를 올렸다. 이 사건은 이후 주희의 친지나 문생 등 수많은 선비가 학금(學禁)에 걸려 관직을 박탈당하게 되는 전조였다. 다만 왕회는 사태를 수습하기 위해 주희를 부득불 정부에 들일 수밖에 없었다. 주희와 왕회는 처음부터 '빙탄지간(氷炭之間)'이었으며, 왕회는 주희의 숙적이었다. 이것을 보면 과표는 허구의 사실을 표제로 삼을 수 있다는 점을 알 수 있다.

　　과거의 대책문 공부를 위해 우수한 답안을 모은 자료를 집책(執策)이라고 한다. 집책은 시관(試官)의 질문을 의미한다. 버클리대학 동아시아도서관에는 효종·현종연간 급제한 이들의 대책문을 모은 『집책』 필사본 1책(52장)이 있다.³² 책의 첫 장에는 모두 40편의 책제(策題)를 축약하여 목차로 제시했다.

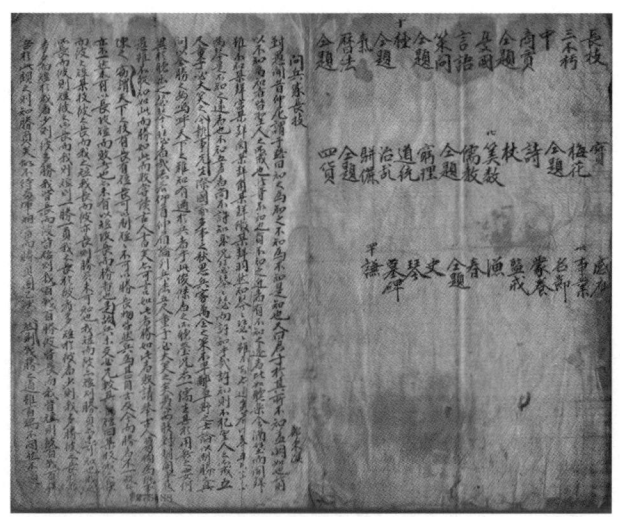

그림 2. 『집책(執策)』. 버클리대학교 동아시아도서관 소장.

정두경(鄭斗卿, 1597~1673)「병가장기(兵家長技)」

이돈(李敦, ?~?)「삼불후(三不朽)」, 이중(二中) 괴(魁)

권열(權說, ?~1701)「중지시(中之時)」 1648(戊子) 식년시(式年試) 삼중(三中)

조운(趙橒, 1621~?)「상고(商賈)」 이하(二下)

남구만(南九萬, 1629~1711)「상고(商賈)」 이중(二中) 괴(魁)

조운(趙橒, 1621~?)「우국(憂國)」 삼상(三上)

이명석(李明錫, 1632~?)「언어(言語)」 이하(二下)

강세귀(姜世龜, 1632~1703) 책문(策問) 삼상(三上)

32 배진우,「『집책』 해제」, 고려대학교 민족문화연구원 해외한국학센터 제공

조위봉(趙威鳳, 1621~1675) 책문(策問) 삼중(三中)

홍도(洪覩, ?~?) 「극(極)」 1660(庚子) 증광시(增廣試) 이상(二上)

우창적(禹昌積, 1623~1693) 「극(極)」 1660(庚子) 증광시(增廣試) 삼상(三上)

조윤석(趙胤錫, 1615~1664) 「기(氣)」 삼상(三上)

이단석(李端錫, 1625~1688) 「역법(曆法)」 1650(庚寅) 증광시(增廣試) 삼중(三中)

김명석(金命碩, 1623~?) 「역법(曆法)」 1650(庚寅) 증광시(增廣試) 삼상(三上)

윤곤(尹坤, ?~?) 「보(寶)」 이하(二下)

심재(沈梓, 1624~1693) 「매화(梅花)」 이중(二中)

이시성(李時省, 1598~1668) 「매화(梅花)」 이상(二上) 괴(魁)

박수현(朴守玄, 1605~1674) 「시(詩)」 삼상(三上) 괴(魁)

민점(閔點, 1614~1680) 「장(杖)」

권대재(權大載, 1620~1689) 「산수(算數)」

홍위(洪葳, 1620~1660) 「유교(儒敎)」 1650(庚寅) 증광시(增廣試) 이중(二中)

이만웅(李萬雄, 1620~1661) 「유교(儒敎)」 1650(庚寅) 증광시(增廣試) 이하

미상 「궁리(窮理)」

권오(權悟, 1602~?) 「도통(道統)」

미상 「治亂」, 1644(甲申) 식년시(式年試) 이상(二上)

조종저(趙宗著, 1631~1690) 「변려(騈儷)」 이하(二下) 괴(魁)

채정린(蔡廷麟, 1632~?) 「변려(騈儷)」 삼상(三上)

유헌(兪櫶, 1617~1692) 「염철전백(鹽鐵錢帛)」 1651(辛卯) 식년시(式年試) 이하(二下)

미상 「감응(感應)」

김령(金坽, 1577~1641) 「사업(事業)」, 1615(乙卯) 식년시(式年試) 삼상(三上)

미상 「명절(名節)」

정뇌경(鄭雷卿, 1608~1639) 「몽양(蒙養)」 이중(二中)

미상, 「염계(鹽戒)」

미상, 「어(漁)」

윤선도(尹善道, 1578~1671) 「춘(春)」, 1628(戊辰) 별초시(別初試) 괴(魁)

윤이원(尹而遠, ?~?) 「춘(春)」 1628(戊辰) 별초시(別初試) 이하(二下)

황상(黃床, ?~?) 「사(史)」 상지하(上之下)

조지세(趙持世, ?~?) 「금(琴)」

미상 「묘비(墓碑)」

미상 「겸(謙)」

이동표(李東標, 1644~1700)의 책문 일부

이 가운데 정두경이 답한 「병가장기」 책문에 대해서는 윤선도(尹善道)의 대책도 있어서 『고산유고』에 실려 전한다.[33] 『고산유고』에는 책문도 함께 실려 있다. 앞으로 문집이나 단행본과의 대조를 통해 『집책』 수록 책문의 작자, 제작 시기 등을 고증할 필요가 있다.

과문의 답안집은 근래에도 정리되어 나왔다. 1998년 공주시 유구읍 백교리의 서광문화사에서 동산(東山) 최봉수(崔鳳洙)는 『옛날의 과거 답안집(科擧答案集)』을 간행했다.[34] 이 답안집에는 도검 소재의 책문과 대책문인 「검책문(劒策問)」과 「검대책문(劒對策文)」이 실려 있다.[35] 이 실명씨의 「검대책문」은 정두경(鄭斗卿)의 「삼인검에 대한 노래[三寅劍歌]」와 기상이 통한다.[36]

「劒策問」. 問: 釰者, 防身之長物, 戰陣之利用. 匪有騰空, 龍虎之吟·鑄得太

---

33 『孤山遺稿』 卷6, 上 別集, 策問.
34 최봉수(1998), 71~85면.
35 조혁상(2020) 참조. 이 논문에 따르면 "호란을 전후로 한 시기에 창작된 것으로 추정되는 작자미상의 「검책문(劒策問)」과 「검대책문(劒對策文)」"이라고 한다. 박장원(朴長遠)의 『구당선생집(久堂先生集)』에 수록된 「해검현묘론(解劒懸墓論)」을 함께 거론했으나, 이것은 문제가 다른 것은 물론, 주제도 다르다.
36 『車滬隼』 卷9, 七言古詩, 「三寅劍歌」.

阿, 能遏晉鄭之侵, 其詳可得聞歟? 漁父之辭釖, 季子之掛釖, 朱雲之請釖, 馬武之彈釖, 其旨之異同, 亦可歷指歟? 拔憑軒之鞘而作歌者誰歟? 贈鴻家之寶而勉人者誰歟? 紫氣衝於斗牛, 竟合延津, 青龍突於賊陣, 若招銅鐵, 其靈異亦可有言歟? 或有宰相釖, 或有將軍釖, 苟得其釖, 人非將相之器, 而亦可將相歟? 今者, 西表未雪, 北顧方急, 此正烈士忠臣用釖之秋, 而未聞有一人張空拳冒白刃, 爲國願死之意者, 我國之利器, 不及於古歟? 抑或有利器, 而不得其用歟? 何以則釖非徒釖, 而有洗釖靑海之功歟? 請磨十年之釖, 必有遊刃之論, 願聞之.

「釖對策文」. 對: 愚也甚貧, 有一釖削候耳. 少學書不成, 晚而好此. 最上, 斬單于, 洗靑海, 雪國家羞恥. 其次, 從狗屠, 入燕市, 爲知己死. 不然則倚之崆峒, 磨勵而待之. 今執事當朝廷用武之日, 策書生論釖之設, 愚請以素講之術, 爲執事獻焉.【虛頭】

竊謂蓐收之神, 假手於太冶, 躍而出者爲釖. 釖者, 六氣之英·五行之精也. 變動猶鬼神, 不可端倪. 上可以決浮雲, 下可以截地氣. 水可以剪鯉鯢, 陸可以斬犀象. 幽可以伏魑魅魍魎, 明可以斬妖腰亂領. 在人爲防身之物, 在國爲戰場之利, 釖之用亦大矣. 是以志士平居, 悲歌慷慨, 忿恨愉佚, 酣醉無聊, 不平有動於心, 則必於此焉發之, 壯士臨陣, 瞋目揚臂, 斬將褰旗, 前蒙矢石, 不避湯火之難者, 亦莫不爲此之任耳. 名雖曰一人敵, 亦不可小其器也. 雖然, 是物也, 旣不能自用, 又不能獨成, 掘之泥沙, 不能自出, 藏之匣鞱, 不能自拔. 上下低仰, 一隨於人, 而能使勇者勇, 不使怯者勇, 能使强者强, 不使弱者强. 用之大則大, 用之小則小, 或用之勝, 或用之敗. 然則釖固未易得, 用釖亦未易也. 故古語曰: '莫耶·干將, 不在於器, 得人而已', 其在釖乎!【中頭】

請白之. 龍吟匣中, 坐制四方者, 顚項之騰空, 一揮城上, 流血千里者, 楚子之太阿, 噫! 其亦靈矣. 寶刀値百金, 却之不受, 空山一抔, 解而懸之. 急難

而取, 有同商賈, 中心之覘, 不間幽明, 則義哉楚江漁父, 嗚呼有吳延陵,[37] 斬一介妄臣頭, 願少借得五千橫行, 思欲一鳴. 噫! 剛腸疾惡, 不避天威, 低掌論兵, 心在伊吾, 則朱雲古之遺愛, 馬武不是庸人. 憑軒拔鞘天亦爲齊者, 杜少陵之詩也.[38] 先君之寶以賜他人者, 李節度之贈也. 文人翰墨, 聞語古人, 一時之言, 不足爲後世傳也. 斗牛墟間, 寃氣尚赤, 而延平水上, 神物會合, 百萬軍中, 勢若飛電, 而鋒鋩及處, 銅鐵作聲, 吾安知好事之龍學變化而來乎? 至若釖之名, 有宰相者, 有將軍者, 謂之將相者得此則可謂之將相, 不得此者將相, 則愚未知之信也.【逐條/軸條】

嗚呼! 古人已矣, 其唯今乎! 何代無恥? 莫若我也. 爾忘胡人之辱我國乎? 城下之盟, 古人所恥, 再犯之急, 朝暮可待. 君王按釖而坐, 百姓枕戈而眠, 此正志士忠臣, 喟然咨嗟, 慨然奮起, 提三尺釖, 出萬死計, 建非常勳策之秋, 而上自元戎, 下至軍卒, 各有全軀保妻子之心, 開鳴鏑, 則股慄而膽掉, 棄甲而曳兵, 未聞有蹈白刃大刀頭, 卓然有大丈夫者. 數千里東方, 曾無一介義人耶? 然則我國之釖, 不及於古歟! 所謂騰空・太阿・紫氣・青龍・莫耶・干將, 盖有之矣, 人不得其用歟!【當今】

嗚呼釖者, 一兵器耳. 可以爲利器, 可以爲凶器, 可以爲虛器. 今有人以釖殺賊, 則可以殺, 而賊奪之, 反殺其人, 則人亦能殺. 雖以此成功, 乃人之功, 非釖之功. 雖以此取敗, 乃人之過, 非釖之過. 是以以騰空之釖, 待顓頊而名焉. 太阿之釖, 待楚君而名焉. 宰相之釖, 待蕭何而爲用. 將軍之釖, 待韓信而爲用. 自古不患不得釖, 患不得人耳. 執事之所謂古之良釖者, 愚未知如何? 有血氣足以自運, 有智謀足以自用耶. 然則今之釖亦古之釖, 執事所謂今之釖不可用者, 愚未知如何? 其鋒不能擊人, 其鍔不能斬人耶? 不然則今

---

[37] '嗚呼有吳延陵'은 공자가 일찍이 계찰의 묘비(墓碑)에 "아, 오나라 연릉 군자의 묘이다[嗚呼! 有吳延陵君子之墓]"라는 10자를 썼다는 말에서 따온 것이다.

[38] 두보의 「형남병마사태상경조공대식도가(荊南兵馬使太常卿趙公大食刀歌)」에 "짧은 옷 입은 장사가 머리카락이 범 털 같은데, 난간에 기대어 칼을 뽑자 하늘까지 높아라[壯士短衣頭虎毛, 憑軒拔鞘天爲高]"라고 했다.

之釖亦古之釖, 用不得其用而歸罪於釖曰: '東方無良釖', 其眞無釖耶? 其眞不得釖耶? 是何異於刺人而殺之曰: '非我也, 兵也?'【設/設弊】

誠能得善用之人, 磨以燕然之石, 淬以滌支之波, 嗚乎! 薊北之野, 倚乎! 紫塞之傍, 則直之無上, 擧之無前, 凶奴之頭, 可致北闕之下, 而聖上之憂, 從此解矣. 然後藏之武庫, 永示不用, 則愚安知千載之後·百世之下, 稱今日釖者, 亦如今之稱古之釖乎? 嗚呼! 釖固有待而然耶? 釖所待者, 必有所待而然耶?【捄措/救弊/捄弊】

有用釖者, 有用用釖者. 執事好釖, 請以釖喩. 夫豊城之釖, 氣通星辰, 可謂神矣, 見水踊躍, 可謂靈矣, 而潛其鋒幾百年, 日月累千萬之過, 而人莫之知也, 一朝雷公, 掘而出之, 當時服其用, 後世稱其名. 向使雷公不出於其時, 不過於其地, 則安保其必得也? 此乃土之所在, 良工之所棄也, 而爲天下名器, 然則聖王之所棄者, 獨不足厚國家, 而有人於此, 以釖論之, 雖不及於此, 比之鈜刀則銛耳. 十年磨釖, 霜刀未試, 彈其鋏, 作歌曰: '長鋏歸來乎, 莫我知, 長鋏歸來乎. 老將至.' 若此者, 古所謂善用釖者非耶? 平生今日, 亦雷公過豊城之日也. 願執事姑試之. 謹對.【終/篇終】

조선 후기 대책문의 짜임에 대해서는 1790년(정조 14) 채제공(蔡濟恭)이 정조에게 장옥(場屋)에서 역서(易書)할 때 규례를 어기지 말도록 해야 한다고 아뢴 다음 말과 이에 대한 정조의 하비(下批)를 주목할 필요가 있다.

듣자니, 근래 대과(大科)의 장옥(場屋)에서 고시(考試)할 때에 역서(易書)를 어렵게 여겨, 책문(策問)의 경우 그저 허두(虛頭)만 베껴서 들이도록 하게 한다고 합니다. 이것은 단지 숙유(宿儒)의 거필(巨筆)을 간취(揀取)할 수 없을 뿐만이 아니라, 사면(事面, 일의 면모, 事體)으로 말하자면 아무래도 극도로 미안합니다. 금번은 종래의 잘못을 절대로 답습하지 말라는 뜻으로, 미리 신칙하심이 어떠하신지요?[39]

채제공의 계문(啓聞)에 대해 정조는 다음과 같이 비답(批答)을 내렸다.[40]

軸條[逐條]以試該洽, 捄措欲觀風裁, 主司之只謄虛頭一段, 幷與中頭而不見, 則寧有如許體段? 況策之爲文, 釋意專在於中頭, 中頭不見, 如畫龍不畫睛. 大抵責苟在試官, 而擧子之不留意於中頭以下, 亦屬當矯之先務, 以此先飭試官, 仍令諸生, 預各聞知. 自今科, 專力於中頭以下, 而虛頭過十行者, 無論工拙, 一切幷置落科. 雖榜出之後, 卿等取來考閱, 違式者亦當拔榜, 試官論罪. 古人豈不云乎? 文體可以觀世道. 竭氣於虛頭, 是甚氣象? 予於此, 常所耿耿, 適因卿奏, 不嫌其煩複, 如是敷諭. 況科名異於他科, 則文體氣象之必欲優餘, 未必不爲祈永之一助, 多士聞此, 敢不承當? 亦令下諭于掌試京試官都事.

축조(軸條/逐條)로 해흡(該洽)을 시험하고, 구조(捄措)로 풍재(風裁)를 살피고자 했는데, 주사(主司)가 단지 허두(虛頭) 한 단락만 베껴서 중두(中頭)와 함께 축조도 구조도 보지 못하니, 어찌 이러한 체단(體段)이 있단 말인가? 하물며 책(策)이라는 글은 석의(釋意, 주제의 해석)가 오로지 중두에 있으니, 중두를 보지 않는 것은 마치 용을 그리면서 눈동자를 그리지 않은 것과 같다. 대체로 그 책임은 진실로 시관(試官)에게 있으되, 거자(擧子)가 중두 이하에 우념하지 않는 것은 아무래도 마

---

39 『樊巖先生集』 卷30 啓 「請禁場屋易書時謬規啓」. "聞近來大科場屋考試之際, 以易書之爲難, 策問則只令謄納虛頭云. 此不特宿儒巨筆無以揀取, 以事面言之, 亦極未安. 今番則切勿襲謬之意, 預爲申飭何如?"
40 『弘齋全書』 卷四十三 批二 「左議政蔡濟恭筵奉批」(庚戌). 위의 주 39에 언급한 채제공의 「請禁場屋易書時謬規啓」 아래에도 접재되어 있다

땅히 바로잡아야 할 급선무에 속하니, 이런 내용으로 먼저 시관을 신칙하고, 아울러 제생(諸生)으로 하여금 미리 각자 알아듣도록 하게 하라. 이번 과거부터는 오로지 중두 이하에 힘을 쏟아서, 허두가 열 줄을 넘는 자는 글이 잘 되고 못 된 것을 막론하고 일체 모두 낙과(落科)에 두도록 하라. 비록 방(榜)을 낸 뒤일지라도 경들이 가져와 고열(考閱)을 해서 격식에 어긋나는 것은 또한 방에서 빼 버리고 시관은 논죄하도록 하라. 옛사람이 이르지 않았는가? '문체는 세도(世道)를 살필 수 있다.'라고 말이다. 그렇거늘 허두에서 기운을 다하니 이것이 무슨 기상이란 말인가? 내가 이 일에 대해 항시 잊지 않고 있었는데, 마침 경이 상주한 일로 인하여 번거롭고 중복되는 것을 혐의하지 않고 이와 같이 유시를 한 것이다. 더구나 이번 과명(科名)은 다른 과거와는 다르니, 문체의 기상을 반드시 넉넉하게 하려고 하는 것이다. 이는 국운의 영속(永續)을 기원함에 있어 일조(一助)가 되지 말라는 법이 없다. 여러 선비들이 이 말을 들으면 감히 받아들이지 않을 수 있겠는가. 또한 시험을 관장하는 경시관(京試官)과 도사(都事)에게도 하유를 하도록 하라.

고전번역원 제공의 구 번역은 이 글의 첫머리를 "시축(詩軸)의 조목으로 해박한가를 시험하고 글의 짜임새로 풍모를 살피려고 하였는데, 주사(主司)가 단지 허두 한 단락만을 베끼고 중간 부분까지 아울러 보이지 않으니, 어찌 이러한 법이 있단 말인가."라고 해석했는데, 잘못이다.

과책은 시험되는 상황에 따라 집책과 전책으로 나뉘고, 내용에 따라 시무책과 역대책으로 나뉘며, 서술 방식에 따라 축조식과 구폐식으로 나뉜다. 기존 연구에 따르면,[41] 조선 초기에 집책은 역대책과 시무책이 공존하였고, 전책은 질문된 사안에 따라 단락이 구성되는 축조식 시무책이

---

41 이상욱(2015), 311~348면.

었다. 16세기에 들어서면 집책의 경우에 역대책의 비율이 줄어들었고, 전책의 경우에도 이른바 '삼복독지법(三伏讀之法)'이라 하는 구폐식 시무 집책의 단락 구성 형식이 도입되었다. 결과적으로 집책과 전책 모두에 구폐식 시무책의 형식이 과책의 단일한 형식으로 자리 잡는다. 17세기 후반에는 특히 중두가 중요시되어, 소위 '중두'의 구성 방식 등이 세세하게 규정되었고, '대저' 단락이 나타났다. 18세기에는 허두의 비중이 확대되었고, '구조'라는 단락이 다시 추가되었다. 정조 연간에는 다시 축조식의 전책이 시험되기도 하였다.

그런데 책문의 구성 형식은, 구한말의 강위(姜瑋)에 따르면, 허두, 중두, 축조(逐條/軸條), 파제(破題), 대저(大抵), 당금(當今), 주의(主意), 편종(篇終)의 구성을 따른다고도 한다. 과책의 구성도 이와 병행하는지 더 고찰해야 할 일이다.

(3) 필기잡록류의 자료

일기나 만필 등 필기잡록류에는 과거 관련 사항이 상당히 많이 언급되어 있다. 정조 때 남인 문인 윤기(尹愭)는 『협리한화(峽裏閑話)』에 과폐(科弊)에 관한 매우 주목할 만한 언급을 많이 남겼다. 한국고전번역원에서 충실한 역주본을 제공하고 있으므로,[42] 여기서는 생략한다.

김만중(金萬重)의 『서포일기(西浦日記)』(국립중앙도서관 소장 필사본)에는 1680년(숙종 6년) 여름, 공도회시(公都會試)와 관련한 안후태(安後泰, 1636~1689)[43]의 피혐상소(避嫌上疏)가 절록되어 있다. 이 피혐상소는

---

[42] 『無名子集』文稿 册13 [文] 峽裏閑話【六十五】, 성균관대학교 대동문화연구원(2013), 이상아 역, 한국고전번역원 한국문집총간 DB.
[43] 충청북도 음성군 출신의 문신으로, 본관은 광주(廣州), 자는 내숙(內叔), 호는 월창(月窓)이다. 광양군(光陽君) 안황(安滉)의 증손이고, 동몽교관 안시수(安時秀)의 아들이다. 1666년(현종 7) 식년문과에 병과로 급제하여 승정원가주서를 지냈다. 1674년 이후 장령, 필선, 정언을 거쳤다. 1680년(숙종 6) 다시 장령, 정언이 되어 유명견·조성 등을 사판(仕版)에서 지우고 목내선·이하진을 파직시켰다. 12월에 집의가 되어 경신대출척(庚申大黜陟)에 참여했다. 1681년 집의로서

『숙종실록』에는 나오지 않는다.

　　장령 안후태(安後泰)가 혐의를 피하여 말했다. "신은 여름에 공도회 시관(公都會試官)으로 말초(末梢)를 마감할 즈음에 네 차례 참고관(參考官)이 되어 먼저 선발되었던 유생들 가운데 득점이 없는 자들은 모두 퇴거시키고, 단지 40여 명만 남겨 두었습니다. 신은 지난번 시험을 맡았던 사람과 함께 한결같이 그들이 지었던 글을 우열에 따라 등급을 매겨 방을 내어 합격자를 발표했습니다. 그런데 그 뒤 대신들이 과거를 보는 곳이 난잡하고 엄하지 않았다는 말로 어전에 아뢰어 파직시키도록 요청하는 지경에까지 이르렀습니다. 그래서 신은 진실로 두렵고 놀라서 이렇게 된 이유조차 모르겠습니다. 지난번 과거를 보는 일이 공정치 못하여 신은 무리들과 사적으로 이야기를 나누며 개탄하지 않은 적이 없었는데, 어찌 오늘 제 자신이 이 일을 저지를 것이라 생각이나 했겠습니까? 대신들이 '난잡하고 엄하지 않았다.'라고 말한 것은 비록 무슨 일을 가리키는지 모르겠지만, 신은 이미 그때 참고관의 반열에 있었으니 사사로움을 따른 죄는 그에 해당되는 율법이 있는데, 가벼이 파직만 하는 벌을 내린다면 어찌 제가 저지른 죄에 대한 징계에 충분하다 하겠습니까? 신은 부끄러워 죽고만 싶지만 저의 사정을 아뢸 방법이 없어 허물을 반성하며 더욱 자책한지 오래되었습니다. 그런데 뜻밖에 임금의 은혜로운 서임이 내려지고 새로운 명령을 또 외람되이 받고 보니 신은 이에 대하여 더욱 몸 둘 바를 모르겠습니다. 조정에서 거두어 쓰시는 것이 비록 허물을 깨끗이 용서하신 은전에서 나온 것이기는 하지만 신의 정세를 돌아보면 어찌 감히 뻔뻔하게 얼굴을 들고 다시 법을 집행하는 곳에 있을 수 있단 말입니까? 진심을

전라우도 암행어사가 되었다. 승정원동부승지에 올랐으나 1689년 노론으로 기사환국(己巳換局)에 교명(敎命)을 받지 않아 파직되었다가 이 해에 54세로 죽었다. 가선대부 예조참판에 증직되었다.

다해 진정을 해보았지만 승정원에서 저지되어 저는 집에 엎드려 두려워하며 날을 보내고 있었는데, 엄한 소명의 아래에 마침내 달려 나아가지 못하고 죄를 지은 자취는 거듭 명을 어기면서도 여러모로 보나 결단코 벼슬에 머무를 수 없으니 체직을 청합니다." 상께서, "사직하지 마라!"라고 대답했다.[44]

안후태는 노론으로서 남인과 대립한 인물이었으므로, 공도회의 시관으로서 임무를 처리한 것에 대해 물의가 있었던 듯하다. 과시 관련의 탄핵이나 피혐은 정치적인 이유가 숨어 있는 경우가 많았다.

유척기(兪拓基, 1691~1767)[45]의 『지수재집(知守齋集)』에 실린 잡저(雜著)를 보면, 후대의 저명한 문신으로 고시관이 된 인물도 전고를 몰라 전대의 시제를 이해하지 못하는 사례가 있다는 것을 알려준다.

數年前, 申聖與[申點]爲漢學兼敎授, 時考試院生, 出一聯曰:'飽去櫻桃重, 飢來柳絮輕.'院生皆不知所指, 未有能善對者. 余聞之, 叩其出處, 聖與曰: "昔者澤堂掌試, 賦題有蚊蚋事, 一擧人試券云:'櫻桃重而飽去, 柳絮輕而飢來.'澤堂以爲杜撰而黜之. 後語其事于谿谷, 谿谷曰:'此是古人詠蚊詩. 主

---

44 (上之六年庚申[淸康熙十九年]十二月初十日乙未, 小雪. [夜一更, 彗星見於婁星上, 而形體尾迹, 比昨尤微. 五更, 流星出亢星上, 入南方天際. 狀如甁尾, 長五六尺許, 色赤光照地.] ~ 번역문 제시하지 않음) 掌令安後泰避嫌曰: "臣於夏間, 以公都會試官, 末梢磨勘之際, 四次參考, 則初頭被抄儒生之無分者, 皆已退去, 只有四十餘人. 臣與同前掌試之人, 一從其所製之優劣, 以爲等第而出榜矣. 厥後, 大臣以科場雜亂不嚴之說, 陳達於榻前, 至有請罷之擧. 臣誠震愕, 不知所以致此也. 向時科事之不公, 臣與儕流, 私相說話, 未嘗不慨歎, 豈意今日身親犯之也. 大臣所謂雜亂不嚴云者, 雖未知指何事, 而臣旣忝伊時參考之列, 則循私之罪, 自有當律, 罷職薄罰, 何足以懲其負犯乎. 臣羞愧欲死, 無地伸暴. 追省嚮尤, 尤自訟者久矣. 不意恩敍纔降, 新命又叨. 臣於此, 盆不知置身之所也. 朝家收用, 雖出於滌瑕之典, 顧臣情勢, 其何敢抗顔, 復厠於執法之地乎. 瀝血陳情, 見阻喉司, 縮伏私次, 惶隕度日. 嚴召之下, 竟未祗赴, 罪累之蹤, 重以遣慢. 以此以彼, 決不可仍冒, 請遞."上答曰:"勿辭."
45 본관은 기계(杞溪), 자는 전보(展甫), 호는 지수재(知守齋), 시호는 문익(文翼)이다. 김창집(金昌集)의 문인이다. 1714년(숙종 40)에 증광 문과에 병과로 급제하고, 1739년(영조 15) 우의정에 오르지 신임사회 때 세자 책봉문제로 연좌되어 죽은 김창집(金昌集)·이이명(李頤命) 두 대신의 복관을 건의히어 신원시켰다.

司之詘也誤矣.' 澤堂頗有憮然之色云." 余曰: "吾與兄固不足云. 若澤堂之
博雅, 猶見譏於谿谷, 而兄乃以試彼蒙魯之譯學生, 不亦太苛峻乎?" 仍與一
噱. 今日偶見宋人所著『冷齋夜話』[송나라 청량 혜홍(淸涼慧洪, 1071~1128)
선사의 저술]云: "范文正少時, 求爲秦州西溪監鹽, 其志欲呑西夏, 知用兵
利病耳, 而廨舍多蚊蚋, 文正戲題其壁曰: '飽去櫻桃重, 饑來柳絮輕, 但知
離此去, 何用問前程?' 雖戲笑之語, 亦愷悌渾厚之氣逼人, 況其大者乎?" 余
於是始詳其出處, 卽以書報於聖與, 想聖與亦必豁然也.[46]

(4) 단행(별행) 자료

과거 자료 가운데 책문의 경우는 단행되어 유전하는 것이 적지 않다. 『전책정수(殿策精粹)』는 그 대표적인 예이다.[47]

또한 1862년 임술농민항쟁기에 시행된 철종의 삼정책문에 대한 응지삼정책을 모은 『삼정책(三政策)』은 역사학계의 주목을 받고 있다. 입격자 100인 명단은 송근수(宋近洙, 1818~1902)의 『용호한록(龍湖閑錄)』에 수록된 「경외대책시소방(京外對策試所榜)」에서 살필 수 있는데, 버클리대본 『삼정책』(건곤 2책)의 「경외대책방(京外對策榜)」(건책 수록)에서도 입격자의 신분 정보를 확인할 수 있다. 또 입격자 가운데 13명의 대책이 단행되어 있다.[48] 1862년 단성을 시작으로 임술민란이 확산되고, 1862년 5월 26일에 이정청(釐正廳)이 설치된 후 6월 10일 철종은 구언교로 2품 이하 초야의 유생에게까지 책문을 내리고 2품 이상에게는 헌의(獻議)하도록 했다. 당시 좌의정이며 이정청의 총재관을 맡은 조두순(趙斗淳, 1796~1870)이 철종의 삼정책문을 대제(代製)[49]했으며, 정원용(鄭元容, 1783~1873), 김흥근(金興根, 1796~1870) 등과 함께 독권관(讀券官)을 맡았다. 정원용의 『경

---

46 『知守齋集』卷15, 雜著, 「雜識」.
47 임완혁(2009), 355~382면.
48 송찬섭(2014), 157~193면.
49 洪碧松, 「三政救弊策」, 『三政策』 2, 아세아문화사, 1986, 517면.

산일기(經山日記)』에 의하면 전국에서 만 여장의 시권이 걷혔다.[50] 박주종이 '삼중장원(三中壯元)'이며, "調用三中五人, 三下九十五人合百人"이었다. 이정청은 응지삼정소를 검토하고 윤 8월 19일에 『삼정이정절목(三政釐正節目)』을 반포했다. 한편 송찬섭 씨에 의하면, 입격자 가운데 이승경(『여사난고(餘事亂藁)』), 박주종(『산천집(山泉集)』), 최술모(『전책(殿策)』), 장심학(『강해집(江海集)』), 기승규(『갈파일고(葛坡逸稿)』), 이휘준(『복재문집(復齋文集)』), 황오(『황록차집(黃綠此集)』), 허전(『성재집(性齋集)』), 이종상(『정헌집(定軒集)』), 유만주(『백거시초(白渠詩抄)』), 윤종의(『연북삼존(硯北三存)』)의 대책문이 문집 등에서 확인되고, 단행본 삼정책 12건 가운데서도 박주종·이승경·김상현·허전의 글이 재수록되어 있다고 한다. 허전의 삼정책은 필사본과 목판본이 있는데, 목판본(규장각 소장본과 성균관대학교 소장본) 『삼정책』은 허전의 문도였던 소산(小山) 김기호(金琦浩, 1822~1902)가 다른 문도들과 함께 1886년 음력 2월 현재의 창원인 회산에서 간행한 것이다. 그 해 3월 90세의 허전은 안산군수로 있는 허익의 임소로 떠났으며, 9월 23일 안산군 불권당(不倦堂)에서 타계했다.

편저자	서명	판사항	소장처	형태정보	구성
1 미상	『삼정책(三政策)』	필사본	버클리대학 소장	乾·坤 2冊. 無匡郭, 無界, 10行25字 註雙行, 無魚尾. 35.0×23.4cm	건(乾): 친림인정전책제(親臨仁政殿策題), 부호군(副護軍) 허전 『삼정책』, 집의(執義) 윤치현(尹致賢) 대책(對策). 곤(坤): 이정청초기(釐政廳草記), 부호군 김상현(金商鉉) 대책, 부호군 이승경(李承敬) 대책, 이정청절목(釐政廳節目), 입격자에 대한 철종의 전교, 경외대책방(京外對策榜) 등

---

50 정원용 저, 허경진·전송열 역(2009), 314면, "仍編次各道策問收券, 近萬張. 諸堂已考閱, 左相書三中五張, 其餘前文衡金炳學, 皆書三下入啓. 是日口敎有'編次等第以入', 故直爲書等入啓, 取百人": 『승정원일기』 윤 8월 19일 "釐整廳啓曰, 京外對策試券, 謹依口傳下敎, 考閱後書等第以入, 而臂次一百張, 預次十張之意, 敢啓.傳曰, 知道."

	편저자	서명	판사항	소장처	형태정보	구성
2	미상	『임술삼정대책문』(壬戌三政對策文)	필사본	국회도서관 소장	1冊(44張) 無匡郭無界	이문초(異聞抄), 금제조목(禁制條目), 박주종 임술삼정대책(壬戌三政對策) 이외의 책문들, 책규(策規), 책투(策套) 등
3	허전(許傳)	『삼정책』	목판본	규장각 古6550-1/ 성균관대학 B11FB-0017	丙戌(1886)仲春 檜山 新刊.30.5×20cm有界, 10行22字	허전의『삼정책』
4	허전(許傳)	『삼정책』	필사본	국립중앙도서관 우촌古605-4	1冊(22張)	허전의『삼정책』
5	허전(許傳)	『삼정책』	필사본	국립중앙도서관 소장	寫本(鐵筆) 1冊(52張): 四周雙邊.	판심 '경성제국대학교법문학부' 1926년 이후 성책으로 추정
6	허전(許傳)	『삼정책』	필사본	경상대학교 소장	1冊. 無界.	간암(艮嵒) 박태형(朴泰亨,1864~1925) 구장본
7	허전(許傳)	『삼정책』	필사본	영남대학교 소장	1冊(22張) 無邊無界	진주(晉州) 정규원(鄭奎元)이 지은 통문(通文) 1장. (필사기: 甲子正月始單於二十三日)
8	허전(許傳)	『삼정책(三政策)』, 부록 만언소(萬言疏)	필사본	일본 동양문고본 Ⅶ~2~100	1冊(64張): 四周單邊, 有界.	허전의『삼정책』과 직강(直講) 박주운(朴周雲)의 상소. '謄出之間多有誤落覽者怒之'라는 필사기. 요시다 도고(吉田東伍) 구장본
9	남병선(南秉善)	『봉교찬진(奉敎撰進) 삼정책』	필사본	규장각 소장 海士필60	1冊(7갈) 匡郭 郡尾: 四周單邊. 無魚尾	남병선(南秉善, 1808~?)은 입격자는 아니다. 이정청 당상 남병철(南秉哲, 1817~1863)의 백부 남태순(南太淳, 1786~?)의 아들이다.
10	미상	『삼정책』	필사본	국립중앙도서관 소장 古6101-9	1冊(35張) 行字數不同	삼하 내사규장전운(三下 內賜奎章全韻), '후亥 九月 上浣 歲62 次鍾山謄寫'라는 필사기
11	미상	『철종어제삼정책(哲宗御製三政策)』, 병임술유월(幷壬戌六月)	필사본	국립중앙도서고관 소장 한古朝31-444	1冊(10張) 無界; 行字數不同	상중이라『삼정책』을 제출하지 못했다는 내용, 당시 입격자 처리에 대한정보 서술. 정약용의「전제고」를 언급.
12	미상	『전책(殿策)』	필사본	수원 명재연구소 조성만 소장	1冊, 無界.	삼하(三下) 입격자 최모술의 삼정책이 다른 책문과 수록.

표 4. 『삼정책』 단행본.

『삼정책』 필사 단행본은 목판본이 간행된 이후 전사된 것들일 가능성이 있다. 이에 대해서는 실물 대조를 통해서 검증해야 할 것이다. 전사본의 필사본들은 서지적인 가치는 높지 않다. 하지만 허전의『삼정책』이 19세기 말 20세기 초에 일정 지역에서 과책(科策)의 모범이자 삼정의 개정에 관한 현실안으로서 환기되었다는 사실을 말해주므로, 지식사회의 지속적 특성을 이해하는 데에 귀중한 자료가 된다.

(5) 시권

2019년 10월 1일, 충남 홍성군은 홍주성역사관이 조선 현종 6년(1665) 평택 임씨 자손 임유가 과거 시험에 제출한 답안지를 문중으로부터 기탁받았다고 밝혔다. 그 기탁 유물 가운데는 '과거 급제 아깝게 놓친 354년 전 조선 유생 답안지'가 있어서, 사진으로 공개되었다. 즉, '차상'을 받은 임유의 답안지이다. 과문 명목은 논으로 논제는 「사람의 힘으로 조화를 뺏을 수 있다[人力可以奪造化]」였다. 이것은 정이(程頤)의 설에 근거하고,[51] 이이(李珥)의 『성학집요(聖學輯要)』에서 다룬 문제이다.[52]

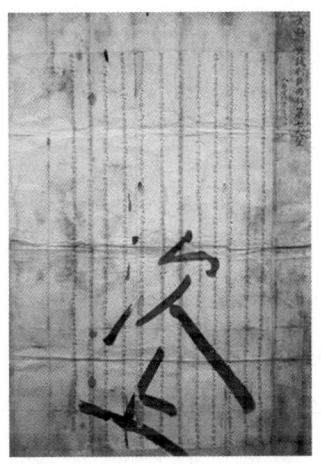

그림 3. 차상을 받은 임유의 답안지. 홍성 홍주성 역사관 소장.

---

51 『二程遺書』卷22上, "陳貴一問: '人之壽數, 可以力移否?' 伊川先生曰: '蓋有之.' 唐棣問: '如今人有養形者是否?' 曰: '然. 但甚難. 世間有三件事, 至難, 可以奪造化之力. 爲國而至於祈天永命, 養形而至於長生, 學而至於聖人, 此三事, 工夫一般, 分明人力可以勝造化. 自是人不爲耳. 故關朗有周能過歷秦止二世之說, 誠有此理.'"

52 『栗谷先生全書』卷20, 聖學輯要 2, 「修己第二上」, "'立志之效' 陽氣發處, 金石亦透. 精神一到, 何

처음에 임유는 외가가 온양이어서 추가 급제자 명단에 포함됐으나 진정한 온양 출신으로 보기 어렵다는 이유로 최종 선발에서 제외됐다는 기록이 조선왕조실록에 나와 있다고 한다.

그런데『국조문과방목』에 따르면 종사랑을 지내고 공산에 거주하던 권기(權愭, 1633~)가 이 해의 온양정시(溫陽庭試)에서 병과(丙科) 1위[探花郞](3/9)로 급제한 사실을 알 수 있다. 이때의 선발 인원은 갑(甲)1·을(乙)1·병(丙)7의 9명이었다. 권기는 본관이 안동, 자는 백인(伯仁)이며, 권시(權諰)의 아들이다. 이후 대사간에 이르렀으나, 윤증(尹拯)의 처남으로서 송시열의 배척을 받았다.

한편 제주도에서 감귤(황감)이 진상된 것을 기념하여 치르는 황감제는 1564년(명종 19) 처음 시행했다. 10월에 예조에 황감귤이 진상되면, 신하들과 성균관 및 사학(四學) 유생들에게 나누어 준 뒤 시제를 내려 시험을 보게 했다. 이형상(李衡祥)이 제주목사 당시 화공 김남길에게 그리게 한『탐라순력도(耽羅巡歷圖)』에「감귤봉진(柑橘封進)」의 화제가 있다.

『일성록』에 보면 정조 7년 계묘(1783) 11월 1일(무자) 반궁(泮宮)에서 감제(柑製)를 설행하고, 정조는 "본조의 관동과 호서 백성들이, 영남의 곡식을 실어 보내던 날에 선유사와 독운 어사에게 명하여 경내의 해신과 독신에게 제사를 지내 무사히 항해할 수 있게 해 줄 것을 빌라고 명한 것을 사례한 데 대해 의작(擬作)하라[擬本朝關東湖西民人等, 謝於嶺穀發運之日, 命宣諭使督運御史, 設祭境內海瀆之神, 以祈利涉]"는 것으로 전제(箋題)를 삼았다. 정동신(鄭東愼, 1734~1800)이 삼하(三下)의 성적으로 거수(居首)했는데, 그의 시권이 서울역사박물관에 있다. 시권 하단 아래에 '二天'이라고 있어서, 시권을 100장씩『천자문』의 글자 순서로 묶을 때 '天' 자 축의 두 번째로 일찍 낸 답안이었음도 알 수 있다. 정동신은 직부전시하여 이듬해

事不成."(朱子語) 本註, "程子曰: 世間有三件事, 可以奪造化之力. 爲國而至於祈天永命, 養形而至於長生, 學而至於聖人, 此三事, 分明人力可以勝造化, 自是人不爲耳.""

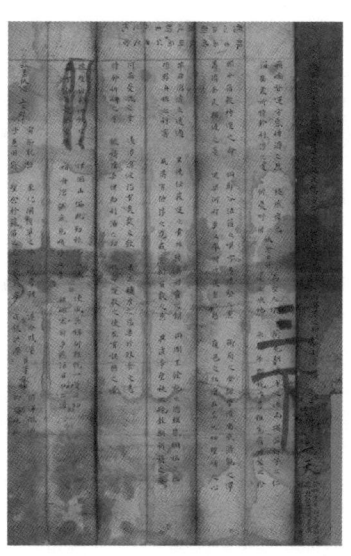

그림 4. 1783년 정동신 태학황감제 시권, 서울역사박물관 소장.

문과에서 병과(丙科) 10명으로 합격했다. 정동신의 과전(科箋)을 평측 교호의 형식만 보면 아래와 같다. 과전은 과표와 마찬가지로 종서의 쌍전대서(雙展對書)로 표기한다. 여기서는 열람의 편의를 위해 횡서로 제시한다.

| 嶺嶠督運方感博濟之恩 | ●●●●○●●●○○ |
| 海岳虔祈特軫利涉之道 | ●●○○●●●●○● |

| 徒感瘝己 | ○●○● |
| 何憂呼庚 | ○○●○ |

| 伏念臣等 | ●●○● |

| 爲聖人氓 | ○●○○ |

處湖峽地　　　　　　　●○●●

荷先朝減布之渥尙頌若保子之仁　●○○●○●●●●○○
承初年蠲稅之音粗寬痛呼父之念　○○○○●○○○○●●●○

顧念嶺穀轉運之命　　　●●●●●○●
益憐吾民顚連之憂　　　●○○○○○○

同鄭谷泣穉之嘆方急塡壑之慮　○●●●○○○●○●○●
追梁河移粟之擧特侈發倉之恩　○○○○●○●●●●○○○

御府之金貂曾頒尙感濟飢之澤　●●○○○○○●●○○●
嶺邑之紅腐且至只切望哺之心　●●○●○●●●●●○○

茢玆滄濤之遠過　　　　●○○○○●○
恐難舟楫之利濟　　　　●○○●○●●

呈使任發運之責非無濟君靈之謨　○●●●○●○○●○○○○
風濤有險涉之危或慮輪爾載之患　○○●●●○●●●●●○●

同周王發施之德縱感睏恤之仁　○○○●●○●○●○○
異虞帝望秩之規敢期祈禱之眷　●●●●○○●○●○●

何圖憂民之念　　　　　○○○○○●
特命祈神之方　　　　　●●○○○○

遠涉滄波恐有臭載之歎　　●●○○●●●○●

祗禱瀆岳俾勤利泊之功　　　　○●●●○●●○○

盖其轉粟之恩要紓艱食之患　　●○●●○○○●○
故命運穀之使至有設醮之音　　●●●○●●●●○○

非聖后軫恤飢之要　　　　　　○●●●○○○*
豈有今日設祭之擧　　　　　　●●○●●●○●

桂酒山海旣勤祗祝之誠　　　　●○○●●○○●○
栢舟滄溟庶見順涉之喜　　　　●○○○●●●●○●

使風柔楫何難抗一葦之功　　　●○○●○○●●○○
炊烟寒廚爭感活百口之渥　　　○○○○○●●●●○●

玆盖伏遇 主上殿下　　　　　○●●●●●●●

寅御乾極　　　　　　　　　　○●○●

子惠困窮　　　　　　　　　　●●●○

至化闡優草之休八域善被　　　●●●●●○○●●●
聖念軫蘇苗之道兆民咸寧　　　●●●○○○●●○○○

遂令賤姿　　　　　　　　　　●○●○
亦被洪澤　　　　　　　　　　●●○●

臣等敢不　　　　　　　　　　○●●●

俯彈微悃　　　　　　　●○○●
仰答殊私　　　　　　　●●○○

眼力西疇敢懈雨公田之念　●●○○●●○○○●
懸心北闕庶效輸王稅之忱　○○●●●●○●○○

    정동신의 이 과전을 보면 가새법 즉 염률(簾律)을 철저히 지키면서 송축(頌祝)의 뜻을 반복하여 드러냈음을 잘 알 수 있다.

조선 과거 연구의 과제

    조선시대 과거에 대해서는 제도 및 시행 세칙의 연혁과 합격자 등용만이 아니라, 부과 문체 및 제목을 연도별, 시험별로 철저히 조사하여 목록화하고, 필수 공용서적(운서, 자서 등), 수험 대비용 서적과 수험 결과 편찬물 등을 연구해야 한다.
    종래 조선시대 과거에 관한 연구는 주로 제도의 연혁과 합격자 등용의 사실에 초점을 맞추어 왔다. 하지만 과거에서 부과된 문체나 제목은, 당시 국가가 인재에게 요구하는 현실 감각을 문학 및 학문의 내용을 통해서 검증하고자 하는 이념과 논리를 담고 있다. 따라서 과거제도를 전면적, 과학적으로 연구하기 위해서는 시행 세칙을 검토하는 이외에 부과 문체 및 제목을 세밀하게 검토하고, 필수 공용서적, 수험대비용 서적, 수험 결과 편찬물의 유통을 조사하여, 각 시대의 학술 경향과 문화적 역량, 학술 논쟁의 역사와 학술 방법의 변화를 이해하는 바탕으로 삼을 필요가 있다.
    「조선시대 과시(科試) 문체·제목의 DB 구축과 수사문체 및 논리구축방식의 변천사 연구」는 문헌학적 연구, 한문 문체 연구의 방법을 이용하여, 과거에 부과된 각종 문체의 특징과 연혁, 필수 공용서적의 편찬과 지정, 수험용 서적 및 수험 결과 편찬물의 유통을 연구함으로써 조선시대 학술, 문학, 출판인쇄 문화의 발달상을 이해하는 기초를 제공하고자 한다. 필자는 과거 관련 자료가 다양한 종류의 문헌 자료에 편재되어 있음에 주목하여, 향후의 연구 방향 설정에 작은 도움을 주고자 했다.

참고문헌

1. 원전 자료

『국역 동문선』, 민족문화추진회, 1998. (중판 1쇄)

『국역 홍재전서』, 민족문화추진회, 1998~2000.

『(影印標點) 東文選』, 민족문화추진회, 1999.

『三政策』乾冊·坤冊, 버클리대학교 소장.

장만, 『洛西集』, 『한국문집총간』속15, 민족문화추진회.

장만장군기념사업회 번역위원회(2018), 『낙서집 번역본』, 장만장군기념사업회.

정약용, 『與猶堂全書』, 『한국문집총간』281~286, 민족문화추진회.

정약용, 『與猶堂全書補遺』, 다산학술재단, 2012.

정원용 저, 허경진·전송열 역(2009), 『국역 경산일록』5, 보고사.

정조, 『弘齋全書』, 『한국문집총간』262~267, 민족문화추진회.

한국학중앙연구원(2015), 『시권』. (도록)

2. DB 및 웹사이트

고려대학교 민족문화연구원 해외한국학자료센터(https://riks.korea.ac.kr/kostma/)

국립중앙도서관(https://www.nl.go.kr)

국사편찬위원회 한국역사정보시스템(http://www.koreanhistory.or.kr/)

서울대학교 규장각한국학연구원(http://kyujanggak.snu.ac.kr/)

한국고전번역원 한국고전종합DB(http://db.itkc.or.kr)

한국학중앙연구원 한국학자료센터(http://www.kostma.net/)

3. 연구 논저

김경용(2004), 「조선시대 과거제도 시행의 법규와 실제」, 『교육법학연구』16, 대한교육법학회, 1~25면.

김동석(2013), 「조선시대 시권 연구」, 한국학중앙연구원 박사학위논문.

박재경(2013), 「策文으로 본 조선시대 과거사의 이면」, 『대동한문학』38, 대동한문학회, 137~165면.

박재경(2014), 「조선시대 策文 연구」, 서울대 박사학위논문.

백진우, 「『집책』해제」, 고려대학교 민족문화연구원 해외한국학센터 제공.

송찬섭(2014), 「1862년 三政策問에 따른 京外對策 검토」, 『사림』28, 수선사학회, 157~193면.

심경호(1993), 「木活字本『東國論選』에 관하여」, 『계간서지학보』11, 한국서지학회, 130~153면.

심경호(2002), 『국문학연구와 문헌학』, 태학사.

심경호(2009), 『속문범권지이』, 계명대학교 출판부.

심경호(2016), 「정조의 문체정책과 제술부과」, 『진단학보』 127, 진단학회, 131~157면.

심경호(2020a), 「한국한문학의 변문 활용 문체와 그 역사문화상 기능」, 『한국한문학연구』 77, 한국한문학회, 225~300면.

심경호(2020b), 「낙서와 지천 최명길의 唱酬 및 지천의 서찰에 관하여」, 『열상고전연구』 71, 열상고전연구회, 119~171면.

심재권(2015), 「조선조 과거시험과목인 책문의 내용 및 주제 분석」, 『한국행정사학지』 37, 한국행정사학회, 183~208면.

안세현(2011), 「조선중기 文風의 변화와 科文」, 『대동문화연구』 74, 성균관대학교 대동문화연구원, 225~254면.

안소연(2019), 「조선시대 經世觀의 변화 연구: 策問·對策 분석을 중심으로」, 국민대 박사학위논문.

윤병태(1997), 「『御試策』과 朝鮮 前期의 小型 活字 印本一反『元刊銅活字本』考一」, 『고인쇄문화』 4, 청주고인쇄박물관.

이병혁(2003), 『한국한문학의 탐구』, 국학자료원.

이상욱(2015), 「조선 후기 對策 형식의 역사적 추이」, 『열상고전연구』 44, 열상고전연구회, 311~348면.

이상욱(2017), 「조선 후기 科表의 문체적 특징과 글쓰기 - 科表 작성을 위한 참고서를 중심으로 - 」, 『대동한문학』 53, 대동한문학회, 159~193면.

이응백(1962), 「갑오경장 이전의 작문 교육」, 『국어교육』 4, 한국어교육학회, 1~73면.

임완혁(2009), 「朝鮮前期 策文과 士의 世界認識 -『殿策精粹』를 중심으로」, 『한문학보』 20, 우리한문학회, 355~382면.

정경주(2013), 「科文 表箋의 형식과 문체의 특성」, 『대동한문학』 39, 대동한문학회, 83~125면.

조혁상(2011), 『조선 후기 도검의 문학적 형상화 연구』, 성균관대 박사학위논문.

조혁상(2020), 「조선 후기 刀劒 素材 科擧 答案 사례에 대한 一考察 -「劍策問」과 「劍對策文」을 중심으로-」, 『동방한문학』 83, 동방한문학회, 361~384면.

최봉수(1998), 『옛날의 과거답안집』, 서광문화사.

최식(2009), 「策文의 특징과 글쓰기: 策文準的을 중심으로」, 『동방한문학』 39, 동방한문학회, 381~405면.

申万里(2018), 《元代科举新探》, 人民出版社.

심경호 沈慶昊

서울대학교 국어국문학과와 동 대학원 석사과정을 졸업하고 일본 교토(京都)대학에서 박사학위를 취득하였다. 현재 고려대학교 한문학과 명예교수이다. 연구 분야는 동아시아학, 한자학, 한문학, 한문교육학, 금석문 등에 이르기까지 광범위하다. 제7회 성산학술상 수상, 제1회 연민학술상 수상, 제44회 월봉저작상, 제63회 3·1문화상 등 다수의 주요 학술상을 수상했다.

e-mail sim1223@korea.ac.kr

조선 후기 남인계 과체시집(科體詩集)
『근예준선(近藝雋選)』 연구

김경

『근예준선(近藝雋選)』은 과체시(科體詩)가 성행하던 18세기에 편찬된 과체시 선집이다. 최초 『근예준선』은 권성(權偗, 1736~?)에 의해 1771년 이전에 편찬되었다. 현전하는 『근예준선』은 대략 7종으로 모두 필사본이며 원본이 아니다. 이 중에서 고려대본은 1781년 이후 필사되었고, 입격(入格)에서부터 세계(世系)까지 다양한 정보가 수록되어 있다는 점에서 자료적 가치를 지닌다.

『근예준선』에 수록된 작품은 대부분 합격하지 못한 시(詩)이기에, 이 책은 조선 후기 과체시 명편 선집에는 해당하지 않는다고 할 수 있다. 하지만 수록된 작품 대부분은 기존 과체시 선집에서는 볼 수 없는 것들이며, 이들 작품을 통해 당대 유생들의 과체시 학습 과정 및 과체시에 대한 평가 기준 등을 엿볼 수 있다. 이러한 점이 『근예준선』의 의의라 하겠다.

아울러 『근예준선』의 편찬자 및 선정 작가들이 모두 남인계(南人系) 인물이며, 이 책의 편찬 시기가 이들의 정치적 도약기와 맞물려 있다. 이러한 점을 고려했을 때, 『근예준선』은 남인세력의 능력을 과시하거나, 불우함을 부각시키기 위한 의도가 내재된 결과물이라 할 수 있다. 더욱이 현전하는 남인계 과체시집이 확인되지 않는 만큼, 이 책을 통해 1780년대 남인이 분파하기 이전의 문학적 활동을 가늠할 수 있다.

과체시는 부(賦)와 함께 조선시대 진사시(進士試) 시험 과목 중 하나이다. 조선 초기 과체시는 고려 때와 같이 10운 20구로 고시(古詩)와 비슷하여 틀이 일정하지 않았다.¹ 그런 과체시의 형식은 신광수(申光洙, 1712~1775)의 기록에 의하면 변계량(卞季良, 1369~1430)에 의해 18운 36구로 완성되었다고 전해진다.² 하지만 『연려실기술(燃藜室記述)』에는 변계량 사후 8년인 1438년에도 10운시로 치러졌고³, 유득공(柳得恭, 1749~1807)은 단종 때 고시(古詩)로 바뀌었다고 하였다.⁴ 이러한 기록에서 보듯이, 과체시의 형식은 조선 초기가 아닌 광해군 무렵에 형식적인 체재가 갖추어진 것으로 보인다. 현재 과체시의 정격(正格)은 문헌마다 구의 수가 동일하지 않지만, 『대전회통(大典會通)』 및 여러 실록에 의하면 연을 1구로 계산한 36구 18운을 말한다.⁵

이 글에서 주목하고자 하는 『근예준선』은 과체시가 성행하던 18세기에 편찬된 필사본이다. 이 책은 30명의 과체시를 모은 선집으로, 현재까지 영·정조 무렵 제작되었고, 편찬자가 권성(權偘, 1736~?)이라는 점 이외에 구명된 사항이 없다.⁶ 『근예준선』에는 이용휴(李用休, 1708~1782)와 신광수의 서문이 수록된 필사본이 현전한다. 먼저 신광수는 영·정조 시기에 과체시로 명성을 얻었던 인물이다. 그런 그가 과체시 선집 서문을 작성하였다는 점에서 이 책의 가치를 가늠할 수 있다. 이와 함께 18세기에 문장가로 자임하였던 이용휴도 이 책에 서문을 남겼다. 이러한 이유에서 『근예준선』은 연구자

---

1 이병혁(1986), 62~63면.
2 申光洙, 『藝選』乾(고려대소장본), 「近藝雋選序」, "行詩者, 我國之科體也. 國初, 卞春亭剏場屋各體詩, 亦有入題鋪頭回題等法, 爲取士之程式, 四百年爲擧業者, 不外是塗."
3 李肯翊, 『燃藜室記述·別集』권9, "上始置生進兩試, 漢城府南學分所設場, 以古賦十韻詩, 行初會試."
4 柳得恭, 『泠齋集』권15, 「科弊策」, "謹按國初試士以十韻, 端宗朝易以古詩, 數百年後, 聲律淫哇, 調格詼俚, 有詩以來, 曾未有之." 李睟光도 과체시의 형식이 있으며 일반적인 시와 그 체재가 같지 않다고 하였다. 李睟光, 『芝峯類說』권8, 「文章部·文體」, "我國科擧之文, 其弊甚矣. 四六冗長, 全似行文, 所謂行文, 又似公事場文字. 詩賦有入題鋪叙回題等式, 尤與文章家體樣全別. 故雖得決科, 遂爲不文之人, 何以致用於世乎? 必大變機軸而後可矣."
5 남궁원(2003), 183면; 이상욱(2005), 3면.
6 국립중앙도서관에서는 편찬자를 權偘(1653~1730)이라 하였다. 이 權偘은 다른 인물이다.

들의 주목 대상이 되었다. 다만 『근예준선』 자체보다는 이들 서문에 더 주목하였기에, 『근예준선』은 현재까지 조선 후기 당대 과문(科文)에 대한 인식과 과체시집 편찬 양상에서 소개되었을 뿐이다.[7] 따라서 『근예준선』의 편찬 의도와 목적은 여전히 구명해야 할 부분으로 남아 있다.

그러므로 이 글에서는 이용휴와 신광수의 서문을 통해 『근예준선』의 성격, 그리고 찬자(撰者)인 권성과 수록된 작가들과의 관계를 통해 이 책의 편찬 시기 및 목적 등을 고구해 보고자 한다. 현재까지 전해지는 『근예준선』은 대략 7종이다. 선행 연구에서 소개한 장서각본, 국중본, 존경각본 이외에도 고려대본, 국립민속박물관본, 1900년대 필사된 개인 소장본 등도 전해진다. 이를 통해 『근예준선』은 20세기 초까지 필사되어 전해졌고, 그 가운데 체재가 상이한 점도 확인된다. 따라서 이본(異本) 연구를 통해 『근예준선』의 계열도 살피고자 한다. 특히 장서각본 목차에서는 '남시(南詩)'라 명명한 만큼, 남인 계열의 과체시 양상과 과거준비 참고서로서 『근예준선』의 위치를 가늠해 볼 수 있다. 이에 『반상과시집(泮庠科詩集)』, 『시과(詩課)』, 『천휘(千彙)』 등과의 비교를 통해 조선 후기 과체시집의 흐름 속에서 『근예준선』의 특징을 확인하고자 한다.

『근예준선』의 편찬 시기와 목적

조선 후기의 과체시집은 다양한 체재와 양상을 보인다. 이들을 구분하자면 개인적 목적과 집단적 목적의 저술로 나누어지며, 이와 함께 시험에

---

[7] 이병혁은 신광수의 서문을 소개하였고, 장유승은 이용휴 서문과 관련하여 『근예준선』을 언급하였다. 이병혁(1986), 70~72면; 장유승(2003), 444면. 이상욱은 장서각 소장본, 국립중앙도서관본, 그리고 성균관대 존경각본을 언급하면서 『근예준선』의 체재를 간단히 소개하였다. 또한, 신광수이 서문을 통해 『근예준선』의 최초 편집과 필사가 1751년 1775년 사이에 이루어졌다고 추정하였다. 이상욱(2005), 28~29면, 참조.

서 좋은 성적을 얻은 시권(試券)을 모은 것, 등제하지 못한 작품이지만 습작이나 문예적 취향을 목적으로 창작한 시를 모은 것으로도 구분할 수 있다. 이러한 점들을 구명하기 위해서는 무엇보다『근예준선』의 편찬 시기 및 목적을 확인해야 한다. 그 단서는 신광수의 서문에서 확인할 수 있는데, 그 내용은 다음과 같다.

(전략) 우리나라의 시가 중국에 미치지 못한 것은 풍기(風氣)에 국한될 뿐만 아니라 과체시에 얽매인 이유도 있다. 하지만 과체시의 체제를 논한다면 묘한 것이 있다. 음절은 쟁쟁하고 의미는 새롭고 정교하며 묘사의 교묘함과 체재의 뛰어남이 어찌 쉽다고 말할 수 있겠는가? 성직(聖直) 권성(權偗)이 동년배 친구들과 함께 신미년(辛未年) 이후부터 과시(課試)로 이름난 자 중에서 30여 명을 선발하였고 1명당 5수씩 뽑아서 150수를 모았다. 시에 명성은 있지만, 여기에 실리지 못한 자들은 이 책의 속보(續補)가 나오길 기다릴 것이다. 한 번 책을 열어보니 황실 도서관에 들어간 듯, 페르시아 도시에 들어간 것 같아 사람의 눈을 현혹하여 어쩔 줄 모르게 하니 얼마나 성대한가? 이른바 사람들이 좋은 수레[上乘]를 타고 집집마다 보물[連城]을 소유한 것이리라! 그런데 양자운(揚子雲)은 사부(詞賦)를 천시해 잗다란 기교라 여겨서 장부(壯夫)가 하지 않는다고 하였는데 하물며 과체시는 지었겠는가? 교묘하더라도 진사만 되고 나면 과체시는 통발과 올가미 같은 수단일 뿐, 인쇄하지 않는데 어찌 제군들이 여기에 마음을 쓰는가? 나 또한 과장(科場)에서 노닌 지 30년 만에 세상에서 과체시로 이름난 자라 칭송했으나, 중년이 되어서는 깨끗이 세속에서 벗어나서 옛사람의 시를 배우고자 하였다. 그런데 음성(淫聲)과 미색(美色)처럼 중독되어 습성과 고질병으로 굳어져서 끝내『시경』의 도를 얻지 못했다. 그러므로 명성이 더할수록 부끄러움만 더해지니『주역』에서 말한 큰 부끄러움과 작은 부끄러움이 이것이다. 제군들 재주에 그 나이와 그 힘으로 크

게 분발하여 과거 공부하는 힘을 옮겨 이른바 옛사람의 시를 구한다면 성대하게 한 시대에 나라를 울리고 대아(大雅)를 진동하게 하는 자가 이 중에 나올 것을 안다. 그러니 분잡스럽게 음탕한 풍속의 길에만 힘써 무리를 지어 달릴 필요가 있겠는가? 왕세정(王世貞)은 고려 시인은 어떤 시법(詩法)인지 알지 못한다고 하였고, 전겸익(錢謙益)은 고려 시인들과 수창하지 말라고 하였다. 제군은 고려 사람으로 부끄럽지 않은가? 바라건대 성직(聖直)은 나의 말을 전하라. 석북(石北)이 쓰다.[8]

위 인용문을 보면 『근예준선』의 편찬자와 그 경위를 살펴볼 수 있다. 먼저 편찬자는 이 글에서 "권군성직(權君聖直)"이라 하였는데, 권성직(權聖直)은 권성(權偺, 1736~?)이다. 이와 같은 사항은 목만중(睦萬中, 1727~1810)과 이삼환(李森煥, 1729~1814)의 문집에서 확인할 수 있으며[9] 현재 전해지는 『근예준선』 중 고려본, 장서각본에는 그의 이름·생년·자·본관

---

8 申光洙, 『藝選』 乾(고려대소장본), 「近藝雋選序」, "(前略) 我國之詩, 不及中國者, 不惟風氣所局, 亦由科體之爲累已. 然自其體而論之, 有妙者, 音節鏗鏘, 意味新巧, 模寫之工, 裁製之能, 亦豈易言哉! 權君聖直, 袤其儕友中, 自辛未以後, 有名課試者三十餘人, 人各五首, 合一百五十五首, 能聲而不與者, 待得儁續補. 一開卷, 如登羣玉之府, 入波斯之市, 使人眩不暇應接, 何其盛也! 豈所謂人驅上乘, 家握連城者耶! 然子雲薄詞賦, 爲彫蟲小技, 壯夫不爲, 況科體乎? 雖工如得進士則筌蹄耳, 不足以災木, 何諸君之枉用心也? 不佞亦游場屋三十年, 世所稱能詩者, 中歲瞿然欲自拔於流俗, 治古人之詩, 然如淫聲美色, 中毒深結習痛, 卒無得於風雅之道, 故名盆盛而愧盆甚, 遇過之所云大慙小慙是也. 以諸君之才, 乘其年力, 翻而自奮, 移夫攻擧業者, 求所謂古人之詩, 則吾知勃然一代鳴國家而振大雅者, 其將在斯, 顧弊弊然羣鶩於淫俗之途乎? 王世貞曰, 高麗人詩, 吾未知其何法. 錢謙益曰, 勿與高麗人唱和, 諸君高麗人也, 不恥諸. 願聖直, 以吾言告之. 石北書." 이 글은 『石北集』(편찬 년도-1906)을 비롯된 『近藝雋選』의 장서각본(1783년 이후), 개인소장본(1904)에도 전한다. 각각의 글자 출입이 상이하지만, 작품 전체 주지는 상통한다. 이들 중에서 『石北集』과 장서각본의 서문은 소개되었지만, 고려대본은 현재까지 연구 대상으로 다루어진 적이 없다. 아울러 고려대본은 현재까지 전해지는 필사본 가운데 가장 이른 시기에 제작된 것으로 보인다. 이에 이 서문은 현존하는 작품 중 가장 초기 형태라 할 수 있다. 이러한 이유로 고려대본 서문을 제시한다.

9 睦萬中, 『餘窩集』 권10, 「權醴泉聖直【偺】 兩世廻婚, 上距其先大夫設筵時, 恰二十四歲, 月日又與同符, 奇事也. 病未赴會, 長句奉賀.」 李森煥, 『少眉山房藏』 권1, 「權聖直【偺】 宅次諸公唱酬韻.」

뿐만 아니라 생·진사 입격 사항까지 확인할 수 있다.[10]

『근예준선』의 편찬 과정은 권성이 친구들을 함께 신미년(辛未年)인 1751년 이후부터 과시(課試)로 이름난 자 중에서 30여 명을 선발하였고 1명당 5수씩 뽑아서 150수 정도로 책을 구성하였다는 서술이 보인다. 이러한 기록에 의해『근예준선』은 권성의 주도로 제작되었고, 최초 편집이나 필사는 1751년 이후라는 점을 알 수 있다. 또한 서문을 쓴 작가들의 몰년을 고려하면 이용휴는 1782년, 신광수는 1775년이므로, 적어도 1775년 이전에 편찬한 것으로 볼 수 있다. 다만, 신광수는 1750년에 진사에 급제하였고, 1757년 이후에는 대과를 완전히 포기하고 한산에 칩거하였다. 1761년에는 음직으로 영릉참봉(寧陵參奉)을 제수받고, 목만중·정범조(丁範祖)와 함께 시회(詩會)를 열어『여강록(驪江錄)』을 엮었다.[11] 즉 서문에서 "中歲瞿然欲自拔於流俗, 治古人之詩."의 부분을 고려했을 때 이 서문은 대과를 포기하고 시회를 자주 열었던 1761년 무렵에 작성하였을 것으로 추측된다. 이러한 점을 반영하면『근예준선』은 1761년 이후 편찬되었을 것이다. 또한 편찬자인 권성의 입격 정보에도 주목해 볼 필요가 있다.『을유식년사마방목(乙酉式年司馬榜目)』에 의하면 권성은 영조 41년인 1765년 식년시(式年試)에 진사 34위로 입격하였다. 이 같은 정보는 고려대본과 일치하고, 장서각본에는 1771년으로 되어 있어 차이를 보인다.[12] 방목을 기준으로 하면 권성은 1765년 진사에 입격하였는데, 신광수 서문에서 "以諸君之才, 乘其年力, 皷而自奮, 移夫攻擧業者."라는 구절로 보면 권성은 아직 입격하기 전으로도 볼 수 있다. 이러한 점을 고려한다면 편찬 년도를 1765년 이전으로 적용할 수 있다. 하지만, "雖工如得進士則筌蹄耳, 不足以

---

10 이 기록에서도 聖直은 그의 자이며, 아버지는 仲範 權師彥(1710~?)이라 기록되어 있다. 권사언과 서문의 작성자인 신광수는 절친한 벗이다. 신광수의 『석북집』에 권사언과 관련된 시만 12편 보인다.
11 심경호(1997), 60면.
12 고려본과 장서각본의 작가 및 入格 정보는 다음 장인 표2에서 확인하길 바란다.

災木, 何諸君之枉用心也?"에서 보듯이 진사 입격 이후로도 볼 수 있기에 서문의 이 같은 서술로 편찬 시기를 단정하기는 어렵다.

　　그런데 『근예준선』의 편찬 시기를 보다 좁힐 수 있는 단서가 입격 정보에서 확인된다. 6번째 작가로 수록된 신맹권(申孟權)은 신우상(申禹相)의 초명(初名)이다. 영·정조대 필사된 것으로 추정되는 고려대본과 장서각본에는 신맹권으로 기록되어 있고, 1904년 필사된 개인소장본 ⓖ에는 신우상으로 기록되어 있다. 이 인물은 방목에 의하면 신맹권으로는 영조 35년(1759) 기묘(己卯) 식년시에 합격하였고, 신우상으로는 영조 47년(1771) 신묘(辛卯) 식년시에 합격하였다. 이를 통해 '맹권'이라는 이름은 1771년 이후 사용하지 않았다는 것을 확인할 수 있다. 따라서 이 시기를 고려한다면, 최초 『근예준선』의 편찬 년도는 1771년 이전임을 알 수 있다. 여러 추론이 가능하지만, 현재로서는 『근예준선』의 편찬 시기가 1751~1771년 사이라는 점만 단언할 수 있다.

　　다음으로는 『근예준선』의 편찬 목적과 의도이다. 목적과 의도는 서문에 명시된 부분이 없다. 『근예준선』은 과체시 선집인 만큼 과거 시험 준비 목적으로 편찬된 책이라 단편적으로 생각할 수 있다. 그러나 편찬자와 서문의 작성자 및 선정된 작가들이 모두 남인이라는 점을 고려하면 집단의식이 반영된 또 다른 목적이 있을 수도 있다.

　　이러한 점을 고려했을 때 전술하였던 선정된 작가들이 남인이라는 사실 이외에도, 작가들의 생년이 주목된다. 모두 권성과 비슷한 연배로 1751년 기준으로 하면 『근예준선』에 수록된 인물은 모두 입격하지 못한 자들이다. 따라서 『근예준선』의 선별기준은 근기남인(近畿南人) 이외에도 1751년 기준으로 미입격자, 그리고 이용휴와 신광수 다음 세대인데 생년이 주로 1720~1740년임을 알 수 있다. 이러한 선발 기준에 의해 『근예준선』에는 남인 문단의 핵심이었던 인물들이 배제되었다. 대표적으로 채제공(蔡濟恭, 1720~1799)은 1743년 문과에 합격하였고, 목만중은 1747년 생원시에 입격하였기에 『근예준선』에 작가로 선별되지 않았다. 그러므로

『근예준선』은 선배가 아닌 동료들에 의해 선정된 이용휴와 신광수 이후 남인계 유력 주자들의 과체시 선집이라 할 수 있다.

또한 『근예준선』의 편찬 시기인 1750~1770년대는 남인들이 정치적으로 약진하면서 본격적으로 관계(官界)에 진출하던 때이다. 숙종과 경종 연간 여러 환국을 거치면서 남인은 정권에서 배제되었고, 청남(淸南)·탁남(濁南)으로 분파하면서 당파로서의 위치가 약화되었다. 그 결과 남인 계열의 문장가들도 중앙 문단에서 활발한 활동을 하지 못하였다. 채제공은 이러한 상황에서 당파 명맥과 결속을 다지기 위해 시회를 열면서 남인의 구심점이 되었다.[13] 이후 그가 1770년 병조판서에 제수되면서 정치적으로 약진하였고, 다른 남인 문인들도 본격적으로 벼슬길에 올랐다. 목만중의 경우, 이 시기 채제공의 부재시 남인들을 결속하는 역할을 하였다. 그는 1769년 비인(庇仁) 현감을 버리고 한양 서쪽 근동(芹洞)에 기거하며 신광수, 이용휴와 교류하였다. 이때 주로 시사 활동을 통해 교유와 창작에 몰두하였다. 『근예준선』에서도 선정된 한광전(韓光傳), 채홍리(蔡弘履)와 같은 인물들과 삼청동에 모여 결사(結社), 계사(溪社), 만사(蔓社)와 같은 시회를 가졌다.[14]

이를 통해 본다면, 『근예준선』이 편찬된 시기는 남인들이 정치적 입지와 내부의 결속을 다지던 기간이다. 표면적으로 이 시기 남인 문사들은 시사(詩社)를 결성하여 서로를 위로하고 현실을 비판하였지만, 그 이면에는 남인 세력을 규합하고, 문예적으로 후배 세대를 양성하려는 목적도 있었다. 따라서 『근예준선』은 남인의 정치적 도약기에 편찬된 과체시 선집으로서, 당대 남인 계열 동료들의 평가가 내재된 결과물이라 하겠다.

---

13 이러한 상황에서 종남사(終南社)와 같은 시회를 열어 남인 세력을 규합하고 후배 세대를 양성하였다. 백승호(2006), 362~365면. 참조.
14 백승호(2004), 384~388면; 박희인(2010), 14~16면. 참조.

『근예준선』의 체재 및 분류

신광수의 서문에 의하면 『근예준선』에는 30여 명의 작가를 선별하고, 그 작가마다 5편씩 작품을 선정하였다고 기술하였다. 선별된 작가의 수는 현재까지 전하는 필사본에 의하면 31~38명으로 단일하지 않다. 이와 함께 목차 및 목차 구성 방식 등에서도 상이한 양상을 보인다. 이에 이 장에서는 현전하는 필사본을 비교·대조하여 그 원형을 추론해 보고자 한다. 지금까지 조사된 『근예준선』은 모두 필사본으로 다음과 같이 총 7종이다.

① 고려대학교 중앙도서관 소장본[32人, 청구기호: 만송 D5 A33](고려대본)
② 한국학중앙연구원 장서각 소장본[31人, 청구기호: D2F-121](장서각본)
③ 국립중앙도서관 소장본[38人, 청구기호: BA3643-408](국중본)
④ 성균관대학교 존경각 소장본[7人, 청구기호: D2F-13](존경각본)
⑤ 국립민속박물관 소장본[미상, 유물번호: 035553]
⑥ 개인소장본[32人]
⑦ 개인소장본[32人][15]

현재 전해지는 『근예준선』은 모두 필사본으로 소장처는 고려대, 장서각, 존경각, 국립중앙도서관, 국립민속박물관, 개인소장 2곳이다. 이들의 서지사항을 비교하면 다음과 같다.

	고려대본	장서각본	국중본	개인소장⑥	개인소장⑦
표제	藝選	近藝雋選	近藝雋選	近藝雋選	近藝雋選

---

[15] ⑤ 국립민속박물관본은 수장고 이전 문제로 2021년 4월까지 열람 불가하여 이 글에서는 구체적인 내용을 반영하지 못하였다. ⑥·⑦ 개인소장본 2종은 직접 확인이 불가하여 코베이옥션(kobay.co.kr)에 공개된 이미지를 통해 책의 표지와 목차를 통해 선별된 작가 및 체재를 파악하였다.

	고려대본	장서각본	국중본	개인소장ⓒ	개인소장ⓓ
간행연도	미상	미상	1942	1904	미상
크기	1冊: 有界, 3段, 14行21字, 無魚尾 ; 23.9×17.2cm	1冊, 16.4×19.1cm	1冊(99張): 無原, 3段 7行21字 註雙行, 無魚尾 ; 21.0×15.7cm	14×21.3cm	16.7×26.8cm
장서인	健齋, 啞溪 金秉翰信	尹錫昌印	明崗書屋, 明崗山人, 龍仁候人明崗		
裏書	冊主高村宅, 冊主豐山金氏		明崗書屋 壬午季秋	甲辰菊月望後四日 重修	看竹 南漢酸聲

표 1. 근예준선 서지사항 비교.

① 고려대본. 고려대본은 건(乾)과 곤(坤)으로 구성되어 있고 곤은 현재 전해지지 않는다. 건에는 16번째 작가인 김서구(金敍九)의 시까지 총 80편이 수록되어 있다. 차례에는 이용휴와 신광수의 서문이 실려 있고, 이한경(李漢慶)부터 목황중(睦黃中)까지 32명의 성명·자·생년 간지·본관·입격 정보, 그리고 세계(世系)가 기록되어 있다. 특히 세계 정보는 고려대본에만 보이는 특징인데, 『근예준선』에 수록된 작가의 세계는 과시체에 능한 선대 문인들을 나열하였다.[16] 입격 정보는 첫 번째 작가인 이한경을 제외한 나머지 작가들은 최종 정보가 생원·진사인 소과까지만 기록되어 있다. 이들의 입격 정보는 1781년까지 수록되어 있는데, 이를 통해 고려대본은 1781년 무렵 필사된 것으로 보인다. 아울러 표지 안쪽에 책주(冊主)를 기록해 놓았는데, '책주풍산김씨(冊主豐山金氏)'는 이 자료가 만송(晚松) 김완섭(金完燮, 1898~1975) 집안의 소장본임을 나타낸 것으로 보인다.[17]

---

16 『근예준선』(고려대본)에 全州李氏 문중의 문인은 李帳부터 李漢慶(표〈2〉연번1)까지, 驪興李氏 문중은 李繼孫(1423~1484)부터 李家煥(연번30)까지, 高靈申氏 문중은 申仲舟·申渙·申希潤·申洎부터 申光河·申史源(연번 14)·申應淵(연번 25)까지, 安東權氏 문중은 權振(1663~1706)부터 『근예준선』의 편자인 權偕과 權襒(연번4)까지, 淸州韓氏 문중은 韓惠(1403~1431)부터 韓德厚까지, 豐山洪氏 문중은 洪履祥(1549~1615)부터 洪和輔(연번9, 이하 문중 생략) 등 문인의 명단이 실려 있다.
17 고려대 만송문고 자료 기증자 金在澈과 그의 선친 만송 김완섭은 안동 풍산 김씨 문중의 인물

또한 장서인은 8면 첫 작품이 시작되는 면에 '건재(健齋)', '아계(啞溪)', '김병한신(金秉翰信)'이 확인된다.[18]

② 장서각본. 이 필사본에는 31명의 과체시가 수록되어 있다. 특히 차례의 '남시열목범삼십일인(南詩列目凡三十一人)'에서 보듯이 '남시(南詩)'라는 점을 명시하였다. 고려대본과 동일하게 서문이 있고, 수록된 작가들의 성명·자·생년 간지·본관·입격 정보가 기록되어 있는데, 1783년 정보까지 반영되어 있기에 이 무렵 필사된 것으로 보인다. 무엇보다 현전하는 필사본 중에서 수록된 작가의 순서 및 체재가 이 필사본만 다르다. 아울러 『근예준선』이 끝나고 신광하(申光河)·오태증(吳泰曾)·엄기(嚴耆)·조재영(趙存榮)·류득용(柳得鏞)·정약용(丁若鏞)·이문철(李文哲)의 배율(排律)과 부(賦)가 수록되어 있고 이들의 등수가 표기되어 있다.

③ 국중본. 이 필사본에는 38명의 과체시가 수록되어 있다. 차례는 고려대본과 장서각본과 다르게 작가가 아닌 작품 제목으로 기록되어 있다. 위의 32명에 이어 김치묵(金致黙)이나 배익소(裵益紹)와 같은 1800년대 작자들이 추가되어 있으며, 이용휴와 신광수의 서문이 없다. 이 필사본에는 명강서옥(明崗書屋), 명강산인(明崗山人), 용인후인명강(龍仁候人明崗)의 장서인이 차례로 찍혀 있으며, 표지의 '임오계추(壬午季秋)'라는 기록을 통해 1942년에 필사된 것임을 알 수 있다.

④ 기타. 존경각본인 『근선(近選)』은 축약본이다. 작가는 이한경(李漢慶, 5)·이우명(李宇溟, 2)·신광하(申光河, 5)·권엄(權襹, 4)·채득순(蔡得淳, 3)·신맹권(申孟權, 4)·최위(崔煒, 2)의 순서대로 총 25수가 수록되어 있다. 서문은 없으며 목차는 국중본처럼 작가가 아닌 작품명으로 서술하였다.

⑤ 국립민속박물관은 현재 공개된 이미지에 한정하면 다음과 같다. 이 필사본은 겉표지 포함 총 40장이고 표제는 '준선(雋選)'이다. 앞표이다.

---

18 김병한은 고종 때 인물이다. 1891년 '辛卯九月, 館學儒生應製入格幼學'에서 이름이 확인되며 1903년에는 中樞院議官을 역임하였다. 인장은 사진1에서 확인하기 바란다.

지에 '임술지추(壬戌之秋)' 책 마지막 부분에 "壬戌之秋, 菫菫寫出, 勿爲毁傷, 可也. 楊州松山內洞竹里居, 任正言宅."이라고 세로로 묵서되어 있는데, 이를 통해 1802~1922년 사이에 필사된 것임을 알 수 있다. 아울러 이용휴와 신광수의 서문이 수록되어있다. ⑥은 끝에 '갑신국월망후사일중수(甲辰菊月望後四日重修)'라는 기록을 통해 1904년 9월 19일에 표지를 교체했음을 알 수 있다. 서문과 차례는 모두 고려대본과 동일하다. 다만, 수록된 작가 중 6번째 신맹권(申孟權)이 신우상(申禹相)으로, 31번째 신명권(申命權)이 신석상(申奭相)으로 기록되어 있다. 이 사본에는 모두 개명된 이름으로 기록되어 있어 다른 필사본보다 후대에 필사된 것으로 보인다. 아울러 성명·자·생년 간지·본관은 기록되어 있으나 입격 정보는 없다. ⑦은 차례 및 이용휴와 신광수의 서문을 비교했을 때 고려대본과 동일하다. 유일하게 다른 부분은 서문 앞에 시 제목으로 나열된 목차가 또 있다는 점이다. 자세한 사항을 확인하기 위해 차례를 비교하면 다음과 같다.

연번	고려대본	장서각본	국중본	개인소장 ⑥·⑦	방목정보 및 입격 정보 비교
序文	○	○	×	○	
1	李漢慶 (1729~1772)	李漢慶	李漢慶	李漢慶	[문과] 英祖 42년(1766) 丙戌 庭試 [진사] 英祖 35년(1759) 己卯 式年試 고: 辛未(1751)陞解合制壯元, 乙亥(1755)都會壯元, 戊寅(1758)陞壯元, 同年監試初壯元.
2	李宇溟 (1728~?)	李宇溟	李宇溟	李宇溟	[생원] 英祖 29년(1753) 癸酉 式年試
3	申光河 (1729~1796)	申光河	申光河	申光河	[문과] 正祖 16년(1792) 壬子 式年試(미기입) [진사] 英祖 32년(1756) 丙子 式年試
4	權襈 (1729~1801)	權襈	權襈	權襈	[문과] 英祖 41년(1765) 乙酉 式年試(미기입) [진사] 英祖 32년(1756) 丙子 式年試
5	蔡得淳 (1717~1775)	蔡得淳	蔡得淳	蔡得淳	[진사] 英祖 47년(1771) 辛卯 式年試
6	申孟權(初名) (1730~?)	申孟權	申孟權	⑥申禹相 ⑦申孟權	[진사] 英祖 35년(1759) 己卯 式年試 [문과] 英祖 47년(1771) 辛卯 式年試(미기입)
7	崔煒 (1724~?)	崔煒	崔煒	崔煒	고: 乙亥(1755)陞壯, 辛巳(1761)庠壯 장: 辛卯(1771)庠壯
8	李森煥 (1729~1813)	李森煥	李森煥	李森煥	乙亥(1755)庠壯
9	洪和輔 (1726~1791)	尹弼秉	洪和輔	洪和輔	戊午(1738)武科

연번	고려대본	장서각본	국중본	개인소장 ⑥·⑦	방목정보 및 입격 정보 비교
10	韓光億 (1729~?)	洪和輔	韓光億	韓光億	[진사] 英祖 38년(1762) 壬午 式年試
11	崔烜 (1732~?)	崔烜	崔烜	崔烜	[진사] 英祖 35년(1759) 己卯 式年試 [문과] 英祖 49년(1773) 癸巳 增廣試(미기입)
12	權偕 (1736~?)	權偕	權偕	權偕	[진사] 英祖 41년(1765) 乙酉 式年試 장: 辛卯(1771) 進士 -오류
13	李日運 (1736~1805)	韓光傳	李日運	李日運	[생원] 英祖 38년(1762) 壬午 式年試 [문과] 正祖 4년(1780) 庚子 式年試(미기입) 장: 壬午進士-오류
14	申史源 (1732~?)	韓德厚	申史源	申史源	고: 丁丑(1757)陞壯 장: 미기입
15	蔡弘履 (1737~1806)	韓光億	蔡弘履	蔡弘履	[진사] 英祖 38년(1762) 壬午 式年試 [문과] 英祖 42년(1766) 丙戌 庭試4
16	金敎九 (1725~?)	金宗厚	金敎九	金敎九	戊寅(1758)陞序, 辛巳(1761)庭試
17	金宗厚 (1728~?)	申史源	金宗厚	金宗厚	고: 甲午(1774)進 장: 미기입
18	韓德厚 (1735~?)	柳光鎭	韓德厚	韓德厚	[진사] 英祖 38년(1762) 壬午 式年試 [문과] 英祖 43년(1767) 丁亥 庭試 장: 丁亥 三日製(오류)
19	李熻 (1721~?)	柳㼁	李熻	李熻	[진사] 正祖 1년(1777) 丁酉 增廣試(미기입) 己卯(1759)序壯
20	柳㼁 (1737~?)	李家煥	柳㼁	柳㼁	[진사] 英祖 41년(1765) 乙酉 式年試
21	柳光鎭 (1729~?)	蔡弘履	柳光鎭	柳光鎭	[진사] 英祖 39년(1763) 癸未 增廣試(미기입) 고, 장: 午壬(1762)進(오류)
22	崔爌 (1734~?)	洪鵬漢	崔爌	崔爌	고: 辛巳(1761)陞壯, 乙未(1775)進 장: 辛巳(1761)陞壯
23	尹弼秉 (1730~1810)	崔爌	尹弼秉	尹弼秉	[생원] 英祖 41년(1765) 乙酉 式年試 [문과] 英祖 43년(1767) 丁亥 庭試 장: 丁亥 三日製(오류)
24	洪履健 (1745~?)	申命權	洪履健	洪履健	[생원] 英祖 39년(1763) 癸未 增廣試 [문과] 英祖 47년(1771) 辛卯 式年試(미기입) 고: 丁亥(1767)第(오류), 장: 戊子(1768)七夕製(오류)
25	申應淵 (1735~?)	李燦	申應淵	申應淵	[문과] 英祖 47년(1771) 辛卯 式年試(미기입) 고: 壬午(1762)庠解 장: 壬午會製, 己丑(1769)菊製
26	韓光傳 (1723~?)	洪履健	韓光傳	李燦	고: 癸未(1763)進壯, 庚寅(1770)入仕 장: 癸未進士
27	李燦 (1741~?)	李日運	李燦	韓光傳	[생원] 英祖 50년(1774) 甲午 增廣試(미기입) 고: 癸未(1763)庠壯, 同年陞解 장: 癸未陞

연번	고려대본	장서각본	국중본	개인소장 ⑥·⑦	방목정보 및 입격 정보 비교
28	沈逵 (1742~?)	沈逵	沈逵	沈逵	고: 癸未(1763)庠壯, 同年陞解, 丁亥(1767)入仕 장: 癸卯(1783)陞壯
29	洪鵬漢 (1737~?)	李墧	洪鵬漢	洪鵬漢	[진사] 英祖 41년(1765) 乙酉 式年試
30	李家煥 (1742~1801)	金敍九	李家煥	李家煥	[진사] 英祖 47년(1771) 辛卯 式年試 [문과] 正祖 1년(1777) 丁酉 增廣試(미기입)
31	申命權(初名) (1738~?)	申應淵	申命權	⑥申奭相 ⑦申命權	[진사] 正祖 10년(1786) 丙午 式年試(미기입) 甲申(1764)陞壯, 合制長
32	睦萬中 (1734~1799)		睦萬中	睦萬中	[생원] 英祖 50년(1774) 甲午 式年試(미기입) 乙酉(1765)陞壯
33			曺明國		
34			金致默		
35			裵益紹		
36			鄭璞		
37			申功		
38			李舜民		

표 2. 목차 및 입격(入格) 사항 비교.[19]

    이상 7개 필사본을 서문의 유무와 차례에 따라 정리하면 고려대본 계열, 장서각본 계열, 국중본 계열로 분류할 수 있다. 먼저『근예준선』원본의 성립은 1771년 이전으로 추정되는데, 고려대본은 1781년 이후 필사되었기에, 현전하는 필사본 중에서 가장 이른 시기에 해당하는 사본이다. 또한 서문·세계·입격 정보 등 많은 정보를 담고 있다는 점에 자료적 가치를 지닌다. 아울러 개인소장본⑥과 개인소장본⑦의 차례가 고려대본과 동일하다는 점에서 이 사본 계열이 많이 필사되었을 것으로 보인다.

    장서각본의 경우 1783년 정보까지 수록되어 있어 고려대본보다 후대에 필사된 것이다. 현전하는 사본 중에서 수록된 작가들 차례가 다른 사본과 상당한 차이를 보이는데, 무엇보다 수록된 작가 중에서 목황중이 빠져 31명인 점이 주목된다. 어떠한 기준에 의해 차례를 변동하였는지 그

---

19 국중본 차례는 작품으로 되어있으나, 이 표에서는 다른 사본과의 비교를 위해 작가로 바꾸어 표기하였다. 작가 순서로 보면 장서각본 이외 다른 사본과 일치한다. 다만, 한 작가 내에 작품 순서는 일치하지 않는 경우가 있다.

의도는 확인할 수 없지만, 책을 만드는 과정에서 편찬자의 주관이 반영된 것으로 보인다.[20]

국중본의 차례는 작가가 아닌 작품 제목으로 나열되었으나, 몇 작품을 제외하면 차례는 고려대본과 대체로 비슷하다. 여타 필사본과 다르게 편찬 시기가 1942년이라 명시되어 있어 가장 후대에 편찬된 필사본임을 알 수 있다. 아울러 1800년대 남인 계열 작가들도 추가되어 모두 38명이라는 점이 여타 필사본과 다른 점이다. 이들의 계열은 어디까지나 차례나 목차에 의한 구분인데, 작품을 수록하는 양상에 따르면 그 계열은 더욱 세분화된다.

그림 1. 『근예준선』. 고려대 중앙도서관 소장(만송 D5 A33).

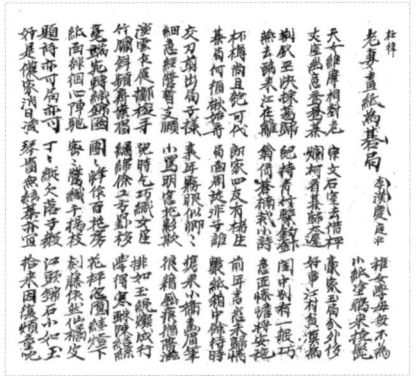

그림 2. 『근예준선』. 한국학중앙연구원 장서각 소장(D2F-121).

위 사진에서 보듯이, 『근예준선』에는 한 면당 한 편의 작품을 수록하였다. 개인소장⑥·⑦은 작가 이름이 아닌 자(字)로 기록되어 있고, 나

---

20 1780년 채제공은 徐命善 정권에 의해 축출당하면서 정치적 위기를 겪었는데, 이때 睦萬中·姜浚欽·李基慶·洪秀輔 등이 함께 채제공을 공격하면서 남인 계열은 蔡黨과 洪黨으로 갈라지게 된다. 최우혁(2019), 278~279면. 참조. 장서각본은 1783년 무렵 필사되었기에, 이 사건과 관련하여 채당 입장의 편찬자기 목만중의 동생인 睦黃中을 의도적으로 배제한 가능성이 있어 보인다.

머지 필사본에는 가장 우측 행에 큰 글씨로 작품 제목과 그 아래 작은 글씨로 작가의 이름을 기록하였다. 이 책의 체재가 작가 1명당 5작품을 수록하고 있는 방식이기에, 중복을 피하기 위해 작가의 첫 작품 밑에 해당 성명을 기록하였다. 또한 장서각본을 제외한 나머지 사본의 지면 상단에 '지(支)'라는 운목(韻目)이 표기되어 있다.[21]

수록된 작품은 18구, 19구, 20구이고, 간혹 22구에서 27구까지 장편시 분량에 해당할 만큼 그 양상이 단일하지 않다. 사진에서 보듯이 같은 작품임에도 시구가 동일하지 않다.[22] 그럼에도 개인소장⑦의 4단 방식을 제외한 나머지 필사본의 기록 방식은 모두 3단이다. 다만, 고려대본은 7열, 장서각본은 8열, 국중본은 6열, 개인소장⑥·⑦은 6열로 단일하지 않다. 아울러 고려대본·국중본·개인소장⑥의 경우 3단을 유지하면서 작품을 다 기록하지 못한 경우에는, 같은 면 상단에 시구를 기록하였다. 이러한 점을 반영한다면, 고려대본 계열에 속했던 개인소장⑥·⑦은 시구(詩句), 작품 기술, 작품 제목 및 작가를 기술하는 방식에서는 상이하다. 하지만 한 면당 한 편의 작품을 수록하는 방식은 동일하며, 이러한 점은 조선 후기 여러 과체시 선집에 확인된다.

지금까지 현전한 필사본을 비교·대조하였다. 이를 통해 확인할 수 있는 첫 번째 사항은 현전하는 모든 필사본은 원본이 아니라는 것이다. 신광수의 서문에 의하면 1751년 기준으로 작가를 선별하였는데, 이들의 방목정보를 보면 『근예준선』에 수록된 작품 대부분은 입격하기 전이

---

21 『근예준선』에서는 東(上平)·支(上平)·霰(去聲)·紙(上聲)·寘(去聲)·禡(去聲)·霽(去聲)·琰(上聲) 등 운목이 표기되어 있는데, 유독 입성만 압운으로 하지 않음을 확인할 수 있다. 이 점은 정조의 언급과 동일한 양상으로 운자를 통해 당대 韻書의 활용 양상을 확인할 수 있을 것이다. 이 문제는 지면을 달리하여 논의하고자 한다. 『弘齋全書』 권165, 「日得錄」5, "唐制以詩取士, 以其八股排律, 故專押平聲, 而今之科詩, 非排非古, 自是一體, 平上去三聲, 通同遍用, 而獨不押入聲, 是果何所據也?"
22 『詩課』는 18句, 고려대본은 19句, 국중본·개인소장⑥은 20句, 장서각본·개인소장⑦·존경각본은 22句가 수록되었다. 아울러 각 사본마다 글자의 출입도 있으나 내용은 대체로 동일하다.

다. 이에 입격 정보가 기록된 필사본은 원본이 아님을 알 수 있다. 물론 원본에다 추가로 입격 정보를 기록할 수 있지만, 입격 정보가 기록되어 있는 고려대본·장서각본·개인소장 모두, 작품의 필체와 입격 정보의 필체가 동일하기에 원본이 아닌 것으로 보인다. 아울러 시험 정보가 부기되어 있지 않다는 점을 고려하여 과장에서 작성된 시가 아니라 단정하기 어려울 수 있으나, 수록된 인물들의 입격 정보와 『반상과시집』이나 『시과』와 같은 조선 후기 과체시 선집과 비교해 보았을 때, 『근예준선』에 수록된 다수의 작품은 과장 밖에서 지어졌다는 사실을 알 수 있다.

특히 『반상과시집』은 여러 면에서 『근예준선』과 비교 대상이 된다. 『반상과시집』에 수록된 작가 중에 이한경(李漢慶)·신광하(申光河)·채득순(蔡得淳)·이삼환(李森煥)·홍화보(洪和輔)·신사원(申史源)·이가환(李家煥)·채홍리(蔡弘履)·이찬(李燦)·홍리건(洪履健)은 『근예준선』의 작가들과 일치한다. 그럼에도 『근예준선』과 『반상과시집』의 작품과 대부분 일치하지 않는데, 『반상과시집』이 1744년부터 사학 유생들을 대상으로 승보시나 합제 등의 시험에서 좋은 성적을 얻은 작품들을 연대순으로 모아 엮은 책이기 때문이다. 이를 통해 본다면 『근예준선』은 대부분 미입격한 작품이라 하겠다.

다음 비교 대상인 『시과』는 16세기부터 명편을 망라한 과체시집으로, 입격된 작품의 경우 시험 정보와 등수를 기록해 두었다. 여기에는 채득순·이흡(李熻)·한광억(韓光億)·신사원·이한경·채홍리·최훤(崔烜)·이일운(李日運)이 수록되어 있다. 이 중에서도 이한경 5작품의 순서는 『시과』와 『근예준선』에서 모두 동일하다.[23] 특히 「노처화지위기국(老妻畵紙爲碁

---

23 이외 이우명·신광하·채득순 등의 순서도 거의 비슷하다. 이 순서는 『근예준선』의 순서와 일치한다. 다만 권엄이 빠져 있다. 존경각본인 『近選』과 비슷한데, 여기에서는 李漢慶(5)·李宇溟(1)·申光河(5)·權襛(4)·蔡得淳(3)·申孟權(4)·崔煒(2)이다. 『시과』에서는 이한경(5)·이우명(1)·신광하(3)·채득순(3)이다. 또한 『시과』에서는 「草堂畵荷盒圖」가 이우명의 작품으로 표기되어 있는데, 『근예준선』에는 신광하의 작품으로 표기되어 있다.

局)」의 경우, 『근예준선』의 장서각본에는 '정장(庭壯)'이라는 시험 정보와 성적이 표시되어 있는데, 이는 현전하는 『근예준선』 가운데 작품에 표시된 유일한 시험 정보와 성적이다. 이한경은 1766년 2월 29일 정시(庭試)에 장원급제하였다. 그런데 이때 시제는 '모년자성익면이자(暮年自省益勉二字)'로 부(賦)가 출제되었다. 또한 그는 1759년 2월 27일 식년시에 진사로 입격하였는데, 이때 시제는 '문영지궁몽조인백전봉래시이서기사(聞靈芝宮夢兆引白傳蓬萊詩以書其事)'이다.[24] 따라서 이 시험의 답안지도 아님을 알 수 있다. 고려대본에는 이한경에 '신미(辛未: 1751) 승해합제장원(陞解合制壯元), 을해(乙亥: 1755) 도회장원(都會壯元), 무인(戊寅: 1758) 승장원(陞壯元), 동년감시초장원(同年監試初壯元)'과 같은 4개의 시험 정보와 성적이 기록되어 있다. 신광수의 서문에서 '신미년(辛未年: 1751)년 이후부터'라는 선별 기준과, 이한경의 「노처화지위기국」이 『근예준선』의 첫 작품이라는 점을 고려한다면 「노처화지위기국」은 1751년 시험 때 답안지일 가능성도 있다. 하지만, 『시과』에는 시험 정보가 기록되어 있지 않으며, 더욱이 『근예준선』과 겹치는 작가와 작품 모두 시험 정보와 성적이 기록되어 있지 않다. 이러한 점을 고려했을 때, 『근예준선』에 수록된 작품은 대부분 과장에 등재하지 못한 시임을 알 수 있다.

따라서 『근예준선』은 좋은 성적을 얻은 시권보다는 대부분 등제하지 못한 시이므로, 조선 후기 과체시 명편선집에 해당하지는 않는다. 입격한 답안지가 아닌 일종의 수험 참고서와 같은 성격이므로 과체시를 연구하는 입장에서 중요한 의미를 지니기는 어렵다. 다만 과체시 선집이 선발이라는 실용적인 목적에 국한되기보다는 편자의 기준에 따라 다양한 기준이 적용될 수 있고, 이에 따라 다양한 과체시 선집이 편찬될 수 있다는 점은 확인할 수 있다. 즉 현전하는 필사본을 통해 『근예준선』은

24 『崇禎三己卯式年司馬榜目』에 의하면 李漢慶은 一所에서 詩로 합격하였고 시제는 '聞靈芝宮夢兆引白傳蓬萊詩以書其事'이다. 방목정보는 한국역대인물종합정보시스템(http://people.aks.ac.kr/)을 활용하였다.

20세기까지 다양한 방식으로 필사되어 온 과체시 선집이라 할 수 있다.

『근예준선』의 형식적 특징

과체시는 엄격한 정형성을 요구하는 형식주의적 문체이기에 자유로운 창의(創意)와는 대척점에 있다. 이러한 이유로 과체시의 엄격한 형식성은 폐단으로 지적되었다. 하지만 앞선 서문에서 신광수는 부정적인 면모와 긍정적인 면모를 병론하였다. 이 중에서 "音節鏗鏘, 意味新巧, 模寫之工, 裁製之能."에서 보듯이, 음절·의미·묘사·체재에 주목하여 과체시의 기교적인 면모를 긍정적으로 바라보았다. 즉 과체시가 작자의 창의보다는 형식적인 기교에 치우쳐 있지만, 교(巧)·공(工)·능(能)과 같이 세련된 기교를 통해 남의 이목을 이끌만한 부분이 있다는 것이 신광수의 요지이다.

  이와 같은 평가는 이용휴 서문에서도 확인할 수 있다. 과체시는 선택받는 것을 목적으로 작성된 글이다. 이에 시관(試官)이 선택할 만한 절묘한 부분이 있어야 하는데, 이용휴는 이를 평(平)과 대비되는 용어로 기(奇)라 하였다.[25] 즉 이용휴와 신광수는 시의 형식을 공부하기 위한 수단으로써 과체시의 효용성을 인정하였다. 특히 각자의 서문 말미에서 신광수는 '풍아지도(風雅之道)'에 도달하기 위한 수단으로써 과체시의 가치를 인정하였고, 이용휴는 과체시가 문예를 시험하는 글이기는 하지만, 인위적인 표현 기교를 넘어 시인의 자연스러운 의경(意境)을 드러내는 훈련으로써 그 가치를 바라보고 있어, 모두 과체시를 시험 목적으로만 한정하지 않았다는 점을 확인할 수 있다. 이러한 점을 분명히 하기 위해서는 『근예준선』에 수록된 과체시의 형식과 내용에 주목해야 하므로, 이 장에

---

25 李用休, 『藝選』乾(고려대소장본), 「近藝雋選序」, "(前略) 且鎖院程藝, 平不勝取, 則不得不取奇勢也. 雖然, 遇不遇賞不賞之念絶, 而寓巧於拙, 斂華而實, 人工泯天境露而後, 詩品定, 詩品定而後, 士品定, 此又不可不知也 惠寰居十霹."

서는 평측(平仄), 구수(句數), 입제(入題) 등의 포치형식(鋪置形式)으로 수록된 작품을 살펴보고자 한다.

앞서 사진에 제시된 작품은 이한경의 「늙은 아내는 종이에 바둑판을 그리고[老妻畫紙爲碁局]」이다. 이 제목은 두보(杜甫) 「강촌(江村)」의 한 구절로, 장서각본에는 '두율(杜律)'이라는 출전을 기록해 두었다. 먼저 평측에 대해 살펴보자.

[●: 仄聲, ○: 平聲]

天女維摩相對老, 丈室幽意鴛鴦棋.
○●○○○●●, ●●○●○○○.
宗文石室去借枰, 爛柯看棋歸太遲.
○○●●●●○, ●○◐○○●○.
豪家玉局兮外侈, 好事江村貧莫爲.
○○●●○●●, ●●○○○○◐.
荊釵巫峽採葛歸, 燕去鷗來江在籬.
○○○●●●○, ◐●○○○○◐.
兒持靑竹繫釣針, 翁倚蒼楠裁小詩.
○○○●●●○, ○●◐○◐●○.
閨中別有一般巧, 意匠慘憺將安施.
○○●●●●●, ●●●◐○○◐.
杯樽尙且匏可代, 棋局何須楸始奇.
○○●◐○●●, ○●○○○●○.
卽家四友有楮生, 局面周旋非子誰.
●○●●●○○, ●●○○○●○.
前年書悉未歸情, 數紙箱中餘待時.
○○○●●○○, ●●○◐○●○.

交刀剪出局子樣, 細意經營願暫支.
○○●●●●, ●●○○○●.
裏年霧眼似卿卿, 小罵明窓花影欺.
●○●●○○, ●●○○●○.
携來小嬌畫眉筆, 狼籍鉛痕猶帶滋.
○○●○●○, ○●○●●○.
溪雲乍展擲梭手, 竹牖斜頻齊案眉.
○○●●●○●, ●●○○●○.
兒時乞巧織女星, 繡綿餘工方罹移.
○○●●○○, ●○○○○○.
排如玉繩燦成行, 學得寒蛛疎結絲.
○○●○●○○, ●●○○●○.
毫瑞究轉織錦圖, 紙局徘徊心陣旗.
○●●●●○, ●●○○●○.
團團蜂作百花房, 密密鶯織千楊枝.
○○○●●○, ●●○○○●.
花枰忽圓織燈下, 鄰藤依如仙橘皮.
○○●○●●, ○○○●○●.
題詩亦可局亦可, 好是儂家消日資.
○○●●●, ●●○○●.
丁丁縱欠落子聲, 琴貴無絃棋亦宜.
○○●●●○, ○●○○○●.
江頭錦石小如玉, 拾來因復煩童兒.
○○●●●○, ●○○●○○.
稚女學母無不爲, 小紙塗鴉來挽髢.
●●●○●, ●●○○●○.

여러 문헌에 의하면 과체시의 평측은 이백(李白)의 「양양가(襄陽歌)」에 준한다고 하는데, 이규상(李奎象)의 『병세재언록(竝世才彦錄)』에서는 "科詩法, 內句上二字, 必平聲, 外句上二字, 必去仄聲, 古調不用此法."이라 하였고, 여규형(呂圭亨)은 "二平三仄, 二仄三平."이라 구체적으로 제시하였다. 하지만 과체시에는 고시체(古詩體), 행시체(行詩體), 배율체(排律體)가 공존한다.[26] 이 작품에서 보듯이 이평삼측이나 이측삼평으로 알려진 구법이 잘 지켜지지 않고 있다. 의미 단위는 4·3으로 구분되지만, 평측과 운자로 본다면 근체시도 아니며 장편(長篇) 고시(古詩)에 가깝다. 과체시는 다른 시체(詩體)보다 경시되면서 일반적인 형식에 벗어나는 작품이 오히려 문인들로부터 높은 평가를 받기도 하였다.[27] 하지만 『근예준선』의 편찬 목적과 수록된 작가들의 면모를 고려해 본다면, 이 작품은 일반 과체시에 비해 평측이 비교적 자유롭기에 글자 선택이 폭넓다고 할 수 있는데, 이는 초학자들에게 시 창작에서 흥미를 고취하고 부담을 경감하기 위한 방안으로 보인다.

다음으로 구수(句數)와 포치(鋪置) 측면에서 살펴보자. 구수와 포치의 일정한 형식은 이수광(李睟光)의 『지봉유설(芝峯類說)』에 의한다면 16세기 중반에 자리 잡은 것으로 보인다.[28]

명칭		내용	출처 비교
제1구	첫 구	天女維摩相對老, 丈室幽意鶯鸛棋.	科擧及科文
제2구	對, 對聯	宗文石室去借枰, 爛柯看棋歸太遲	科擧及科文, 論詩十首

---

26 장유승(2003), 426~427면; 이상욱(2005), 34~35면. 참조.
27 특히 안동김씨 가문의 문인들은 과체시의 폐단을 깊이 인식하고 古詩風의 과체시를 창작하였는데, 그들의 정치적·사회적 영향력을 고려했을 때 당대 과체시 선집에도 영향을 끼쳤다. 최두헌, 「천휘(千彙) 해제」, 고려대학교 해외한국학자료센터.
28 李睟光, 『芝峯類說』권8, 「文章部」, "文體條, 我國科擧之文, 其弊甚矣. 四六冗長, 全似行文, 所爲行文, 又似公事場文字. 詩賦有入題鋪敍回題等式, 尤與文章家體樣全別, 雖得決科, 逐爲不文之人, 何以致用於世乎? 必大變機軸而後可矣." 이하 포치 방식 및 역할은 아래 논문을 참조하여 서술하였다. 이병혁(1986), 62~67면; 이상욱(2005), 40~54면; 김동석(2008), 79~80면.

명칭		내용	출처 비교
제3구	立題, 入題, 到本身	豪家玉局兮外侈， 好事江村貧莫爲.	竝世才彦錄, 科文規式
제4구	鋪頭(元題)	荊釵巫峽採葛歸， 燕去鷗來江在籬.	공통
제5구	鋪敍, 對聯	兒持靑竹繋釣針， 翁倚蒼楠裁小詩.	科擧及科文, 論詩十首
제6구	初項	閨中別有一般巧， 意匠慘憺將安施.	科文規式
제7구	項, 初項	杯樽尙且匏可代， 棋局何須楸始奇.	科擧及科文, 論詩十首
제8구	對, 回題	卽家四友有楮生， 局面周旋非子誰.	科擧及科文, 科文規式
제9구	回下	前年書悉未歸情， 數紙箱中餘待時.	科文規式
제10구	回題, 二項	交刀剪出局子樣， 細意經營願暫支.	科擧及科文, 論詩十首
제11구	回題 對	裏年霧眼似卿卿， 小罵明窓花影欺.	科擧及科文
제12구	結	携來小嬪畵眉筆， 狼藉鈆痕猶帶滋.	論詩十首
제13구 (이하)	回下	溪雲乍展擲梭手， 竹籟斜頻齊案眉. (下略)	科擧及科文, 竝世才彦錄

표 3. 포치 명칭과 내용 비교.

   과체시는 18구로 구성하기 때문에 창작할 때 많은 시구를 채워나가야 하는 어려움이 있다. 이에 이러한 포치형식은 장편인 과체시의 전체 구성을 안배할 수 있는 이점이 있으므로 실제 과체시의 주된 글쓰기 방식으로 활용되었다. 다만 위 표에서 보듯이, 제4구인 포두(鋪頭)를 제외하면 포치방식의 명칭이 단일하지 않다. 이를 통해 실제 시험에서 감점 사항에 해당하는 엄격한 형식이 아님을 알 수 있다.
   과체시는 내용상 3구를 한 단락으로 삼아 전체 4단락으로 구성한다. 이에 포치형식 또한 4단락으로 나누어 설명하고자 한다. 첫째 단락에서 1구와 2구는 파제(破題) 역할을 하는데, 주로 제목을 설명하는 부분이다. 3구는 입제(入題)로, 향후 서술 초점을 구체적으로 제시하는 부분이다. 이 작품에서는 바둑을 두기 위해 바둑판을 빌려야 하는 상황을 통해 강촌의 궁벽한 삶에 주목하고 있다. 둘째 단락에서 4구인 포두는 제목의 내용을 펼치는 첫 부분이라는 의미로 내용에서 본격적인 시삭이라 볼 수 있다. 또한 제목 중에서 한 자를 운자(韻字)로 정하고 이를 포두에 가서 그 글자를 운자로 써야 한다. 이에 원제(元題)라 부르기도 한다. 이 작품에서 해당하는 글자는 리(籬)이나, 제목에 있는 한자가 아니기에 과체시 형식에서 어긋나 있다.[29] 5구는 내용상 포두를 보충하거나 부연하면서 대우로 구성되는데, 이 작품에서도 두보의「강촌」에서 취재(取材)하면서 대우로 구성하였다. 6구의 역할은 4·5구의 내용을 다음 구로 이어주는 것인데, 이 작품에서는 규중(閨中)을 통해 아내가 등장하며 의장(意匠)을 통해 강촌의 풍경과 이후 종이에 바둑판을 그리는 상황을 연계하고 있다.

셋째 단락에서 7구는 초항(初項)이라 하여 제목과 관련된 내용이 기술되는데, 바둑판을 마련하기 위한 내용상의 전개가 확인된다. 8·9구는 이를 대우를 이용하여 앞선 상황을 구체적으로 기술하였다. 즉 집 안에서 바둑판을 대신할 수 있는 것은 책과 종이뿐임을 표현하고 있다. 넷째 단락인 10·11·12구는 회제(回題)로 셋째 단락에서 서술된 내용을 기반으로 주제가 반영된 부분이다. 이 작품에서는 실제 종이에 엉성한 바둑판을 만들어 나아가는 장면을 표현하고 있다. 이를 통해 강촌의 한가로움이 아닌 '궁벽함'이라는 주제가 발화되고 있다. 이하 13구부터는 앞의 내용이 더욱 구체적으로 묘사되는데 이 작품에서도 동일한 양상을 확인할 수 있다. 주로 이 부분은 이전 내용을 바탕으로 많은 시구를 계속 만들어 나아갈 수 있는 능력을 발휘하여 보여주는 곳이다. 즉 강촌의 한가로움이 아닌 바둑판을 종이에 그려야만 하는 궁벽함을 더욱 구체적으로 묘사하고 있으며 이러한 상황을 자조의 방식으로 표현하고 있다.

이상에서 보듯이,「노처화지위기국」은 평측 및 포치형식과 관련한 운자에서 과체시가 갖는 전형에서 벗어나 있다. 이한경뿐만 아니라 한광억·신사원·한덕후·이찬(李澯)의 작품에서도 원제에서 제목의 글자를 운자로 쓰는 형식을 지키지 않았으며, 나머지 작가들도 대부분 1~3편의 작

---

[29] 이한경의 나머지 4편의 시에서도 元題에서 제목의 글자를 운자로 쓰는 형식을 지키지 않았다.

품에서만 이 형식을 유지하고 있다. 하지만 내용을 구성하는 측면에서 포치형식은 대부분 따르고 있다. 이를 통해 『근예준선』에서의 포치형식의 활용은 엄격한 형식미를 구현하는 데 그 목적이 있기보다는 실제 창작에서 표현과 서술 방식을 체득하기 위한 역할임을 알 수 있다.

아울러 과체시는 원출전의 내용과 시상을 적극적으로 활용하며 원작자의 심정을 대변하기도 한다. 「노처화지위기국」에서는 19구에 농(儂)과 같은 1인칭 시어를 활용하여 두보의 입장에서 서술하고 있다. 또한 4구의 '연거구래강재리(燕去鷗來江在離)'와 5구의 '아지청죽계조침(兒持靑竹繋釣針)'은 원작품의 시어와 시상을 더욱 핍진하게 표현하고 있다. 나아가 원작품의 시상인 한정(閑靜)과 자족(自足)을 답습하기보다는 변주를 통해 궁핍함에 대한 자조로 그 이미지를 형상화하였다.

또한 고려본·국중본·개인소장⑦에는 비점(批點)이 찍혀 있으며, 특히 국중본과 개인소장⑦에서는 공통점이 확인된다. 국중본의 경우 각 구의 홀수 번째 글자에는 푸른색, 짝수 번째 글자에는 붉은색의 비점이 찍혀 있고, 개인소장⑦은 반대로 홀수 글자에 붉은색, 짝수 글자에 푸른색 비점이 찍혀 있다. 비점의 위치도 비슷한데 형식상으로는 주로 대구(對句)에 해당하며, 주로 시상의 전개, 확장, 변화가 보이는 구 전체에 비점이 확인된다. 국중본과 개인소장⑦은 1900년대 필사되었기 때문에, 이 필사본의 비점을 통해 18세기 당대인의 과체시에 대한 시각이 담겨 있다고 할 수 없다. 그럼에도 고려대본의 경우 전체 구절은 아니지만, 비점이 찍혀 있는 부분이 동일하며, 16세기 중반부터 18세기 초반에 걸쳐 있는 문인의 과체시를 선집한 『천휘』에서도 이러한 양상이 확인된다. 따라서 『근예준선』의 작품 양상 및 비점을 통해 과체시의 형식미뿐만 아니라, 내용상에서의 당대 과체시 평가 기준을 엿볼 수 있다. 나아가 이러한 점들을 『근예준선』의 작품 선별 기준 및 편찬 목적과 연계한다면, 과거 급제를 위한 과체시 참고서라는 실용적 목적과 함께 남인 계열 및 당대인의 과체시에 대한 평가 기준도 엿볼 수 있다는 의의를 지닌다고 하겠다.

남인계 과체시집, 『근예준선』

지금까지 현전하는 『근예준선』의 필사본을 비교·대조하는 방식을 통해 각 필사본의 체재와 원본을 유추해 보았다. 아울러 이를 통해 그 편찬 시기 및 목적도 살펴보았다.

『근예준선』은 18세기 과체시집이 유전(流傳)되는 상황에서 편찬된 필사본이다. 수록된 작품들로 보자면, 좋은 성적을 얻은 시권보다는 대부분 등제하지 못한 시이다. 따라서 조선 후기 과체시 명편선집에 해당하지는 않는다. 하지만 기존 과체시 선집에서 볼 수 없는 작품들로, 당대 유생들의 과체시 학습 과정 및 과체시에 대한 평가 기준의 일단을 살필 수 있다. 또한 당대 동료들의 평가가 내재된 결과물이기에, 과체시의 효용성뿐만 아니라 문예적 취향을 목적으로 창작한 시를 모은 것일 수도 있다. 하지만 이용휴와 신광수의 서문에 의하면, 『근예준선』은 참고서와 도구서의 성격으로 보인다. 신광수는 이 책을 통해 과거 공부를 넘어『시경』의 도에 이를 수 있다는 점을 강조하였고, 이용휴는 과체시를 시품에만 제한하는 것이 아닌 선비의 품격[士品]에까지 확대하여 그 필요성을 강조하였다. 물론 과체시집이 과거 시험의 준비뿐만 아니라 습작이나 문예적 향유의 목적으로 사용되기도 하지만, 이들은 과체시의 세련된 표현이나 수법 등을 통해『시경』의 도에 나아갈 수 있는 수련서의 하나로『근예준선』의 가치를 인식하였다. 이러한 점은 실제 작품 양상에서 운자 및 포치형식에서 과체시의 엄격한 형식미를 유지하기보다는, 시상의 표현과 서술 방식에 더 치중했던 면모와 연계되었다. 물론 영·정조대에도 과체시 형식이 엄격히 유지된 것은 아니지만,『근예준선』은 과체시의 형식미보다는 시구를 채워나가야 하는 내용상 측면에서 주목되는 과체시 선집이며, 아울러 과체시 학습 과정과 과체시에 대한 평가 기준 등을 엿볼 수 있다는 점에 의의가 있을 것이다. 즉 진사시 초시 특성을 갖는 승보시(陞補試), 사학합제(四學合製), 공도회(公都會)와 같은 시험을 준비하는 초학자를 고려한 선집이라고도 할 수 있다.

더욱 주목되는 점은 『근예준선』의 편찬자 및 선정 작가들이 모두 남인계 인물이며, 이 책의 편찬 시기가 이들의 정치적 도약기와 맞물려 있다는 것이다. 이에 자신의 능력 과시와 불우함을 부각시키는 기제로 과체시를 창작하는 것처럼[30] 『근예준선』의 제작도 남인 세력의 능력 과시이거나 불우함을 부각시키기 위한 의도가 내재된 것이라 볼 수 있을 것이다. 더욱이 현전하는 남인계 과체시집이 확인되지 않는 만큼, 이 책을 통해 1780년대 남인이 채제공과 홍수보(洪秀輔, 1723~?)로 분파하기 이전의 문학적 활동을 가늠할 수 있다는 점에서 주목된다. 다만, 『근예준선』이 남인이라는 집단적 의식하에 제작되었고 남인이 당시 활발하게 정계에 진출하였던 상황을 언급했음에도, 이 글에서는 선정된 작가들의 정치적 배경 및 활동 등과 긴밀히 연계하지 못하였다. 이러한 점은 특정 당파와 관련한 당대 과거 문화의 일단을 확인하기 위해서 반드시 거론되어야 하지만, 지면상 추후 연구에서 진행하고자 한다.

---

[30] 심경호(2001), 113면.

참고문헌

1. 원전 자료

『近選』, 성균관대학교 존경각 소장본.
『近藝雋選』, 국립민속박물관 소장본.
『近藝雋選』, 국립중앙도서관 소장본.
『近藝雋選』, 한국학중앙연구원 장서각 소장본.
『近藝雋選』, 개인소장본.
『近藝雋選』, 개인소장본.
『泮庠科詩集』, 서울대학교 규장각한국학연구원 소장본.
『詩課』, 한국학중앙연구원 장서각 소장본.
『藝選』, 고려대학교 중앙도서관 소장본.

2. DB 및 웹사이트

국사편찬위원회 승정원일기(http://sjw.history.go.kr/)
한국고전번역원 한국고전종합DB(http://db.itkc.or.kr/)
한국학중앙연구원 한국역대인물종합정보시스템(http://people.aks.ac.kr/)

3. 연구 논저

김동석(2008), 「朝鮮時代 科體詩의 程式 考察」, 『대동한문학』 28, 대동한문학회, 69~125면.
남궁원(2003), 「조선시대 과체시의 문학성 탐구」, 『한문고전연구』 7, 한국한문고전학회, 181~223면.
박희인(2010), 「餘窩 睦萬中 漢詩 硏究」, 고려대 석사학위논문.
백승호(2004), 「18세기 南人 文壇의 詩會-蔡濟恭·睦萬中을 중심으로」, 『관악어문연구』 29, 서울대 국어국문학과, 377~397면.
백승호(2006), 「樊巖 蔡濟恭의 文字政治」, 『진단학보』 101, 진단학회, 359~390면.
심경호(1997), 「18세기 중·말엽 南人 문단」, 『국문학연구』 1, 국문학회, 145~164면.
심경호(2001), 「『조선문학사』의 한문학 부문 서술에 관하여」, 『민족문학사연구』 18, 민족문학사연구소, 33~65면.
이병혁(1986), 「韓國科文硏究-詩·賦를 中心으로」, 『師大論文集』 13, 부산대 사범대학, 59~76면.
이상욱(2005), 「조선 과체시의 글쓰기 방식에 관한 연구」, 연세대 석사학위논문.
장유승(2003), 「조선시대 과체시 연구」, 『한국한시연구』 11, 한국한시학회, 417~449면.
최두헌, 「천휘(千彙) 해제」, 고려대학교 해외한국학자료센터.
최우혁(2019), 「정조~순조대 近畿南人의 분화와 정치 명분 확립」, 『조선시대사학보』 90, 조선시대학회, 273~308면.

김경 金景

전주대학교 한문교육과를 졸업하고, 고려대학교에서 석사·박사학위를 취득하였다. 현재 고려대학교 한자한문연구소 연구교수로 재직하고 있다. 조선 후기 산문 연구를 전공으로 삼고 있다. 저서로 『조선 문인, 기이함을 추구하다』(보고사, 2020)가 있다.

e-mail　reload4@hanmail.net

조선 후기 과문선집(科文選集) 『여림(儷林)』에 대하여
– 자료 개관 및 가치와 그 의의를 중심으로

박선이

조선시대 과거 시험과 과거 시험용 수험서

오늘날 효율적인 수능 시험 공부를 위해 시험 대비용 수험서가 존재하듯, 조선시대에도 과거 시험 합격을 위해 참고할 수 있는 다양한 과거 수험서가 존재하였다. 조선시대 과거 시험은 오늘날 수능 시험보다 훨씬 과목의 종류도 많고 다양했다. 사서오경(四書五經)과 같은 유교 경전에 대한 기본 소양을 평가하는 사서의(四書疑)와 오경의(五經義)를 비롯해 응시자들의 작문 능력을 평가하는 시(詩), 부(賦), 표(表), 책(策) 등이 있었다.

　　　　과거 시험장에서 출제된 시험 과목의 문체를 '과문(科文)'이라 하는데, 과문의 범주에는 과거 시험장에서 응시자가 작성한 답안도 포함이 된다. 과문은 각 문체마다 정해진 격식이 있었다. 하지만 지금처럼 정해진 답안은 없었고, 주로 응시자들의 종합적인 사고력과 문장력을 요구하였다. 이 때문에 과거 응시자들은 10대 중반부터 적어도 수십 년간 과거 시험 공부에 매진해야 했다. 응시자들은 단기간에 다양한 과문을 효율적으로 학습하여 보다 빨리 과거 시험에 합격하기 위해 오늘날 기출 문제와 예상 답안에 해당하는 글이 수록된 과거 수험서를 참고하였다.

　　　　사서오경의 핵심 구절을 요약한 수험서, 중국과 우리나라의 유명 문장가들이 지은 작품을 선별한 수험서, 역대 장원 합격자의 답안지를 모

은 수험서, 과문으로 명성을 떨쳤던 인물들의 실제 답안 및 그들이 평소 습작한 과문을 엮은 수험서 등 그 종류는 셀 수 없이 많았다. 이 가운데 과문으로 명성을 떨쳤던 인물들의 실제 답안과 그들이 평소 습작한 과문을 엮은 수험서를 '과문선집(科文選集)'이라 한다. 이는 당시 과문 작성의 모범이 되었던 작가들이 지은 과문을 선별하여[選] 모은[集] 책이라는 뜻이다.

오늘날 국립중앙도서관을 비롯한 각 지역 도서관과 대학 도서관에는 조선시대 전기부터 후기까지 오랜 기간 과거 합격을 위해 응시자들이 참고했던 수많은 종류의 과문선집이 존재한다. 이 글에서는 특히 조선 후기에 편찬된 과문선집 중 『여림(儷林)』이라는 텍스트에 주목하여 과연 당시 응시자들에게 어떤 과문 작가들과 작품들이 주목받았는지 살펴보고, 이를 바탕으로 『여림』이 과거 수험서로 지니는 자료적 가치를 규명해 보고자 하였다. 이와 같은 과문선집 텍스트에 대한 연구는 조선시대 과시 자료 구축과 수사 문체 및 논리 구축 방식의 변천을 이해하는 데에도 필수적인 연구이다.

과거 시험용 수험서 『여림』의 자료적 가치와 의의

『여림』은 주로 숙종, 영조, 정조대에 활동했던 90명의 작가들이 실제 과거 시험에 제출했던 답안지와 습작한 과표(科表) 708편을 수록하고 있다. 이 책은 당대 응시자들이 과거 시험을 준비하는 과정에서 실제 참고하여 학습한 전범이 되는 작품들을 작가별로 분류하여 정리한 책으로, 당대의 과문의 전범이 되었던 작가들과 그들의 작품을 살펴보는 데 중요한 자료라고 할 수 있다. 이에 『여림』이 지니는 자료적 가치와 그 의의를 두 가지 측면에서 살펴보았다.

먼저 『여림』은 관청에서 편찬한 관찬 수험서가 아닌 온전히 응시자들의 수요에 의해 편찬된 수험서로서 당대 응시자들이 습작하였던 과표 작품 가운데에서도 과표 분야에서 뛰어난 실력을 보였던 작가들과 그들이 창작한 작품들을 광범위하게 수록하고 있다. 숙종대부터 국왕의 변려문(騈儷文)에 대한 애호와 함께 과표의 출제 빈도와 비중이 높아지면서 응시자들의 요구와 필요에 의해 다양한 종류의 과문선집들이 편찬되었다. 『여림』에는 여타의 과문선집에 비해 90명이나 되는 많은 작가들과 그들의 작품들을 수록하고 있으며, 작품의 형태적인 측면에서 살펴보았을 때 과표에서 흔히 사용되는 상투어들은 생략하였지만, 나머지 구절들은 모두 필사되어 비교적 온전한 형태를 갖추고 있다는 점에서 전범과 선본(善本)으로서의 가치를 지닌다.

　　다음으로 『여림』은 조선 후기 과문에 특장을 지니고 기존에 알려지지 않았던 많은 작가군을 수록하고 있다. 17세기 후기에는 과문에 특장을 보였던 전문 작가들과 그들의 작품이 시험을 준비하는 응시자들 사이에서 널리 알려지고 필사되어 유통되었다. 『여림』은 이러한 당시 정황을 살필 수 있는 자료로서 지금까지의 과문 연구에서 조명되지 않았던 과문에 특장을 보였던 작가들과 그들의 작품이 상당수 수록되어 있다. 대표적인 인물로는 이일제(李日躋, 1683~1757), 유동빈(柳東賓, 1720~?), 박도상(朴道翔, 1728~?), 권경(權絅, 1708~?)을 꼽을 수 있다. 이들처럼 과문에 전문성을 지닌 작가들의 경우에는 생애에 대한 기록이 거의 없으며 개인 문집도 남아있지 않아 실제 그들의 작품과 특징적 면모를 파악하기 힘들다. 하지만 과문선집에 수록된 작품을 통해 그들의 실제 작품과 수준을 살펴볼 수 있기에 과문선집 연구에서 『여림』이 지니는 자료적 가치는 적지 않다고 하겠다.

　　17세기 후반에는 이전 시기에 비해 다양한 주제와 편집 체제를 갖춘 여러 종류의 과문선집이 등장하였다. 한편 민간에 유출된 시권들이 유전(流轉)되면서 실제로 시험에서 받았던 성적과는 별개로 사람들에게 명편으로 인정받는 작품이 생겨나고 과문으로 인정받는 작가들이 나왔다.

작가의 명성과 평판에 근거하여 해당 작가가 실제 시험에서 작성하거나 제출한 시권(試券)뿐 아니라 그가 습작하거나 사작(私作)한 작품들도 과문선집에 수록되기도 하였다.[1] 『여림』은 이러한 배경 속에서 편찬된 과문선집 중 하나로, 숙종-정조대까지 활동한 작가들이 실제 시험에서 제출한 답안지와 시험 준비 과정에서 출제 문제를 기반으로 의작(擬作)한 수많은 작품을 수록하고 있다.

『여림』에 수록된 과문은 과거 시험의 문체로 분류하자면 과표에 해당한다. 과거 시험의 문체 중 여타 문체보다 엄정한 형식을 요하는 과표는 응시자의 문장 능력을 판가름할 수 있는 잣대로 인식되었고, 사서와 경전을 바탕으로 한 출제방식은 응시자의 학습수준을 가늠할 수 있었기에 과책(科策)과 더불어 중요시한 문체였다.[2]

지금까지 과표와 관련해서는 주로 과표의 체제와 형식을 고찰한 연구가 중심이 되어 개략적인 특징이 밝혀졌으며,[3] 시권의 형식과 내용을 분석한 연구가 이루어져 과표의 정식(程式)과 과표 작성의 구체적인 실상을 엿볼 수 있었다.[4] 그러나 실제 과문과 직접적으로 관련된 기초자료들, 즉 국가적 혹은 개인적 차원에서 간행된 각종 과문선집과 응시자들의 실제 답안지 및 출제 문제를 기반으로 의작한 작품들은 여전히 일부 자료만 접근이 이루어져 현황 목록 정도만 제시된 정도에 그쳤을 뿐, 진전된 연구가 더 이상 이루어지지 않았다. 이러한 텍스트에는 문학사에서 높은 문학적 위상과 가치를 인정받아 우리에게 익숙히 알려진 정통 한문학 작가들의 작품도 수록되어 있지만, 과문 분야에서 특별히 두각을 드러내었던 전문성을 지닌 작가와 작품이 다수 수록되어 있다. 이러한 작가들은 지금까지 거의 알려진 바가 없으며, 이들의 작품 역시 『여림』이라는 과문선

---

1 이상욱(2015), 37~38면.
2 박현순(2014), 191~201면. 발췌 요약.
3 이병혁(1986); 이상욱(2015); 정경주(2013).
4 김동석(2013).

집을 통해서만 그 실체를 엿볼 수 있다. 이러한 점으로 미루어 볼 때, 당대 과거 시험 응시자들 사이에서 전범이 되고 널리 읽혔던 작품이 수록된 각종 과문선집과 당대 과문에서 높은 평가를 받았던 작가들에 대한 면밀한 검토가 이루어져야 과거 문체의 전모를 파악하는 데 한 걸음 더 나아갈 수 있을 것이며, 그 출발점이 되는 텍스트가 바로『여림』같은 자료이다. 이에 본고에서는『여림』에 수록된 작가들 가운데 과문으로 당대 높은 평가를 받았던 과문 작가들의 실체를 밝히고 당대에 과문으로 인정받고 널리 알려졌던 그들의 작품을 살펴볼 것이며, 과거 수험서로서『여림』이 지니는 자료적 가치를 규명해보고자 한다.

『여림』소재 인물 및 작품 개관

『여림』은 17세기 말에서 18세기 중후반까지 활동했던 90명의 인물들이 실제 시험에 제출했던 답안지와 그들이 습작하거나 사작한 과표 708편을 모아서 인물별로 분류하고 편집한 과문선집이다. 4책(元·亨·利·貞)의 필사본으로, 현재 미국 하버드대학교 옌칭도서관에 소장되어 있다.

　　　　이 책에는 필사기(筆寫記)와 서(序)·발문(跋文)이 남아 있지 않아 책이 필사된 정확한 시기와 필사자에 대해서는 알 수가 없다. 하지만 수록된 인물들의 생몰 년대 및 소과(小科) 혹은 대과(大科)에 급제한 시기로 미루어 볼 때, 1800년경 중후반에 활동했던 필사자가 주로 숙종-정조대까지 명성이 있었던 과문 작가들의 과표를 엮어서 필사한 것으로 보인다.

　　　　각 책의 권두(卷頭)에는 책에 수록된 작가의 성명과 자, 그리고 작품 수 및 작품 제목의 목록을 2단에 걸쳐 기록하였다. 5번 째 면부터 한 면당 1편의 작품을 수록하고 있는데, 가장 우측 행에 작품의 제목을 대자(大字)로 표기하고, 제목 아래에는 해당 작품을 창작한 작가의 성명과 자를 소자(小字)로 기재하였다. 해당 작가의 작품이 2편 이상 수록된 경우에는 가장 처음에 수록된 작품에만 작가의 성명과 자를 기록하고 나머지 작품에는 기록하지 않았다.

　　본문은 과표의 형식, 즉 상응하는 두 행의 구조가 확연하게 잘 드러날 수 있도록 2구씩 묶어서 기재하였다. 그런데 흔히 과표에서 보이는 상투어들은 일부 생략된 형태로 기재되어 있으며, 제목에 '의(擬)~표(表)' 또는 '의(擬)~전(箋)'의 표기를 하지 않아 해당 작품이 표(表)·전(箋) 가운데 어떤 문체에 속하는지 별도로 구분하지 않았다. 이는 『여림』뿐만 아니라 과표를 인물별로 분류하여 편집한 여타 과문선집에서도 흔히 나타나는 보편적인 형식이다.

　　이러한 사실로 미루어 볼 때 실제 과장(科場)에서는 과표에서 반드시 구사해야 하는 상투어와 구절을 사용하지 않으면 불합격의 가장 큰 요인으로 작용하지만, 과거 수험용 교재로 편찬하는 과정에서는 이미 응시자들이 과표의 형식에 익숙하여 이 부분을 구태여 강조할 필요가 없었기에 구체적으로 명시하지 않았음을 알 수 있다.[5]

　　한편 각각의 작품에는 편찬자나 소장자가 표시한 것으로 보이는 붉은색과 푸른색의 비점(批點)이 있다. 한 연 전체에 걸쳐 비점을 표시한 연들이 있는데, 각 행의 홀수 번째 글자에는 붉은색 비점을 표시하고 짝수 번째 글자에는 푸른색 비점을 표시하였다. 이는 서로 짝이 되는 두 행이 완전히 대(對)를 이룬 자자대(字字對)의 형식미를 이룬 구절을 강조하기 위한 의도로 보인다. 그리고 두 행에 속하는 글자 가운데 '내(內)'·'외(外)', '북(北)'·'남(南)'과 같이 명사대(名詞對)를 이루는 부분에도 붉은색 비점을 표시하여 상응하는 두 어휘가 문법적으로 일치하여 대우가 잘되었음을 표기하였다. 먼저 『여림』에 수록된 인물들을 개괄해 보면 다음과 같다.

5　박선이(2022), 22~23면.

	권수	수록 인물	수록 작품 수
1		金有慶(1669~1748)	6
2		趙泰一(1665~1707)	1
3		趙泰億(1675~1728)	2
4		尹憲柱(1661~1729)	1
5		李溎大(1675~1709)	2
6		洪萬迪(1660~?)	3
7		林象德(1683~1719)	10
8		金啟煥(1669~?)	2
9		趙尙慶(1676~?)	5
10		睦天任(1673~1730)	5
11		睦天運(1711~?)	1
12		沈尙鼎(1680~1721)	2
13		宋成明(1674~?)	5
14		宋眞明(1688~1738)	2
15		趙景命(1674~1726)	2
16		趙文命(1680~1732)	7
17		趙顯命(1690~1752)	1
18		李巨源(1685~1755)	7
19	책1(元)	李眞望(1672~1737)	2
20		李德壽(1673~1744)	1
21		尹聖時(1672~1730)	3
22		柳逸(1728~?)	2
23		吳尙濂(1680~1707)	1
24		金聖甲(1696~?)	1
25		尹淳(1680~1741)	3
26		吳命新(1713~?)	7
27		尹光天(1685~?)	1
28		沈㙫(1714~?)	1
29		趙文彬(1711~?)	2
30		趙觀彬(1691~1757)	2
31		成德章(1717~?)	2
32		沈尙吉(1678~1722)	1
33		吳光運(1689~1745)	3
34		林光弼(1682~1743)	1
35		李箕彦(1697~1743)	2
36		李度遠(1684~1742)	2
37		李壽沆(1685~?)	3

권수		수록 인물	수록 작품 수
38	책1(元)	李喆輔(1691~1775)	10
39		朴奎文(1723~?)	14
40		金尙星(1703~1755)	4
41		鄭亨復(1686~1769)	1
42		柳儼(1692~1752)	1
43		趙鎭世(1689~?)	3
44		趙榮國(1698~1760)	2
45		李蓍(1689~1737)	1
46		吳遂采(1692~1759)	2
47		李匡贊(1738~?)	1
48		尹鳳朝(1680~1761)	2
49		姜栢(1690~1777)	1
50		崔致誠(?~?)	2
51		洪景輔(1692~1745)	1
52		李光運(?~?)	5
53		李元煥(1730~?)	1
54	책2(亨)	李日躋(1683~1757)	28
55		李匡德(1690~1748)	16
56		尹志泰(1700~?)	63
57		權絧(?~?)	31
58		林錫憲(1698~?)	10
59		金宗岱(1733~?)	1
60		李成中(1706~1760)	5
61		兪彦國(1735~?)	1
62		李夔元(1736~?)	1
63		李匡誼(1740~?)	1
64		李埔(1740~?)	2
65		李廷喆(1695~?)	1
66		李基德(1701~?)	2
67		朴大厚(1728~?)	1
68		李陽復(1635~?)	1
69		李思觀(1705~1776)	5
70		南泰階(1736~?)	3
71		申思憲(1735~?)	1
72		尹光國(1756~?)	1
73		洪昇(1654~?)	1
74		申史權(1753~?)	1

권수		수록 인물	수록 작품 수
75	책2(亨)	李福源(1719~1792)	11
76	책3(利)	柳東賓(1754~?)	148
77		沈翔雲(1732~1776)	5
78		南最明(?~?)	1
79		洪良浩(1742~1802)	10
80		尹謐(?~?)	7
81		南胄寬(?~?)	1
82	책4(貞)	朴道翔(1728~?)	172
83		許鑏(1773~?)	6
84		沈鏠(1754~?)	5
85		洪鳳漢(1713~1778)	3
86		李鳳元(?~?)	2
87		尹冕東(1728~?)	3
88		李得華(1735~?)	1
89		李兪賢(?~?)	2
90		成德雨(1732~1827)	1

표 1. 『여림』 소재 인물 및 작품 현황.

위의 표에서 알 수 있듯이 작가마다 적게는 1편, 많게는 172편에 달하는 작품을 수록하고 있다. 이들 가운데 장원으로 급제했던 인물은 정수준(鄭壽俊)·윤헌주(尹憲柱)·김계환(金啟煥)·임상덕(林象德)·이거원(李巨源)·김상성(金尙星)이며,[6] 당대 문장가로서 명성이 있었고 과문에도 뛰어났던 인물로는 윤순(尹淳)·윤봉조(尹鳳朝)·조현명(趙顯命)·이광덕(李匡德)·오광운(吳光運)·박경행(朴敬行)·조태억(趙泰億)·임상덕(林象德)을 손꼽을 수 있다.[7] 그리고 문집과 관련 기록이 거의 남아 있지 않아 현재까지

---

[6] 『儷林』에 수록된 인물 중 장원 급제한 인물은 다음과 같다. 鄭壽俊은 1668년(현종 9) 庭試에서 장원, 尹憲柱는 1698년(숙종 24) 謁聖試에서 장원, 金啟煥은 1706년(숙종 32) 庭試에서 장원, 林象德은 1705년(숙종 31) 增廣試에서 장원, 李巨源은 1717년(숙종 43) 庭試에서 장원, 金尙星은 1723년(경종 3) 庭試에서 장원으로 급제하였다.

[7] 尹淳은 1713년(숙종 39)에 시행된 增廣試에서 병과 28위로 급제하였으며, 尹鳳朝는 1705년(숙종 31) 增廣試에서 병과 5위로 급제, 趙顯命은 1719년(숙종 45) 增廣試에서 병과 7위로 급제, 李匡德은 1722년(경종 2) 庭試에서 을과 1위로 급제, 吳光運은 1719년(숙종 45) 增廣試에서 병과

잘 알려지지 않았지만 과거 문장에만 특장을 보였던 인물로는 이일제·유동빈(柳東賓)·박도상(朴道翔)이 있다.[8] 이들은 다른 장르가 아니라 과문에서만 특장을 보였던 전문적인 작가였다. 이들의 생애에 대해서는 구체적으로 알려진 바가 없고 문집이 현전하지 않아 확인할 길이 없다. 그러나 이들과 동시대를 살았던 이규상(李圭象, 1727~1797)과 심노숭(沈魯崇, 1762~1837)을 비롯한 당대 인물들의 기록을 통해 이들이 과문에서 상당한 명성을 지녔던 인물임을 알 수 있다.[9]

뿐만 아니라 『여림』은 신분과 특정 당파에 치우치지 않고 철저히 과문을 중심으로 뛰어난 작품을 남겼던 다양한 인물들을 수록하고 있다. 소론(少論)에 속하는 인물로는 최창대(崔昌大)·송성명(宋成明)·윤순·조문명(趙文命)·조현명·이광덕 등이 있고, 노론(老論)에 속하는 인물로는 김유경(金有慶)과 윤봉조가 있으며, 남인(南人)에 속하는 인물로는 목천임(睦天任)과 목천운(睦天運)이 있다. 그리고 이들 사대부와는 달리 여항문인으로 문장에 뛰어났던 박경행(朴敬行)과 그의 작품을 수록하고 있다. 이처럼 『여림』은 시험 준비에 참고가 되고 전범이 될 만한 과문에서 뛰어난 실력을 보였던 작가들과 그들의 작품들을 광범위하게 수록함으로써 수험서로서의 기능을 충실히 담아내고자 하였던 필사자의 의도가 엿보이는 책이라 할 수 있다.

다음으로 『여림』에 수록된 작품들을 살펴보겠다. 『여림』에 수록된 작품 중에는 실제로 과거 시험에서 출제된 문제와 그 문제에 대한 답

15위로 급제, 朴敬行은 1742년(영조 18) 庭試에서 병과 6위로 급제, 趙泰億은 1702년(숙종 28) 式年試에서 을과 4위로 급제, 林象德은 1705년(숙종 31) 增廣試에서 장원으로 급제하였다. 朴敬行과 趙泰億을 제외한 인물들은 모두 表箋이 출제되었을 때 급제하였다.

[8] 李日躋는 1722년(경종 2) 謁聖試에서 병과 1위로 급제하였으며, 柳東賓은 1754년(영조 30) 增廣試에서 병과 7위로 급제, 朴道翔은 1771년(영조 47) 式年試에서 병과 26위로 급제하였다. 李日躋와 柳東賓 모두 表箋이 출제되었을 때 급제하였다.

[9] 이들은 科文 가운데에서도 表·箋에 뛰어난 실력을 보였던 작가들이었다. 당대 유명했던 科文 작가들과 작품들에 대해서는 3장 2절에서 자세히 다루기로 한다.

안지도 수록되어 있다. 아울러 해당 작가가 과거 시험 준비를 위해 역대 과거 시험에서 출제되었던 주제와 동일한 주제로 의작한 작품들, 그리고 기존에 출제되었던 문제에서 전고를 변용하여 만들어진 예상 문제를 기반으로 의작한 작품들이 중심을 이루고 있었다. 『여림』에 수록된 708편에 달하는 작품을 일일이 나열할 수 없기에 이를 대략적으로 고찰하자면 다음과 같다.

『여림』에 수록된 작품들은 크게 작가별로 분류되어 있으며, 과표의 세부 문체에 따라 다시 사표(謝表)-청표(請表)-하표(賀表)-진표(進表)-걸표(乞表)의 순으로 배열되어 있다. 이 가운데 군주의 특별한 은전(恩典)이나 공적에 대하여 신하의 입장에서 군주의 은덕에 감사를 표하거나 공적을 치하하는 사표(謝表)와 특정한 사안에 대하여 군주에게 특별한 조처를 요청하는 청표가 가장 많은 비중을 차지한다.[10]

해당 작품들의 시제(試題)를 분석한 결과, 한·송·주·당과 관련하여 역사적인 인물과 관련된 전고를 바탕으로 의작한 작품들이 주류를 이룬다. 중국의 경우 태고시대부터 요·순, 하·은, 주, 춘추전국, 진·초, 전한, 후한, 삼국, 위진남북조, 당, 송, 명 대까지의 역사와 인물을 다루고 있으며, 국내의 경우에는 고조선[11]부터 신라[12], 고려, 조선시대까지의 역사적인 사건을 기반으로 하는 주제와 작품을 다루고 있다. 각 시대별로 수록된 편수를 구분해 보면 태고시대(복희·황제 등) 9편, 은·하 30편, 주나라 92편, 춘추전국 51편, 진·초 18편, 한나라 217편, 삼국(위·촉·오) 4편, 위진남북조 26편, 당나라 73편, 송나라 145편, 명나라 18편, 국내 34편이다. 이러한 구성은 당대 한·당·송과 관련된 주제가 중심을 이루었던 과표의 출

---

10 科表의 세부 문체에 대한 내용 및 형식적 특징은 정경주(2013), 100~113면. 참조.
11 고조선을 배경으로 擬作한 작품으로는 『儷林』 2책에 수록된 李思觀(1705~1776)의 「檀君群臣賀與老幷立」이 있다.
12 신라를 배경으로 擬作한 작품으로는 『儷林』 1책에 수록된 睦天任(1673~1730)이 「新羅王弟末斯欣謝會兄弟置酒作憂息曲以宣其意」가 있다.

제 경향과 맥을 같이 한다.[13]

『여림』에 수록된 시제들은 역대 왕조별로 군신 간에 있었던 일이나 백성들이 군주의 은덕에 하례하는 등의 내용과 같이 의례적으로 출제되는 형식적인 문제들이 상당 부분을 차지한다. 하지만 국내(조선)를 배경으로 한 시제 가운데 당시 국가가 당면한 주요 현안을 제시하고 국가가 지향하는 이념과 정책 방향을 반영한 문제와 그에 대한 답안이 수록되어 있어 주목된다. 대표적인 사례로 숙종대 국경 문제와 관련하여 출제된 '본조의 신하들이 국토를 개척하고 6진을 설치한 일에 하례하는 내용으로 의작하라[本朝群臣賀開拓土疆設置六鎭]'[14]와 영조대 탕평책(蕩平策)과 관련하여 출제된 '지난 8월 18일에 대소 신료들에게 서두르거나 게을리하지 말고 서로 공경하고 협조하며 어느 쪽에도 치우치지 않는 다스림에 귀의하여 오랫동안 지속된 잘못된 습속을 오늘날 씻어내라고 성상께서 하교하신 뜻을 본조의 신하들이 굳게 그 뜻을 지키겠다고 청하는 내용으로 의작하라[擬本朝羣臣請固守去八月十八日下敎之意, 其勿忙勿懈, 使大小臣僚, 咸歸寅協蕩平之治, 以百年謬習, 洗滌於今日].'[15]를 들 수 있다. 이러한 시제들은

---

13 이상욱(2015), 198면.
14 1698년(숙종 24) 9월 11일에 시행된 春塘臺試에 출제된 試題이다. 숙종대에는 청나라와의 국경선 문제로 인한 외교 문제가 지속적으로 대두되던 시기였다. 1685년(숙종 11)부터 압록강과 두만강을 사이에 둔 국경선 문제로 조선과 청나라 간에 분쟁이 끊이지 않았다. 이에 함경도 六鎭 지역이 이전 시기부터 우리나라 영토였음을 확인하기 위해 1697년(숙종 23)에는 당시 領中樞府事였던 南九萬(1629~1711)이 『盛京圖』를 숙종에게 바치기도 하였으며, 1712년(숙종 38)에는 청나라와 북방경계선을 확정지어 백두산 아래에 定界碑를 세워 국경을 확정지었다. 이러한 배경에서 1449년(세종 31)에 六鎭을 개척한 金宗瑞(1383~1453)의 일을 바탕으로 한 試題가 출제되었으며, 疆域과 청나라와의 외교관계에 대한 숙종의 관심을 試題에서도 확인할 수 있는 대표적인 사례라고 할 수 있다. 당시 시험에서 三上의 성적으로 갑과 1위(1/6)의 성적을 받은 尹憲柱(1661~1729)의 답안은 당시 출제되었던 試題와 함께 『儷林』 1冊에 수록되어 있다.
15 1730년(영조 6) 1월 8일에 시행된 入直應製試에서 출제된 試題이다. 영조는 즉위 초부터 왕권을 강화하고 정치를 안정시키고자 蕩平 敎書를 발표하고 蕩平碑를 건립함으로써 '蕩平'을 國是로 내걸었다. 이와 같이 당시 영조가 지향하는 이념과 정책 방향을 試題에서도 확인할 수 있는 대표적인 사례라고 할 수 있다. 당시 시험에서 三中의 성적으로 居首한 趙顯命(1690~1752)의 답안은 試題와 함께 『儷林』 책1에 수록되어 있다.

당대 현안과 함께 임금의 의중이 반영된 문제들로, 주로 역사적 사건과 인물고사를 바탕으로 출제되는 과표에서도 국가가 당면한 문제에 대한 주요 현안이 제시되었다는 점에서 특징적이라 할 수 있다.

『여림』의 자료적 가치 및 그 의의

(1) 과표 학습의 전범(典範)

주지하다시피 17세기 과거제도에는 이전 시기와 비교해 많은 변화가 있었다. 먼저 외부적인 변화를 보자면 과거 시험의 시행 횟수가 급격하게 증가했을 뿐 아니라 시험의 종류에도 변화가 생겼다. 16세기까지는 별시(別試)가 자주 시행되었지만, 17세기부터는 다른 시험에 비해 비교적 시험 절차가 간략한 정시(庭試)나 증광시(增廣試)·알성시(謁聖試)·춘당대시(春塘臺試)가 자주 시행되었다. 이는 조선 후기의 당쟁으로 인해 조정에서 자기 당파를 영입하기 위한 집권 세력의 과거 시험 개입 및 과거 시험의 시행에 드는 비용 절감의 문제 등의 요인에 기인한 결과이다.

  다음으로 내부적인 변화를 보자면 숙종대부터 알성시·정시·춘당대시와 같은 즉일방방(卽日放榜), 즉 시험 당일에 바로 합격자를 발표하는 시험이 증가하는 추세를 보이며,[16] 단 한 번의 시험만으로 인재를 선발하기 위한 문체로 과표가 빈번하게 출제되었다. 과거 시험 과목에서 과표의 출제 비중이 높아진 데에는 변려문에 대한 숙종의 애호도 큰 원인으로 작용하였다.[17] 영조 즉위 초에는 과표의 출제를 지양하고 다양한 문체로 인

---

16 17세기 과거제의 변화에 대해서는 박현순(2014), 76~80면. 참조.
17 『숙종실록』 卷26, 肅宗 20년(1694) 윤 5월 24일 庚寅 세 번째 기사, "申汝哲曰: '罕設科擧, 以養其才然後, 可以得人.' 九萬曰: '科擧之數, 無如當宁, 而文才乏絶, 亦無如今日. 鞫獄文案之成, 亦患艱難, 可慨也.' 自上專尙儷文, 不勉講讀者, 亦冀僥倖, 此所以無人才耳. 武士試射, 直赴之科尤多, 不知操弓者, 皆爲之, 文武俱宜罕其試.'上然之."

재를 선발해야 한다는 건의에도 불구하고 과표가 지속적으로 출제되었으며,[18] 정조대에는 초계문신의 친시에서 과표를 꾸준히 출제하여 초계문신들의 제술 능력을 요구하기도 하였다.[19]

이처럼 조선 후기, 특히 17세기 숙종-정조대에는 과거 시험 과목 중에 표(表)와 전(箋)의 출제 빈도와 비중이 점점 높아졌다. 이에 따라 응시자들은 자연스레 과거 시험의 여타 문체보다 표·전에 많은 노력을 기울였으며, 심지어는 급제를 위해 표·전만을 습작하는 사람들까지 생겨났다.[20] 응시자들은 표·전을 습작하는 과정에서 당대에 과표에서 일가(一家)를 이룬 작가들의 작품들을 전범(典範)으로 삼았으며, 이 과정에서 필연적으로 과거 수험용 혹은 참고용 교재의 목적으로 과표에서 명성을 떨친 작가들의 작품을 필사하고 정리하였다. 이러한 과거 시험 제도의 변화와 응시자들의 요구와 필요성에 의해 숙종대부터 다양한 종류의 과문선집들이 활발하게 편찬되었다. 본고에서 연구 대상으로 삼고 있는 『여림』은 이러한 일련의 변화 과정을 보여주는 중요한 과문선집 자료 중 하나이며, 다음과 같은 특징적인 면과 과문선집 가운데 전범과 선본(善本)으로서의 가치를 지니고 있다.

먼저 『여림』은 당대 과거 응시자들이 습작했던 과표 작품 중에서도 과표 분야에서 가장 저명했던 작가들과 그들이 창작한 작품들을 광범위하게 수록하고 있다는 점에서 여타의 과문선집과는 차이가 있다. 현전하는 과문선집들을 살펴보면 응시자들의 필요에 따라 시기·주제·작가별

---

18 『영조실록』卷2, 英祖 즉위년(1724) 11월 24일 甲子 세 번째 기사, "鎭川幼學邊遇翼上疏, 略曰: '人之才藝, 各有所長, 閑於儷文者, 不閑於賦策, 工於賦策者, 不工於儷文, 而自數十年以來. 庭試·謁聖·節製, 專以表試士, 故京儒之業科工者, 未窺甲乙, 先肆四六, 鄕儒之只習賦策者, 千里裹足, 及見表題, 閣筆曳白, 含淚絶望. 夫如是, 故榜中得人, 盡是京儒, 而鄕儒則無一人獲參者. 或云表是事大文字, 不可偏廢, 無已則有一焉, 繼自今, 以賦·表·論·策, 或輪次命題, 不然則或以賦·表, 或以論·策, 分標兩題, 如用十人, 各用五人, 則京鄕儒咸售所長, 而國無遺珠之歎, 士無泣玉之冤矣.'"
19 박선이(2018), 58면.
20 정경주(2013), 120면. 발췌 요약.

분류 방식 체제를 갖춘 각종 과문선집들이 편찬되었다.[21] 그 가운데 『여림』은 작가별 분류 방식으로 편집된 과문선집으로, 17~18세기에 활동했던 인물들 가운데 과표에 특장이 있었던 90명의 많은 작가와 708편에 달하는 작품을 수록하고 있다는 점이 특징적이다. 『여림』과 함께 과문선집 중에 선본으로 꼽을 수 있는 자료로 『동려문(東儷文)』[22]이 있는데, 『여림』에 수록된 작품들과 창작 시기가 겹치는 것으로 보아 비슷한 시기에 편찬된 것으로 추정된다. 두 선집의 작품 수량을 비교하면 『여림』에 수록된 작품의 수가 『동려문』의 작품 수보다 적지만, 수록된 작가의 수를 비교하면 『여림』에 수록된 작가의 수가 『동려문』에 비해 월등히 많다.[23] 물론 선집에 수록된 작품의 수량이 선본으로서의 가치에 큰 비중을 차지하지만, 작가별 분류 방식 체제를 따라 편집된 과문선집의 성격으로 볼 때 더 많은 작가의 작품을 수록한 『여림』이 지니는 자료적 가치가 더 높다고 할 수 있다. 『여림』의 작품에는 편찬자나 소장자가 찍은 것으로 보이는 붉은색과 푸른색의 비점이 있어 당시 응시자들이 습작의 전범으로 삼았고, 이 작품을 어느 정도로 애호하였는지를 추정할 수 있다.

또 작가별 분류 방식 체제를 갖추고 있는 과문선집 가운데 『동표(東表)』·『동려문』과 『여림』을 비교하면, 『여림』에 수록되어 있는 작품이 더욱 완정한 형태를 갖추고 있다. 『동표』와 『동려문』의 경우에는 필사자의 학습 요구에 따라 필사하는 과정에서 누락되었거나 생략한 구절들이 있어서 작품의 온전한 모습을 알기 어렵다. 그러나 『여림』의 경우는 과

---

21 시기·주제·작가별 분류 방식 체제를 갖춘 科表 選集들에 대한 자료 개관은 이상욱(2015), 49면. 참조.
22 『東儷文』은 전체 10책의 필사본으로, 17세기 말에서 18세기 중엽까지 활동했던 인물들이 실제 시험에 제출했던 답안지, 그리고 習作하거나 私作한 科文들을 모아서 인물별로 분류하고 편집한 책이다. 수록된 인물은 53명이며, 작품의 전체 수는 1,221편에 달한다. 현재 장서각에 소장되어 있다.
23 『東儷文』에 수록된 작품과 『儷林』에 수록된 작품은 500여 편 정도 차이가 있지만, 『東儷文』의 경우에는 朴道翔이나 權綱처럼 특정 작가의 작품에 지나치게 편중되어 있기에 수록된 인물들의 다양성과 관련해서는 『儷林』이 더 善本으로 판단된다.

표의 투식은 생략하였지만, 나머지 구절들은 모두 필사되어 온전한 형태를 갖추고 있다는 점에서 가치를 지닌다.

다음으로 『여림』은 관찬 수험서가 아닌 온전히 응시자들의 수요에 의해 편찬된 텍스트라는 점에서 가치가 있다. 조선 후기에 들어서면 과문은 각 문체마다 정식이 어느 정도 자리를 잡게 되고 국가에서 더 이상 문체의 격식을 제시할 필요가 없었기에 국가의 개입은 줄어들고 관찬 수험서가 희소해졌다.[24] 실제 과거를 준비하는 응시자들의 과문선집에 대한 요구에 따라 국가적 차원이 아니라 개인적인 차원에서 많은 필사본이 제작되고 유통되었는데, 『여림』에서도 그 일면을 엿볼 수 있다. 이는 과문선집의 편찬에 국가가 주도적인 역할을 했던 이전의 양상과는 달리, 과거 시험을 준비하는 응시자들이 과문선집 편찬의 주체로 등장했음을 의미한다. 물론 개인이 필사하여 제작하고 유통한 과문선집에 수록된 당대 과표에 저명했던 인물들과 그들이 상당수 일치하는 것은 사실이지만, 어느 과문선집도 수록된 작가와 작품이 완전히 일치하는 경우는 없다. 과문선집들은 다양한 편집 기준과 작품 수록 원칙을 적용시키며, 이러한 편집 기준과 작품 수록 원칙은 그 자체로 당대 과문 학습과 관련해 다양한 수요를 반영하고 있다.[25] 『여림』과 같은 텍스트의 등장은 조선 후기에 과문선집의 편찬에 더 이상 이전시기처럼 절대적인 국가의 가치와 규범이 적용되지 않고, 수험자 개인의 취향과 적극적인 취사선택이 반영되어 다양한 종류의 과문선집들이 출현하게 된 일면을 엿볼 수 있다.

(2) 조선 후기 과문에 특장을 지녔던 작가군의 수록

과문선집에 수록된 작가들 중에는 당대에 정통 한문학 작가로 문명(文名)을 떨친 이들도 있지만, '과문'이라는 특수한 장르에 특장을 지니고 명성

---

[24] 박선이(2017), 352면.
[25] 이상욱(2015), 38면.

을 떨쳤던 작가들도 적지 않다. 그러나 선행 연구에서는 과문에 특장을 지녔던 작가들과 그들의 작품에 대해서는 전혀 논의가 이루어지지 않았다. 물론 정통 한문학 장르와 과문에서 문명을 떨쳤던 작가와 그들의 작품에 대한 연구도 중요하지만, 무엇보다도 과문에 실제 연구에 있어 과문이라는 특수한 장르에서 인정을 받았던 인물이 누구이며, 명편으로 인정을 받아 전범으로 읽히고 필사되었던 작품이 어떤 것인지에 대한 고찰이 반드시 이루어져야 한다.

본고에서 연구 대상으로 삼고 있는 『여림』에는 앞서 언급한 것처럼 정통 한문학 장르와 과문에서 문명을 떨쳤던 작가와 그들의 작품도 실려 있지만, 지금까지 조명되지 않았던 과문에 특장을 보였던 작가들과 그들의 작품이 상당수 수록되어 있다. 이는 과거의 실제 연구에 토대가 되는 자료로서 가치를 지니며, 『여림』에 수록된 작가들에 대한 정보와 그들에 대한 기록을 고찰하는 과정 역시 조선 후기 과문에 특장을 지녔던 작가군의 발굴이라는 측면에서 큰 의미를 지닐 것으로 보인다.

『여림』에 수록된 작가들은 두 층위로 구분하자면 당대에 문장가로 명성을 떨친 동시에 과문에 뛰어난 능력을 보였던 인물, 그리고 특히 과문에서 두각을 드러내었던 전문성을 지닌 과문 작가로 나눌 수 있다. 먼저 당대에 문장가로 명성을 떨친 동시에 과문에 뛰어난 능력을 보였던 인물은 변려문에 특장을 보였으며 아울러 과문에도 뛰어났다.[26] 대표적으로 윤순(尹淳, 1680~1741)은 변려문과 과문에 뛰어났는데, 특히 그가 창작한 변려문을 후배들이 다투어 전했다는 기록이 있을 정도로 변려문 작성에 탁월한 실력을 보였다.[27] 윤봉조(尹鳳朝, 1680~1761)는 과려(科儷)와 과책

---

26 작가들에 대한 정보와 기록은 李圭象(1727~1797)의 『幷世才彦錄』에 실린 기록을 근거로 하였다. 『幷世才彦錄』은 18세기 문학·예술·기술 등의 분야에서 뛰어났던 인물들을 망라해놓은 책이다. 이 책에는 과문의 각 문체인 科詩·科表·科賦·科策의 程式 및 문체적 특징과 함께 각 科文의 문체에서 일가를 이루었던 사람들을 기록한 '科文錄'이 수록되어 있어 당시 科文으로 인정받았던 작가들과 명편으로 손꼽혔던 작품들에 관련된 기록을 살필 수 있다.

27 李圭象, 『幷世才彦錄』, 「書家錄」, "善儷文科體, 儷文競傳後曹, 健以有味." 원문은 이규상 저, 민

에 모두 뛰어났으며,[28] 이광덕(李匡德, 1690~1748)은 이규상이 『병세재언록(幷世才彦錄)』에서 '과문록(科文錄)'과 '문원록(文苑錄)'조에 모두 수록한 작가로 변려문과 과려(과표)에 특장을 보였다.[29] 위의 작가들은 지금까지 정통 한문학 분야에서 주로 논의되고 연구되었던 인물로, 그들의 과문은 개인 문집에도 실려 있는 경우가 드물어 실체를 확인할 수 없었다. 그러나 『여림』에 수록된 많은 작품을 통해 그들이 실제 창작했던 과문의 전모를 확인할 수 있으며, 아울러 정통 한문학 장르뿐 아니라 과문에서도 뛰어난 문장력을 발휘했음을 알 수 있다.

다음으로는 『여림』에 수록된 인물 가운데 전문성을 지닌 과문 작가에 대해서 살펴보자. 『여림』에는 기존에 알려지지 않은 많은 전문 작가와 그들의 작품이 수록되어 있다. 그 가운데 가장 많은 수의 작품이 실려 있는 작가들로는 이일제(李日躋, 1683~1757), 유동빈(柳東賓, 1720~?)[30], 박도상(朴道翔, 1728~?), 권경(權絅, 1708~?)을 꼽을 수 있다. 이들은 『여림』뿐만 아니라 여타 과문선집에도 많은 작품이 수록된 작가들임을 볼 때, 당대 과문에서 가장 명성을 떨쳤던 작가들임을 알 수 있다. 그러나 이들의 문집이 거의 현전하지 않고 인물 정보 역시 자세하지 않기 때문에 당대에 이들의 이력을 파악하기는 쉽지 않다. 그러나 사료나 필기 자료에서 과문과 관련한 언급에서 과문 작가로서 이들의 위상을 짐작할 수 있다. 심노숭(沈魯崇)의 『자저실기(自著實記)』에 수록된 다음의 글에서 그러한 사실을 확인할 수 있다.

> 표문(表文)과 전문(箋文)은 임상덕과 이일제의 작품을 배웠고, 그 이하

족문학사연구소 한문학분과 역(1997). 참조. 이하 『幷世才彦錄』도 동일하다.
28 李圭象, 『幷世才彦錄』, 「文苑錄」, "善科儷·科策, 健而有味, 可讀."
29 李圭象, 『幷世才彦錄』, 「文苑錄」, "作詩, 文藻矯峭, 意致精妙, 殆甲一世, 善儷."『儷林』에는 李匡德이 1722년(경종 2)에 시행된 庭試에서 을과 1위(2/9)를 했던 작품인「宋蘇軾請解彗秣馬以須東方之明徐行於九軌之道」를 비롯한 16편의 작품을 수록하고 있다.
30 이후 柳國信으로 개명하였다.

는 논하지 않았다. 윤지태와 박도상 같은 이들의 작품도 배우지 않았
다. 오직 유동빈이 임상덕과 이일제의 뒤를 이었다고 생각해 그들의
작품을 사륙문을 짓는 과정으로 삼아 글을 지었다. 시문보다 몇 배나
공력을 들였으나 결국에는 성취를 이루지 못하였다. 이것이 매우 큰
한이다.[31]

심노숭은 조선 후기 소품문(小品文) 작가로 명성을 떨쳤던 인물이
며 문장에도 일가견이 있었다. 위의 글에서 실제 과거를 준비하면서 그가
어떤 과문 작가들을 전범으로 삼았는지 알 수 있다. 그는 표와 전, 즉 과
표에 있어서는 임상덕·이일제·윤지태·박도상·유동빈 등과 같은 작가들의
작품이 있지만, 이 중에서 임상덕·이일제·유동빈 세 사람의 작품만을 사
륙문을 짓는 과정으로 삼아 시문(詩文)보다 몇 배의 공력을 들여서 과표
글쓰기 연습을 하였다고 하였다. 심노숭의 말을 따르자면 당시 과표를 대
표하는 사람으로는 임상덕·이일제·윤지태·박도상·유동빈이 손꼽혔으며,
심노숭 자신은 그중에서도 임상덕·이일제·유동빈과 그들의 작품을 전범
으로 삼았음을 알 수 있다. 이 가운데 이일제는 과표에 비상한 재주가 있
어서 문장이 능란하고 예리하여 과표 중에서 가장 능수로 손꼽혔다는 평
을 받았고, 「한신이 회음후에 봉해진 것에 사례하는 내용으로 의작하라
[韓信謝封淮陰侯]」는 비록 한신(韓信)으로 하여금 말하게 하더라도 여기에
서 벗어나지 못할 것이라고 이규상이 칭찬해 마지 않았다.[32]

심노숭의 언급에는 빠져 있지만, 『여림』에 172편으로 가장 많은
작품이 수록된 박도상은 다른 과문선집에도 가장 많은 작품이 수록된 작

---

31 沈魯崇, 『自著實記』, "表箋學爲林象德·李日躋之作, 以下不論. 雖如尹志泰, 朴道翔者, 亦無取焉.
    惟柳東賓可以展林李之後. 以此作爲四六之學之程, 積費力有倍於詩文卒不得有成, 此爲甚恨也."
    번역 및 표점은 심노숭 저, 안대회 외 13인 역(2014). 참조.
32 李圭象, 『幷世才彦錄』, 「科文錄」, "李參判日躋, 字君敬, 表才異常, 其才全在於人事上, 形容人所
    欲言, 反勝其人之口. 文亦尖利自有, 科表中第一能手."

가 중의 한 명이다. 그는 시문에 능하였으며, 특히 변려문과 제술에 뛰어난 재주를 가지고 있어 영조가 문신들에게 시문을 짓게 할 때 여러 번 1등에 뽑혔다.[33] 정조대에 시행된 제술시험에서는 표로 수석을 차지하여 정조의 칭찬을 받았다.[34]

이처럼 17세기 후기에는 과문에 특장을 보였던 전문작가들과 그들의 작품이 시험을 준비하는 응시자들 사이에서 널리 알려졌으며 필사되어 실제 유통되었다. 이들과 관련한 기록이 거의 남아 있지 않고 문집도 전하지 않아 작품의 규모나 특징을 완전히 파악하기는 힘들지만, 과문선집에 수록된 작품들을 통해 그들의 작품과 수준을 살펴볼 수 있으므로, 과문선집 연구에서 『여림』이 지니는 자료적 가치는 크다고 할 수 있다.

초창기 과거 연구자들이 과문을 '문학성이 결여된 문체'라고 규정한 이래 지금까지 주로 과거 문장의 내용적 측면보다는 형식적 측면에 주목하여 조선 후기에 활동했던 전문 과문 작가들에 대해서는 전혀 접근이 이루어지지 않았다. 이들은 조선 후기 문학사에서 문학적 가치를 인정받아 위상이 정립된 작가들과는 결이 다르지만, 적어도 과문에서 특장을 보였던 전문성을 지닌 작가들로 당대에 이미 인정을 받았으며, 그들에 대한 기록과 그들이 작성한 과거 답안도 상당수 현전한다. 대부분의 과거 응시자들이 과거를 준비하는 과정에서 이들의 작품을 모범 답안으로 참고하고 활용하였으며, 결국 이러한 과문의 습작, 의작 활동은 일반 문인들의 문학 활동에도 적지 않은 영향을 끼쳤다. 이는 시대에 따른 문학의 변모 과정에 있어 문학 내부적인 요인이 아니라 과거라는 외부적인 요인이 존재했음을 의미한다. 따라서 본 연구를 통해 지금까지 주목받지 못했던 과

---

33 『영조실록』卷115, 英祖 46년(1770) 9월 8일 辛亥 첫 번째 기사; 『영조실록』卷124, 英祖 51년(1775) 4월 15일 癸巳 첫 번째 기사.

34 『정조실록』卷2, 正祖 즉위년(1776) 9월 4일 壬申 첫 번째 기사, "壬申/親試文臣製述. 文臣李昌漢白文呈券, 命誦登科表題, 昌漢不能誦. 右副承旨金鍾秀奏曰: '李昌漢雖極矇然, 年久之科題, 無怪其不能誦. 古語曰, 臣何足言有辱朝廷? 昌漢固不足恤, 而在聖朝寬大之政, 合有原恕之道矣.' 上曰: '承旨言是也.' 仍勿問. 論居首吳大益、表居首朴道翔, 各賜貂皮煖帽."

문 작가들의 실체를 밝히고 그들의 작품들을 고찰함으로써 조선 후기 과문에 뛰어났던 작가들을 발굴하는 동시에 조선 후기 문학사의 저변을 확대할 수 있는 자료로 활용할 수 있으리라 본다.

응시자의 필요에 의해 만들어진 수험서, 『여림』

『여림』은 주로 숙종-정조대까지 활동했던 90명의 작가들이 실제 시험에 제출했던 답안지와 습작한 과표 708편을 수록하고 있다. 이 책은 응시자들이 과거 시험을 준비하는 과정에서 실제 참고하여 학습하였던 전범이 되는 작품들을 분류하여 정리한 선집(選集)으로, 당대 과문에 있어서 전범이 되었던 작가들과 그들의 작품을 살펴보는 데 중요한 자료라고 할 수 있다. 이에 『여림』이 지니는 자료적 가치와 그 의의를 두 가지 측면에서 고찰하였다.

먼저 『여림』은 관찬 수험서가 아닌 온전히 응시자들의 수요에 의해 편찬된 수험서로, 당대 응시자들이 습작하였던 과표 작품 가운데에서도 과표 분야에서 뛰어난 실력을 보였던 작가들과 그들이 창작한 작품들을 광범위하게 수록하고 있다. 숙종대부터 국왕의 변려문에 대한 애호와 함께 과표의 출제 빈도와 비중이 높아지면서 응시자들의 요구와 필요에 의해 수험자 개인의 취향과 취사 선택이 반영된 다양한 종류의 과문선집들이 편찬되었다. 『여림』은 여타의 과문선집에 비해 90명이나 되는 많은 작가와 그들의 작품들을 수록하고 있으며, 작품의 형태적인 측면에서 볼 때 과표에서 흔히 사용되는 상투어들은 생략하였지만, 나머지 구절들은 모두 필사되어 비교적 온전한 형태를 갖추고 있다는 점에서 전범과 선본으로서의 가치를 지닌다.

다음으로 『여림』은 조선 후기 과문에 특장을 지니고 기존에 알려지지 않았던 많은 작가군을 수록하고 있다. 17세기 후기에는 과문에 특장을 보였던 전문 작가들과 그들의 작품이 시험을 준비하는 응시자들 사이에서 널리 알려지고 필사되어 널리 유통되었다. 『여림』은 이러한 당시 정황을 살필 수 있는 자료로서 지금까지의 과문 연구에서 조명되지 않았던 과문에 특장을 보였던 작가들과 그들의 작품이 상당수 수록되어 있다. 대표적인 인물로는 이일제, 유동빈, 박도상, 권경을 꼽을 수 있다. 이들은 『여림』에 가장 많은 수의 작품이 수록된 작가들로, 사료나 필기 자료에서 과문과 관련한 언급을 통해서 과문 작가로서의 위상을 짐작할 수 있지만, 생애에 대한 기록이 거의 없으며 문집도 남아 있지 않아 실제 그들의 작품과 특징적 면모를 구체적으로 파악하기 힘들다. 하지만 『여림』과 같이 과문선집에 수록된 작품을 통해 그들의 실제 작품과 수준을 살펴볼 수 있기에 과문선집 연구에서 『여림』이 지니는 자료적 가치는 적지 않다.

참고문헌

1. 원전 자료

『東儷文』 10책, 한국학중앙연구원 장서각 소장본.
『儷林』 4책, 하버드대학교 옌칭도서관 소장본.
심노숭 저, 안대회 외 13인 역(2014), 『자저실기』, 휴머니스트.
이규상 저, 민족문학사연구소 한문학분과 역(1997), 『18세기 조선 인물지』, 창작과 비평사.

2. DB 및 웹사이트

국립중앙도서관 한국고전적종합목록시스템(http://www.nl.go.kr/korcis/)
서울대학교 규장각한국학연구원(http://kyujanggak.snu.ac.kr/)
하버드대학교 소장본 온라인 목록 HOLLIS(http://hollis.harvard.edu)
한국고전번역원 한국고전종합DB(http://db.itkc.or.kr/)
한국학중앙연구원 장서각(http://jsg.aks.ac.kr/)
한국학중앙연구원 한국역대인물종합정보시스템(http://people.aks.ac.kr/)

3. 연구 논저

김동석(2013), 「朝鮮時代 試券 硏究」, 한국학중앙연구원 박사학위논문.
박선이(2017), 「조선 전기 『三場文選』의 수용 양상에 관한 일고찰」, 『고전과 해석』 22, 고전문학한 문학연구학회, 333~357면.
박선이(2018), 「『正始文程』을 통해 살펴본 정조 문체정책의 한 국면」, 『민족문화연구』 80, 고려대학교 민족문화연구원, 47~73면.
박선이(2022), 「肅宗-正祖代 科策과 科表 연구」, 고려대 박사학위논문.
박현순(2014), 『조선 후기의 과거』, 소명출판.
이병혁(1986), 「科文의 形式考(Ⅱ)-表·策을 중심으로」, 『부산한문학』 2, 부산한문학회, 169~192면.
이상욱(2015), 「조선 과문 연구」, 연세대 박사학위논문.
정경주(2013), 「科文 表箋의 형식과 문체의 특성」, 『대동한문학』 39, 대동한문학회, 83~125면.

박선이 朴宣娀

경북대학교 한문학과를 졸업하고, 고려대학교에서 석사, 박사학위를 취득하였다. 현재 고려대학교 한자한문연구소에 연구교수로 재직하고 있다. 조선 후기 과문 관련 연구를 전공으로 삼고 있다. 논문으로 「『正始文程』을 통해 살펴본 정조 문체정책의 한 국면」, 「肅宗·英祖代 科擧制와 科文의 推移와 쟁점에 관한 일고찰」 등이 있다.

e-mail carpnlotus@korea.ac.kr

『교남빈흥록(嶠南賓興錄)』의 판본과 어고(御考) 과부(科賦) 시권(試券)에 대한 소고

김기엽

『교남빈흥록(嶠南賓興錄)』

빈흥록(賓興錄)은 정조대에 시행된 지방 별시(別試)의 전말을 기록하고 별시에 합격한 시권(試券)을 수록한 자료이다. 빈흥(賓興)은 빈객으로 예우하여 천거한다는 뜻으로, 조선시대 각 지방에서 실시한 1차 시험인 향시(鄕試)를 나타내는 말로도 쓰인다. 주나라 때 향대부(鄕大夫)가 소학(小學)에서 어질고 능력 있는 인재를 천거할 때, 그들을 향음주례(鄕飮酒禮)에서 빈객으로 예우하며 태학(太學)에 올려 보낸 데에서 유래한다. 정조는 주나라 때의 빈흥법을 근거로 지방 유생의 지위를 향상시키기 위해 경상, 강원, 제주, 함흥, 영흥, 함경, 평안 등의 도에 빈흥을 여러 차례 실시하였다. 그 결과로 각 도의 빈흥록이 간행되어 1792년 영남 유생의 응제(應製) 시권이 수록된 『교남빈흥록(嶠南賓興錄)』, 1793년 강원 유생의 시권이 수록된 『관동빈흥록(關東賓興錄)』, 1794년 제주 유생의 시권이 수록된 『탐라빈흥록(耽羅賓興錄)』, 1795년 함흥·영흥 지역 유생의 시권이 수록된 『풍패빈흥록(豊沛賓興錄)』, 1800년 함경 유생의 시권이 수록된 『관북빈흥록(關北賓興錄)』과 평안 유생의 시권이 수록된 『관서빈흥록(關西賓興錄)』 등 6종의 빈흥록이 등장하였다.

 6종의 빈흥록 중 상대적으로 이른 시기에 간행된 『교남빈흥록』

은 정조가 도산서원에 치제(致祭)한 뒤 별시를 시행한 경위가 수록된 전교(傳敎)·치제문을 비롯하여, 좌목(座目)·입격방목(入格榜目)·우수 시권 등이 실려 있다. 당시 시제(試題)가 지역 학자에게 익숙한 문체로 출제되었고 정조의 우대에 대한 영남 학자들의 보은(報恩) 의식 등 복합적인 요인이 작용하여, 1792년 정조가 시행한 도산별시(陶山別試)에는 많은 영남 유생이 응시하였다. 과거 답안을 임금이 채점한 것을 어고(御考)라고 하는데,『교남빈흥록』은 정조의 어고를 거친 영남 유생의 우수 답안 4편이 실려 있다. 영남 유생이 작성한 답안에서 우수한 구절은 정조가 붉은 먹으로 비점(批點)을 찍었으므로,『교남빈흥록』에 수록된「어고우등시권(御考優等試券)」에는 정조의 어고가 반영된 비점을 찾아볼 수 있다. 현재『교남빈흥록』의 판본은 1792년 판각한 우등 시권에 정조의 어고를 따라 비점을 붉게 찍은 판본과 후대에 이 비점을 판각한 뒤 부록으로 도산별시에 관한 구체적인 자료를 첨부한 판본으로 구분할 수 있다. 1792년에 판각된 판본과 후대에 부록이 추가된 판본은 구성뿐만 아니라 비점의 형태도 차이를 보인다.

과거응시자가 답안으로 작성한 부(賦) 문체를 과부라고 한다.『교남빈흥록』의「어고우등시권」에는 강세백(姜世白)·김희락(金熙洛)·김상구(金象九)·조심(曺深)이 각자 작성한 과부 4편이 실려 있다. 이들의 우등 시권에서 비점은 대개 구절의 2·3·5 자마다 찍혀 있으나, 특정 글자에 국한된 것이 아니라 표현이 뛰어나거나 의미가 정밀한 해당 구 자체에 비점이 매겨졌다. 강세백·김희락·김상구·조심은 대개 구의 4번째 자마다 허사(虛辭)를 넣어 6언 과부의 형식을 준수하였고, 35구로 작성한 조심을 제외하고 나머지 세 사람은 30구로 구성된 과부를 지었다. 전고(典故)는 거의 모든 구마다 인용되었는데, 삼상(三上)의 성적을 얻은 강세백과 김희락의 시권에는 시제와 동일한 출처의 전고가 빈번하게 쓰였다. 강세백과 김희락에 비해 상대적으로 삼중(三中)의 낮은 성적을 얻은 김상구와 조심은 말미에 '송왈(頌曰)' '찬왈(贊曰)'과 같은 난사(亂辭)를 넣었다. 강세백·김희락의 답안과 형식적인 차이를 보인 김상구·조심의 과부는 이 난사 부분에서 정조의 비점을 전혀 획득하지 못하였다. 이 4언 난사의 활용으로 인해 조선 후기 과부가 요구하는 6언의 규식(規式)에서 이탈하게 된 것이다 이상의 논의를 통해 정조대 영남 지방에서 시행된 도산별시 관련 자료를 살피고, 과거 시험 문체 중의 하나인 과부의 수사와 규식, 그리고 시권의 비점에 반영된 평가 기준 등을 파악하고자 하였다는 데에 연구의 의의를 두고자 한다.

전반적으로 유사한 구성을 보이는 6종의 빈흥록 중 상대적으로 이른 시기에 간행된 『교남빈흥록』은 1791년에 간행된 『경림문희록(瓊林文喜錄)』의 범례를 따른 것으로 알려져 있다.[1] 그동안 정조의 영남·강원 유생 선발 정책에 주목한 『교남빈흥록』과 『관동빈흥록』 선행 연구를 통해, 정조가 지방의 학풍을 진작시키고 소외된 지방 유생을 선발하기 위해 빈흥록류(賓興錄類)를 편찬하였음을 알 수 있다.[2]

빈흥록에 관한 연구는 『교남빈흥록』과 『관동빈흥록』을 대상으로 정조의 지방 유생 선발 방식과 절차, 간행 및 배포 현황, 입격자의 등용과 빈흥과(賓興科) 체제 관리 등을 살핌으로써, 정조의 인식과 정책적 의도 및 그 영향력을 파악하는 데에 중점을 두고 이루어졌다.[3] 과거에 부과된 문체와 시제에는 당대 국가가 인재에게 요구하는 현실 감각을 문학 및 학문의 내용을 통해서 검증하고자 하는 이념과 논리가 담겨 있으며,[4] 최근 정조대의 과시 연구는 문체나 답안 자료를 문헌학적으로 고찰하는 방향

---

1 박선이(2018b), 447면.
2 김다미(2017), 47~51면; 김다미(2019), 158~164면; 김문식(2001), 450면; 김문식(2016), 79면.
3 김다미(2017; 2019); 김문식(2001; 2016). 참조.
4 심경호(2020)는 과거제도를 전면적으로 연구하기 위해서는 제도 연혁과 합격자 등용 등 시행 세칙을 검토하는 이외에 부과 문체 및 제목을 검토하고, 수험 공구서·수험 참고서 등 편찬물의 유통을 주사하여 학술 경향과 문화적 역량, 학술 논쟁의 역사와 학술 방법의 변화를 이해하는 바탕으로 삼을 필요성을 제기하였다. 심경호(2020), 61면.

으로도 진행되고 있다.[5]

『교남빈흥록』에는 정조의 어고를 거친 영남 유생의 우수 과부 작품이 수록되어 있고, 비점이 판각된 판본과 붉은색으로 찍힌 판본이 존재한다. 이 비점의 판각 여부에 따라 『교남빈흥록』의 편집과 구성에도 차이를 보인다.[6] 또 어고 비점에는 정조의 평가가 반영되어 있으므로, 우등(優等) 과부의 비점을 통해 정조의 고과(考課) 기준을 가늠할 수 있으리라 본다. 지금까지의 연구에서 다루어지지 않은 『교남빈흥록』 판본 2종에 대한 검토가 요구되며, 시권의 비점과 내용에 관한 연구 또한 이루어질 필요가 있다.

이에 본 연구는 『교남빈흥록』의 판본 현황을 살펴 비점이 판각된 판본의 구성과 간행 경위를 검토하고, 어고 비점이 찍힌 우등 시권의 내용과 형식을 살핌으로써 정조의 과부 평가 기준을 파악하고자 한다.

『교남빈흥록』의 판본과 구성

1792년 3월 3일에 정조는 이만수(李晩秀, 1752~1820)를 파견하여 3월 19일 옥산서원에 제사를 지내게 하고 24일에는 도산서원에 치제(致祭)하게 하였다. 치제를 마친 후 어제(御題) 2통을 내려 참가한 유생들에게 시험을 보이게 하고, 도신(道臣)에게 지시하여 전교·제문·각신(閣臣)과 차비관(差備官)의 좌목·입격방목·입문(入門)한 인원과 시권을 제출한 사람의 수효, 우수 시권 4편을 정리하도록 하였다. 이렇게 정리된 내용들을 『경림문희록(瓊林聞喜錄)』의 범례에 따라 책으로 간행하고 그 책판은 도산에 보관

---

5 김광년(2020), 129~159면; 박현순(2016), 147~189면; 윤선영(2016), 35~77면.
6 『嶠南賓興錄』은 「傳敎」·「御製祭文」·「書啓」·「儒生應製榜」·「御考優等試券」으로 구성된 간본이 있고, 후대에 「陶山試士壇碑銘」과 「穎村致祭時日記」가 추가된 간본이 보인다. 후대에 추가된 간본에는 批點이 판각되어 있다.

하도록 하였는데, 이것이 바로 『교남빈흥록』이다.[7]

『교남빈흥록』 권1에는 첫머리에는 1792년 3월 3일과 4월 5일에 내린 「전교」 2편이 실려 있으며, 이어서 이만수가 옥산서원과 도산서원에서 제사를 올릴 때 사용한 정조의 제문(「어제제문(御製祭文)」) 2편이 수록되어 있다. 이만수는 3월 24일 도산서원에서 치제 후 25일에 도산별시를 설행하여 영남 유생들을 시취(試取)한 경과를 26일 서계(書啓)에 적어 올렸다. 이후 4월 4일에는 서울에서 도산별시의 전반적 상황을 서계로 작성하여 올렸다.

『교남빈흥록』 권2에는 「유생응제방(儒生應製榜)」과 「어고우등시권」이 실려 있다. 『교남빈흥록』은 권2 「어고우등시권」까지 엮인 판본[8]이 있고, 여기에 「도산시사단비명(陶山試士壇碑銘)」을 비롯하여 부록 「반촌치제시일기(頖村致祭時日記)」 권1의 일기・「거안(擧案)」・「서정기행이백운(西征記行二百韻)」이 추가로 실려 있는 판본[9]이 발견된다. 권2의 「어고우등시권」까지 편집된 판본(규장각본・안동권씨 정남문고)에는 간기가 별도로 보이지 않는다. 반면 부록 「서정기행이백운」까지 편집된 판본(국중본・장서각본)은 말미의 간기를 통해 대정11년(1922) 이황의 사손 이충호(李忠鎬, 1872~1951)가 편집하여 도산서원에서 간행한 것임을 알 수 있다.

---

7 正祖, 『弘齋全書』 卷184, 「群書標記・嶠南賓興錄」
8 서울대학교 규장각한국학연구원 소장본[奎11423], 안동권씨(安東權氏) 정남문고.
9 국립중앙도서관 소장본[BA3643-212]・장서각 소장본[PB15FB-6]).

규장각본[奎11423]				국립중앙도서관본[BA3643-212][10]			
卷首題	구성	張次	版心題(花口)	卷首題	구성	張次	版心題(花口)
嶠南賓興錄 卷之一	傳敎	1a~2b	嶠南賓興錄	嶠南賓興錄 卷之一	傳敎	1a~2b	嶠南賓興錄
	御製祭文	2b~3a			御製祭文	2b~3a	
	書啓	3b~6a			書啓	3b~6a	
嶠南賓興錄 卷之二	儒生應製榜	1a~2b		嶠南賓興錄 卷之二	儒生應製榜	1a~2b	
	御考優等試券	3a~7b			御考優等試券	3a~7b	
					陶山試士壇碑銘	1a~2b	
				附泮村致祭時日記 卷之一	日記	1a~9b	泮村日記
					擧案	10a~25a	
					西征記行二百韻	25a~30a	

표 1. 『교남빈흥록』 판본별 구성.

    부록이 추가된 판본은 『교남빈흥록』 권지이(卷之二)의 권미제(卷尾題) 이후로 「도산시사단비명」과 「반촌치제시일기」 권1이 수록되어 있다. 「도산시사단비명」부터 화문어미(花文魚尾)가 없어졌다가 「반촌치제시일기」 권1의 3a부터 화문어미가 다시 나타난다. 화구(花口)의 판심제(版心題)는 「도산시사단비명」까지 '교남빈흥록'으로 되어 있고 반촌치제시일기 권1부터는 '반촌일기(泮村日記)'로 새겨져 있다. 「도산시사단비명」은 정조대 영의정을 지낸 채제공(蔡濟恭)이 썼고, 부록 「반촌치제시일기」 권1에 보이는 작자들도 대부분이 영남 지역의 문인이다.

    『교남빈흥록』은 『경림문희록』과 합철된 판본들도 있다. 이 합철본의 『교남빈흥록』 구성은 규장각본[奎11423]과 마찬가지로 권2 「어고우등시권」까지만 수록되어 있다. 시권에 나타나 있는 비점 또한 글자에 일부 간섭이 보이고 끝이 각지지 않아, 부록이 추가된 판본들의 비점과 형태적 차이를 보인다.[11]

---

10 장서각 소장본[PB15FB-6]과 국립중앙도서관 소장본[BA3643-212]은 동일한 판본으로 인출되었는데, 장서각 소장본은 「陶山試士壇碑銘」과 附泮村致祭時日記 사이에 낙장이 보인다.

11 『瓊林文喜錄』과 합철된 판본으로는 서울대학교 규장각한국학연구원 소장본[奎6232], 국립중앙도서관 소장본[BC古朝26-1]과 프랑스 동양언어문화학교 소장본[COR-I.340] 1책이 있다. 이

대개 비점은 문장을 비평할 때 아주 잘된 곳에 찍는 점으로, 주로 주묵(朱墨)을 이용한다. 정조가 지방 유생의 시권에 손수 비점을 매긴 것은 도산별시를 치르기 이전에도 있었던 일이었다.[12] 다만 정조대에 편찬된 6종의 빈흥록 중 우등 시권에 대한 정조의 비점은 『교남빈흥록』에서만 찾아볼 수 있다.[13]

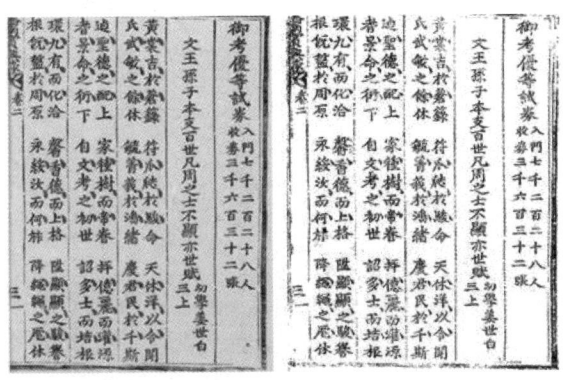

그림 1. 비점이 그려진 판본(좌, 서울대학교 규장각한국학연구원 소장[奎11423])과 판각된 판본 『교남빈흥록(병)반촌일기(嶠南賓興錄(幷)泮村日記)』(우, 한국학중앙연구원 장서각 소장[B15FB-6]).

합철본들의 『嶠南賓興錄』 우등 試券에는 批點이 새겨진 것이 아니라 주묵으로 찍혀 있다.

12 『정조실록』 권29, 정조 14년(1790) 3월 6일 丙戌 첫 번째 기사, "팔도의 유생들에게 應製를 명하여 次上 이상의 989명을 뽑았다. 하교하기를 '시골 선비들에게 泮製를 특별히 시험보이는 일은 학문을 권장하는 뜻에서 나온 것으로, 試券을 내가 손수 批點하는 것은 그들의 입장에서 볼 때 특별한 은전이라고 말할 수 있다……'[命八道儒生應製, 取次上以上九百八十九人. 敎曰: '鄕儒之別試泮製, 出於勸奬之意, 而試券手批在渠, 可謂特恩……']."

13 지방 유생의 특별 시험에서 정조가 답안을 직접 채점한 일은 노론으로부터 정무와 학업을 소홀히 한다는 지적을 받았다. 도산별시를 영남 문인에 대한 우대로 볼 수 있는 노론에서는 정조의 학업 소홀을 이유로 별시를 견제하는 모습을 보이기도 한다. 3월에 도산별시를 설행하고, 4월 정조의 채점이 이루어진 직후에 노론계 柳星漢은 정조가 경연을 드물게 열고 학문에 정진하지 않는 과실에 대한 상소를 올렸다. 그 이유 중에 "광대들이 大駕 앞에 함부로 접근하였다"는 말이 있었는데, 이는 도산별시로 뽑힌 급제자를 인도할 때 광대가 앞에 서면서 大駕에 가까이 붙게 되는 모습을 풍자한 것이다. 조정에 올라오는 도산별시 급제자를 광대에 비유한 말로도 보인다. 정조가 경연에 소홀한 이유가 도산별시 실행 때문이라고 지적한 내용을 보면 노론에서는 도산별시를 달갑게 여기지 않았던 것임을 짐작할 수 있다. 노론계 柳星漢의 상소와 상소에 쓰였던 다소 과격한 표현은 이후에 蔡濟恭을 비롯한 남인과 소론이 柳星漢을 탄핵하고 배후를 색출하라는 疏章을 쓰도록 하는 빌미가 된다.(『日省錄』 正祖 16年 4月 18日·30日, 閏4月 4日)

위는 비점이 그려진 판본과 새겨진 판본으로 「어고우등시권」 첫 면에 해당한다. 규장각본(좌)과 장서각본(우)은 권2 「어고우등시권」까지 계선(界線)의 두께나 단절된 부분이 거의 일치하는 것으로 보아 같은 책판으로 인출한 것임을 짐작할 수 있다. 다만 두 판본의 차이라 할 수 있는 비점 판각은 후대에 모각할 때 새겼거나, 해당 부분만을 파내고 이에 맞추어 다시 새겨 넣는 상감(象嵌)을 거친 결과로 추측된다.[14]

「어고우등시권」에서 비점은 구절의 2·3·5 자마다 주묵(朱墨)으로 찍혀 있다. 위 강세백(姜世白, 1748~1824)의 시권을 예로 들면 첫 구절 "黃裳吉於蒼籙 氏武敏之餘休"은 안짝[內隻]의 상(裳)·길(吉)·창(蒼)에 비점이 찍혔고, 바깥짝[外隻]에는 무(武)·민(敏)·여(餘)에 찍혀 있다. 이하 구절과 수록된 다른 시권들도 모두 동일한 위치의 글자에 비점이 찍혀 있으나, 비점은 특정 글자에 국한된 것이 아니라 해당 구 자체가 훌륭하여 매겨진 것으로 보인다. 아래 자료는 이 비점이 새겨진 책판이다.

그림 2. 비점이 판각된 『교남빈흥록』 권2 책판. 좌는 권2의 3a·3b, 우는 3a의 확대 부분. 한국국학진흥원 소장 도산서원운영위원회 기탁자료.

비점이 책판 자체에 새겨져 있는 이 자료는 도산서원에서 보관해오다가 현재 한국국학진흥원에 기탁된 것이다. 비점이 판각된 책판으로

---

14 象嵌은 흔히 목판에서 글자의 오류를 바로잡을 때 쓰인다. 다만 批點을 새겨 넣기 위해서 번거로운 상감 작업을 거쳤을지는 확언하기 어렵다.

인출한 판본은 기존 책판에 「도산시사단비명」·부록 권1 「반촌치제시일기」·「거안」·「서정기행이백운」의 책판을 추가하여 섞은 혼판(混板)이라는 점에서 규장각본과 서지적 차이를 보인다.

　　규장각 소장본과 같이 권2 「어고우등시권」까지의 책판은 1792년에 판각한 것이며, 그 뒤로 실려 있는 「도산시사단비명」·부록 권1 「반촌치제시일기」의 일기·「거안」·「서정기행이백운」은 후대에 추각(追刻)한 책판으로 보인다. 책판 판각의 시기적 차이는 다음 두 가지 사실에 근거한다. 첫째, 「도산시사단비명」부터 화구에는 '교남빈흥록'이라고 새겨져 있지만 판심에는 상이엽화문어미(上二葉花紋魚尾)가 나타나지 않고 자형이 크게 달라진다. 둘째, 「반촌치제시일기」 권1부터 화구에 '반촌일기'가 새겨져 있는데, 이 반촌일기는 1796년 성균관에서 이황(李滉)을 치제했을 때의 내용이므로, 정조가 도산별시의 전말을 기록하여 시권과 함께 인출하라고 명했던 1792년과 시기가 어긋난다. 다만 시사단비명에서 사라졌던 상이엽화문어미가 「반촌치제시일기」 3a부터 다시 나타난 것은 1792년에 판각한 책판을 본뜬 듯하다.

　　곧 「도산시사단비명」·부록 권1 「반촌치제시일기」가 수록된 판본들은 모두 순차적으로 추각한 책판으로 찍어낸 것이며, 이충호에 의해 1922년 도산서원에서 재편집·간행된 것으로 보인다. 「어고우등시권」 책판과 「반촌치제시일기」 책판이 판각된 시기적 차이는 책판 마모도를 비롯한 책판 고정 도구를 통해서도 입증된다.[15]

---

[15] 권1·2 책판의 마모 정도가 부록 책판보다 심한 것으로 보아, 권1·2가 부록에 비해 인출이 많았으며 부록은 권1·2보다 늦게 판각되어 인출의 빈도가 상대적으로 적었던 것으로 판단한다. 또한 부록의 「頖村致祭時日記」 책판들은 마구리를 고정하는 데에 조선 못이 아닌 '왜못'이 사용되었다는 점에서 부록 책판의 追刻 시기를 일제 강점기로 추정하는데, 추정된 시기는 간기의 大正11년(1922)과 부합한다. (한국국학진흥원 제공, 간역 정보 참고)

어고 과부 시권과 비점

『교남빈흥록』에서 정조의 어고 비점이 표시된 과부 시권은「어고우등시권」으로 구성되어 있다.「어고우등시권」수제(首題)의 소주(小注)에 과장에 들어선 이가 7,328명이며 거둔 시권은 3,632장이라 적혀 있어 당시 과장(科場)의 성대함을 짐작케 한다.「어고우등시권」에는 강세백·김희락·김상구·조심이 작성한 과부 4편이 실려 있다. 정조는 부와 경의(經義)를 하나씩 어제로 내리고, 유생 각자가 잘 짓는 과목으로 응제하도록 하였다.[16] 도산별시(陶山別試)를 주관한 이만수가 복명(復命)하면서 두 문체의 답안 수천여 권을 바치자 정조는 친히 성적을 매겨 13명을 뽑았다.[17] 부에서는 삼상(三上)을 맞은 강세백·김희락을 비롯한 29명이, 의(義)에서는 초삼하(草三下)로 조목수(趙沐洙) 1명이 입격하였고, 이들은 정조로부터 상을 받고 시권을 일일이 돌려받았다.[18] 『교남빈흥록』에 수록된 입격자 정보는 아래와 같다.[19]

---

16 蔡濟恭, 『樊巖集』卷57,「陶山試士壇碑銘」, "祭文, 上所親製. 又下御題賦一經義一, 命祭罷, 坐典教堂, 招諸生入進道門內, 俾各以其長應製."
17 正祖, 『弘齋全書』卷184,「嶠南賓興錄二卷」, "翌月, 晚秀復命, 進兩體累千餘券, 親考取十三人."
18 『日省錄』, 1792년(정조 16) 4월 4일, "賦에서 三上을 맞은 幼學 강세백과 생원 김희락은 모두 殿試에 곧바로 응시할 자격을 주고, 三中을 맞은 진사 金象九, 유학 書深에게는 각각 2분씩을 주고, 三下를 맞은 유학 趙居信, 진사 郭璿·權馨復, 생원 權思浩·李泰淳, 유학 金馨進·南漢朝에게는 각각 1분씩을 주고, 草三下를 맞은 유학 李鼎儼 등 18인과 義에서 초삼하를 맞은 從仕郎 趙沐洙에게는 각각 종이 5卷, 붓 5枝, 먹 3笏씩을 사급하라. 그리고 입격한 사람들을 본도의 감영에 불러다가 음악을 연주하고 후하게 대접하며, 試券을 일일이 나누어 주라[賦三上幼學姜世白、生員金熙洛, 竝直赴殿試, 三中進士金象九、幼學曹深, 各給二分, 三下幼學趙居信、進士郭璿、權馨復、生員權思浩、李泰淳、幼學金馨進、南漢朝, 各給一分, 草三下幼學李鼎儼等十八人, 義草三下從仕郎趙沐洙, 各給紙五卷、筆五枝、墨三笏. 入格諸人招致木道監營, 設樂厚饋之, 試券一一分給]."
19 ◎ 표시는 『嶠南賓興錄』에 시권이 수록되어 있는 인물이다.

문체	이름	신분	생년	점수	인원
부(賦)	◎ 강세백(姜世白)	유학(幼學)	무진(戊辰)	삼상(三上)	2
	◎ 김희락(金熙洛)	생원(生員)	신사(辛巳)		
	◎ 김상구(金象九)	진사(進士)	신해(辛亥)	삼중(三中)	2
	◎ 조심(曹深)	유학(幼學)	계미(癸未)		
	조거신(趙居信)	유학(幼學)	기사(己巳)	삼하(三下)	7
	곽선(郭璿)	진사(進士)	정사(丁巳)		
	권형복(權馨復)	진사(進士)	정묘(丁卯)		
	권사호(權思浩)	생원(生員)	계축(癸丑)		
	이태순(李泰淳)	생원(生員)	기묘(己卯)		
	김형진(金馨進)	유학(幼學)	신유(辛酉)		
	남한조(南漢朝)	유학(幼學)	갑자(甲子)		
	이정엄(李鼎儼)	유학(幼學)	을해(乙亥)	초삼하(草三下)	18
	이유행(李儒行)	유학(幼學)	계유(癸酉)		
	김광동(金光鍊)	유학(幼學)	정미(丁未)		
	김락선(金洛善)	유학(幼學)	갑자(甲子)		
	이인형(李寅炯)	생원(生員)	갑진(甲辰)		
	이헌(李𡒿)	생원(生員)	을해(乙亥)		
	김숙(金璹)	유학(幼學)	계미(癸未)		
	정협조(丁協祖)	진사(進士)	갑인(甲寅)		
	채시숭(蔡蓍崇)	진사(進士)	계축(癸丑)		
	이규진(李奎鎭)	생원(生員)	계미(癸未)		
	조의명(曹義明)	유학(幼學)	계미(癸未)		
	민조영(閔祖榮)	생원(生員)	계미(癸未)		
	정필양(鄭必讓)	유학(幼學)	정해(丁亥)		
	황최원(黃最源)	유학(幼學)	기미(己未)		
	정박(鄭璞)	진사(進士)	갑인(甲寅)		
	박한익(朴漢翼)	유학(幼學)	임술(壬戌)		
	이상발(李祥發)	진사(進士)	을묘(乙卯)		
	곽명한(郭溟翰)	유학(幼學)	경인(庚寅)		
의(義)	조목수(趙沐洙)	종사랑(從仕郎)	병진(丙辰)	삼하(三下)	1
합계					30

표 2.　『교남빈흥록』에 수록된 입격자 정보.

당시 영남 유생에게 내려진 어제는 "문왕의 자손들은 본손과 지손이 백대를 전할 것이며 모든 주나라의 선비들도 대대로 현양되지 않겠는가[文王孫子本支百世凡周之士不顯亦世]"이다. 이 어제는 『시경(詩經)』「대아(大雅)·문왕지십(文王之什)」에 나오는 구절을 인용한 것이다. 조선을 주나라에 비유하고 영남 유생을 주나라의 선비에 비견하여, 조선이 백세토록 무궁할 것이며 영남 유생들도 대대로 현양될 것이라는 의미를 담고 있다. 「어고우등시권」에 가장 먼저 수록된 응제 시권의 작자는 강세백으로 그는 30구 중 26비점을 획득하여 김희락의 17비점·김상구의 16비점·조심의 15비점에 비해 월등하게 높은 성적을 거두었다. 먼저 1위로 뽑힌 강세백의 시권을 분석하고, 이를 기준으로 나머지 3명의 시권 내용 및 형식을 서로 비교·대조하여 살피도록 한다.

(1) 강세백의 「어고우등시권」

강세백의 자는 청지(淸之), 호는 호린(皓隣), 본관은 진주(晉州), 출신지는 경상북도 상주(尙州)이다. 강세백은 도산별시에서 입격 후 직부전시(直赴殿試)의 혜택을 받았으며, 2년 뒤 1794년 2월 60세가 된 혜경궁을 축하하는 경시(慶試)에서 병과(丙科) 34위(37/50)로 급제하였다. 관직은 가주서(假注書)·사변가주서(事變假注書)·지평(持平)·홍문관응교(弘文館應敎) 등을 역임하고, 낙향한 후에는 정종로(鄭宗魯)의 문하에서 수학하였다.[20] 아래 표는 강세백의 답안 내용에 평측과 운목, 비점 여부를 나타낸 것이다. 포치(鋪置) 구분은 『과문규식(科文規式)』의 내용을 참고하여 표기하였다.[21]

---

20 한국역대인물 종합정보시스템(http://people.aks.ac.kr/index.aks).
21 『科文規式』(서울대학교 규장각한국학연구원 소장본[奎9945]), "第三句立題(押散韻), 第四句破題, 第五句鋪頭, 第六句鋪敍, 第七句初項, 第九句二項, 第十一句三項, 第十三句或十四句回題項, 第二十句回題, 回題下有三句, 言回題餘意, 其下論七句, 合三十句成編, 若編中不爲三項, 則鋪敍初項二項下, 皆增數句."

句	번역	원문	韻目	鋪置	批點
1	혜경궁께서 국운을 상서롭게 하니, 강원(姜源)의 덕을 이어받은 것입니다.	黃裳吉於善錄 氏武敏之餘休	尤(平)		○
2	대명에 부합하여 자손이 뻗어나가고, 대업을 위해 선비들을 길렀습니다.	符瓜瓞於駿命 菀菁莪於鴻緖	語(上)		○
3	하늘의 복 넘쳐 아름다운 이름나고, 임금과 백성 넉넉함을 경하합니다.	天休洋以令聞 慶君民於千斯	支(平)	立題	○
4	성덕이 하늘에 짝하기에 알맞고, 대명이 하민에 미쳐 기뻐합니다.	迪聖德之配上 眷景命之衍下	禡(去)	破題	○
5	나라가 자손을 기름에 상제가 돌보니, 선대 때부터 그리하였습니다.	家種樹而帝眷 自文考之初世	霽(去)	鋪頭	○
6	억만 자손에게 근원을 따르게 하고, 많은 선비 불러 근간을 단단히 합니다.	抑億麗而濯源 詔多士而培根	元(平)	鋪敍	○
7	온 천하에 교화가 두루 미치니, 그 근원은 주나라에 두고 있습니다.	環九有而化洽 根旣盤於周原	元(平)	初項	○
8	향기로운 덕이 위로 미치니, 길이 편안한 것은 어떠한 복입니까.	馨香德而上格 永綏汝而何祚	遇(去)		○
9	드러나고 드러난 큰 명예를 받으시고, 계속 이어지는 큰 복이 내릴 것입니다.	陟顯顯之駿譽 降繩繩之庥休	尤(平)	二項	○
10	서백이 융성하자 자손을 빛내며, 고공단보가 집터 잡자 찬란해졌습니다.	西豐蔚以胤光 亶父家而輝輝	微(平)		○
11	복이 소인에게도 미치게 하시니, 경사 어찌 자손 번성에 그치겠습니까.	休亦流於蠢玆 慶奚徒於螽斯	支(平)	三項	○
12	주나라에 복종하여 근본 탄탄하니, 위아래로 의지하여 모두 기뻐합니다.	侯于周而本固 椅上下之同禧	支(平)		○
13	헌원의 스무 아들도 많지 않으며, 요임금의 아홉 아들 또한 적습니다.	軒廿子而不多 堯九男亦爲小	篠(上)	回項	○
14	유생들도 기대에 부응하리니, 아! 대대로 드러나지 않겠습니까.	靑衿亦其膺期 於不顯乎其世	霽(去)		○
15	봉황 같은 자제들 울음소리 화락하고, 기린의 발꿈치에 인후한 공자 번성합니다.	鳴雝雝之鳳雛 褎振振之麟趾	紙(上)		○
16	봄바람이 훌륭한 자제에 가득 미쳐서, 한 나무에 천 갈래 가지 뻗어 나갑니다.	春風滿於寶樹 散一本而千支	支(平)		×
17	원손이 태어나고 또 태어나리니, 임금이 그러하다면 신하 또한 그러합니다.	彌月生而又生 君則然亦臣然	先(平)		○
18	떡갈나무 두릅나무 모두 무성해지고, 칡덩굴이 함께 푸르러 갑니다.	偕柞棫而共茂 與葛藟而交翠	寘(去)		○

句	번역	원문	韻目	鋪置	批點
19	유업 계승하는 데에 걱정이 없을 것이며, 선대보다 더 크게 명성이 날 것입니다.	應無憂於繼述 遄有聲於幹蠱	麌(上)		○
20	훌륭한 선조 덕에 걸출한 자손 많아지니, 임금과 신하가 크게 기뻐합니다.	靈根蕃以寶枝 爛君臣之嬉嬉	支(平)	回題	○
21	덮어주고 돕는 상서로운 징조 헤아리고, 아이 쉽게 낳는 큰 복 길이 생각합니다.	儀覆翼之瑞徵 緬如達之洪休	尤(平)	回下	○
22	수많은 선비들 길이 그리며, 훌륭한 선비를 밝게 이끌 것입니다.	綿思皇以億斯 賁明廷而蓁髦	豪(平)		○
23	성명한 시대를 열 큰 역사를 계승하고, 후손을 편안하게 할 계책이 빛납니다.	承鴻歷於啓聖 燦燕謨於裕昆	元(平)		○
24	왕통이 억만 년 번성하리니, 어찌 열 대에 그치고 말겠습니까.	繁宗緒而億萬 豈十世而止乎	虞(平)		○
25	주나라 팔백 년 기틀 이미 만들어졌으니, 천재일우의 운수 이제 돌아올 것입니다.	基八百而已肇 運千一而方回	灰(平)		○
26	왕업 흥기할 봉황의 지극한 덕으로, 정도에 맞는 큰 교화 펼칠 것입니다.	由鷟鷟之至德 暢鳶魚之洪化	禡(去)		×
27	참으로 집안을 화순하게 하였으므로, 경사가 온 천지에 넘쳐납니다.	諒已宜於室家 故流慶於寰宇	麌(上)		○
28	상제가 큰 복을 내릴 것이니, 백세토록 자손이 이어질 것입니다.	皇錫汝而景福 百世映以蚌珠	虞(平)		×
29	선대의 밝은 덕을 계승하고, 후대에게 복을 열어줄 것입니다.	襲前烈之於赫 啓後人之維休	尤(平)		×
30	우리 지역 또한 성인이 나신 곳이니, 경사가 천년토록 넘칠 것입니다.	吾東亦其聖誕 慶洪運於千禩	紙(上)		○

표 3. 강세백 시권의 내용과 비점.

　　과부 작성 규칙은 30구 이상이 되어야 하고 중간에 어조사를 1자씩 넣어 6언으로 이루어진 구법을 만들어야 했다. 당대에는 이 규식(規式)이 더러 지켜지지 않아 이를 폐단으로 지적하는 상황이 벌어지기도 하였다.[22] 위 강세백의 시권은 정조의 어고를 거친 우등 시권답게 각 구마다 앞 3자와 뒤 2자로 나누고 4번째 자에 지(之)·어(於)·이(以)·이(而)·역(亦)·호(乎) 등

22　황위주(2014), 31~36면.

의 허사를 넣어 6언을 만들어[23] 정형화되어 가는 조선 후기 과부의 형식을 준수하였다. 다만 제6구와 7구, 제11구와 12구에만 압운을 하였고, 나머지는 압운하지 않았으며, 평측에도 뚜렷한 격례를 보이지 않는다.

　　부의 초반부는 주어진 시제의 배경을 밝히게 되는데, 1구와 2구는 주나라 문왕의 자손들이 번성하며, 주나라 선비들 또한 대대로 드러날 것이라는 시제 내용을 각 구에 나누어 표현하였다. 1구의 창록(蒼籙)은 목덕(木德)으로 천명을 받은 주나라의 역수(曆數)라는 뜻으로 주나라의 역사나 국운을 말한다. 왕후를 상징하는 황상(黃裳)과 『주역』「곤괘(坤卦)」를 인용하여 정조를 낳은 혜경궁 홍씨를 빗대었다. 이와 대(對)를 이루는 바깥 짝에서는 『시경』「대아·생민(生民)」의 무민(武敏)을 인용하여 주나라 시조 후직(后稷)을 낳은 강원(姜源)으로부터 내려온 아름다운 복을 표현하였다.

　　3구 입제(入題)를 거쳐 4구 파제(破題)로 들어가면 주어진 시제의 의미를 구체화하여 밝히게 되는데, 4구의 안짝은 『시경』「대아·문왕지십」에서 "그 덕이 능히 하늘의 상제에게 짝하였다[克配上帝]"라는 구절을 인용하여, 주나라 문왕을 정조에 빗대고 주나라의 신하를 큰 명을 받은 영남의 유생에 비유하여, 천명을 받은 정조의 덕으로 자손들이 번성하고 조선의 훌륭한 선비들이 많아지기를 바란다는 문제의 속뜻을 핵심적으로 밝혔다.

　　포두(鋪頭)와 포서(鋪敍)는 작자 강세백이 화자로서 시제에 밝혀진 상황을 진전시켜 서술하는 부분이 이어진다. 5구의 포두는 『서경』「강고(康誥)」"지금 백성들을 다스리려면 선친인 문왕(文王)의 언행을 공경히 따라야 한다[今民將在祗遹乃文考]"의 문고를 인용하여 선대 문왕의 덕을 칭송하였고, 6구의 포서는 현능한 선비들이 근간을 굳건히 이루는 장면을 서술하였다. 7구의 초항(初項)은 주나라에서 비롯된 복을 조선이 이어

23　이병혁(1998), 202면.

받아 교화를 펼침을 표현하고 이항(二項)과 삼항(三項)에서 서백(西伯)·고공단보(古公亶父)의 고사를 들어 성군의 덕이 베풀어진 교화의 효용을 중점으로 피력하였다.

『시경』「대아·문왕지십」에서 "상나라의 손자가, 그 수가 억뿐이 아니지마는, 상제가 이미 명한지라, 주나라에 복종하였도다[商之孫子, 其麗不億, 上帝旣命, 侯于周服]"는 구절을 인용하여, 교화로 인한 효용과 복은 자손이 번성하는 데 그칠 뿐만 아니라 온 천하가 감화되어 귀의할 것이라는 내용으로 삼항(三項)을 매듭지었다가, 13구와 14구의 회항(回項)에서 다시 문왕의 자손 번성과 신하들이 대대로 드러나리라는 주제를 환기시켰다.

13구와 14구는 『과문규식』에서 말한 회항에 해당한다. 다만 13구에서 헌원(軒轅)의 아들이 25명이었다는 고사와 요(堯)임금의 아들이 9명이라는 고사에 착안하여 두 임금보다 우리 임금의 자손이 더 번성하기를 기원하였으며, 14구에서는 '어불현호기세(於不顯乎其世)'라고 하여 자손 번성과 신하가 대대로 드러나리라는 시제의 구절을 그대로 인용하였다. 이하 15구부터 20구까지 옹옹(雝雝)(『시경』「대아·권아(卷阿)」),[24] 진진(振振)(『시경』「인지(麟趾)」),[25] 미월(彌月)(『시경』「대아·생민(生民)」),[26] 작역(柞

---

24 "봉황새가 우네, 저 높은 언덕에서, 오동나무 자라났네, 해 뜨는 저 동산에서. 오동나무 무성하니, 봉황새 소리 어울리네[鳳凰鳴矣, 于彼高岡, 梧桐生矣, 于彼朝陽, 菶菶萋萋, 雝雝喈喈]"에서 인용하여 화락한 모습을 묘사한 것으로 보이는데, 문왕이 성인이 된 所以를 읊은 『시경』「大雅·思齊」의 "온화하게 궁중에 계시며, 경건하게 사당에 계시네[雝雝在宮, 肅肅在廟]"라는 말을 인용한 것으로도 볼 수 있다.

25 여기서 "기린의 발꿈치에, 진진한 공자이다[麟之趾, 振振公子]"라고 하였는데, 이는 周나라 문왕의 성덕으로 기린 같은 짐승도 발꿈치로 풀과 벌레도 밟지 않는 仁德이 있으므로 그 자손인 공자들은 다 어질고 부드럽고 후중하여 신의 있는 사람들이라고 읊은 시이다. [麟趾]은 문왕과 后妃의 교화가 미쳐 자손이 인후하고 번창함을 노래한 것이다.

26 17구의 彌月은 産月이 찼다는 말로 元孫의 탄생을 가리키는데, 『詩經』「大雅·生民」에 "아기 낳으실 달이 모두 차자, 첫아기를 양처럼 쉽게 낳았다[誕彌厥月, 先生如達]"는 말이 나온다.

械)(『시경』「면」(綿)),²⁷ 갈류(葛虆)(『시경』「주남(周南)·규목(樛木)」),²⁸ 간고(幹蠱),²⁹ 휼유성(遹有聲)(『시경』「문왕유성(文王有聲)」)³⁰ 등 대부분 『시경』에 나오는 구절을 인용하여 자손과 나라가 번창하고 선대의 왕업을 계승하여 발전시키는 모습을 묘사하였다.

형식상 회제(回題)로 되어 있는 제20구 아래의 21구와 22구도 『시경』「대아·생민」에 "아기 낳으실 달이 모두 차자, 첫아기를 양처럼 쉽게 낳았다[誕彌厥月 先生如達]"와 『시경』「대아·문왕」에 "대대로 전한 덕이 드러나지 않을까 그 계책에 힘쓰는구나. 많은 훌륭한 선비가 이 왕국에 태어났네. 왕국이 길러 내니 주나라의 기둥이로다. 많고 많은 선비여, 문왕이 이들 때문에 편안하시다[世之不顯 厥猶翼翼 思皇多士 生此王國 王國克生 維周之楨 濟濟多士 文王以寧]"라고 한 내용을 인용하여, 제목에서 제시된 자손의 번창과 훌륭한 신하가 드러난다는 발화를 구체화된 문구로 표현해 내었다. 회하(回下)에 해당하는 이후 구들의 짜임 역시, 주어진 제목의 내용을 크게 벗어나지 않는 범위에서 꾸준히 성대한 왕업, 많은 자손과 훌륭한 신하의 협조 등에 관한 내용들을 차분하게 이어나가고 있다.

강세백의 시권은 16구·26구·28구·29구를 제외하고 모든 구에서 비점을 획득하였다. 이 비점들은 특정 글자에 찍힌 것이 아니라, 의미나 표현이 고원(高遠)하거나 정밀한 부분이 있으면 해당 구 전체에 비점을 찍고, 뜻이

---

27 柞棫은 떡갈나무와 두릅나무를 말한다. 周나라 太王이 도읍을 정하러 처음 岐山 아래에 갔을 때에는 숲이 깊어 막혀 있고 인구가 적었는데 뒤에 인구가 점점 번성해지고 귀속하는 사람들이 많아져서 떡갈나무와 두릅나무 사이에 길이 났다고 한다.
28 『시경』「周南·樛木」에 "아래로 늘어진 남산의 나뭇가지, 칡덩굴이 의지하고 얽혀 있구나[南有樛木, 葛藟纍之]"라고 하였는데, 여기에서 나뭇가지는 문왕의 후비를 가리키고, 칡덩굴은 후궁들을 가리킨다. 후비가 妬忌를 하지 않고 미천한 후궁들에게 두루 은혜를 베풀자, 후궁들이 그 덕에 감복하여 이렇게 노래했다고 한다.
29 幹蠱는 자식이 아버지의 뜻을 잘 계승하여 아버지가 미처 다 이루지 못한 사업을 완성하는 것을 말한다. 『주역』「蠱卦·初六」에 "초육은 아버지의 일을 주관함이니, 자식이 있으면 돌아간 아버지 허물이 없게 된다[初六, 幹父之蠱, 有子, 考无咎]"라고 하였다.
30 『시경』「文王有聲」에 "문왕이 명성이 났는데, 대대적으로 명성이 났네[文王有聲, 遹駿有聲]"라고 하였다. 이는 정조의 명성이 文王의 명성보다 더 우세하다는 것이다.

모호하거나 공교롭지 못한 곳은 구 전체에 비점을 찍지 않은 것이다.

(2) 김희락의 「어고우등시권」

「어고우등시권」에는 강세백의 시권에 이어 같은 제목으로 김희락(金熙洛, 1761~1803)의 시권이 수록되어 있다. 김희락의 자는 숙명(淑明), 호는 고식헌(故寔軒), 본관은 의성이고, 이상정(李象靖)의 문하에서 수학하였다. 도산별시에서 강세백과 함께 직부전시(直赴殿試)의 혜택을 받았다. 1794년에는 규장각 강제문신(講製文臣)으로 뽑혔고, 이후로 1800년까지 삼조(三曹)의 낭관(郎官)과 사헌부 지평·사간원 정언을 역임하였다.[31] 그는 『고식(故寔)』에서 『교남빈흥록』과 관련한 정조의 전교를 인용하고 자신이 외람되이 발탁되었다는 내용을 밝혔다.[32] 『홍재전서』에는 김희락이 정조의 연구(聯句) 응제에 참여하여 지은 시가 수록되어[33] 초계문신으로서 총애를 받았음을 알 수 있다.

句	번역	원문	韻目	鋪置	批點
1	자손 번성하고 문왕의 덕 높으니, 큰 화기를 비춰 함께 봄을 누립니다.	原有瓜兮岪械 映泰和而同春	眞(平)		○
2	하늘에서 금옥 같은 바탕을 받아, 후손에게 규장을 높이 세웠습니다.	追金相於在天 頒峩璋於裕昆	元(平)		○
3	문왕의 자손이 또한 문왕을 본받으니 어찌 신민들에게 드러나지 않겠습니까.	文有孫兮亦文 豈不顯於臣庶	御(去)	立題	○
4	왕손이 인후한 까닭으로, 선비들 많고 많습니다.	旣公姓之振振 故多士之濟濟	薺(上)	破題	○
5	문왕의 법도를 돈독히 실천하니, 군주와 신하의 덕이 같습니다.	曰文謨其克篤 蓋同德於君臣	眞(平)	鋪頭	○

---

31 한국역대인물 종합정보시스템(http://people.aks.ac.kr/index.aks).
32 金熙洛, 『故寔』, 「敬書嶠南賓興錄傳敎後」, "傳曰: 鄒魯之鄕, 能守吾道, 曠感於先正, 眷嘉於多士, 特設試取於陶山致祭之日者, 意豈泛然?……臣熙洛, 猥以菲材特蒙跋擢, 弗勝惶縮, 拜手稽首, 謹識."
33 正祖, 『弘齋全書』, 「永興本宮躋享日聯句」, "三呼雷動歡加額, 八彩春融喜動眉【臣熙洛】"

句	번역	원문	韻目	鋪置	批點
6	하늘의 위대한 조화에 참여하여, 나라의 근간에 큰 복을 맞이합니다.	參鴻化於上載 迓駿祥於邦幹	寒(平)	鋪敍	○
7	광채가 찬양하는 데 흡족하니, 지극히 거룩해 마지않습니다.	昭光洽於贊揚 爛穆穆兮不已	紙(上)	初項	○
8	청묘에 올라 길이 감탄하니, 당시의 큰 복을 거슬러 올라갑니다.	登淸廟而永唏 溯當世之洪休	尤(平)		○
9	하늘이 환히 복을 내려주고, 조화가 깊어 명에 부응합니다.	天維昭於降嘏 化更深於膺命	敬(去)	二項	○
10	오래된 나라이나 이내 새로워지니, 후왕이 앞서서 창성합니다.	邦雖舊而乃新 先得昌於侯王	陽(平)		×
11	자손이 번성하도록 노래하고, 만물에 미치는 추우의 덕을 칭송합니다.	歌螽羽而則百 頌騶德而於萬	願(去)	三項	○
12	아! 본손과 지손이 대를 이어가니, 힘쓰신 문왕의 명예를 후손에 전합니다.	羌本支兮世世 亹令聞兮重昆	元(平)		○
13	신손에게 계책을 남기셨으니 누가 하늘의 보우를 받지 못하겠습니까.	神孫旣以燕翼 又孰能無冥佑	有(上)	回項	○
14	천지의 도로 인재를 오래도록 기르니, 이 나라에 많은 준걸이 나옵니다.	鳶魚久於作人 生此國於群髦	豪(平)	回項	○
15	빛나는 패옥을 차고서 대면해 논의하고, 아름다운 옥잔을 받들고 달려갑니다.	煒宗璜而面槍 捧瑟瑱而身趨	虞(平)		×
16	동류들과 함께 조정에 나아가니 길하고, 자식을 잘 길러 집안을 다스립니다.	彙征吉於誠朝 式穀似兮克家	麻(平)		×
17	위아래가 서로 읊으며 화답하니, 아! 사속이 크게 드러났습니다.	參上下而咏和 猗嗣續之丕顯	銑(上)		×
18	우리 종자가 능히 이어가, 더욱 먼 곳까지 신하로 복종합니다.	吾宗子而克纘 彼臣服而彌遠	阮(上)		○
19	종실의 역사가 길이 크게 뻗어가니, 한 집안의 영령한 자손이 찬란합니다.	豐流長以玉派 爛一堂之靈胄	宥(去)		×
20	이에 성스러운 덕이 외롭지 않고, 또 신하까지 함께 교화됩니다.	伊聖德之不孤 更臣隣之同化	禡(去)	回題	○
21	거문고로 보록의 음악을 연주하니, 억만 나라의 토대가 됩니다.	朱絃洋以寶籙 基億萬之邦家	麻(平)	回下	○
22	다행히 요순의 시대에 태어났으니, 기의 음악 연주하여 메아리 울립니다.	生堯世而亦幸 奏夔樂而餘響	養(上)		×
23	백세토록 임금과 신하 의기투합하니, 하늘이 곧 신령한 사업을 내렸습니다.	風雲會於百世 天乃錫以靈緖	語(上)		×
24	이에 주나라 왕실이 성대하니, 어찌 백관들이 돕지 않겠습니까.	斯周家之爲盛 詎臣工之無助	御(去)		○

句	번역	원문	韻目	鋪置	批點
25	시를 외면 그 시대를 알 수 있으니, 문왕의 크나큰 덕을 떠올립니다.	誦其詩而知世 想文后之鴻德	職(入)		×
26	다스림은 만물을 이루기에 충분하고, 운명은 하늘에서 보우를 받습니다.	治旣洽於作成 命自眷於保佑	有(上)		×
27	신령한 서첩을 올리니, 왕가에만 국한된 것이 아닙니다.	而靈牒之遹進 不獨在於王家	麻(平)		×
28	아! 위로는 거룩한 문왕에게 미치고, 아! 아래로는 성군이 대를 이을 것입니다.	羌在上而穆穆 猗布下而繼繼	霽(去)		×
29	신령의 공효가 나라를 도우니, 기뻐 나아가 아름다움을 함께합니다.	神功讚於匹休 欣幷造而齊美	紙(上)		×
30	신은 절하고 부를 올리면서, 내린 시제를 우러러 길이 탄식합니다.	臣拜手而獻賦 仰瓊題而遐吁	有(上)		×

표 4. 김희락 시권의 내용과 비점.

　　김희락도 강세백과 같은 삼상(三上)의 성적을 받았다. 또한 매 구의 4번째 글자에 허사를 넣어 6언으로 만들고 30구로 답안을 구성하여 과부의 규식을 준수하였다. 다만 30구 중 17개의 구에서 어고 비점을 받아 앞서 26개의 구에서 비점을 받았던 강세백의 시권에 비해 비점을 많이 획득하지는 못하였다.

　　답안은 주나라의 창업과 종실 자손들이 번성함을 노래하고 많은 어진 신하들이 조력한다는 내용으로 서술되어 주어진 시제와 부합한다. 강세백·김희락 시권에 활용된 전고는 모두 『시경』에 빈번하게 인용되었다. 이는 어제(御題)의 출처가 『시경』 「대아·문왕지십」에 나오는 구절이라는 점과 무관하지 않을 것이다. 다만 김희락의 시권에서 「대아」를 인용하였음에도 비점을 받지 못한 구절이 있고, 반대로 전고 활용이 분명하게 드러나지 않은 구절에도 비점을 획득한 경우가 있어, 전고 활용이 비점 획득으로 직결되지 않았음을 알 수 있다.

(3) 김상구의 「어고우등시권」

　　『교남빈흥록』 권2 「어고우등시권」에는 삼상(三上)을 받은 강세백·김희락 시권에 이어 삼중(三中)을 받은 김상구(金象九, 1731~1802)와 조심(曹深, 1763~?)의 시권이 순서대로 실려 있다.

김상구는 김인탁(金寅鐸, 1702~1765)의 아들이자 남경복(南景復, 1723~1778)의 처남이다. 이상정(李象靖)·박손경(朴孫慶)에게 수학하였다. 1763년(영조 39)에 증광시에서 진사 2등(二等) 18위(23/100)로 입격하였으나, 도산별시를 통해 다시 응시하였을 때는 환갑이 넘은 고령이었다. 그가 지은 과부(科賦)는 「어고우등시권」에 3번째로 수록되어 있다. 이한응(李漢膺, 1778~1864)이 쓴 묘갈명에는 김상구가 정조의 어고를 거쳐 장원으로 뽑혔으나 대신들의 반대로 낙제하였다는 기록이 보인다.[34] 30대에 초계문신으로서 정조를 응대했던 김희락과 달리 이미 고령이 된 김상구는 초계문신의 자격에서 벗어나 있었고, 또 조정에서 그를 등용하더라도 직임을 부여하기가 적절하지 않아 대신들의 반대에 부딪혔다는 것을 짐작할 수 있다.

句	번역	원문	韻目	鋪置	批點
1	상제께서 주나라를 훌륭하게 여기니, 봄이 하늘에서 아래로 임합니다.	帝以周爲克肖 春在上而臨下	禡(去)		○
2	집안을 잘 다스려 자손이 번성하고, 천지의 도로 인재를 훌륭히 길렀습니다.	宜齊家於螽羽 嘉作人於鳶魚	魚(平)		○
3	하늘이 그 자손을 이어주니, 또한 백세토록 무궁할 것입니다.	天其子而又孫 亦百世於思皇	陽(平)	立題	○
4	순수한 덕에 짝함을 공경하고, 큰 복과 함께함을 송축합니다.	欽純德之士配 頌丕慶之攸同	東(平)	破題	○
5	주공이 그 성대한 덕을 봄에, 성스러운 자손이 뒤를 계승합니다.	公及見其盛德 以聖子而追述	質(入)	鋪頭	○
6	태교를 잘한 태임의 교화를 계승하고, 나라 편안한 문왕의 정사에 감동합니다.	承任化於敎胎 感文治於寧國	職(入)	鋪敍	○

---

34 李漢膺, 『敬菴集』 卷10, 「上舍金公墓碣銘」, "公諱象九, 字享天……間遊大山南野兩先生之門, 與門下諸公多所講討焉. 壬子陶山之試士也, 御考擢公置壯元, 而因大臣言, 竟落第. 上爲之歎惜, 命道臣刊賓興錄, 又令招致順賞."

句	번역	원문	韻目	鋪置	批點
7	후사를 등에 업고 머리 조아리니, 성스러운 손자가 선비들을 대합니다.	背負後而首稽 仰聖孫之臨士	紙(上)	初項	○
8	아! 문왕이 하늘에서 엄숙히 오르내리며, 큰 은혜를 듬뿍 내려주십니다.	於昭儵其陟配 協景貺而申之	支(平)		○
9	기산의 오동나무 무성해 봉황 깃드니, 지금 우리 임금이 삼대를 이었습니다.	岐梧蕡而鳳聞 今我君之三世	霽(去)	二項	○
10	아! 거룩한 상제가 그 덕을 보고, 문왕에게 언덕에 오르라 하였습니다.	於皇穆其覽德 顧謂文曰登岸	翰(去)		○
11	성인이 성인을 이어 내려가니, 어찌 대대로 드러나지 않겠습니까.	聖繼聖而承承 曷其世之不顯	銑(上)	三項	○
12	천자가 되어 자손을 두니, 백세토록 본손과 지손이 이어집니다.	爲天子而有孫 雖百代而宗支	支(平)		○
13	임금과 신하가 함께 순일한 덕 소유하니, 또한 성대한 시대에 기둥이 되었습니다.	君臣咸有一德 亦維楨於丕時	支(平)	回項	○
14	자손이 공경히 이어가니, 신하들이 아름다움을 함께합니다.	子及孫而祇承 臣哉隣哉同休	尤(平)		○
15	수많은 신하들이 한 자리에 가득하니, 정사를 토론하는 가운데 신령이 돕습니다.	風雲滿於一堂 間都兪而冥佑	有(上) 宥(去)		○
16	그리하여 옛 나라가 새로워지니, 임금에게 어진 신하가 없겠습니까.	宜維新於舊邦 豈有君而無臣	眞(平)		×
17	아름다운 명성에 참여해 문덕을 잡았고, 인재를 잘 길러 임금 또한 드러났습니다.	參令聞而秉文 眷克生而亦顯	銑(上)		×
18	자손이 번성하고 선비들 많아, 임금이 백이면 선비도 백입니다.	伊繩繩與濟濟 君則百而士百	陌(入)		×
19	문왕과 무왕은 본손과 지손이 있으니, 소공과 진공 또한 자손입니다.	文武後而本支 召陳亦其庶適	陌(入)	回題	×
20	훌륭한 임금에 그 어진 신하이니, 경사도 함께하고 덕도 함께 합니다.	宜是君於是臣 與同慶於同德	寘(去) 職(入)		×
21	청묘가 심원하여 그 덕을 잡으니, 공후들이 제사를 도와 엄숙합니다.	清廟穆而秉德 助顯相而肅雝	冬(平)		×
22	어찌 덕 없이 이를 이루었겠습니까. 아! 그 광채가 드러나지 않겠습니까.	寧無德而可致 於不顯乎其光	陽(平)		×
23	지금 왕께서 잘 계승하니, 늙은 신이 또한 직접 목도합니다.	今王宜其繼述 老臣亦其及覩	麌(上)	回下	○
24	아! 절하며 공경히 경계하니, 어찌 세자를 염려하지 않겠습니까.	羌拜手而祇戒 曷不念於沖子	紙(上)		×
25	정해진 명이 있어 하늘은 믿을 만하니, 황조께서는 덕으로 밝음을 드러냈습니다.	天可讓於有命 皇祖德以陳明	庚(平)		×

句	번역	원문	韻目	鋪置	批點
26	신하가 머리 조아리며 말을 진술하니, 끝머리에 송축을 붙입니다.	臣稽顙而陳辭 將末寄夫餘頌	宋(去)		×
27	문왕은 거룩하시니, 그 덕이 백세를 이어 왔도다.	頌曰 文王穆穆 其德百世	霽(去)	亂辭	×
28	무왕은 이를 계승하여, 은나라 대신 세상을 밝혔도다.	武王承承 代商光世	霽(去)		×
29	임금과 신하 덕성 같으니 그 세상을 공고히 하였도다.	君臣同德 亦鞏其世	霽(去)		×
30	천년 만년 동안, 대대로 드러나지 않으랴.	於千萬年 不顯世世	霽(去)		×

표 5. 김상구 시권의 내용과 비점.

　　김상구는 16비점을 얻어 삼중(三中)의 성적을 얻었다. 앞서 강세백·김희락의 시권과 마찬가지로 30구로 구성하였고, 난사 부분을 제외하면 전반적으로 6언의 양식을 준수하였다. 앞서 강세백·김희락의 시권과 다른 점은 27구 이후로 보이는 난사의 삽입이다. 27구부터 '송왈(頌曰)'로 시작하는 4언의 난사를 활용해 문왕과 무왕의 무궁한 덕과 대대로 드러난 신하들의 덕성을 칭송하였으나, 이 난사 부분에는 비점이 하나도 보이지 않는다.

(4) 조심의 「어고우등시권」

조심(曹深, 1763~?)은 안동에 거주한 조맹문(曹孟文)의 아들이다. 김상구와 함께 삼중의 성적을 받았고, 정조로부터 15비점을 얻어 삼중의 성적을 획득하였다. 동점자 김상구의 시권과 비교하면 두 사람 모두 시권 후반(26~27구)까지 6언의 양식을 준수하고 난사를 덧붙였다. 다만 30구까지 난사를 마무리한 김상구의 시권과 달리 조심은 28구의 '찬왈(贊曰)' 이후로 35구까지 난사를 이었고, 이 난사에서 비점을 전혀 획득하지 못하였다. 조심 시권의 내용과 비점은 다음 표와 같다.

句	번역	원문	韻目	鋪置	批貼
1	문왕의 자손 번성하고 준걸스러우니 성스러운 덕을 후손에게 드리웠습니다.	詵蠢餘而髦髦 仰聖德於垂裕	遇(去)		×
2	번성한 오이에 잎이 무성하니, 오랜 세월 교목의 그늘에 힙입었습니다.	春綿瓜而幾葉 蔭喬木於千禩	紙(上)		×
3	이어 계승하고 더욱 공경하니, 절하며 선왕을 잊지 못해 탄식합니다.	承承地而翼翼 拜稽首曰於戲	寘(去)	立題	○
4	이미 자손에게 복을 내려, 국가와 아름다움을 함께 합니다.	旣祚胤之永錫 與國家而同休	尤(平)	破題	○
5	하늘이 주나라의 덕을 아껴, 문왕 때 선비를 많이 내었습니다.	天於周而眷德 王在時而多士	紙(上)	鋪頭	×
6	나라의 운명이 길이 아름답고, 나라의 기둥인 선비 많습니다.	孚邦命於穆穆 菀國楨於濟濟	薺(上)	鋪叙	○
7	영대가 높아 나라 이 때문에 편안하니, 힘쓰신 문왕의 명예 하늘에서 밝습니다.	靈臺高而以寧 臺令聞而於昭	蕭(平)	初項	○
8	남은 향기 피워 저 하늘에 짝하니, 과연 후손에게 어떻게 보답하겠습니까.	餘馨升而克配 果厥錫之何如	魚(平)		○
9	금옥 가지가 역산에 울창하니, 종실의 역사 길이 풍성합니다.	金枝蔚於棫山 璿派長於豐流	尤(平)	二項	○
10	신인이 계승하고 성인이 이어가니, 본손과 지손에게 온갖 복록 찬란합니다.	神承之而聖繼 爛百祿於宗支	支(平)		○
11	조정에 대를 이은 신하 가득함 보니, 너희들이 누구의 자손이겠는가.	觀盈庭之世祿 爾誰孫而誰子	紙(上)	三項	○
12	의관 차림으로 법도대로 임금께 절하고, 토지와 작위로 길이 봉해 주었습니다.	衣冠繩以拜冕 爵土永以分茅	肴(平)		×
13	높은 벼슬이 낙수보다 깊으니, 모두 충성스러운 신하의 후예입니다.	青雲深於洛水 摠藎臣之餘裔	霽(去)	回項	×
14	이런 경사를 기뻐하나 근심 잊지 않으니, 남은 복이 길이 이어지지 않겠습니까.	拚玆慶而耿顧 不亦遠乎遺祚	遇(去)	回項	○
15	자손을 위한 계책이 이미 심원하니, 천지의 도로 이룬 교화 길이 전해집니다.	謨旣深於燕翼 化永流於鳶魚	魚(平)		○
16	주나라에 성대히 베풀어 변함없으니, 임금과 신하는 한 몸인 것입니다.	續陳錫之不替 一體同乎君臣	眞(平)		○
17	수많은 아들들이 번성하니, 복록이 만세토록 이어질 것입니다.	男斯盛於則百 祿亦延於於萬	願(去)	回題	○
18	아지랑이가 호경과 기산을 두르니, 백세를 이어가는 신하입니다.	煙花繞於鎬岐 繄百代之風雲	文(平)	回下	×
19	명성이 이에 실추되지 않으니, 서업 또한 조상을 욕되게 하지 않습니다.	聲於是乎不墜 緖亦椎其無忝	琰(上)		○

句	번역	원문	韻目	鋪置	批點
20	하늘의 도움을 받들어 대를 이어가니, 아름다운 옥잔에 선왕의 유음이 서립니다.	承天佑而世世 搗瑟瑱之遺音	侵(平)		○
21	자손이 번성하는 큰 복을 본받고, 어진 신하의 남은 미덕을 지킵니다.	儀麟趾之景福 護鳳鳴之餘休	尤(平)		×
22	성대하여 위아래로 넘실거리니, 하늘이 거듭 돌보듯 황홀합니다.	洋洋溢於上下 悅在天而申之	支(平)		○
23	푸른 봄을 따라 관복 차림을 하니, 주나라를 보우해 임금과 신하 현명합니다.	隨青春而冠冕 保蒼籙而明良	陽(平)		×
24	언덕에 오동나무 울창해 인재 자라니, 주나라의 찬란한 기둥이 되었습니다.	岡梧苑而毓英 煥有成於周楨	庚(平)		×
25	명당을 열어 만년토록 이어가니, 하늘의 복록을 함께 누릴 것입니다.	明堂闢而萬年 期共享乎天休	尤(平)		×
26	천명을 순순히 따르니, 참으로 환히 복을 받을 것입니다.	如諄諄於有命 信昭昭乎受嘏	馬(上)		×
27	내린 시제를 기뻐하며 송축하니, 우리 동방 또한 문왕의 법도가 있습니다.	拚璇題而敬頌 我東亦其文謨	虞(平)		×
28	주나라가 동성을 봉하니, 세신이 면면히 이어왔습니다.	贊曰周同姓兮 世臣綿綿	先(平)		×
29	임금과 방백이여, 천이며 만으로 헤아립니다.	君乎伯乎 以萬以千	先(平)		×
30	이어지는 복록이, 누가 내려준 것이겠습니까.	繩繩者祿 繄誰之祉	紙(上)		×
31	아! 거룩한 하늘에 계시니, 문왕은 우리와 가깝습니다.	於穆在上 文考則邇	紙(上)	亂辭	×
32	문왕의 덕은, 그 영향이 매우 심원합니다.	文考之德 厥貽孔遠	阮(上)		×
33	널리 신들에게 은혜 베풀어, 우리 자손 만세까지 이어집니다.	廣惠于臣 奚我孫萬	願(去)		×
34	기산의 봉우리 무너지지 않고, 낙수의 물결 유구히 흐릅니다.	岐岑不頹 洛波悠悠	尤(平)		×
35	조정의 신료들까지 미치니, 대대로 주나라의 녹을 먹을 것입니다.	爰及庭僚 世食于周	尤(平)		×

표 6. 조심 시권의 내용과 비점.

    4명의 시권은 전반부에서 비점을 고루 받았다가 후반부로 갈수록 비점을 받지 못한 구절이 많이 보인다. 이 비점 획득 양상은 고과(考課) 과정에서 나타난 관행과 무관하지 않은 듯하다. 대개 시관이 고과를 위해 시권을 선별하여 올릴 때는 수많은 시권을 주어진 시간 내에 꼼꼼히 살필 수 없으므로 앞부분만 훑어보고 채택하는 경우가 많았다. 이에 답안 작성자들도 시권 전반부에 공을 많이 들이게 되었고, 회하(回下) 이후로는 비점 획득이 드물게 나타났던 것으로 생각된다.

과거에서 부(賦)는 『경국대전(經國大典)』부터 시(詩)·명(銘)·잠(箴)과 함께 소과 제술 거자(擧子)의 기본 소양을 평가하기 위한 과목으로 명시되어 있다. 『속대전(續大典)』에서 명·잠이 폐지된 것과 달리 부는 시와 함께 식년 진사 초·복시, 증광 진사 초·복시를 비롯하여 승보시(陞補試)·사학합제(四學合製)·공도회(公都會) 제술 등 대부분의 소과 초시의 성격을 지닌 과거 단계에서 정규 고시 과목으로 채택되었다. 또한 대과 식년·증광, 각종 별시의 초·복시 등에도 고시 과목으로 정해져 있어 사실상 거의 모든 제술 과장에서 시험을 보였던 문체이다.

부에 대한 과거 규정은 『빈흥록』이 편찬된 정조 연간까지 동일하게 적용되었고, 고종대의 『대전회통』에서는 부의 격식을 이전보다 엄격하게 준수할 것을 요구하였다.[35] 과거의 주요 과목임을 반영하듯, 경의(經義) 위주의 시권이 수록된 『관서빈흥록』을 제외하고 모든 빈흥록류에 부가 실려 있다.

도산별시에서 정조의 어제에 응답한 4명의 영남 문인이 작성한 과부는 모두 평측에서 뚜렷한 격례를 보이지는 않는다. 과부의 평측과 협운은 정약용이 과문의 형식적 폐단을 지적한 내용이 참고가 된다.[36] 정약

---

[35] 『經國大典』「禮典·諸科」에 進士 初試는 "賦一篇, 古詩、銘、箴中一篇"으로 되어 있고, 『續大典』 「禮典·諸科」에서는 "賦一篇, 古詩、銘、箴中一篇. 續【賦一篇, 古詩一篇. 銘、箴, 今廢】"라고 되어 있다. 『大典會通』「禮典·諸科」에는 격식이 보완되어 "賦에서 30구를 못 채우거나, 시에서 17~18구를 못 채운 자는 뽑지 않는다[賦不滿三十句, 詩不滿十七八句者, 勿取]"라고 하였다.

[36] 정약용, 『牧民心書』「禮典·課藝」, 「近世以來, 文體卑下, 句法澆悖, 篇法短促, 不可以不正也」, "詩·賦는 본래 經術과 謨猷 밖에서 별도로 語句의 修飾을 추구하여 百家를 널리 인용하고 萬物을 아름답게 표현하는 것이니, 바로 후세에서 말하는 文章學이다.……先大王이 「奎章全韻」을 御定한 뒤로는 과시에 입성의 韻을 달도록 허락하였다. 그러나 입성의 운에도 역시 「襄陽歌」의 성률을 사용하므로 上句【上句를 세속에서는 안짝[內隻]이라 한다.】를 읽을 때에는 성조가 依然

용은 과시, 과부, 변려문(騈儷文), 율표(律表) 등에 준수해야 할 평측과 압운을 설명하고 당대에 과장에서 형식이 지켜지지 않은 실정을 비판하였다. 또 변계량(卞季良)이「양양가(襄陽歌)」의 성률을 모방하여 처음으로 과시를 지었으나, 평성(平聲)의 운에 성조를 상성(上聲)·거성(去聲)으로 협운(協韻)하여 성운(聲韻)이 어긋나게 되었다고 하였다. 과부에 대해서는 과시와 마찬가지로 정해진 평측과 압운을 사용하여 지어야 하지만, 마지막 글자만 협운하는 당대 과장의 세태를 지적하였다. 이는 당시에 만연한 과부 글쓰기의 폐단으로, 강세백·김희락·김상구·조심 등 영남 문인만의 폐단만이 아니었을 것이다.

강세백·김희락은 삼상의 점수를 획득하고 김상구·조심은 삼중의 점수를 획득하였다. 삼상과 삼중의 시권에 나타난 형식적 차이는 말미의 '송왈(頌曰)', '찬왈(贊曰)'과 같은 난사의 삽입 여부이다. 강세백·김희락은 마지막 구절까지 6언의 구로 답안을 구성하였으나, 김상구·조심의 과부는 4언의 난사를 넣음으로써 조선 후기에 고착화되어가던 과부의 6언 규식에서 어긋나게 되었다. 김상구·조심의 두 시권 모두 난사 부분에 어고 비점이 전혀 찍혀 있지 않은 것으로 보아, 정조 역시 과부에 난사의 출입을 달갑게 여기지 않았음을 짐작할 수 있다.

하다가도 下句【세속에서는 바깥짝[外隻]이라 한다.】를 읽으면 성조가 나무를 두드리고 땅을 치는 것 같아 소리가 죽어 활기가 없고 쓸쓸하여 떨치지 못하니, 참으로 작은 잘못이 아니다. 이것이 또 한 가지 폐단이다. 평성의 韻字에 상대되는 글자는 반드시 仄聲을 사용해야 하는데, 오늘날 세속 사람들은 한가로이 시를 읊을 때에도 이 법을 알지 못하니, 더구나 과시를 지을 때이겠는가. 이것이 또 한 가지 폐단이다. 賦에 운이 없다는 말은「離騷經」이래로 들은 바가 없는데, 오늘날 세속에서는 다만 끝 글자만 協韻할 뿐, 平仄은 따지지도 않고, '부의 운법이 본래 이런 것이다'라고 하니, 이것이 또 한 가지 폐단이다. ○騈儷文의 聲律도 律詩와 다름이 없어 글자마다 聲調가 맞는 것이다……[詩、賦爲物, 本於經術謨猷之外, 別求詞藻, 欲其汎濫百家, 雕鎪萬物, 蓋後世所謂文章之學也.……先大王御定『奎章全韻』, 自此科詩, 許押入聲, 乃於入聲之韻, 亦用〈襄陽歌〉聲律, 讀其上句時, 【上句, 俗謂之內隻】聲響依然, 及讀下句, 【俗謂之外隻】聲如擊木, 響如撲地, 死而不活, 索然不振. 誠非細失, 此一弊也. 平聲之韻, 其對眼之字, 宜用仄聲, 今俗並於閒詠, 不知此法, 況於科詩乎? 此一弊也. 賦之無韻,〈離騷〉以來, 所未聞也. 今俗但叶終聲, 不問平仄, 乃曰'賦家韻法, 本來知此.' 此一弊也. ○儷文聲律, 與律詩無異, 字字調叶』." 번역은 고전번역원DB를 참고하되 일부 윤문을 가하였다.

지역 유생의 우수 시권 모음, 『빈흥록』

빈흥록류는 지역 응제 유생을 대상으로 실시한 별시의 간행 경위, 지역 특색에 맞춘 어제, 지방 유생의 문체별 우수 시권들이 수록되었다는 점에서 자료적 가치를 지닌다. 이 연구에서 『교남빈흥록』의 판종을 살피고, 어고 비점을 토대로 우수 과부에 반영된 평가 기준을 살폈다.

『교남빈흥록』에는 「전교」·「어제제문」·「서계」·「유생응제방」·「어고우등시권」으로 구성된 판본과 여기에 「도산시사단비명」과 부록 「반촌치제시일기」가 추가된 판본이 있다. 2종의 판본에 수록된 우등 시권에는 모두 정조의 비점이 보이는데, 후대에 시사단비명과 반촌일기가 추가된 간본에는 비점이 새겨진 책판이 존재한다.

『교남빈흥록』에는 정조의 비점을 받은 우등 시권으로 강세백·김희락·김상구·조심이 작성한 과부 4편이 실려 있다. 비점들은 특정 글자에 찍힌 것이 아니라 의미나 표현이 고원(高遠)하거나 정밀하면 해당 구 전체에 비점을 받았다. 35구로 답안을 구성한 조심을 제외하고 나머지 세 사람 모두 30구로 구성된 과부를 지었다. 각 구마다 4번째 자에 지(之)·어(於)·이(以)·이(而)·역(亦)·호(乎) 등의 허사를 넣고 6언을 만들어 조선 후기 정형화된 과부의 형식을 준수하였다.

삼상의 성적을 얻은 강세백·김희락에 비해 삼중의 성적을 얻은 김상구·조심은 말미에 '송왈' '찬왈'과 같은 난사를 넣어 상대적으로 비점을 많이 받지 못하였다. 4언의 난사가 들어감으로써 조선 후기 과부에서 요구하는 6언의 규식(規式)에서 어긋나게 되는데, 정조도 난사 부분에 비점을 전혀 찍지 않은 것으로 보아 과부에 난사의 출입을 달갑게 여기지 않았음을 알 수 있다.

현재까지 발견된 6종의 빈흥록 중에 『교남빈흥록』과 『관동빈흥록』을 제외하고, 4종의 빈흥록은 지금까지 연구가 이루어져 있지 않다. 추후에 연구가 되지 않은 나머지 빈흥록류를 대상으로, 어고 시권을 분석하여 각 지역별 시제와 유생의 응제 양상을 파악하는 작업이 이루어져야 할 것이다. 아울러 부 외에 경의(經義)·시(詩)·표(表)·전(箋)·송(頌)·명(銘)·논(論)·책(策) 등 빈흥록에 수록된 문체에 관한 연구도 병행되기를 바란다.

참고문헌

1. 원전 자료

『關東賓興錄』 1·2책, 한국학중앙연구원 장서각 소장본.

『關北賓興錄』 單, 한국학중앙연구원 장서각 소장본.

『關西賓興錄』 1·2책, 한국학중앙연구원 장서각 소장본.

『嶠南賓興錄』, 서울대학교 규장각한국학연구원 소장본.

『嶠南賓興錄』, 도산서원 간행, 1922년(대정11년), 국립중앙도서관 소장본.

『嶠南賓興錄』, 도산서원 간행, 1922년(대정11년), 한국학중앙연구원 장서각 소장본.

『賓興錄』, 국립중앙도서관 소장본(경림문희록, 嶠南賓興錄 합철).

『賓興錄』, 서울대학교 규장각한국학연구원 소장본(경림문희록, 嶠南賓興錄 합철).

『賓興錄』 1~3책(1책: 『경림문희록』·『嶠南賓興錄』 합철, 2책: 『관동빈흥록』, 3책: 『탐라빈흥록』·『정시문정』·『풍패빈흥록』 합철), 프랑스 동양언어문화학교 소장본.

『耽羅賓興錄』, 서울대학교 규장각한국학연구원 소장본.

『耽羅賓興錄』, 한국학중앙연구원 장서각 소장본.

『豐沛賓興錄』, 서울대학교 규장각한국학연구원 소장본.

『豐沛賓興錄』, 한국학중앙연구원 장서각 소장본.

2. DB 및 웹사이트

고려대학교 민족문화연구원 해외한국학자료센터(https://riks.korea.ac.kr/kostma/)

국립중앙도서관(https://www.nl.go.kr)

국립중앙도서관 한국고전적종합목록시스템(http://www.nl.go.kr/korcis/)

국사편찬위원회 승정원일기(http://sjw.history.go.kr/)

국사편찬위원회 조선왕조실록(http://sillok.history.go.kr/main/main.do)

서울대학교 규장각한국학연구원(http://kyujanggak.snu.ac.kr/)

한국고전번역원 한국고전종합DB(http://db.itkc.or.kr)

한국사데이터베이스(http://db.history.go.kr)

한국학중앙연구원 장서각(http://jsg.aks.ac.kr/)

한국학중앙연구원 한국역대인물종합정보시스템(http://people.aks.ac.kr/)

3. 연구 논저

강석중(2013), 「科賦의 형식과 문체적 특징」, 『대동한문학』 39, 대동한문학회, 47~82면.

김경(2021), 「조선 후기 향촌사회 科詩 창작 一考-『科賦抄』所在「醉翁亭記」대상 작품을 중심으로-」, 『동방한문학』 88, 동방한문학회, 149~180면.

김광년(2020), 「正祖-高宗 年間의 科文集 『臨軒功令』 硏究」, 『동양고전연구』 80, 동양고전학회, 129~159면.

김기엽(2021), 「『嶠南賓興錄』의 판본과 御考 科賦 試券에 대한 小考」, 『동방한문학』 87, 동방한문학회, 163~192면.

김기엽(2022), 「조선 후기 嶺南 學團의 학적 전승과 교유에 대한 자료적 고찰」, 고려대 박사학위논문.

김다미(2017), 「正祖의 강원도 유생 선발과 『關東賓興錄』 편찬」, 단국대 석사학위논문.

김다미(2019), 「正祖의 강원도 유생 선발」, 『조선시대사학보』 91, 조선시대사학회, 155~196면.

김동석(2013), 「朝鮮時代 試券 硏究」, 한국학중앙연구원 박사학위논문.

김문식(2001), 「『嶠南賓興錄』을 통해 본 정조의 대영남정책」, 『퇴계학보』 11, 퇴계학연구원, 427~461면.

김문식(2016), 「嶠南賓興錄, 정조의 명으로 편찬된 도산별시의 기록」, 『안동학』 15, 한국국학진흥원, 69~82면.

박선이(2018a), 「『正始文程』을 통해 살펴본 정조 문체정책의 한 국면」, 『민족문화연구』 80, 민족문화연구원, 47~73면.

박선이(2018b), 「정조의 『瓊林文喜錄』 편찬과 그 의의」, 『Journal of korean Culture』 40, 한국어문학국제학술포럼, 445~477면.

박현순(2016), 「정조의 『臨軒題叢』 편찬과 御題 출제」, 『규장각』 48, 규장각한국학연구원, 147~189면.

심경호(2016), 「정조의 문체정책과 제술부과」, 『진단학보』 127, 진단학회, 131~157면.

심경호(2020), 「과시, 반제 및 응제 자료의 편재 상황」, 『동양고전연구』 80, 동양고전학회, 9~65면.

윤선영(2016), 「正祖代 四書疑 試題 小考」, 『태동고전연구』 37, 태동고전연구소, 35~77면.

이병혁(1998), 「한국과문연구-詩·賦를 중심으로-」, 『부산한문학연구』 12, 동양한문학회(구 부산한문학회), 187~204면.

이상욱(2015), 「조선 과문 연구」, 연세대 박사학위논문.

황위주(2014), 「『離騷遺香』을 통해 본 조선 후기 '科賦'의 출제와 답안 양상」, 『대동한문학』 40, 대동한문학회, 5~41면.

김기엽 金紀燁

영남대학교 한문교육과를 졸업하고, 경북대학교에서 석사학위, 고려대학교에서 박사학위를 취득하였다. 현재 경북대학교 영남문화연구원에 연구초빙교수로 소속되어 있다. 조선후기의 문헌자료와 함께 영남학 연구를 전공으로 삼고 있다. 역서로 『오봉선생문집(梧峯先生文集)』(한국국학진흥원, 2019), 『동국십지(東國十志)』(한국국학진흥원, 2022) 등이 있다.

e-mail sinchay@hanmail.net

조선 후기 과문(科文)의 실제에 관한 일고찰
―『동려문(東儷文)』과 『여림(儷林)』에 수록된 과표(科表)를 중심으로

박선이

조선시대 과거 시험과 과표(科表)

시대가 바뀌고 수능 시험 체제가 개편되더라도 수능에서 여전히 국어·수학·영어 등 주요 과목이 중시되듯이 조선시대 과거 시험도 시대에 따라 제도가 개편되고 시험 과목이 일부 조정되었지만 시(詩)·부(賦)·표(表)·책(策) 네 과목이 여전히 중시되었다. 이로 인해 과거 응시자들은 과거 시험을 본격적으로 준비하는 10대 중반부터 수십 년 동안 주요 과목을 학습하는 데에 상당한 공력을 기울였다.

  네 과목 중에서도 표와 책은 과거 시험의 최종 관문에 해당하는 전시(殿試)에서 가장 빈번하게 출제된 시험 과목이었고, 이 두 과목에서 높은 점수를 획득할 경우에는 다른 과목 점수의 두 배로 계산할 만큼 큰 비중을 차지하였다. 특히 표는 삼국시대부터 외교문서와 국가의례에 사용되었던 대표적인 문장 형식으로 조선시대 관리라면 필수적으로 익혀야 했던 문체였다. 이 때문에 과거 시험뿐 아니라 성균관 시험과 관료가 된 문신들을 대상으로 한 평가 시험에서도 자주 출제되었다.

  과거 응시자들은 과거 시험에서 출제되는 과표의 기본 격식을 익히기 위해 중국과 우리나라 유명 문장가들이 지은 수많은 표를 학습하며 과표 작성법을 익혔다. 하지만 과표의 학습 과정은 그리 만만치 않았다.

과표는 네 자와 여섯 자를 조합하여 글자 수를 맞추어야 했고, 정해진 운율을 따라야 했으며, 지금의 서론·본론·결론에 해당하는 구성 방식을 준수해야 하는 등 높은 수준의 문장력을 요구했다. 이 때문에 응시자들 대부분은 과표를 보다 효율적으로 익히기 위해 과표를 선별하여 수록한 과문선집(科文選集)을 빈번하게 참고했다.

과문선집은 오늘날 기출 문제와 예상 답안에 해당하는 글이 수록된 수험서의 일종이다. 과표를 수록한 과문선집에는 당시 응시자들에게 과표 작성의 모범이 되었던 작가들이 지은 글이 적게는 수십 편, 많게는 수백 편가량 수록되어 있다. 조선 후기에 이르면 이전 시기보다 과거 시험에서 표가 더욱 빈번하게 출제되었다. 이로 인해 과표의 작성법을 설명한 수험서들이 다량으로 편찬되었고, 당대 저명했던 과표 작가와 그들의 작품을 수록한 과문선집이 활발하게 제작되었다.

오늘날 국립중앙도서관을 비롯한 각 지역 도서관과 대학 도서관에는 과거 응시자들이 과표를 학습하기 위해 참고했던 수많은 종류의 과문선집이 존재한다. 이 글에서는 조선 후기에 편찬된 과문선집 중 『동려문(東儷文)』과 『여림(儷林)』이라는 텍스트에 주목하여 응시자들이 어떤 과문 작가들과 작품들을 주목했는지 살펴보고, 두 책에 수록된 작품 가운데 조선 후기 응시자들이 과표 작성의 모범으로 참고했던 작품들의 양상과 그 실제를 규명해보고자 하였다. 이와 같은 과문선집 텍스트에 수록된 과문(科文)의 실제 양상에 대한 연구는 조선시대 과시(科試) 자료를 구축하고 수사 문체와 논리 구축 방식의 변천을 이해하는 데에도 필수적인 연구이다.

『동려문』과 『여림』에 수록된 작가들은 당시 과문을 학습하는 응시자들 사이에서 명성이 있었던 인물이었으며, 그 가운데 두 책에 비교적 많은 분량의 작품이 수록된 작가들로는 이일제(李日躋, 1683~1757)를 비롯한 유동빈(柳東賓, 1720~?), 박도상(朴道翔, 1728~?), 권경(權絅, 1708~?), 윤지태(尹志泰, 1700~?) 등을 꼽을 수 있다. 두 책에 모두 수록된 작가들의 작품은 그 비중으로 볼 때, 당대 응시자들 사이에서 자주 회자되었으며 과문 학습의 과정에서 습작의 전범으로 여겨졌던 작품들이었음을 짐작할 수 있다.

『동려문』과 『여림』에 수록된 과표의 실제 양상

『동려문』과 『여림』에 모두 수록된 작가와 작품 가운데 이일제의 「한신이 회음후에 봉해진 것에 사례하라는 내용으로 의작하라[韓信謝封淮陰侯]」와 유동빈의 「퉁소를 불어 초나라 군사들을 무너뜨린 일에 대해 한나라의 신하들이 하례하는 내용으로 의작하라[漢群臣賀吹籥散楚兵]」 두 작품을 대상으로 과표(科表)의 형식적인 면과 내용적인 면을 함께 고찰하면 다음과 같다.

두 작품 모두 형식적인 측면에서는 과표의 기본 구성 형식을 갖추고 있으며, 사륙변려체를 기반으로 한 가위법을 지켰다. 그리고 내용적인 측면에서는 시제(試題)가 의거하고 있는 고사(故事)를 적재적소에 잘 활용하면서 주제를 잘 구현하였고, 작가의 개성을 드러내는 수사와 표현을 통해 작품의 문학성을 추구하였다. 이규상(李圭象, 1727~1797)은 『병세재언록(幷世才彦錄)』 「과문록(科文錄)」에서 두 작품을 소개하면서 간략한 비평을 덧붙였는데, 해당 내용을 통해 과표를 평가하는 요소로 대우와 평측 등 형식적인 면뿐만 아니라 내용적인 면에서 시제가 의거하고 있는 고사를 얼마나 잘 파악하고 활용하여 주제를 잘 구현하고 있는지, 또 적절한 수사와 표현을 구사하는지 등을 감안했음을 알 수 있다.

이 글에서는 과표의 실제와 그 양상을 살펴보고 분석하는 데 치중하여 당대에 과문에 대해 비평을 남긴 여러 문인의 다양한 자료들을 실례로 제시하지 못한 한계점이 있다. 필자는 이와 관계된 자료들을 검토 중에 있기에 추후 이러한 자료들이 지속적으로 발굴된다면 형식적인 측면에 집중되어 논의되었던 과문의 내용적인 측면과 문학적인 요소를 아울러 논할 수 있는 단초가 될 수 있으리라 생각한다.

지금까지 과문 연구는 과문 체제의 형식적 특성과 의의에 대한 연구[1]에서 출발하여 한문학에 있어 과문의 역할에 주목하였고,[2] 과문의 역사와 변화 양상에 대해 주로 논의되었으며, 그 후에 연구가 점차 확대되어 작자별, 작품별, 문헌별, 문체별로 세분화되어 개별 연구가 진행되었다.[3] 과문과 관련한 선행 연구에서 다양한 연구 방법을 활용하여 기존 한문학 분야에서 생소하게 여겨졌던 과문의 각 문체에 대한 기본적인 사항들을 정리하고, 과문이 어떠한 양상으로 존재했는지 규명했다는 점에서는 큰 의의가 있다. 그러나 과문의 체제와 기본 사항을 정리하는 과정에서 실제 과문을 대상으로 분석하고 고찰한 연구는 거의 드물었다.[4] 본고에서는 이러한 문제의식을 바탕으로 실제 과문선집에 수록된 과표를 고찰하고 분석하여 조선 후기 과문의 실제와 그 일 단면을 살펴보고, 아울러 지금까지 잘 알려지지 않았지만 당대에 대표적 과문 작가로 손꼽혔던 인물들을 발굴하여 소개하고자 한다.

과거 수험용 교재로 활용된 과문선집은 과거 응시자들이 과거 시험을 준비하는 과정에서 참고하고 학습하였던 우수한 작품들을 선집한 책이므로, 당대의 과문 가운데 각 문체별로 전범이 되었던 작품과 그 실제를 확인할 수 있다는 점에서 자료적 가치를 지닌다. 이러한 과문선집을 통해 당대 과문에서 대표적 작가로 손꼽혔던 인물들을 규명하고 그들의 실제 작품을 고찰하여 분석하는 일은 실제 과문의 연구에 있어 필수적

---

1 김태준(1931), 162면.
2 이가원(1961), 74~76면; 160~166면.
3 황위주(2013)에 기존 과거제도와 관련된 연구가 세부적으로 정리되어 있으므로 개별적으로 재론하지 않는다.
4 김동석(2013); 이상욱(2015)에서는 기존 형식적 측면에 머물렀던 과문에 대한 논의를 확장시켜 내용적 측면에서의 검토를 통해 조선 중기 이후로 평측이나 압운이 과문에서 주요 평가 요소가 되지 않았으며 '고전에의 몰입과 핍진한 재현'의 서술 방식이 강조되었음을 밝혔다.

으로 요구되는 작업이다. 일차적으로 과문선집에 대한 문헌학적 접근을 통해 각 시대별 과문의 학습 과정 및 유통 양상을 살필 수 있으며, 과문선집에 수록된 실제 과문의 분석을 통해서는 변려체(騈儷體)가 중심이 되는 과문의 형식적 특징과 아울러 내용적 측면에서도 한문 산문의 장르로서 과문이 지니는 문학성을 논의할 수 있으리라 본다.

과문선집에는 지금까지 과거 연구에서 접근이 이루어지지 않은 수많은 인물과 그들의 작품들이 수록되어 있다. 필자가 지금까지 과거 관련 자료들을 일람해 본 결과, 문학사에서 높은 위상을 차지했던 작가나 문장가들이 당대에 과문에서 회자되는 유명한 작품을 남긴 경우는 드물었다. 본고에서 논의 대상으로 삼고 있는 『동려문』과 『여림』의 경우 주로 숙종-정조 연간에 명성이 있었던 과문 작가들과 그들의 작품을 수록하고 있다.[5] 두 자료에는 문학사에서 위상과 가치를 인정받아 우리에게 익숙히 알려진 정통 한문학 작가들의 작품이 일부 수록되어 있지만, 그보다는 과문 분야에서 특별히 두각을 드러내었던 대표적인 작가와 그들의 작품이 대다수이며, 전체 작품 수량을 기준을 볼 때에도 차지하는 비중이 크다. 이러한 작가들은 지금까지 거의 알려진 바가 없으며, 이 시기 대표적인 과문선집이라 할 수 있는 『동려문』과 『여림』을 통해 그 실체를 엿볼 수 있다.[6]

이러한 점에 주목하여 본 연구에서는 먼저 『동려문』과 『여림』에 수록된 인물들을 고찰하여 당대에 과표로 손꼽혔던 대표적 작가들을 규

---

[5] 두 책 모두 筆寫記와 序·跋文이 남아있지 않아 책이 필사된 정확한 시기와 필사자에 대해서는 알 수가 없다. 하지만 수록된 인물들의 생몰연대 및 小科 혹은 大科에 급제한 시기로 미루어 볼 때, 1800년경 중후반에 활동했던 필사자가 주로 숙종-정조대까지 명성이 있었던 과문 작가들의 科表를 엮어서 필사한 것으로 보인다.

[6] 『儷』에 수록된 인물 및 작품 개관에 대해서는 박선이(2020)에서 검토한 바 있다. 앞선 연구에서 『儷林』에 수록된 작가와 작품의 개관 및 그 자료적 가치를 규명하는 데에 중점을 두었다면, 본고에서는 기존 연구 성과를 토대로 논의를 좀 더 확장하여 수록된 작품의 연대가 비슷한 『儷林』과 『東儷文』에 공통으로 수록된 작가들과 그들의 작품을 고찰하고, 실제 科表 작품을 분석하여 실제적 양상과 특징을 밝히려 한다.

명하려 한다. 다음으로 당대에 과표에서 명성이 있었던 작가들의 대표적인 작품을 대상으로 과표의 형식과 내용적인 면을 살펴보고, 해당 작품들이 어떤 이유로 당대에 높은 평가를 받았는지 당대 인물들의 비평을 근거로 논하려 한다.[7] 이러한 과정을 통해 과표에 있어 손꼽히는 작가들의 특장을 규명할 수 있고, 한 걸음 더 나아가 주로 형식적인 측면의 논의에만 머물렀던 과문의 내용적인 측면과 문학적인 요소를 아울러 논할 수 있는 동인(動因)이 될 수 있으리라 생각한다.

『동려문』과 『여림』 소재 인물 및 작품 개관

조선 후기, 특히 17세기 숙종-정조대에는 과거 시험 과목 중에 표(表)와 전(箋)의 출제 빈도와 비중이 점점 높아졌다. 이에 따라 응시자들은 자연스레 과거 시험의 여타 문체보다 표·전에 많은 노력을 기울였으며, 심지어 급제를 위해 표·전만을 습작하는 사람들까지 생겨났다.[8] 응시자들은 표·전을 습작하는 과정에서 당대에 과표에서 일가(一家)를 이룬 작가들의 작품들을 전범으로 삼았으며, 이 과정에서 필연적으로 과거 수험용 혹은 참고용 교재의 목적으로 과표에서 명성을 떨친 작가들의 작품을 필사하고 정리하였다. 이러한 과거 시험 제도의 변화와 응시자들의 요구와 필요성에 의해 숙종대부터 다양한 종류의 과문선집들이 활발하게 편찬되었다. 본고에서 연구 대상으로 삼고 있는 『동려문』과 『여림』은 이러한 일련의 변화 과정을 보여주는 중요한 과문선집 자료이다.

『동려문』은 숙종·영조 연간의 인물들이 지은 과표를 선집한 책

---

7   과문에 대한 실제 비평 자료는 거의 남아 있지 않지만, 李圭象(1727~1797)의 『幷世才彦錄』「科文錄」에 당대에 저명했던 과문 작가들에 대한 작품과 그에 대한 비평이 남아 있어 주목할 만하다. 이에 대해서는 3장에서 자세히 다루기로 한다.
8   정경주(2013), 120면. 발췌 요약.

으로 17세기 말에서 18세기 중엽까지 활동했던 53명의 인물들이 실제 시험에 제출했던 답안지와 습작한 과표 1,221편을 모아서 인물별로 분류하고 편집한 과문선집이다.[9] 전체 10책의 필사본으로 현재 장서각에 소장되어 있다. 『여림』은 17세기 말에서 18세기 중후반까지 활동했던 90명의 인물들이 실제 시험에 제출했던 답안지와 그들이 습작하거나 사작한 과표 709편을 모아서 인물별로 분류하고 편집한 과문선집이다. 4책(元·亨·利·貞)의 필사본으로, 현재 미국 하버드대학 옌칭도서관에 소장되어 있다.

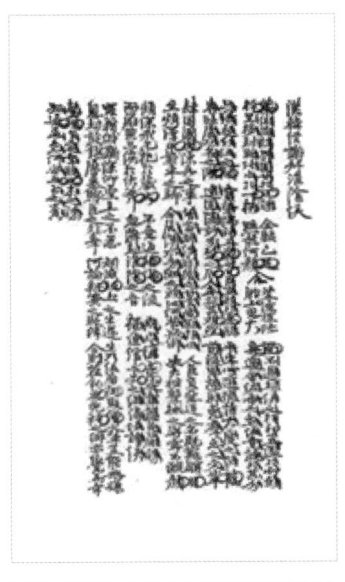

그림 1. 『동려문』 수록 이일제의 「한한신사배회음후」. 한국학중앙연구원 장서각 소장(K4-83).

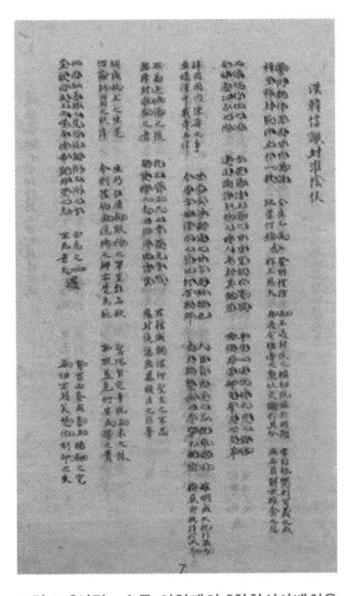

그림 2. 『여림』 수록 이일제의 「한한신사배회음후」. 미국 하버드대학 옌칭도서관 소장.

두 책에 수록된 각각의 작품들은 과표의 기본 구성인 허두(虛頭)-본문(本文)[초항(初項)·차항(次項)·회제(回題)·결두(結頭)]-결미(結尾)가 구

---

9 『東儷文』은 수록 인물들을 먼저 연대별로 분류하고, 해당 작자의 작품들은 제목에 명시되어 있는 시대에 따라 다시 시대별로 분류하여 편집하였다.

분되도록 단락별로 기재되었으며, 상응하는 두 행의 구조가 확연하게 드러날 수 있도록 2구씩 묶어서 기재되어 있다. 그런데 흔히 과표에서 보이는 상투어들은 일부 생략된 형태로 필사되었다. 대체로 허두에서 사용되는 상투어인 '흠유황제폐하(欽惟皇帝陛下)/흠유아후(欽惟我后)/공유아후(恭惟我后)'와 '복념신(伏念臣)'을 생략하거나 줄여서 '흠(欽)' 또는 '공(恭)', '념(念)' 한 글자만을 표기하였으며, 결미(結尾) 부분에서는 상투어인 '자개복우황제폐하(玆蓋伏遇皇帝陛下)/자개복우주상전하(玆蓋伏遇主上殿下)'를 줄여서 '우(遇)'라고만 표기하고[10] 과표를 마무리하는 구절로 표·전을 올리는 주체에 대해서 신하된 자로서의 충성과 다짐을 고하는 겸사의 말은 모두 생략된 것으로 보인다. 그리고 제목에서도 '의(擬)~표(表)' 또는 '의(擬)~전(箋)'의 표기를 하지 않아 해당 작품이 표·전 가운데 어떤 문체에 속하는지 별도로 구분하지 않았다. 이는『동려문』과『여림』뿐만 아니라 과표를 인물별로 분류하여 편집한 여타 과문선집에서도 흔히 나타나는 보편적인 형식이다.

    이러한 사실로 미루어 볼 때 실제 과장(科場)에서는 과표에서 반드시 구사해야 하는 상투어와 구절을 사용하지 않으면 불합격의 가장 큰 요인으로 작용하지만, 과거 수험용 교재로 편찬하는 과정에서는 이미 응시자들이 과표의 형식에 익숙하여 이 부분을 구태여 강조할 필요가 없었기에 구체적으로 명시하지 않았음을 알 수 있다.

    『동려문』과『여림』에 수록된 작품의 일부 구절들에는 붉은색과 푸른색의 비점(批點)이 있다. 이는『동려문』과『여림』의 편찬자 혹은 소장자가 찍은 것으로 보이는데, 이 책을 습작의 전범으로 삼았음을 방증하

---

10 이처럼 科表에 사용되는 상투어들을 줄이거나 생략한 채로 기재하는 방식은『東儷文』과『儷林』뿐만 아니라 여타 科表 관련 科文集에서 나타나는 일반적인 양식이다. 정경주(2013), 98면에 따르면 '과문 표전의 抄錄의 경우 虛頭 제 3구 앞에 놓이는 惟皇帝陛下, 欽惟我后, 恭惟我后 등의 호칭을 줄여서 '欽' 또는 '念' 한 글자로 표기하는 경우가 많고, 이 글자마저 생략한 채로 轉寫한 경우도 더러 있다'라고 하였다.

는 자료이다. 전체적으로 '삼(三)'·'오(五)', '음(陰)'·'양(陽)', '천(天)'·'지(地)' 와 같이 명사대(名詞對)에 해당하는 부분에는 붉은색의 'ㅇ' 비점을 찍고, 특히 주목해야 할 연(聯)에서는 붉은색 '‵' 비점과 푸른색 '‵' 비점을 교대로 찍었다. 이러한 비점들은 『동려문』과 『여림』뿐만 아니라 당대 과문선집에서 일반적으로 보이는 현상으로, 응시자들이 과문선집을 과거 수험용 혹은 참고용 교재로 활용할 때에는 과표의 대우(對偶)에 주안점을 두었음을 알 수 있는 근거이다.[11]

다음으로 『동려문』과 『여림』에 수록된 인물과 작품을 살피도록 하겠다. 『동려문』에는 모두 53명의 작가와 그들의 작품이 수록되어 있으며, 『여림』에는 모두 90명의 작가와 그들의 작품이 수록되어 있다. 물론 이들이 당시 과문을 학습하던 응시자들 사이에서 명성이 있었고, 그들의 작품이 응시자들의 학습 전범으로 활용되었다는 점에서는 동일하다. 그러나 이들 중에 두 책에 모두 선별되어 작품이 실려 있는 작가들이 있는데, 이러한 사실로 보자면 이 작가들과 해당 작품이 응시자들 사이에서 더 명성이 있었고 학습 전범으로서의 비중이 더 높았음을 짐작할 수 있다. 이 작가들의 현황과 수록된 해당 작품 수를 개괄하면 다음과 같다.

	인물(생몰년도)	『동려문』 소재 작품 수	『여림』 소재 작품 수
1	李成中(1706~1760)	5	1
2	兪彦國(?~?)	1	1
3	趙顯命(1690~1752)	1	1
4	李奭元(?~?)	1	2
5	趙榮國(1698~1760)	2	2
6	李基德(1701~?)	2	3
7	南泰階(?~?)	3	4
8	趙尙慶(?~?)	5	4
9	李思觀(1705~1776)	5	5
10	金尙星(1703~1755)	4	7

---

11 박선이(2022), 22~23면.

인물(생몰년도)	『동려문』 소재 작품 수	『여림』 소재 작품 수
11	李福源(1719~1792)	11	7
12	李喆輔(1691~1775)	10	7
13	宋眞明(1688~1738)	2	7
14	李遂大(1675~1709)	2	8
15	李壽沆(1685~?)	3	8
16	李眞望(1672~1737)	2	8
17	吳光運(1689~1745)	3	10
18	尹憲柱(1661~1729)	1	10
19	金啓煥(?~?)	2	11
20	柳逸(?~?)	2	12
21	李巨源(1685~1755)	7	14
22	林錫憲(1698~?)	10	14
23	尹鳳朝(1680~1761)	2	15
24	宋成明(1674~?)	5	16
25	趙鎭世(1689~?)	3	16
26	睦天任(1673~1730)	5	17
27	趙泰億(1675~1728)	2	17
28	尹聖時(1672~1730)	3	19
29	吳命新(?~?)	7	21
30	崔致誠(?~?)	2	21
31	李匡德(1690~1748)	16	22
32	尹淳(1680~1741)	3	22
33	林象德(1683~1719)	10	29
34	趙文命(1680~1732)	7	34
35	金有慶(1669~1748)	6	39
36	許㙷(?~?)	6	39
37	尹志泰(1700~?)	63	77
38	李日躋(1683~1757)	28	86
39	柳東賓(1720~?)[12]	148	92
40	權絅(1708~?)	31	170
41	朴道翔(1728~?)	172	233

표 1. 『동려문』과 『여림』 소재 중복 수록 인물 및 작품 현황.

위의 표에서 알 수 있듯이 두 책에 모두 수록된 작가들은 총 41명

---

[12] 이후 '柳國信'으로 개명하였다.

이다. 두 책에 모두 수록된 작가들을 두 부류로 구분하자면 당대에 문장가로 명성이 있었고 과문에서도 두각을 드러내었던 작가들과 문장가로서는 이름을 날리지 않았지만 과문에서만 두각을 드러내었던 작가들로 나눌 수 있다. 당대 문장가로 명성이 있었고 과문에서도 두각을 드러내었던 작가들로는 윤봉조(尹鳳朝, 1680~1761), 조태억(趙泰億, 1675~1728), 이광덕(李匡德, 1690~1748), 윤순(尹淳, 1680~1741), 조문명(趙文命, 1680~1732)이 있으며, 과문에서만 두각을 드러내었던 작가로는 이일제(李日躋, 1683~1757), 유동빈(柳東賓, 1720~?), 박도상(朴道翔, 1728~?)[13], 권경(權絅, 1708~?), 윤지태(尹志泰, 1700~?)가 있다. 물론 작품의 수량이 그 작가의 작품 수준을 가늠하는 척도는 아니지만 두 책에 수록된 작품의 수량과 그 비중을 기준으로 보자면, 두 과문선집에서 큰 비중을 차지하는 인물은 이일제를 비롯한 유동빈, 박도상, 권경, 윤지태와 같이 과문에서 두각을 드러내었던 작가들이었다. 문장가로 과문에서도 두각을 드러내었던 작가들의 작품은 적게는 1편, 많게는 30여 편이 수록된 반면, 과문에서만 두각을 드러내었던 작가들의 작품은 적게는 20여 편, 많게는 200여 편가량이 수록되어 있어 작품 수에서 큰 차이를 보인다. 이를 통해 조선 후기에는 과문에서 손꼽혔던 대표적인 작가들이 분명 존재하였으며, 이들의 작품이 시험을 준비하는 응시자들 사이에서 널리 알려지고 그들의 작품이 필사되어 활발하게 유통되었음을 알 수 있다. 과문에서 두각을 드러내었던 작가들의 작품 중에는 『동려문』과 『여림』 두 책에 모두 수록된 작품이 상당수였는데, 이처럼 두 책에 모두 수록된 작품들은 당대 응시자들 사이에서 우수한 작품으로 널리 알려졌으며, 과문 학습의 과정에서 습작의 전

---

13 科文에서만 두각을 드러내었던 작가인 李日躋(1683~1757), 柳東賓(1720~?), 朴道翔(1728~?), 權絅(1708~?), 尹志泰(1700~?)의 경우에는 문집이 남아 있지 않고 생애에 대한 기록도 별로 없어서 구체적인 정황은 알 수 없다. 하지만 사료나 필기 자료에서 확인할 수 있는 科文과 관련한 언급을 통해 그들의 문장을 짐작할 수 있다. 이 가운데 李日躋(1683~1757), 柳東賓(1720~?), 朴道翔(1728~?)에 대한 자세한 서술은 박선이(2020), 272~276면 참조.

범으로 여겨졌던 작품들이었음을 추측할 수 있다.

『동려문』과 『여림』에 수록된 과표의 실제 양상

본 장에서는 『동려문』과 『여림』에 수록된 작품 가운데 이일제와 유동빈의 작품을 통해서 과표의 실제를 검토하려 한다.[14] 이들은 『동려문』과 『여림』에 비교적 많은 작품이 수록된 작가들로 당대 과문에서 두각을 드러내었던 대표적인 인물이다. 이규상은 『병세재언록』 「과문록」에서 이일제와 유동빈이 창작한 과표의 일부 구절을 소개하면서 이들의 작품에 대한 간략한 비평을 덧붙였다. 당대에 이일제와 유동빈이 과문에서 손꼽혔던 대표적 작가임을 고려할 때,[15] 이규상의 이러한 비평은 이규상 개인의 견해가 아니라 당대 문인들의 보편적인 견해로 보아도 무방할 듯하다. 아래에서는 이일제와 유동빈의 작품을 대상으로 과표의 형식적인 면과 내용적인 면을 함께 고찰해 보려 한다.

먼저 이일제의 「한신이 회음후에 봉해진 것에 사례하는 내용으로 의작하라[韓信謝封淮陰侯]」를 살펴보자.[16] 이 시제의 출전은 『사기(史記)』 「회음후열전(淮陰侯列傳)」이다. 한고조(漢高祖) 유방(劉邦)을 도와서 천하를 통일한 공로를 인정받아 초왕(楚王)에 봉해진 한신(韓信)이 이후 한고조(漢高祖)에게 모반을 꾀한다는 의심을 받아 낙양까지 압송되었다가 사

---

14 『東儷文』과 『儷林』에 수록된 작품을 비교한 결과, 동일한 작가의 작품이라도 『儷林』에 수록된 작품이 더 완정한 형태를 띠고 있기에 본 논문에서는 『儷林』에 수록된 작품을 기준으로 형식 및 내용적 측면을 살펴보았다.
15 沈魯崇, 『自著實記』, "表箋學爲林象德·李日蹄之作, 以下不論. 雖如尹志泰, 朴道翔者, 亦無取焉. 惟柳東賓可以展林李之後. 以此作爲四六之學之程, 積費力有倍於詩文卒不得有成, 此爲甚恨也." 번역 및 표점은 심노숭 저, 안대회 외 13인 역(2014). 참조.
16 이 작품은 『儷林』 2冊에 수록되어 있으며, 『東儷文』에는 3冊에 '漢韓信謝拜淮陰侯'라는 제목으로 수록되어 있다. 두 작품 간에는 글자 출입이 있다.

면된 뒤 자신의 고향인 회음(淮陰)을 다스리는 제후로 지위가 강등되었다는 고사(故事)에 근거하였다. 해당 작품의 원문과 출전 및 평측, 번역문을 제시하면 다음과 같다.

■ 이일제의 「한신이 회음후에 봉해진 것에 사례하라는 내용으로 의작하라」

[●: 측성(仄聲), ○: 평성(平聲)]

① 虛頭

01 薰街擬律 罪固甘於萬誅   『漢書』 卷70 「段會宗傳」
    ●○●● ●●○●○●

    梓里移封 貶終止於一秩
    ●●○○ ●●●●●●

02 全生已足 疏榮何顏
    ○○●● ○○○○

03 念

    登坍禮隆 胙土恩大   『漢書』 卷34 「韓信傳」
    ○○●○●●○●   『春秋左氏傳』 隱公 8年條

04 面不過封侯之相 初旣濫於所期   『史記』 卷92 「淮陰侯列傳」
    ●●○○○○ ○○●●○●

    身適會佐帝之勳 位更踰於其分
    ○●●●●●○ ●●○○○●

05 常自勉欝利背義之戒 庶無負解衣推食之恩   『史記』 卷92 「淮陰侯列傳」
    ○●●●●●●●● ●○●●○○●○○

② 本文

②-1 初項

06 只緣起行伍之間 全昧處功名之際
　　●○●○●○○ ○●●○○●

07 方滎陽請王齊之日 臣豈敢於蹇驕　　『漢書』卷34「韓信傳」
　　○○○●○○○ ○●●○●○

　　逮固陵許分楚之時 人乎疑其觀望　　『史記』卷8「高祖本紀」
　　●●○●○○ ○○○○○

08 平生心迹 縱恃大度之俯臨
　　○○○● ●●●●○○

　　前後恩榮 那免群忌之交萃
　　○●○○ ●○●○●○

2-2 次項

09 肆因國內陳兵之事 至煩澤中載車而歸　　『資治通鑑』卷11「漢紀」
　　●○●●○○○ ●○●○●○

10 昔當武涉蒯通之甘言 尙能拒也　　『資治通鑑』卷10「漢紀」
　　●○●●○○○ ●○●●

　　今居方城漢水之饒地 何苦叛耶
　　○○○○●●○● ○●●○

11 人臣負惡逆之名 旣難瞑目
　　○○●●○○ ○○○●

　　丈夫被繫械之辱 寧不靦顏　　『史記』卷92「淮陰侯列傳」
　　●○○●●○ ○●●○

12 惟燗戒久犯於藏弓 顧嚴典敢辭於伏斧
　　○●●●○○○ ●○●●○●●

2-3 回題

13 不圖返洛陽之後 忽降封淮陰之音

●○●●●○● ●●○○●○○

14　旣已貸三尺之章 獲免重戮

　　●●●●●○○ ●●○●

　　猶使綰二丈之組 得比諸侯

　　○●●●●○● ●●○○

15　罪籍俄鐲 深仰聖主之不忍

　　●●○○ ○●●●○○

　　恩封旋錫 庶暴賤臣之非辜

　　○○○● ●●●○○○

2-4 結頭

16　矧感故土之生還 何論新資之貶降

　　●●●●○○○ ○●○○●●

17　生乃伍屠狗販繒之輩 豈能無歉　　『漢書』卷41「樊噲傳」,「灌嬰傳」

　　○●●●●○● ●○●●

　　今則荏釣魚俛袴之鄕 亦覺爲寵　　『資治通鑑』卷9「漢紀」

　　○●●●●○● ●●○○

18　驚魂乍定 幸脫三木之誅

　　○○●● ●●●●○○

　　孤蹤益危 何安五等之貴

　　○○●○ ●●●○●

3 結尾

19　此固知善將之度 用施顚倒不測之方　　『史記』卷92「淮陰侯列傳」

　　●●○●○○● ●○●●●○○

　　豈敢因失王之嘆 或懷希覬非望之志

　　●●○○○◐ ●○○●○○●

20 曲爲之地 不死者天

●○○● ●●●○

21 遇

有罪必察 戒秦王賜劍之寃

●●●● ●○○●●○

無功不封 笑楚伯刻印之失

○○●○ ●●●●○●

01 고가에서 형벌을 집행한다면 죄는 진실로 만 번 죽어도 달게 여길 것인데,
고향 땅으로 옮겨 봉해주어 결국 한 등급이 좌천되는 데 그쳤습니다.

02 생명을 온전히 보전한 것으로 이미 충분하니
특별한 총애를 무슨 면목으로 받겠습니까.

03 생각하건대 등단(登坍)의 예우가 융숭하고 조토(胙土)의 은혜가 큽니다.

04 관상은 제후에 봉해지는 데 불과하니 애초에 기대한 바에 넘치고
몸은 황제를 보좌하는 공훈에 적합하니 지위는 재차 분수에 지나칩니다.

05 늘 이익을 향하여 의리를 배반하는 경계를 스스로 면려하였고,
옷을 벗어주고 먹을 것을 건네준 은혜를 거의 저버리지 않았습니다.

06 병졸의 대열에서 몸을 일으켰기에
공명을 이룰 즈음에 처신에 어두웠습니다.

07 형양(滎陽)에 계실 때 제왕으로 봉해달라고 요청하던 날에 신이 어찌 감히 교만한 마음이 있었겠습니까.
고릉(固陵)에서 초나라를 떼어주시기로 허락하셨을 때 사람들은 관망하기만 한다고 의심하였습니다.

08 평소에 마음으로 비록 큰 뜻으로 굽어 살펴주시기를 믿었으나
전후로 받은 은혜와 영화에 어찌 여러 사람의 시기가 모이는 것을 면할 수 있겠습니까.

09 이에 나라 안에 군대를 사열하는 일로 인하여
번거롭게도 운몽택에서 수레에 실려 돌아오게 하였습니다.

10 옛날 무섭(武涉)과 괴통(蒯通)의 감언을 듣고도 오히려 거절하였는데,
지금 한수(漢水)와 방성(方城)의 기름진 땅에 처하여 어찌 괴롭게 배반을 하겠습니까.

11 남의 신하가 되어 '악역'이란 죄명을 얻었으니 이미 눈을 감기 어렵고,
장부로서 형틀을 쓰고 포박당하는 욕을 당하였으니 어찌 얼굴이 부끄럽지 않겠습니까.

12 분명한 경계를 생각하니 사냥이 끝나면 활을 넣어둔다는 상황을 범한 지가 오래이고,
엄정한 법을 생각하니 죽임을 당한다 한들 감히 사양하겠습니까.

13 뜻밖에도 낙양으로 잡혀 돌아온 뒤에
문득 한 등급을 내려 회음후에 봉한다는 명이 내려졌습니다.

14 이윽고 관대한 법률을 적용하여 사형을 면하였고,
오히려 2길의 인끈을 차고 제후의 반열에 이르렀습니다.

15 죄인의 명부에서 갑자기 빠지니 성주(聖主)의 차마 하지 못하는 마음을 깊이 우러르고,
은혜로운 분봉(分封)을 갑자기 내리시어 미천한 신하의 결백을 드러내셨습니다.

16 하물며 살아서 고향으로 돌아온 것에 감격스러우니,
어찌 새로 제수된 등급이 낮다고 따지겠습니까.

17 태어나 개백정과 비단 장수들과 같은 반열에 있는 것이 어찌 부끄럽지 않겠습니까마는
지금에는 물고기를 잡고 가랑이 사이를 지나가던 고향을 다스리는 것 역시 총애인 줄을 알겠습니다.

18 놀란 가슴 잠깐 진정되자 다행히 형구(刑具)의 죽임에서 벗어났고,
외로운 자취 더욱 위태로우니 어찌 5등급에 속하는 귀한 후(侯)의 지위에 편안하겠습니까.

19 여기에서 장수를 잘 거느리는 도량은 위태롭고 예측하기 힘든 방편에 쓴다는 것을 진실로 알았으니,
어찌 감히 왕의 지위를 잃었다는 탄식으로 인해 혹여라도 분수에 넘치는 기대를 하겠습니까.

20 곡진히 위하는 것은 땅이고, 죽지 않게 하는 것은 하늘입니다.

21 죄가 있으면 반드시 살펴야 하니 진왕(秦王)이 검을 내린 원통함
을 경계하고
공이 없으면 분봉(分封)하지 않으니 초백(楚伯, 항우)이 인장을 새
기고 주지 않은 실수를 비웃습니다.

이일제의「한신이 회음후에 봉해진 것에 사례하라는 내용으로 의작하라」는 총 21구로, 과표의 기본 구성인 허두-본문[초항·차항·회제·결두]-결미의 형식을 갖추고 있다. 상응하는 두 행은 글자 수가 완전하게 일치하는 사륙변려체를 기반으로 하고 있으며, 매 구 끝자의 평측을 번갈아 놓는 가위법을 지켰다. 다만, 허두에서 '념(念)' 이하의 제4련 상·하구의 평측은 측성-평성이 되어야 하지만 평성-평성으로 바꾸어 놓음으로써 도중에 한 번 변화를 주었다. 본문의 초항은 평-측, 평-측, 평-측, 차항은 측-평, 측-평, 측-평, 평-측, 회제는 측-평, 측-평, 측-평, 결두는 평-측, 측-측, 평-측이다. 결두의 경우에는 평-측 다음에 '태어나 개백정과 비단 장수들과 같은 반열에 있는 것이 어찌 부끄럽지 않겠습니까마는 지금에는 물고기를 잡고 가랑이 사이를 지나가던 고향을 다스리는 것 역시 총애인 줄을 알겠습니다[生乃伍屠狗販繒之輩, 豈能無歉? 今則苴釣魚俛袴之鄕, 亦覺爲寵]'에서 측-측을 놓았는데, 이는 과표의 전체 주제를 드러내기 위해 평측에 변화를 준 것으로 보인다.

작품의 전체적 구성과 내용적인 측면을 살펴보면, 이일제는 시제에 따라 과표의 화자를 한신(韓信)으로 설정하고 있다. 허두에서는 역모로 몰아 자신을 죽이지 않고 회음후에 봉해주어 생명을 보전하게 해준 한고조의 처분에 감사의 뜻을 표하는 내용을 중심으로 작품의 배경이 된 사건과 함께 주제를 요약하여 제시하였다. 본문의 초항과 차항에서는 한신이 낙양까지 압송되는 과정에서 자신의 죽음을 예상하는 심경을 간곡하게 토로하였다. 전반부에는 미천한 자신에게 옷과 음식을 건네주고 제왕에 봉해주었던 한고조의 큰 은혜를 저버릴 수 없음을 말하였고, 후반부에

는 자신은 절대로 모반을 꾀하려는 마음을 먹은 적이 없지만 이미 반역자라는 의심을 받고 있기에 자신을 사형에 처하더라도 기꺼이 감내하겠다고 말하였다. 이어 회제와 결두에서는 한고조의 관대한 처분으로 결국 죽음에 이르지 않고 지위가 한 등급 강등되는 것에 그친 자신의 심경을 말하였다. 결미에서는 자신에게 관대한 처분을 내려준 한고조의 덕을 칭송하며 과표를 올리게 된 까닭을 간략하게 말하면서 글을 마무리하였다.

이규상은 『병세재언록』「과문록」에서 이일제를 두고 '과표에 비상한 재주가 있어서 문장이 능란하고 예리하여 과표 작가 중에서 가장 능수로 손꼽혔다'[17]라고 칭찬해 마지않았고, 이 작품의 제6구 '병졸의 대열에서 몸을 일으켰기에 공명을 이룰 즈음에 처신에 어두웠습니다[只緣起行伍之間, 全昧處功名之際]'와 제10구 '옛날 무섭(武涉)과 괴통(蒯通)의 감언을 듣고도 오히려 거절하였는데, 지금 한수(漢水)와 방성(方城)의 기름진 땅에 처하여 어찌 괴롭게 배반을 하겠습니까[昔當武涉蒯通之甘言尚能拒也, 今居方城漢水之饒地何苦叛耶]?'를 소개하며 '비록 한신으로 하여금 말하게 하더라도 여기에서 벗어나지 못할 것이다'[18]라고 고평(高評)하였다. 여기서 한 가지 주목할 점은 이규상은 이 작품을 평가하는 기준으로 대우의 구사와 평측의 운용 등 형식적인 측면과 함께 내용적인 면에서 시제가 의거하고 있는 고사를 얼마나 잘 파악하고 활용하여 주제를 잘 구현하고 있는지, 또 적절한 수사와 표현을 구사하고 있는지 등을 작품의 중요한 평가 요소로 감안하고 있다는 사실이다.

다음으로 유동빈의 「퉁소를 불어 초나라 군사들을 무너뜨린 일에 대해 한나라의 신하들이 하례하는 내용으로 의작하라[漢群臣賀吹簫散楚兵]」를 살펴보자.[19] 해당 작품의 원문과 출전 및 평측, 번역문을 제시하면

---

17 李圭象, 『幷世才彦錄』, 「科文錄」, "李參判日躋, 字君敬, 表才異常, 其才全在於人事上, 形容人所欲言, 反勝其人之口. 文亦尖利自有, 科表中第一能手."
18 李圭象, 『幷世才彦錄』, 「科文錄」, "雖使信言, 不過如此."
19 이 작품은 『儷林』 3冊에 수록되어 있으며, 『東儷文』에는 6冊에 '漢賀項羽至固陵張良吹簫散楚

다음과 같다.

■ 유동빈의 「퉁소를 불어 초나라 군사들을 무너뜨린 일에 대해 한나라의 신하들이 하례하는 내용으로 의작하라[漢群臣賀吹簫散楚兵]」

[●: 측성(仄聲), ○: 평성(平聲)]

1 虛頭

01　誰能撓楚權乎 幄籌方運
　　○○●●○○ ●○○●

　　客有吹洞簫者 敵壘俄空
　　●●○●●● ●●○○

02　是乃凄耳之音 無不流涕而去
　　●●○●○○ ○●○●○●

　　恭

03　大度鬪智 謀士出奇
　　●●●● ○●●○

04　我武維揚 旣見孔將軍在左費將軍在右　　『史記』卷8「高祖本紀」
　　●●○○ ●●●○○●●○○●

　　大統將集 何論漢鴻溝以西楚鴻溝以東　　『史記』卷8「高祖本紀」
　　●●●● ○●●○○●○●○○

2 本文

兵'이라는 제목으로 수록되어 있다. 두 작품 간에는 글자 출입이 있다. 『幷世才彦錄』「科文錄」에는 南胄寬(1724~?)이 해당 시제가 출제된 月課에서 장원으로 뽑혔으며, 그의 작품이 명작으로 알려졌다[近日文官南胄寬, 題漢賀吹簫散楚兵爲壯元於月課爲名作]는 기록이 있다. 이러한 기록을 통해서 본 작품이 柳東賓이 南胄寬과 함께 月課를 쳤을 때 제출한 작품인지, 아니면 南胄寬의 작품이 유명해지자 해당 試題로 柳東賓이 습작한 작품인지는 정확하게 알 수 없으나, 『儷林』 3冊에는 南胄寬의 작품이 수록되어 있어 본 작품과 비교 대상이 될 만하다.

②-1 初項

05 顧彼項羽之垂亡 尙多爪牙之爲用
　　●●●●○○○ ●○●○○○●

06 大小七十戰之卒困 縱挫拔山之威
　　●●●●●○● ●●●○○○

　　子弟八千人之相隨 猶有如林之衆
　　●●●○○○○ ●●○○○●

07 荊江漁唱 誰退東吳之兵　　　　　　『晉書』卷29「五行志」
　　○○○● ○●○○○○

　　晉曠琴聲 尙憂南風之競　　　　　　『春秋左氏傳』襄公 18年條
　　●●○● ○○○○○

②-2 次項

08 屬値鷄山明月之夜 殊異鴻門朝日之時　『史記』卷7「項羽本紀」
　　●●○○○●○ ○●○○○●○

09 枕戈吳兒 夢驚八年之風雨
　　●○○○ ●○●○○○●

　　滿營楚月 秋生九郡之山河
　　●○●● ○○●●○○○

10 雖伯王蓋世之雄 尙不禁慷慨下泣
　　○●○●●○○ ●●●●●●●

　　況士卒懷土之念 安得無謳歌思歸
　　●●●○●○● ○●○○○○○

②-3 回題

11 俄然王帳謀臣 吹送碧簫哀韻
　　○○○●○○ ○●●○○●

12 商聲數関 半雜烏騅之嘶

○○●● ●●○○○○

楚天三更 喚起熊虎之士

●○○○ ●●○●○●

13　餘音不絶 宛帶楚水吳山之愁

○○●● ●●●●○○○○

一軍皆驚 孰無代馬越鳥之戀　　　『文選』卷29 雜詩上

●○○○ ●○●○●○

②-4 結頭

14　果山上鳴鳴竟夕 而營中落落如星

●○●○●● ○○○●●●

15　一聲剪斷 陣雲兵氣蕭瑟

●○●● ●○○●●

千軍踏向 曉月去路蒼茫

○○●● ●●●●○○

16　不啻雍門之琴 左右皆泣　　　『說苑』「善說」

●●○○○ ●●○●

殆同易水之筑 壯士亦悲　　　『史記』卷86「荊軻列傳」

●○●●○● ●●●○

③ 結尾

17　誰知秦樓引鳳之音 反成楚幕飛烏之續　　　『列仙傳』

○○○○●●○○ ●○●●○○○●

18　蕭條半夜 猴冠之伯圖焂空　　　『史記』卷7「項羽本紀」

○○●● ○○○●○●

經營幾年 蜂起之健兒安在

○○●○ ○●○●○●●

19　金壇大將 莫詫百戰之功勳

○○●● ●●●●○○○
玉簫寒聲 已收全楚之天地
●○○○ ●○○●○○●
20 斷腸一曲 解體三軍
●○●● ●●○○
念

01 누가 초나라의 권력을 뒤흔들었는가. 장막 안에서 계책이 움직였네.
어떤 객이 퉁소를 불자, 적의 진영이 갑자기 텅 비었네.

02 귀에 들리는 처량한 소리에 눈물을 흘리며 떠나가지 않은 사람이 없었네.

03 생각건대 큰 계책은 지혜를 다투고 모사는 기이한 계책을 내네.

04 우리의 무공을 드날려 공(孔)장군은 왼쪽에 있고 비(費)장군은 오른쪽에 있음을 이미 보았고,
큰 통일이 이루어질 것이니 홍구(鴻溝) 서쪽은 한나라 소유이고 홍구(鴻溝) 동쪽은 초나라 소유임을 어찌 따지겠는가.

05 돌아보건대 저 항우는 곧 망할 것인데,
여전히 발톱과 이빨처럼 부리는 장수가 많네.

06 크고 작은 칠십 번의 전투에 마침내 곤경에 처해 비록 산을 뽑을 만한 위세 꺾였지만,
함께 따르던 강동(江東)의 8천 명의 자제는 여전히 수풀처럼 많네.

07 형주(荊州)의 강하(江夏)에서 어부들 노래 불렀으니 누가 동오(東吳)의 군사를 격퇴하였는가.
   진(晉)나라의 사광(師曠)은 거문고를 연주하여 오히려 남풍과 다투는 것을 걱정하였네.

08 마침 계명산(鷄鳴山)에는 밤에 밝은 달이 떠올랐으니,
   홍문(鴻門)에서 조회 받던 때와는 전혀 달랐네.

09 창을 베고 있는 오(吳)나라 아이는 꿈속에서 8년 동안의 풍우에 놀라고
   진영에 초나라 달빛 가득한데, 가을에 초나라 9군(郡)의 산하가 비치네.

10 비록 백왕(伯王)으로 세상을 뒤덮는 영웅이 되었지만 오히려 울분에 흘러내리는 눈물 금할 수 없으니,
   더구나 병졸들은 고향을 생각하는 마음 있으니 어찌 초나라 소리에 돌아갈 생각을 하지 않겠는가.

11 갑자기 왕의 장막 안에 있던 모신(謀臣)이 옥피리로 슬픈 곡조를 연주하네.

12 슬픈 노래 몇 곡조에 오추마의 울음소리 반쯤 섞이고,
   삼경 무렵 초나라의 곰과 호랑이처럼 용맹한 장사들 불러일으켰네.

13 남은 곡조 끊이지 않아 초오(楚吳) 지역의 강과 산에 대한 근심 완연하고
   전군이 모두 놀라 누군들 대마(代馬)와 월조(越鳥)처럼 고향을 그리워하지 않겠는가.

14 산 위에서 저녁 내내 울부짖다가
    군영 안의 병사들은 흩어져 얼마 남지 않았네.

15 한 곡조 노래 끊어지자 전쟁의 기운 시들해지고
    많은 병졸 길 나서니 새벽달이 떠나는 길을 아득히 비추네.

16 옹문자주(雍門子周)의 거문고 연주보다 더 슬퍼 좌우에서 모두 울먹이고
    역수(易水)에서 축(筑)을 연주할 때와 거의 같아 장사들 역시 슬퍼하네.

17 진루(秦樓)에서 봉황을 부르는 곡조를 연주한 줄 누가 알겠는가.
    도리어 초나라 군영에서 적을 무너트리는 공적을 이루었네.

18 쓸쓸한 한밤중에 갓을 쓴 원숭이의 패업(霸業)은 잠깐 사이에 부질없는 일이 되었으니,
    천하를 도모한 지 몇 년 사이에 봉기했던 굳센 장정들은 어디에 있는가.

19 화려한 단상 위의 장수는 수많은 전투의 공훈을 자랑할 수 없으니,
    쓸쓸한 옥퉁소 곡조는 이미 초나라 전역을 거두었네.

20 창자를 끊어내는 한 곡조에 3군이 뿔뿔이 흩어졌네.

유동빈의 「퉁소를 불어 초나라 군사들을 무너뜨린 일에 대해 한나라의 신하들이 하례하는 내용으로 의작하라」는 총 20구로, 과표의 기본 구성인 허두-본문[초항·차항·회제·결두]-결미의 형식을 비교적 잘 준수

하고 있다. 이일제의 과표와 마찬가지로 사륙변려체를 기반으로 가위법을 지켰다.

유동빈은 시제에 따라 과표의 화자를 한나라의 신하들로 설정하고, 주로 『사기(史記)』 「고조본기(高祖本紀)」와 「항우본기(項羽本紀)」의 고사를 활용하여 주제를 구현하고 있다. 작품의 주제를 개괄하는 허두에서는 한나라와 초나라가 싸울 때 옥피리를 불어 초나라 군사들의 전의를 잃게 만든 장량(張良)의 뛰어난 계책 덕분에 초나라 군대가 와해되었음을 말하였다. 본문의 초항과 차항에서는 '역발산기개세(力拔山氣蓋世)'의 영웅호걸로 일컬어졌지만, 오랜 기간의 전투로 기세가 꺾일 대로 꺾인 항우의 모습과 전투에 지쳐 고향을 그리워하는 병사들의 간절한 심경을 그렸다. 이어 과표의 주제를 환기하는 회제는 장량이 옥피리로 슬픈 곡조를 연주하자 오추마가 울고 초나라의 군사들이 그 곡조에 동요하는 모습을 그려내어 초나라 군대가 흩어지려 하는 상황을 그렸다. 결두에서는 결국 슬픈 옥피리 곡조에 동요된 초나라 군사들이 뿔뿔이 고향으로 떠나 항우의 군대가 와해되는 모습을 그렸다. 결미에서는 천하의 제패를 꿈꾸며 기세등등했던 항우와 초나라 군대를 장량이 옥피리 한 곡조로 무너뜨린 일을 치하하며 항우와 초나라 군사에 대한 다소 냉소적인 어조로 글을 마무리하고 있다.

이규상은 『병세재언록』 「과문록」에서 유동빈의 과표 가운데 '옹희의 덕화가 저절로 드러나니 조정의 의론 따르고 어기는 것과 무관하고 존몰의 감회 바야흐로 깊으니 앞 말의 득실 논할 게 무엇인가[雍熙之化自彰, 非緣廷議之從違. 存沒之感方深, 何論前言之得失]?'라는 구절을 소개하며 '유동빈의 여체(儷體)는 자골어(刺骨語)가 많다'[20]고 평가하였다. 해당 구절이 어떠한 작품의 일부분 인지는 정확히 파악할 수 없으나 시제의 핵심을 잘 간파하여 날카롭게 정곡을 찌르는 듯한 표현을 구사한 점을 높이 평가

---

20 李圭象, 『幷世才彦錄』, 「科文錄」, "文官柳東賓儷體, 多刺骨語."

한 것으로 보인다.

　　이러한 점을 기준으로 유동빈의 「퉁소를 불어 초나라 군사들을 무너뜨린 일에 대해 한나라의 신하들이 하례하는 내용으로 의작하라」를 살펴보면, 결미 부분에서 '쓸쓸한 한밤중에 갓을 쓴 원숭이의 패업(霸業)은 잠깐 사이의 부질없는 일이 되었으니, 천하를 도모한 지 몇 년 사이에 봉기했던 굳센 장정들은 어디에?'라고 한 부분은 자골어를 활용하여 영웅호걸로 일컬어지던 항우를 갓 쓴 원숭이에 비유하여 폄하하고 기세등등했던 초나라 군대가 맥없이 무너지는 모습을 적나라하게 드러낸 구절이라 하겠다. 또 '화려한 단상 위의 장수는 수많은 전투의 공훈을 자랑할 수 없으니, 쓸쓸한 옥피리 곡조는 이미 초나라 전역을'이라고 한 부분 역시 자골어를 잘 구사하여 이전의 전투에서 많은 공적을 세웠지만 장량의 옥피리 한 곡조 계략으로 한나라에 의해 결국 패망에 이른 항우와 초나라의 모습을 여실하게 잘 드러내었다.

　　위에서 살펴본 이일제와 유동빈은 과문에서 두각을 드러내었던 대표적인 인물이었으며, 『동려문』과 『여림』을 포함한 사찬(私撰) 과문집에서 이들의 작품이 차지하는 비중은 매우 컸다. 이러한 사실로 볼 때 이들은 당대를 대표하는 과표 작가임에 틀림없으며, 사찬 과문집에 수록된 작품의 수량으로 볼 때도 당대 응시자들에게 이들의 작품이 과표의 학습에서 습작의 전범이 되었음을 알 수 있다.

과문선집에 나타난 과표의 수사와 내용

지금까지 조선 후기에 편찬된 과문선집인 『동려문』과 『여림』에 수록된 작가와 작품들을 대상으로 조선 후기 과표에서 전범으로 여겨지던 작품들의 양상과 그 실제를 분석해 보았다. 『동려문』과 『여림』에 수록된 작가들은 당시 과문을 학습하는 응시자들 사이에서 명성이 있었던 인물이었으며, 그 가운데 두 책에 비교적 많은 분량의 작품이 수록된 작가들로는 이일제를 비롯한 유동빈, 박도상, 권경, 윤지태 등을 꼽을 수 있다. 두 책에 모두 수록된 작가들의 작품은 그 비중으로 볼 때 당대 응시자들 사이에서 자주 회자되었으며, 과문 학습의 과정에서 습작의 전범으로 여겨졌던 작품들이었음을 짐작할 수 있다. 이러한 사실에 주목하여 『동려문』과 『여림』에 모두 수록된 작가와 작품 가운데 이일제의 「한신이 회음후에 봉해진 것에 사례하라는 내용으로 의작하라」와 유동빈의 「퉁소를 불어 초나라 군사들을 무너뜨린 일에 대해 한나라의 신하들이 하례하는 내용으로 의작하라」를 대상으로 과표의 형식적인 면과 내용적인 면을 함께 고찰하였다.

두 작품 모두 형식적인 측면에서는 과표의 기본 구성 형식을 갖추고 있으며, 사륙변려체를 기반으로 한 가위법을 지켰다. 그리고 내용적인 측면에서는 시제가 의거하고 있는 고사를 적재적소에 잘 활용하면서 주제를 잘 구현하였고, 작가의 개성을 드러내는 수사와 표현을 통해 작품의 문학성을 추구하였다. 이규상은 『병세재언록』 「과문록」에서 두 작품을 소개하면서 간략한 비평을 덧붙였는데, 해당 내용을 통해 과표를 평가하는 요소로 대우와 평측 등 형식적인 면뿐만 아니라 내용적인 면에서 시제가 의거하고 있는 고사를 얼마나 잘 파악하고 활용하여 주제를 잘 구현하고 있는지, 또 적절한 수사와 표현을 구사하고 있는지 등을 감안하고 있음을 알 수 있다.

본고에서는 과표의 실제와 그 양상을 살펴보고 분석하는 데 치중하여 당대에 과문에 대해 비평을 남긴 여러 문인의 다양한 자료들을 실례로 제시하지 못한 한계점이 있다. 필자는 이와 관계된 자료들을 검토 중에 있기에 추후 이러한 자료들이 지속적으로 발굴된다면 형식적인 측면에 집중되어 논의되었던 과문의 내용적인 측면과 문학적인 요소를 아울러 논할 수 있는 단초가 될 수 있으리라 생각한다. 이는 추후 연구를 통해 보완하고자 한다.

참고문헌

1. 원전 자료

『東儷文』 10책, 한국학중앙연구원 장서각 소장본.
『儷林』 4책, 하버드대학교 옌칭도서관 소장본.
李世燦 編, 『韓山世稿』, 국립중앙도서관 소장본.
심노숭 저, 안대회 외 13인 역(2014), 『자저실기』, 휴머니스트.
이규상 저, 민족문학사연구소 한문학분과 역(1997), 『18세기 조선 인물지』, 창작과 비평사.

2. DB 및 웹사이트

국립중앙도서관 한국고전적종합목록시스템 KORCIS(http://www.nl.go.kr/korcis/)
서울대학교 규장각한국학연구원(http://kyujanggak.snu.ac.kr/)
하버드대 소장본 온라인 목록 HOLLIS(http://hollis.harvard.edu)
한국고전번역원 한국고전종합DB(http://db.itkc.or.kr)
한국학중앙연구원 장서각(http://jsg.aks.ac.kr/)
한국학중앙연구원 한국역대인물종합정보시스템(http://people.aks.ac.kr/)

3. 연구 논저

김동석(2013), 「朝鮮時代 試券 硏究」, 한국학중앙연구원 박사학위논문.
김태준(1931), 『朝鮮漢文學史』, 조선어문학회.
박선이(2020), 「조선 후기 과문선집 『儷林』에 대하여-자료개관 및 가치와 그 의의를 중심으로-」, 『Journal of korean Culture』 50, 한국어문학국제학술포럼, 253~279면.
박선이(2022), 「肅宗-正祖代 科策과 科表 연구」, 고려대 박사학위논문.
박현순(2014), 『조선 후기의 과거』, 소명출판.
이가원(1961), 『한국한문학사』, 민중서관.
이상욱(2015), 「조선 과문 연구」, 연세대 박사학위논문.
정경주(2013), 「科文 表箋의 형식과 문체의 특성」, 『대동한문학』 39, 대동한문학회, 83~125면.
황위주(2013), 「科學試驗 硏究의 現況과 課題」, 『대동한문학』 38, 대동한문학회, 5~46면.

박선이 朴宣姉

경북대학교 한문학과를 졸업하고, 고려대학교에서 석사, 박사학위를 취득하였다. 현재 고려대학교 한자한문연구소에 연구교수로 재직하고 있다. 조선 후기 과문 관련 연구를 전공으로 삼고 있다. 논문으로「『正始文程』을 통해 살펴본 정조 문체정책의 한 국면」,「肅宗·英祖代 科擧制와 科文의 推移와 쟁점에 관한 일고찰」등이 있다.

e-mail   carpnlotus@korea.ac.kr

정조-고종 연간(年間)의 과문집 『임헌공령(臨軒功令)』 연구

김광년

정조는 즉위 때부터 과거에 지대한 관심을 가지고 그 개혁을 시도한 바 있었으며, 과거 시험 문제와 답안 자료를 통해 시대상을 보여줄 수 있다고 생각하였다. 이러한 문제 의식은 그가 즉위 초부터 각종 과거 시험 및 과제(課製)의 문제와 답안을 수집하여 과문집인 『임헌공령』을 편찬하도록 지시하는 결과로 이어졌다. 정조의 뜻에 따라 이 책은 정조 사후에도 지속적으로 내용이 추가되었으며 고종 연간까지 편찬이 계속되었다.

『임헌공령』은 정조 연간 이후 과거 시험의 양상을 구체적으로 보여주는 자료로서 매우 중요한 의미를 지닌다. 특히 이 책에는 다른 자료에서는 찾을 수 없는 다양한 과거 시험의 시행일자, 문제, 답안, 해당 답안의 작성자 및 성적 등 관련 자료가 매우 풍성하고도 상세하게 기록되어 있다. 뿐만 아니라 이 책에 수록된 작품들은 해당 시험에서 좋은 성적을 거둔 것들을 선별하여 누락 없이 전문을 싣고 있다는 점에서도 자료적인 가치가 매우 크다.

향후 『임헌공령』을 다각도로 활용한다면 과거 시행 및 문제 출제와 답안의 양상 등 과거에 대한 전반적인 연구를 보다 내실 있게 진행할 수 있으리라 기대된다.

과거는 조선왕조 500여 년 동안 줄곧 시행되었던 인재 선발 제도이다. 과거가 이렇게 오랜 기간 동안 시행되어 오다 보니 여러 문제점이 노출되어 제도에 대해 수많은 비판이 있어 왔고 과거 폐지를 주장한 인사들도 적지 않았던 것이 사실이나, 그럼에도 불구하고 과거제도는 단 한 차례도 폐기된 적 없이 강한 생명력으로 조선의 인재 선발을 책임져 왔다. 과거제도는 단순히 글재주나 경전에 대한 지식만을 척도로 사람을 뽑았던 제도라고 치부할 수는 없을 것이다. 그 시행에는 그 시대의 국가 시책을 비롯하여 그 시대의 사상, 문화, 사회 등 제반 분야가 밀접하게 관련되어 있다. 과거에 대한 올바른 이해 없이 조선시대를 이해한다는 것은 사실상 불가능하다 해도 지나친 말이 아니라고 생각한다.

  그러나 우리는 이렇게 중요한 과거제도에 대해 그간 지나치게 무관심하지 않았던가 생각된다. 과거 연구는 주로 사학 분야에서 제도에 대한 연구가 주를 이루어 왔고, 문학 분야에서는 극히 일부의 연구자들에 의해 힘겹게 관심이 이어져 왔다. 그중에서도 과거의 내용이자 핵심이라고 할 수 있는 과거의 문제와 답안 자료에 대해서는 더욱더 관련 연구 성과가 영성했던 것이 현실이다.[1]

  이러한 현실을 타개하기 위한 노력의 일환으로, 본고에서는 정조가 제안하여 처음 만들어지고, 이후 정조의 뜻에 따라 고종 연간까지 지속적으로 자료가 추가되었던 과문집 『임헌공령』에 대해 기초적 탐색을 진행하고자 한다. 『임헌공령』은 규장각에 영본(零本) 74책, 국립도서관에 영본 28책[2]이 수록되어 있는 거질(巨帙)의 과문집으로, 정조대부터 고종대까지의 대소과(大小科) 및 기타 과거, 문신(文臣) 과제(課製) 등의 자료가 문제, 시험 정보와 함께 수록되어 있어서 조선 후기 과거제도와 과문을 연구할 때 필수적으로 참조해야 하는 자료라고 할 수 있다. 그러나 『임헌

---

1 다행히 최근 일부 연구자들에 의해 과거 문제 및 문체, 답안 자료 등에 대한 연구가 관심 있게 이루어지는 것은 고무적인 일이다. 주요 성과로는 다음의 논문들을 들 수 있다. 박재경(2014); 이상욱(2015); 박현순(2016); 심경호(2016); 윤선영(2019).
2 국립중앙도서관에는 4권본과 24권본 두 종의 『임헌공령』이 소장되어 있다. 이들의 내용에 대해서는 후술할 것이다.

공령』에 주목했던 연구는 아직 그리 많지 않을뿐더러[3] 이 자료 자체에 주목한 본격적인 탐색 작업도 이루어진 바가 없다. 이에 본고에서는 『임헌공령』을 문헌학적으로 고찰하여 그 체재와 내용의 특징을 분석하고, 정조의 『임헌공령』 편찬 의도와 그 자료적 가치 등도 고찰해볼 것이다.

정조의 『임헌공령』 편찬 의도와 목적

조선시대 군주치고 인재 선발에 관심을 가지지 않은 경우는 없겠지만 정조는 그중에서도 특별히 이 문제에 관심을 가지고서 다양한 정책을 입안하고 실천하였다. 예컨대 그는 즉위 이후 영조의 장례 절차가 어느 정도 마무리되고서 곧바로 과거제도의 개혁을 위해 명을 내려 대소 신료들의 의견을 구한 적도 있었다.[4] 이를 통해 보면 그는 이미 세손 시절부터 과거제도에 큰 관심을 가지고 있었고, 그 개혁을 급선무로 여기고 있었음을 잘 알 수 있다. 비록 여러 한계로 인해 그의 과거제도 개혁의 꿈은 무산되어 버리고 말았지만[5] 이후로도 그는 과거제도에 대해 다양한 방면으로 관심을 가지고 있었던 것으로 생각된다.

과거에 대한 정조의 관심을 잘 보여주는 것이 바로 『임헌공령』이다. 현전하는 『임헌공령』에는 서문이나 발문 등이 전혀 없어 이 책의 편찬을 둘러싼 사실 관계를 확인하기가 불가능하지만, 정조 연간에 편찬된

---

[3] 『임헌공령』을 자료로 활용한 연구 성과가 몇 건 존재한다. 박현순(2016); 윤선영(2017; 2018; 2019) 등. 이중 박현순의 논문은 御題 모음집인 『임헌제총』에 대해 상세히 분석하는 과정에서 『임헌공령』도 상당히 비중 있게 다루고 있어 주목할 만하다.

[4] 이때 내려진 綸音이 『정조실록』에 수록되어 전한다. 『정조실록』 권1, 정조 즉위년 5월 28일(1776) 戊戌 첫 번째 기사. 1,500여 자에 이르는 장편의 윤음에서 그는 과거제도의 기원과 변천, 과목의 의미에 대해 설명하고, 자신이 신하들에게 의견을 구하는 취지를 논술하였다.

[5] 이에 대해 『정조실록』에서는 다음과 같이 정리하고 있다. 같은 책, "諸臣獻議多參差, 上自初元, 必欲痛革科弊, 而難於更張, 竟未果."

도서 해제집인 『군서표기(群書標記)』에 이 책이 저록(著錄)되어 있어서 이 책의 편찬 의도를 살필 수 있게 해준다. 정조가 직접 작성한 이 책의 해제 내용은 다음과 같다.

> 이는 공령문(功令文)의 각 문체 중에서 우수한 여러 시권을 모아서 기록한 것이다. 기록한 것은 친림(親臨)한 시험에서의 시권에만 머무르지 않았을 뿐만 아니라 아래로 예조(禮曹)에서 거두어들인 것, 성균관에서 거두어들인 것, 여러 도(道)의 도회(都會, 공도회(公都會))에서 지은 것 등에까지 이르러 모아 취하지 않음이 없으나, 그럼에도 '임헌'이라고 한 것은 임금이 직접 평가한 것이 시관(試官)이 평가한 것보다 많기 때문이다.
>
> 과거(科擧)의 폐단이 오래되었다. 내가 즉위한 초기에 우선 윤음을 반포하고 널리 조정의 논의를 물었는데, 비록 옛날과 지금은 마땅한 것이 다르기 때문에 크게 바꾸지는 못하였다. 하지만 봄과 가을의 도기과(到記科)에서 옛 법을 천명하고, 성균관 유생들의 과시에서 성대한 일을 추술(追述)하며, 문신 강제(講製)에서 호당(湖堂, 독서당)의 아름다운 규범을 본받는 따위는 대체로 오늘날 공령문을 통해 옛사람이 인재를 변별하는 뜻을 부치려 한 것이었다. 그래서 체재(體裁)는 반드시 현주(玄酒)와 대갱(大羹)을 이야기하였고, 음운(音韻)은 반드시 주현(朱絃)과 소월(疏越)을 이야기하였고, 보추(步趨)는 반드시 '범아구치(範我驅馳)'를 이야기하였으며, 명제(命題)는 한 가지 문체만으로 하지 않았고 고과(考課)는 추위와 더위에도 틈을 두지 않았으니, 적이 주부자(朱夫子)께서 "풍속이 이로써 융성해지고 나라는 이로써 다스려지니 과거는 바꾸지 않아도 된다"라고 하신 말씀을 바란 것이다. 이 책의 여러 작품은 비록 그 아름다움과 허물을 가릴 수 없고 장점과 단점이 서로 드러나 있으나 잘 관찰하는 사람은 오히려 내가 취사하고 감별한 큰 뜻을 알 것이다.

처음에는 춘조(春曹, 예조)로 하여금 편찬해 바치게 하였다가 근래에는 내각(內閣, 규장각)에서 베끼고 교정하는 일을 전담하게 하였다. 매번 고시를 하고 나서 편차하고 기록하여 종류별로 모으고 각기 문체별로 순서를 매기고 줄곧 시간 순서를 따라 병신년(1776, 정조 즉위)부터 경신년(1800, 정조 24)까지 책으로 만든 것이 156권이다. 지금부터는 일을 계승하여 더 편찬한다면 장차 몇천 권이 될지 모를 일이니, 또한 시문(時文)의 큰 보고일 것이다.[6]

위 인용문을 보면 정조가 과거 문제와 답안을 통해 자신의 시대를 보여주고자 하였던 사실이 드러난다. 이러한 생각을 뒷받침하는 것은 정조가 인용한 주자의 발언인데, 이는 사실 당나라 때 유종원(柳宗元)이 「최자부(崔子符)가 과거를 그만두는 것을 전송하며 지어준 시의 서문[送崔子符罷擧詩序]」[7]에서 한 말이다. 이 글은 과거를 포기하고 떠나려는 최책(崔策)이라는 인물에게 유종원이 시를 지어주고 그에 대한 서문으로 쓴 것이다. 해당 문장의 구체적 의미는 과거제도가 일정한 폐단이 있기는 하지만 사람의 본모습을 글을 통해 보여준다는 본질 자체에는 변함이 없기 때문에 그의 글과 행동을 살펴서 남을 교화시킬 수 있는 사람을 높이 쓰고 그렇지 않은 사람은 낮추면 국가가 제대로 운영될 것이니 과거제도를 굳이

---

6 정조, 『弘齋全書』 권184, 「臨軒功令一百五十六卷」, 『群書標記』, 『한국문집총간』 267, 584~585면, "此功令各體得雋諸券之裒錄者也. 所錄不專止臨試之券而已, 下逮禮闈所收, 陛庠所取, 諸道都會之作, 無不彙攬, 而謂之臨軒, 以御考之多於試考也. 科學之弊久矣. 予於踐阼之初, 首先頒綸, 博詢在廷之議, 雖以古今異宜, 未能大加更張, 而如春秋到記之修明舊典, 泮儒課試之追述盛事, 文臣講製之倣用湖堂美規, 蓋欲因今日功令之文, 寓古人辨材之義. 而體裁則必曰玄酒大羹, 音韻則必曰朱絃疏越, 步趨則必曰範我驅馳, 命題不專於一體, 考課靡間於寒暑, 竊有蘄乎朱夫子所謂俗以其隆, 國以其理, 而科不俟易者, 卽此卷中諸作, 雖其瑕瑜不掩, 長短互見, 而善觀者尙可以知予取捨鑑別之大意矣. 始令春曹編進, 近使內閣專管寫校, 每過考試, 隨加編錄彙類, 各以文體序次, 一從年月, 自丙申至庚申爲卷者一百五十六. 由玆以往, 踵事添修, 將不知幾千百卷, 亦可謂時文之一大淵府也."

7 柳宗元, 『柳河東集』 권23에 수록.

폐지할 필요는 없다는 것이다.[8] 결국 과거 문제와 답안을 통해 그 시대를 올바로 통찰할 수 있다는 것이 유종원의 생각이었고 정조는 그러한 생각을 수용하였다고 볼 수 있다.

　　이와 관련하여 위 인용문 마지막에서『임헌공령』을 두고 정조가 "**시문**(時文)의 큰 보고"라고 자평(自評)한 말에 주목할 필요가 있다. '시문'이란 바로 '과문'을 일컫는 말이다. 다시 말해 이 책이 역대의 과문을 일목요연하게 열람할 수 있는 자료로서 중요한 의미가 있다는 생각이다. 당연한 말이겠지만 과거 문제에는 임금의 생각[9]과 국가 시책 등이 종합적으로 반영되기 때문에 그 답안인 과문에도 역시 이러한 사항들이 상당한 비중으로 영향을 미칠 수밖에 없다. 결국 정조는 자신의 국가 시책이 반영된 과거 문제와, 이에 대한 당시 지식인들의 응답인 과거 답안을 수집함으로써 자신이 통치한 시대의 명암을 가감 없이 보여주고자 하였던 것으로 생각된다.

　　요컨대 문장을 통해서 시대와 인물을 관찰할 수 있다는 전통적이면서 소박한 사상이『임헌공령』편찬의 동기로 작용했으며, 과거 문제와 답안에 대한 정조의 이 같은 생각은 오늘날 과거 문제와 답안을 연구하는 데에도 시사하는 바가 크다고 할 것이다.

　　편찬 의도와 더불어 이 책의 편찬 시기와 관련하여 한 가지 첨언한다. 애초에 지속적으로 증보가 이루어지는 이 책의 성격상 편찬 시기를 살핀다는 것이 무의미하게 여겨질 수도 있다. 그러나 정조가 언제부터 이런 성격의 책을 편찬할 것을 염두에 두고 계획을 실현시켜 나아갔는지, 그 최초 편찬 시기에 대해 검토해 보는 것은 일정한 의미가 있을 것으로

8　유종원,『유하동집』권23,「送崔子符罷擧詩序」, 四庫全書本, "即其辭, 觀其行, 考其智, 以爲可化人及物者隆之, 文勝行無觀智無考者下之. 俗其以厚, 國其以理, 科不俟易也."

9　물론 과거 문제는 임금이 직접 출제하는 경우보다는 해당 시험의 試官이 출제하는 경우가 많다. 그러나 시관들도 기본적으로는 임금의 생각과 국가 시책을 중요하게 생각한다는 점에서 과거 문제에는 임금의 의도가 직접적이든 간접적이든 반영된다고 보아야 한다.

생각한다.

　　기록상에 『임헌공령』이 처음 등장하는 것은 규장각의 일지인 『내각일력(內閣日曆)』 1781년(정조 5) 5월 16일 기사이다. 당시 직제학이던 심염조(沈念祖)가 『임헌공령』과 1781년 1월의 『내각일기(內閣日記)』(『내각일력』을 가리키는 듯함)의 중초본(中草本)을 들인다는 보고를 올린 것[10]이 그 내용인데, 이를 통해 이미 정조 초년부터 『임헌공령』의 편찬 작업이 이루어지고 있었음을 알 수 있다. 정확한 편찬 개시 시기는 관련 자료의 미비로 확인할 수 없으나, 앞서 정조가 즉위 직후부터 과거제도의 개혁에 비상한 관심을 보였던 점 등을 통해 추론해 볼 때 정조는 이미 즉위할 때부터 과시문 자료 집적(集積)의 필요성을 인식하고 『임헌공령』과 같은 책의 편찬을 생각하고 있었다 추정할 수 있으리라 본다.

『임헌공령』의 편찬 체제와 내용

(1) 편찬 체제와 방법

『임헌공령』에는 정조대로부터 고종대까지 각종 과거 및 문신에게 부과된 다양한 제술 시험 자료들이 종합적으로 수록되어 있다. 앞서 살펴본 바와 같이 해마다 내용을 증보하도록 정조가 명하였기 때문에 구성상으로는 일정한 체계를 찾기 어려우나, 본문의 형식에 있어서는 극히 일부를 제외하고는 일관된 형식을 준수하고 있다. 이와 관련해 규장각 및 국립중앙도서관 소장 『상목총람(常目總攬)』에는 『임헌공령』 편찬을 위한 범례가 상당히 구체적으로 정리되어 있어서 참고가 된다.[11] 여기에는 문체

10　『內閣日曆』 11책, 1781년(정조 5) 5월 16일, 규장각 소장본(奎13030), "沈念祖以領籤口傳啓曰: '臨軒功令及辛丑正月本閣日記中草入啓之意, 敢啓.'"

11　이 범례는 1794년(정조 18)에 개정된 것으로, 확인할 수는 없으나 그 기본적인 내용은 이미 정조 초년에 『임헌공령』의 편찬을 개시하면서 마련되었으리라 짐작된다

별 범례와 더불어 제목 아래의 주석에 시험 및 답안 작성자 정보가 어떤 형식으로 들어가는지에 대해서도 시험별로 정리되어 있다.[12] 해당 내용은 아래와 같다.

전책(殿策)은 모두 뽑힌 수에 따라 연이어 쓰는데 두 번째 이하로는 극항(極行, 글의 줄에서 맨 위 ─ 인용자)에 '동제(同題)'라 쓰고 그 아래에 직함과 성명, 성적을 적는다. 무릇 원 제목은 극항에 쓰고 연월, 시험명 및 직함, 성명, 성적은 별행에 2글자를 낮추어 소주(小註) 두 줄로 쓴다. 원문은 다시 별도의 행에 한 글자를 낮추어 쓴다. 권수(卷首)에는 '임헌책문(臨軒策問)' 네 글자를 쓴다.

집책(執策)은 1등을 한 작품만 쓰되 제목은 한 글자를 낮추어 쓴다. 시험명 및 직함, 성명, 성적은 전책의 범례에 의해 쓴다. 원문은 극항에 쓴다. 다른 제목의 1등 작품은 다른 장에 처음 쓴다. 권수에는 '집책' 두 글자를 쓴다.

율시(律詩)는 인찰(印札, 선을 그어 칸을 만든 것 ─ 인용자) 없이 극항에 제목을 쓰고 그 아래에는 작은 글씨 한 줄로 한가운데에 몇 언인지와 그 운율을 쓴다. 그 아래에 두 줄로 연월, 시험명, 직함, 성명, 성적을 쓴다. 두 번째 이하부터는 극항에 '동제(同題)'라고 쓰고 그 아래에 단행으로 직함과 성명, 성적을 쓴다.

표(表), 부(賦), 잠(箴), 명(銘), 송(頌)은 모두 인찰 없이 한쪽 면마다 한 편씩 쓴다. 제목과 주석은 모두 율시의 예를 따르며 과체시(科體詩) 역

---

12 이를테면 親試의 경우 다음과 같은 양식은 다음과 같다. 『상목총람』, 국립중앙도서관 소장본 (古122-2), "某年某月朔抄啓文臣親試 職啣臣某某等."

시 같다.

부, 표, 잠, 송, 명, 율시, 과체시는 한 권을 채우면 권중(卷中)의 제목을 베껴내되 청화(靑花)로 공격지(空隔紙)에 나열하여 쓴다. 입격(入格)한 사람이 비록 많더라도 작은 글씨로 제목 아래마다 얼마나 되는지 숫자를 합하여 쓴다. 그 아래에 연월과 시험명을 쓴다.

논(論), 변(辯), 의(議), 기(記), 서(序)는 집책의 예에 따라 (칸을) 높이고 낮추되 제목 아래에 작은 글씨로 연월과 직함, 성명을 쓴다. 청화로 작게 제목을 쓰는 것은 또한 부, 표, 잠, 송, 명, 율시의 예에 따라 한다.

전책에서 소제목을 나열해 쓰는 것은 위와 같은데, 먼저 '책'자를 쓰고 다른 행에 '책'자보다 조금 낮추어 제목을 나열해 쓴다.[13]

위의 기록을 살펴보면, 문체별로 어떤 형식으로 문제와 답안 자료를 기록하는지, 어느 수준까지의 정보를 함께 수록하는지가 체계적으로 정리되어 있음을 알 수 있다. 실제 『임헌공령』 중에서 비교적 이 규정

---

13 같은 책, "殿策, 則一從被抄數連書, 而自第二以下, 則極行書同題, 其下書職姓名等第. 凡原題則極行書之, 年月科名及職臣姓名等第, 別行低二字以小註雙書. 原文又別行低一字書之. 卷首書臨軒策問四字.
執策, 則只魁作書之, 而題則低一字書之. 科名及職姓名等第, 則一依殿策凡例書之. 原文, 極行書之. 他題魁作, 則以別張始書. 卷首則書執筆二字.
律詩, 無印札, 極行書題, 其下以小字単行正中書某言其韻律, 其下雙行書年月科名職姓名等第. 自第二以下, 極行書同題, 其下行書職姓名等第.
表賦箴銘頌, 並無印机, 每片面書一篇. 題與懸註, 凡例倣律詩, 科體詩亦同.
賦表箴頌銘律詩科體詩, 滿一卷, 則抄出卷中之題, 以青花列書空隔紙, 而入格雖多數, 以小字每題下合書幾數. 其下書年月科名.
論辯議記序, 依執策例高低, 而題下以小字書年月職姓名. 青花小題目, 亦倣賦表箴頌銘律詩例為之.
殿策則小題目列書衣[依]上, 而先書策字, 他行此策字小低, 列書題目."

을 충실히 준수하여 전책을 수록한 국립중앙도서관 소장 24책본 『임헌공령』(古貴3647-5) 중 11책을 통해 범례의 원칙이 적용된 사례를 살펴보기로 한다.

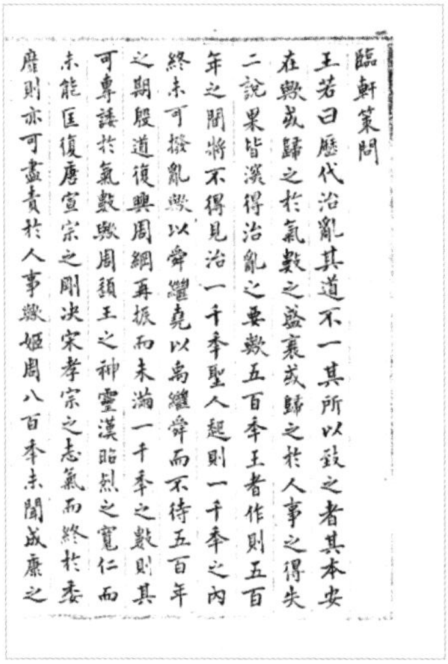
臨軒策問
王若曰歷代治亂其道不一其所以致之者其本安
在歟歲歸之於氣數之盛衰歟歸之於人事之得失
二說果皆洞得治亂之要歟五百年王者作則五百
年之間將不得見治一千年聖人起則一千年之內
終未可撥亂歟以舜繼堯以禹繼舜而不待五百年
之期殷道復興周綱再振而未滿一千年之數則其
可專諉於氣數歟周顯王之神靈漢昭烈之寬仁而
未能匡復唐宣宗之剛決宋孝宗之志氣而終於委
靡則亦可盡責於人事歟姬周八百年未聞成康之

그림 1. 『임헌공령』 11책 1면. 국립중앙도서관 소장(한古朝26-22).

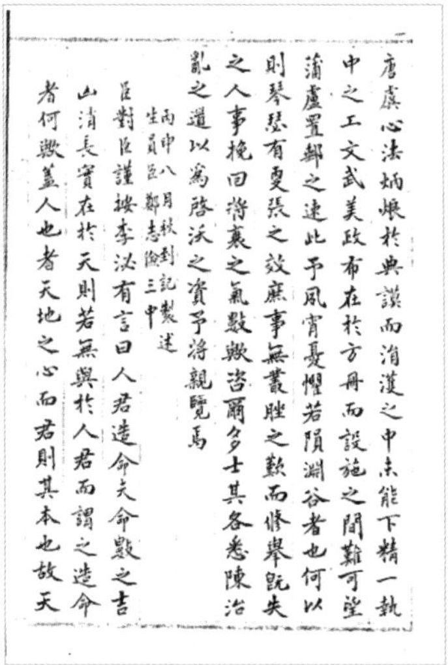
唐虞心法炳煥於典謨而消漢之中未能下精一執
中之工文武美政布在於方冊而設施之間難可望
蒲盧置郵之速此予夙宵憂懼若隕淵谷者也何以
則琴瑟有更張之效庶事無叢脞之歎而修舉既失
之人事挽回將衰之氣數歟咨爾多士其各悉陳治
亂之道以爲啓沃之資予將親覽焉
丙申八月秋到記製述
生員臣鄭志儉三中
臣對臣謹按李泌有言曰人君造命夫命數之吉
凶消長實在於天則若無與於人君而謂之造命
者何歟蓋人也者天地之心而君則其本也故天

그림 2. 『임헌공령』 11책 5면. 국립중앙도서관 소장(한古朝26-22).

국립중앙도서관 소장본 『임헌공령』 11책에는 1776년(정조 즉위) 가을 도기과(到記科)부터 이듬해 4월 증광문과(增廣文科) 전시(殿試)에 이르기까지의 전책 문제와 작품이 총 6제 5편(문제 2건에 대해서는 답안이 수록되지 않음) 수록되어 있다. 권수(卷首) 부분에는 규정대로 '임헌책문(臨軒策問)' 네 글자가 적혀 있고, 바로 이어서 극항(極行)부터 어제 책문(御題策問)이 수록되었다. 『임헌공령』에서는 전책과 집책(執策)의 기록 양식이 서로 다른데, 전책은 임금이 직접 주관하여 출제하므로 문제를 극항에, 답안을 한 글자 내려 쓰는 반면, 집책은 문제를 한 글자 내려 쓰고 답안을 극항에 쓰도록 규정하였기 때문이다.

범례에 따르면 시험 관련 정보는 문제 끝에 행을 달리하여 적으며, 이때 기록되는 정보는 연월, 시험명 및 직함, 성명, 성적이다. 위 그림을 보면 해당 시험은 1776년(정조 즉위) 8월에 치러진 가을 도기과 제술 시험이었고, '치란(治亂)'을 주제로 정조가 직접 출제한 문제였다. 답안 작성자는 당시 생원(生員)이었던 정지검(鄭志儉, 1737~1784)[14], 성적은 삼중(三中)을 받았다는 사실 등이 작은 글씨로 정리되어 있다. 이를 범례의 규정과 비교해 보면 규정을 준수하여 시험 관련 정보를 기입하였음을 알 수 있다. 그리고 곧바로 이어지는 답안 본문 역시 범례에 충실하게 한 칸 내려서 기록하였다. 어떤 문제가 언제 출제되었고 누가 답안을 작성했는가가 과거 문제 및 답안 연구에서 매우 중요한 부분임을 감안해 볼 때, 이렇게 시험 및 응시자 정보가 빠짐없이 기록되어 있다는 사실은 『임헌공령』의 자료적 가치를 한층 높여준다고 할 수 있다. 특히나 이 책에 수록된 과거 관련 자료들은 기존의 방목이나 역사기록(『조선왕조실록』 『승정원일기』 『일성록』 등)에는 실리지 않은 것들이 많으므로 여기에 부기된 시험 및 응시자 정보는 더욱 귀중한 자료이다.

　　시의 경우에는 일반적인 과체시(科體詩)의 형식(7언 18구)이 아닌 경우에는 제목 아래 소자로 형식을 명기하였는데, 이 역시 『상목총람』의 규정에 따른 것이다. 즉 『임헌공령』에는 시를 수록할 때 그 형식을 과체시와 율시(律詩) 두 종류로 분류하여 수록하였던 바, 율시의 경우는 해당 작품이 몇 언이며 몇 운의 율시인지를 명기하도록 규정되어 있다.

　　그런데 정조는 『상목총람』에 실려 있는 일반적 차원의 범례 외에도, 『임헌공령』의 편찬 체제에 대해 관심을 가지고 여러 차례 편찬 규정에 대해 언급하였다. 예를 들어 1782년(정조 6) 6월 16일에 정조는 아래와

---

[14] 정지검은 해당 시험에서 居首하여 直赴殿試의 혜택을 받고 같은 해 10월 2일에 치러진 庭試文科 殿試에서 丙科 1위로 최종 합격하였다. 한 가지 흥미로운 사실은 당시 도기과는 8월 26일에 치러져 그날 出榜하였는데, 바로 다음 날 정조가 정지검만을 대상으로 다시 '文武' 주제의 책문을 시험보였다는 점이다. 이에 대해 정조는 정지검에게 재주를 남김없이 펼쳐낼 기회를 주고자 그를 다시 시험하였다고 설명하였고, 정지검의 대책문에 크게 만족하며 그에게 지필묵을 희사하였다. 『日省錄』, 정조 즉위년(1776) 8월 26일 및 27일 기사 참조.

같이 하교하였다.

> 『임헌공령』을 수정(修整)할 때, 이후로는 초계문신 제술에서 혹 다시 시험을 보였다면 제목 아래에 다시 시험을 보인 이유를 적고, 승보학제(陞補學製)의 시권(試券)에는 제목 아래에 시험관의 성명을 적어 들이라. 이를 규정으로 삼으라는 뜻으로 예조에 분부하라.[15]

정조는 재위 기간 내내 『임헌공령』에 비상한 관심을 가지고 있어서 편찬 작업이 제대로 이루어지지 않을 때에는 관련 인물들을 엄하게 질책하였고, 위 인용문에서처럼 편찬 체제와 관련해서도 적극적으로 자신의 의견을 개진하고 이를 실제 『임헌공령』 편찬에 반영하도록 하였다. 정조의 지속적인 관심이 있었기 때문에 『임헌공령』은 편찬의 동력을 잃지 않고 정조 사후에도 작업이 계속 이루어질 수 있었을 것이다.

그렇다면 『임헌공령』의 편찬은 구체적으로 어떤 과정을 거쳤을까? 이와 관련하여 『상목총람』에는 날짜별로 『임헌공령』 내용의 내역을 정리한 「임헌공령소본수입록(臨軒功令小本修入錄)」이 있어 관련 정황을 살필 수 있게 해준다. 이 기록은 일종의 『임헌공령』 편찬 일지이자 진도표로서 일자별로 『임헌공령』 내용의 추가 내역, 기타 특이사항 등을 정리한 것이다. 이를 일별해 보면 언제 어느 문체의 몇 책에 대해 수정 작업이 이루어졌는지 뚜렷하게 확인된다. 『임헌공령』 편찬은 특정 주기에 관련 자료를 한꺼번에 모으는 방식이 아니라, 시험을 치를 때마다 일정한 기한 내에 해당 시험의 관련 자료를 그때그때 수합하여 기록하는 방식으로 이루어졌음을 알 수 있다.

예컨대 1787년(정조 11) 7월 18일의 자료 추가 내역을 살펴보면 아

---

15 『內閣日曆』 25책, 정조 6년(1782) 6월 16일 기사, 규장각 소장본, "口傳下敎曰: '臨軒功令修整時, 此後則抄啓文臣製述, 若或更試, 題下懸以更試之由. 陞補學製試券, 則題下懸考官姓名以入. 因爲法例之意, 分付禮曹.'"

래와 같다.

> 정미년 7월 18일
> 표: 제8권 다 채우지 못함. [정미년 7월 아무 날 칠석제(七夕製)의 「한나라 신하들이 산동(山東)에서 오동나무가 난 것을 축하한 일을 의작(擬作)하라[擬漢群臣賀山東出桐]」 운운한 전(箋)에서 그침]
> 율시: 제3권 다 채우지 못함. [정미년 7월 아무 날 친시(親試)의 율시「신선(神仙)의 설은 참으로 황당하다[神仙之說誠荒唐]」에서 그침]
> 표 제8권이 가득 차 소목록을 적어 수정해 들였음.[16]

이 기록에 따르면 7월 18일에 표와 율시의 문제 및 답안 자료를 기존의 『임헌공령』 자료에 추가해 넣었음을 알 수 있다. 이 중에서 다른 자료에서 기록을 찾을 수 있는 율시 문제인 「신선의 설은 참으로 황당하다[神仙之說誠荒唐]」에 대해 잠깐 살펴보면, 해당 문제는 7월 10일에 치러졌던 초계문신 친시에서 정조가 직접 출제한 문제로, 20운의 배율(排律)을 다음 날 신시(申時)까지 제출하도록 하여 11일에 합격자를 발표하였다. 해당 시험에서는 부사과(副司果) 이서구(李書九)를 비롯한 6명이 삼하(三下) 이상의 성적을 받았던 바, 이 6명의 답안 전체가 국립중앙도서관 소장 『임헌공령』 2책에 수록되었다.[17] 『상목총람』의 기록을 통해 우리는 이 내용이 시험 결과가 발표되고 일주일 만에 『임헌공령』에 추가되었다는 사실을 확인할 수 있다.

「임헌공령소본수입록」의 기록을 따라가 보면 늦어도 시험 결과 발표 후 1개월 이내에는 해당 시험 관련 자료들이 추가되고 있는 정황이

---

16 『상목총람』, 「臨軒功令小本修入錄」, 국립중앙도서관 소장본, "丁未七月十八日: 表第八卷未滿. [丁未七月日七夕製, 擬漢群臣賀山東出桐云云箋止.] 律詩第三卷未滿. [丁未七月日親試, 律詩神仙之說誠荒唐止.] 表第八卷已滿, 書小日錄修入."
17 7월 10일 친시에 대한 내용은 『내각일력』 88책, 정조 11년(1888) 7월 10일 및 11일 기사 참조.

확인된다. 그러나 이후로 갈수록 자료의 추가 작업은 원활하게 이루어지지 못하였던 것으로 보인다. 이에 대해 정조는 여러 차례 불만을 표시하며 작업을 엄격히 진행할 것을 명령하였다.

> 비망기(備忘記)로 윤행임(尹行恁)에게 전교하기를, "근래에 『임헌공령』 책자의 수정과 입계가 매번 기한을 어겨 정식(定式)을 해조에 내려 거행하니 매우 놀랍다. 지금부터는 출방(出榜) 후 3일이 지나도 써 들이지 않으면 해당 낭청을 곧바로 잡아들이라는 뜻을 받들도록 하고, 신칙(申飭)하지 않은 각신(閣臣)도 책임을 면하기 어려울 것이다. 이를 자세히 알도록 하라" 하였다.[18]

위 인용문은 1783년(정조 7) 7월 8일에 내려진 정조의 전교로 『임헌공령』 편찬 작업이 제때 이루어지지 않자 출방 후 3일을 기한으로 정하여 편찬 작업을 계속하도록 지시한 것이 그 골자이다. 하지만 이와 같은 정조의 관심에도 불구하고 작업은 계속 지지부진하여 불과 3개월여가 지난 10월 19일에 다시 같은 내용의 전교를 내리기에 이른다.[19] 그나마 이와 같은 정조의 지속적인 관심이 있었기 때문에 정조대의 『임헌공령』은 상대적으로 많은 자료가 보존된 반면, 순조대 이후의 자료는 정조대의 그것에 비해 상대적으로 내용이 부실해지는 결과를 낳을 수밖에 없었다.

(2) 수록 내용 개관

규장각 소장본 『임헌공령』은 총 78책으로 이루어져 있다. 이중 1~3책은

---

18 『내각일력』 38책, 정조 7년(1784) 7월 8일 기사, 규장각 소장본, "以備忘記傳于尹行任[恁]曰: '近來臨軒功令册子修整入啓, 每致愆期, 定式之下該曹擧行, 極爲駭然. 自今出榜後, 過三日不爲書入, 該色郞廳, 直捧拿處傳旨, 不飭之閣臣, 責亦難免, 以此知悉.'"

19 『내각일력』 54책, 정조 7년(1784) 10월 19일 기사, 규장각 소장본, "以備忘記傳于李崑秀曰: '臨軒功令限內不得修整, 則禮郞拿處事, 曾有特敎定式. 而近來小本入啓, 每値遲滯, 而自本閣亦無察推之事. 後復如此, 當該禮郞, 當各別重勘, 不飭之閣臣, 亦難免罪責. 以此知悉, 惕念擧行.'"

『임헌제총(臨軒題叢)』(3책은 낙질)으로 시험 문제만을 별도로 모아 놓은 책이다. 각 책별 수록 문체는 다음과 같다.

책수	수록 문제	비고
1	賦 表 詔 銘 頌 箴 律詩 古詩 律詩 絕句 啓 序 排律 策 制 論 義 說 贊 奏文 答綸	
2	賦 表 書 詔 銘 頌 詩 古詩 律詩 排律 絕句 序 論 判 跋 上疏 草記 婚書 上樑文 對言	標題는 臨軒題叢目錄
3책 缺		
3	賦 詩 表 疑 義	

표 1. 『임헌제총』 내용 개관.

　　내용을 살펴보면, 문체명을 먼저 제시하고 제목을 게시한 뒤 제목 아래에 소자(小字)로 해당 문체를 적고, 그 아래에 시험 시행 일시와 시험 종류를 소자 2행으로 적었다. 또한 2단으로 나누어 한 페이지당 최대 24개의 제목을 실었다. 수록된 문제들 및 그에 부기된 시험 관련 사항들을 살펴보면, 『임헌제총』에 수록된 문제들은 시기적으로는 대체로 순조 연간의 것들이 수록되어 있다.

　　다음으로 4책부터 78책까지는 『임헌공령』이다. 표제로 보면 4책이 『임헌공령』 1책이 되고, 78책이 『임헌공령』 73책에 해당한다. 77책은 표제가 '임헌공령 칠십사(臨軒功令 七十四)'인 바, 77책과 78책은 청구기호 상으로 순서가 뒤바뀌어 있다. 한편 22책은 규장각 청구 기호가 부여되어 있음에도 현전 『임헌공령』에는 빠져 있어서, 규장각에 소장된 이후에 모종의 이유로 분실된 것으로 생각된다. 따라서 현전 규장각본 『임헌공령』은 서지사항 상으로는 78책으로 되어 있으나 실제로는 77책으로 보아야 한다.

　　책별로 『임헌공령』 수록 작품 문체 및 수량을 도표로 정리하면 아래와 같다.

책수	문체	내용	비고
4	策	1777(정조 1) 2월 增廣文科 初試 / 執策 9제 9편	
5	策	1782(정조 6) 1월 到記科~1783(정조 7) 1월 到記科 / 執策 4제 15편	
6	賦	1783(정조 7) 1월 到記科~1785(정조 9) 4월 陞補試 / 賦 72제, 103편, 律賦 6제 35편 / 계 78제 138편	
7	表/箋/詔/敎	1785(정조 9) 齋生應製~1786년(정조 10) 9월 抄啓文臣親試 / 表 21제 77편, 箋 7제 37편, 詔 2제 10편, 敎 1제 15편 / 계 31제 139편	
8	頌/銘/贊/箴/碑	1785년(정조 9) 泮班儒生應製~1798(정조 22) 9월 文臣製述 / 頌 11제 41편, 銘 38제 85편, 贊 6제 20편, 箴 2제 4편, 碑 1제 4편 / 계 58제 154편	
9	策	1788년(정조 12) 9월 己酉式年文科 初試 / 執策 11제 11편	
10	策	1789(정조 13) 1월 抄啓文臣 課試~1790(정조 14) 8월 增廣文科 初試 / 執策 7제 11편	
11	賦	1790(정조 14) 2월 人日製~동년 8월 水原儒生應製 / 賦 17제 110편	
12	表/箋	1790(정조 14) 3월 抄啓文臣更試~동년 8월 增廣文科 初試 / 表 24제 63편, 箋 7제 29편 / 계 31제 92편	
13	詩	1790(정조 14) 8월 增廣監試 초시~1791(정조 15) 9월 水原儒生應製 / 詩 90제 108수	
14	策	1790(정조 14) 8월 增廣文科 初試 / 執策 8제 8편	
15	策	1790(정조 14) 10월 抄啓文臣 課試 및 上齋儒生應製 / 殿策 1제 9편	
16	詩	1794(정조 18) 10월 抄啓文臣 應製 및 泮儒 應製~1796(정조 20) 4월 中學製 / 詩 116제 141수	
17	策	1794(정오 18) 9월 式年文科 初試~1795(정조 19) 11월 抄啓文臣 課試 / 執策 11제 13편	
18	書/通文/判/啓目	1795(정조 19) 11월 抄啓文臣 課試 / 書 1제 1편, 通文 1제 1편, 判 1제 1편, 啓目 1제 2편 / 계 4제 5편	
19	賦	1796(정조 20) 1월 人日製~동년 12월 開城府 公都會 賦 85제 119편	
20	義	1797(정조 21) 5월 北關功令生應製~1798(정조 22)2월 監試會 / 詩義 3제 3편, 禮義 1제 1편 / 계 4제 4편	
21	詩	1797(정조 21) 9월 慶尙左道 公都會~동년 12월 全羅左道 式年文科 初試 / 詩 63제 64수	
22	22책 缺 (청구기호는 있음)		
23	詩	1811(순조 11) 윤3월 四學齋任應製~1816(순조 16) 開城府 陞補試 (마지막 작품만 1796(정조 20) 5월 皇壇望拜禮 泮班儒生應製) 詩 322제 330수, 古詩 1제 2수, 古風 1제 1수, 七言古風 1제 1수, 七言古詩 3제 3수 / 계 328제 337수	
24	疑	1813(순조 13) 8월 增廣監試 初試~1816(순조 16) 10월 式年文科 會試 / 疑 38제 38편	
25	策	1813(순조 13) 9월 增廣文科 初試~동 시험 覆試 / 執策 16제 17편	
26	義	1814(순조 14) 윤2월 式年監試 初試~1822(순조 22) 3월 式年監試 覆試 / 易義 6제 6편, 禮義 14제 14편, 書義 14제 14편, 詩義 12제 14편 / 계 46제 48편	
27	義/疑/策/論/銘/表	1815년(순조 15) 9월 忠淸道 公都會~동년 9월 全羅道 東堂初試 / 禮義 4제 5편, 詩義 9제 10편, 書義 2제 3편, 易義 1제 1편, 疑 19제 23편, 策 2제 3편, 論 3제 3편, 銘 1제 1편, 表 12제 15편 / 계 53제 64편	중복 작품 있음
28	賦	1817(순조 17) 1월 人日製~동년 12월 京畿 公都會 / 賦 61제 62편	

책수	문체	내용	비고
29	詩	1817년(순조 17) 9월 陞補試 初抄~동년 12월 京畿 公都會 覆試 / 詩 51제 51편	
30	疑	1818년(순조 18) 8월 式年監試 初試~1822년(순조 22) 윤3월 式年監試 覆試 / 疑 28제 28편	
31	策	1818(순조 18) 式年文科 初試~1822(순조 22) 윤3월 忠淸左道 式年文科 初試 / 執策 12제 12편	
32	銘/頌/詔	1824(순조 24) 6월 翰林召試~1827(순조 27) 윤5월 入直文蔭官 應製 / 銘 7제 17편, 頌 4제 13편, 詔 1제 1편 / 계 12제 31편	
33	策	1824(순조 24) 9월 文科 初試~1826(순조 26) 2월 別試文科 初試 / 執策 10제 10편	
34	論/序/疏/草記/判	1827(순조 27) 7월 入直承史閣臣等 應製~동년 11월 武臣應製 / 論 2제 7편, 序 1제 7편, 疏 1제 2편, 草記 1제 5편, 判 1제 1편 / 계 6제 22편	
35	詩	1827(순조 27) 5월 禁直文蔭官 應製~1827(순조 27) 11월 承史閣臣 應製 / 七言古詩 1제 1수, 七言絶句 8제 39수, 五言絶句 2제 6수, 五言律詩 4제 15수, 七言律詩 4제 14수, 七言排律 2제 20수, 五言排律 1제 10수 / 계 22제 105수	
36	賦/詩/表/箋/頌	1827(순조 27) 2월 春到記~동년 11월 黃柑製 / 賦 3제 3편, 詩 1제 4편, 表 5제 6편, 箋 1제 1편, 頌 2제 5편 / 계 12제 19편	
37	賦	1831(순조 31) 1월 人日製~1832(순조 32) 12월 學製 / 賦 137제 156편	
38	賦	1833(순조 33) 1월 人日製~동년 12월 開城府 陞補試 / 賦 60제 68편	
39	表/箋/頌	1835(헌종 1) 7월 秋到記~1840(헌종 6) 3월 式年文科 會試 / 表 38제 39편, 箋 5제 5편, 頌 1제 1편 / 계 44제 45편	
40	銘/頌	1835(헌종 1) 10월 增廣文科 殿試~1838(헌종 4) 6월 翰林 召試 / 銘 4제 13편, 頌 1제 4편 / 계 5제 17편	
41	論	1836(헌종 2) 9월 平安北道 式年文科 初試~1838(헌종 4) 8월 慶尙左道 增廣 初試 / 論 4제 4편	
42	詩	1835(헌종 1) 12월 檢書官 取才~1840(헌종 6) 3월 泮班儒生 應製 / 五言十韻排律 3제 5수, 七言十韻排律 1제 1수 / 계 4제 6수	
43	賦	1840(헌종 6) 1월 人日製~동년 12월 黃柑製 / 賦 72제 80편	
44	表	1841(헌종 7) 3월 三日製~동년 12월 黃柑製 / 表 4제 4편	
45	表/箋	1841(헌종 7) 윤3월 三日製~1845(헌종 11) 2월 庭試文科 初試 / 表 31제 31편, 箋 4제 4편 / 계 35제 35편	
46	論	1782(정조 6) 文臣 製述~1787(정조 11) 抄啓文臣 課試 / 論 18제 37편	
47	銘	1842(헌종 8) 日次儒生 殿講비교 / 銘 1제 1편	
48	義	1842(헌종 8) 式年監試 初試~1845(헌종 11) 平安北道 式年監試 初試 / 詩義 9제 9편, 書義 9제 9편, 禮義 16제 16편, 易義 3제 3편 / 계 37제 37편	
49	論	1844(헌종 10) 2월 全羅左道 增廣文科 初試~동 咸鏡南道 初試 / 論 2제 2편	
50	銘	1847(헌종 13) 12월 翰林 召試 / 銘 1제 3편	
51	義	1848(헌종 14) 增廣監試 初試~1850(철종 1) 4월 增廣監試 覆試 / 詩義 15제 15편, 書義 14제 14편, 禮義 16제 20편, 易義 1제 1편 / 계 48제 50편	
52	表/箋	1848(헌종 14) 增廣文科 初試~1850(철종 1) 4월 增廣文科 覆試 / 表 40제 40편, 箋 3제 3편 / 계 43제 43편	
53	銘	1848(헌종 14) 增廣文科 殿試~1850(철종 1) 4월 增廣文科 殿試 / 銘 4제 13편	
54	論	1848(헌종 14) 黃海道 增廣文科 初試~1849(철종 즉위) 12월 檢書官 取才 / 論 3제 3편	

책수	문체	내용	비고
55	銘/詩	1848(헌종 14) 增廣文科 殿試~1849(철종 즉위) 12월 檢書官 取才 / 銘 4제 13편, 詩 2제 6수 / 계 6제 19편	53책 銘 13편과 중복
56	策	1852(철종 3) 4월 式年文科 覆試 / 執策 1제 1편	
57	表	1852(철종 3) 4월 式年文科 覆試~동년 7월 親臨春塘臺 文臣 製述 / 表 3제 3편	
58	義	1852(철종 3) 4월 式年監試 覆試~1855(철종 6) 2월 式年監試 覆試 / 詩義 2제 2편, 書義 1제 1편, 禮義 1제 1편 / 계 4제 4편	
59	銘	1852(철종 3) 1월 翰林 召試~동년 3월 親臨 應製 / 銘 2제 5편	
60	詩	1852(철종 3) 2월 式年監試 覆試~동년 12월 開城府 公都會 / 詩 40제 40편	
61	策	1854(철종 5) 式年文科 初試~1855(철종 6) 式年文科 初試 / 執策 9제 9편	
62	表/箋/銘/詩/論	1854(철종 5) 9월 式年文科 初試 1所~동년 12월 檢書官 取才 / 表 22제 24편, 箋 1제 1편, 銘 5제 10편, 詩 2제 3수, 論 4제 7편 / 계 34제 45편	
63	策/論/表/銘/詩	1858(철종 9) 8월 式年文科 初試~1857(철종 8) 윤5월 檢書官 取才 / 執策 8제 8편, 論 2제 2편, 表 13제 13편, 銘 5제 5편, 詩 1제 2수 / 계 29제 30편	
64	義/策/疑	1858(철종 9) 8월 式年文科 初試~동년 9월 式年監試 覆試 / 詩義 5제 5편, 書義 6제 6편, 禮義 3제 3편, 易義 2제 2편, 策 1제 1편, 疑 17제 17편 / 계 34제 34편	
65	義/疑	1859(철종 10) 1월 增廣監試 初試~동년 2월 增廣監試 覆試 / 詩義 4제 4편, 書義 3제 3편, 禮義 5제 6편, 易義 4제 5편, 疑 16제 21편 / 계 32제 39편	
66	策	1859(철종 10) 9월 秋到記 및 文臣 親試~? / 殿策 2제 3편	
67	詩	1861(철종 12) 2월 式年監試 初試~동년 12월 學製 / 詩 61제 64수	
68	論/奏/啓/說/序/綸音	1801(순조 1) 3월 全羅右道 增廣文科 初試~1822(순조 22) 3월 式年文科 初試 / 論 48제 49편, 奏文 1제 4편, 啓 2제 9편, 說 3제 5편, 序 2제 2편, 答綸 1제 2편 / 계 57제 71편	
69	賦	1802(순조 2) 2월 春到記~동년 11월 西學 學製 / 賦 62제 67편	
70	疑	1803(순조 3) 增廣監試 初試~1805(순조 5) 增廣監試 覆試 / 疑 51제 51편 / 계 51제 51편	
71	表/銘/詩	1864(고종 1) 8월 增廣文科 初試~동년 10월 春塘臺試 殿試 / 表 11제 11편, 銘 7제 7편 二十韻排律 1제 1수 / 계 19제 19편	
72	策	1865(고종 2) 2월 式年文科 初試 / 執策 11제 11편	
73	詩	1866(고종 3) 3월 三日製~동년 10월 陞補試 四抄 / 詩 39제 39수	
74	詩	1867(고종 4) 1월 廣州 公都會~1868(고종 5) 11월 陞補試 十二抄 / 詩 87제 90수	
75	論/義/疑/策	1869(고종 6) 式年監試 初試 / 論 1제 1편, 詩義 5제 6편, 書義 4제 5편, 禮義 4제 4편, 易義 1제 1편, 疑 18제 22편, 執策 7제 7편 / 계 40제 46편	
76	賦	1870(고종 7) 1월 人日製~동년 11월 咸鏡道 公都會 / 賦 37제 39편	
77	疑/義	1874(고종 11) 3월 增廣別試 監試 初試 / 疑 15제 18편, 詩義 3제 3편, 易義 1제 2편, 禮義 6제 6편, 書義 6제 8편 / 계 31제 37편	78책과 순서 뒤바뀜
78	表/箋/疑/義	1870(고종 7) 8월 九日製~동년 2월 監試 覆試 / 表 3제 3편, 箋 1제 1편, 疑 2제 3편, 書義 1제 1편, 禮義 1제 1편 / 계 8제 9편	77책과 순서 뒤바뀜
		계 2,544제 3,364편	

표 2. 규장각본 『임헌공령』 내용 개관.

대체로 작품은 시대순으로 배열되어 있으며, 앞서 살핀 『상목총람』의 규정을 비교적 충실히 준수하면서 작품이 수록되어 있다. 다만 서로 다른 사람들에 의해 그때그때 작품을 추가하는 방식으로 편찬 작업이 이루어졌고, 전체 내용에 대한 일관된 편집 작업이 이루어지지 못한 탓에 몇 가지 잘못된 부분들이 확인된다.

첫째, 작품의 중복 문제. 27책에 수록된 표(表) 작품들 중에서 중복된 것들이 여러 편 보인다. 76a면에 수록된 정규헌(鄭圭獻)의 「당요(唐堯)의 신하들이 광채가 사방에 두루 미친 것을 축하한 일을 의작하라[擬唐堯群臣賀光被四表]」는 77a, 78a면에 중복 수록되었고, 바로 다음 76b면에 수록된 같은 제목의 우원계(禹元啓)의 작품은 77b, 78b면에 중복 수록되었다. 또 79a, 79b면에 각각 수록된 방산두(方山斗)의 「주나라 신하들이 녹(祿)을 구하여 온갖 복을 얻어 자손들이 천이며 억이었음을 축하한 일을 의작하라[擬周群臣賀干祿百福子孫千億]」, 이남직(李南稙)의 「주나라 신하들이 군자에게 효자가 있음을 축하한 일을 의작하라[擬周群臣賀君子有孝子]」 두 편 역시 바로 이어지는 80a, 80b면에 중복 수록되었고, 그 바로 다음 81a면의 정인석(鄭麟錫)의 「주나라 신하들이 문왕(文王)의 후비(后妃)가 덕을 닦아 자손과 종족이 모두 선에 교화되었음을 축하한 일을 의작하라[擬周群臣賀文王后妃德修于身子孫宗族皆化於善]」도 81b면에 중복 수록되어 있다. 한편 53책과 55책의 명(銘) 부분은 동일한 작품이 중복 수록되어 있다. 55책에는 명 외에 한림소시(翰林召試) 등에서 지어진 시 작품 2제 6수가 실려 있는 점이 다르다. 이렇게 작품의 중복이 발생하는 구체적 이유는 알 수 없고, 다만 편찬 과정에서 착오에 의해 이렇게 된 것이라고 추정할 수 있을 뿐이다.

두 번째, 책의 편차 문제. 77책과 78책은 순서가 뒤바뀌어 있어 청구기호도 잘못 기록되어 있는데, 이는 규장각에서 자료를 정리하는 과정에서 빚어진 사소한 실수로 보인다.

규장각본은 현전 74책에 실린 3,300여 편에 이르는 작품들로도 충분히 거질의 과문집이라고 할 수 있으나 아쉽게도 낙질이 상당하다. 예컨대 4책과 5책 사이에도 5년의 기간이 비어 있으며, 21책 이후로는 갑작스럽게 순조 11년 이후의 자료들이 이어지고 있다. 21책과 22책 사이에도 15년의 공백이 있다. 뿐만 아니라 대체로 시대순으로 자료가 배열되어 나아가다가 67, 68, 69책은 갑작스럽게 순조 연간의 자료들이 수록되어 있는데 이점도 의문스럽다. 결국 자료의 산일뿐만 아니라 편차 상에서도 본서는 상당한 문제점을 안고 있는 것이다.

수록된 작품의 수량과 관련해, 정조는 당초 『군서표기』에 『임헌공령』에 대한 해제를 쓰면서 "병신년부터 경신년까지 156권"이라고 하였으므로 정조대 자료만 해도 최소 156권을 초과하는 분량이었겠지만, 본서는 정조대의 것이 18책에 불과하다. 또한 정조 연간의 자료들은 목차가 만들어져 있는 등 나름대로 정리되어 있지만 뒤로 갈수록 체재가 불완전해질뿐더러 한 책당 실려 있는 작품 수도 급격히 줄어들어서, 후대로 갈수록 『임헌공령』의 제작이 원활하게 이루어지지 않았던 것으로 추정된다.[20]

한편 『임헌공령』은 규장각 소장본 이외에도 국립중앙도서관에 4권본(古貴3647-5)과 24권본(한古鮮26-22)이 소장되어 있는데, 전자는 순조 연간, 후자는 정조 연간의 자료가 실려 있는 것들이다. 이들의 내용은 규장각본과 중복되지 않아서, 당초 편찬했던 『임헌공령』이 모종의 이유로 흩어져 오늘날 규장각과 국립중앙도서관에 분산 소장되어 있었던 것으로 추정된다. 국립중앙도서관 소장본의 개략적인 내용을 제시하면 아래와 같다.

책수	문체	내용	비고
1	策	1831년(순조 31) 3월 東堂初試~동년 4월 20일 式年文科 東堂試會試	執策

[20] 『일성록』을 살펴 보면 정조 연간에는 특정 시험이 시행된 후에 해당 시험의 답안을 『임헌공령』에 베껴 넣으라는 지시를 종종 내리는 것을 볼 수 있다.

2	義	1806년(순조 6) 8월 式年監試 初試~1811년(순조 11) 6월 6일 居館儒生 應製	
3	策	1805년(순조 5) 9월 增廣文科 初試~동년 10월 24일 增廣文科 覆試	執策
4	疑	1813년(순조 13) 8월 江原道 橫城縣 都會~1822년(순조 22) 閏3월 式年監試 覆試	

표 3. 국립중앙도서관본 『임헌공령』(古貴3647-5) 내용 개관.

책수	문체	내용	비고
1	詩	1777년(정조 1) 2월 增廣監試 初試~1783년(정조 7) 增廣監試 初試	
2	詩	1787년(정조 11) 2월 抄啓文臣 課試~1789년(정조 13) 5월 抄啓文臣 去四月朔課試 追試	
3	詩	1789년(정조 13) 5월 陞補三抄~1790년(정조 14) 6월 抄啓文臣 親試比較	
4	賦	1782년(정조 6) 4월 東學製~1783년(정조 7) 11월 抄啓文臣 親試比較	
5	賦	1788년(정조 12) 9월 忠淸左道 監試~1789년(정조 13) 5월 抄啓文臣 親試 追試	
6	賦	1795년(정조 19) 6월 日次儒生進箋 儒生應製~동년 12월 全羅道 公都會 覆試	
7	賦	1794년(정조 18) 水原儒生 應製~동년 9월 南學製	
8	賦	1794년(정조 18) 7월 水原邑內儒製~동년 10월 抄啓文臣 親試	
9	銘/頌	1776년(정조 즉위) 庭試 殿試~1785년(정조 9) 謁聖試	
10	策	1790년(정조 14) 12월 抄啓文臣 課試	殿策
11	策	1776년(정조 즉위) 8월 추도기 製述~1777년(정조 1) 4월 增廣文科 殿試	殿策
12	策	1790년(정조 14) 2월 人日製~동년 2월 抄啓文臣 親試	殿策
13	策	1793년(정조 17) 4월 江原道 功令生 試取~1794년(정조 18) 2월 春到記	殿策
14	策	1784년(정조 8) 6월 抄啓文臣 親試更試~1786년(정조 9) 1월 人日製	殿策
15	策	1777년(정조 1) 10월 討逆科 殿試~1778년(정조 2) 8월 庭試 殿試	殿策
16	策	1793년(정조 17) 4월 濟州儒生 應製~1794년(정조 18) 8월 抄啓文臣 親試	殿策
17	策	1787년(정조 11) 3월 文臣 應製 및 三日製	殿策
18	策	1789년(정조 13) 閏3월 抄啓文臣 親試	殿策
19	策	1789년(정조 13) 11월 閣臣承旨 應製	殿策
20	策	1797년(정조 21) 1월 3일 人日製~1798년(정조 22) 6월 湖南儒生 應製	殿策
21	策	1791년(정조 15) 12월 抄啓文臣 親試~1792년(정조 16) 1월 人日製	殿策
22	策	1792년(정조 16) 7월 七夕製~동년 7월 抄啓文臣 親試 二次更試	殿策
23	策	1783년(정조 7) 3월 增廣文科 初試~동년 4월 增廣文科 覆試	執策
24	策	1783년(정조 7) 9월 式年東堂 初試~1785년(정조 9) 9월 原春道 東堂初試	執策

표 4. 국립중앙도서관본 『임헌공령』(한古鮮26-22) 내용 개관.

이상의 국립중앙도서관 소장 『임헌공령』 2종 28책은 규장각본의 부족한 부분을 보충해 주는 자료로서 의미를 지닌다. 한편, 규장각 외에 이렇게 다른 기관에 『임헌공령』이 소장되어 있다는 사실은 향후 『임헌공령』의 잔권(殘卷)이 얼마든지 더 발견될 수 있음을 보여주는 사례이기도 하다.

다음으로, 『임헌공령』 수록 작품들을 문체별로 다시 정리해 보면 아래 도표와 같다.

詩	賦	表	箋	策	義	疑	詔	綸音	敎	箴	銘	頌
1027	795	307	82	138	150	152	11	2	15	4	166	66

贊	碑	書	通文	判	奏	啓	啓目	論	說	序	疏	草記
20	2	1	1	2	4	9	2	123	5	9	2	5

표 5. 규장각본 『임헌공령』 수록 문체.

보는 바와 같이 이른바 과문육체(科文六體)라고 불리는 주요 문체들(위 도표에서 굵은 글자로 표시) 외에도 과거에서 자주 출제되지 않는 다양한 문체들이 빠짐없이 수록되어 있는 것을 볼 수 있다.

이 도표에서 눈에 띄는 점이라면 주요 문체들 이외의 기타 문체 중에서는 논(論)의 비중이 가장 크다는 점, 그리고 실용성이 높은 문체인 계(啓), 계목(啓目), 소(疏), 초기(草記) 등의 문체도 과시에 출제된 적이 있다는 점 등을 들 수 있다. 일례로 15책에는 1795년(정조 19)과 1798년(정조 22)에 초계문신들을 대상으로 부과된 과시의 문제 및 문체들이 수록되어 있는데 구체적인 내용은 다음과 같다.

시험명	문체	제목	작자	성적
1795(정조 19)년 12월 抄啓文臣 課試[21]	書	擬與抄啓諸僚論朱書百選	洪奭周	三中
	通文	代方外儒生通館學事係斯文外愼勿封章以貽侵官之譏	金近淳	三下(居首)
	判	擬耕牛車牛泥牛等乞禁歲肉事狀	趙萬元	三下[22](居首)

[21] 표제 아래에는 "乙卯十一月 抄啓文臣去年三月朔課試, 再次比較"라고 주석되어 있어서 한 해 전인 갑인년(1794) 3월에 치러졌던 시험을 졌어야 할 시험을 다시 본 것임을 알 수 있다. 『일성록』 정조 19년 11월 26일 참조.
[22] 『일성록』에는 성적이 三下一로 나와 있음.

시험명	문체	제목	작자	성적
1798(정조 22) 8월 課試[23]	啓目	擬戶曹年分啓目	洪奭周	三中一(居首)
			金啓溫	三中

표 6. 1798년(정조 22) 초계문신 과시 문제.

  이러한 문체들은 초계문신들의 실무 능력을 알아보기 위한 목적에서 출제된 것들로 생각된다. 수록 작품들은 대부분 해당 시험에서 우등한 답안들을 가려 수록하였는데, 이 답안 자료들은 개인 문집에서는 찾아볼 수 없는 자료들일 뿐만 아니라 초계문신의 작품을 모아놓은 『규화명선』이나 『정시문정』 등에서도 확인되지 않는 자료들이어서 연구 가치가 높다. 특히 계목의 경우 홍석주와 김계온의 답안을 함께 수록하고 있어서 이들에 대한 구체적 분석을 통해 왜 홍석주의 답안이 김계온의 답안보다 좋은 평가를 받았는지를 확인해 볼 수 있을 것이다.

왕대	詩	賦	表	箋	策	義	疑	詔	綸音	敎	箴	銘	頌	贊	碑	書	通文	判	奏	啓	啓目	論	說	序	疏	箚記
정조	308	383	140	66	77	8	0	10	0	15	4	81	42	20	2	1	1	1	0	0	2	0	0	0	0	0
순조	466	293	6	1	22	1	88	1	2	0	0	16	17	0	0	0	0	1	4	9	0	65	5	9	2	5
헌종	12	80	110	14	0	87	0	0	0	0	0	43	5	0	0	0	0	0	0	0	0	47	0	0	0	0
철종	156	0	80	2	22	38	38	0	0	0	0	20	0	0	0	0	0	0	0	0	0	9	0	0	0	0
고종	130	39	11	0	17	16	26	0	0	0	0	6	0	0	0	0	0	0	0	0	2	0	0	0	0	0

표 7. 규장각본 『임헌공령』 수록 작품 수량.

  위의 도표는 왕대별로 작품 수량을 다시 정리해 본 것이다. 표를 살펴보면 역시 『임헌공령』의 제작을 발의하여 주도했던 정조 시대의 작품이 가장 수량이 많고, 이후 후대로 갈수록 작품의 양은 급격히 줄어드는 경향을 보인다. 이는 앞서 논의한 바와 같이 정조 사후 이 책의 편찬 동력이 상실되어 증보가 제대로 이루어지지 않았던 데 원인이 있다고 생각된다. 이 책의 편찬에 중추적 역할을 한 것은 바로 정조 자신이었고, 그

---

23 역시 진해(1797)에 7월에 치렀어야 할 과시를 이때 다시 보았음이 기록되어 있다.

렇기 때문에 정조 연간의 자료들은 체계적으로 잘 정리될 수 있었다. 하지만 그의 사후 뒤를 이은 임금들은 아무래도 정조만큼 이 사업에 관심을 가질 수 없었을 것이다.[24] 뿐만 아니라 정조가 이 책의 증보를 맡겼던 내각, 즉 규장각 역시 정조대만큼 활발히 운영되지 못하였으므로 자연스럽게 사업의 진행이 지지부진했으리라 추정된다.

『임헌공령』의 의의

(1) 국가 주도의 과거 문제 및 답안 자료 수집

무엇보다 『임헌공령』은 임금이 주도하여 과시 관련 자료를 체계적으로 수집한 자료라는 점에 중요한 의의가 있다. 우리나라에서는 조선시대 내내 과거를 시행해 오면서 과거를 대비한 수많은 과시 참고서들이 양산되었는데, 이들 대부분은 과거 합격이라는 개인적 목적에 의해 만들어지다 보니 체계를 갖추지도 못하고 필사 상태도 나쁜 것들이 많을 뿐더러, 과문을 이해하는 데 필수 요소라 할 수 있는 시험 관련 정보도 빠진 것들이 많다. 그렇기 때문에 과문선집 자료에 대해 연구할 때에는 문헌학적 고찰 및 신뢰도 검증 작업이 필수적으로 이루어져야 한다.

이런 상황에서 『임헌공령』은 가장 공신력이 있는 기관이라 할 수 있는 조정에서, 가장 높은 지위에 있던 임금이 직접 지시하여 편찬이 이루어졌다는 점에서 다른 어떤 과시 참고서보다 신빙성을 갖춘 자료라고 할 수 있다. 특히 매 작품마다 시험 관련 정보, 응시자 관련 정보를 적시해 놓고 있음은 앞서 여러 차례 강조하였거니와 이들 정보를 현전하는 방

---

[24] 『임헌공령』에 대한 언급이 등장하는 횟수로 보아도 정조대를 제외하면 이후로는 순조대에 한 두 차례 언급되는 것이 전부이다. 『승정원일기』의 경우, 정조대에는 총 10회 언급되는 반면, 정조 이후로는 순조대에만 2회 언급에 그치고 있다. 『내각일력』에서는 정조대 13회, 순조대 1회 언급되었다. 헌종, 철종, 고종 연간에는 이 책이 전혀 거론된 바 없다.

목 및 『승정원일기』, 『일성록』, 『내각일력』 등 여타의 역사 자료들과 비교 대조해 봄으로써 기록의 사실성을 교차 검증해 볼 수 있다. 뿐만 아니라 여기에 수록된 답안들은 해당 시험에서 우수한 성적을 거둔 답안만을 선별하여 수록하고 있고, 일부 답안의 경우에는 비점이 찍혀 있기도 하여 답안의 내용 자체를 연구하는 데에도 큰 도움을 줄 수 있다.

(2) 다양한 과거 시험 문제 및 답안 자료의 보존

『임헌공령』에는 다른 자료에서 확인하기 어렵거나 불가능한 과시 문제 및 답안 자료가 매우 풍부하게 수록되어 있다. 우리가 과거 시험의 문제를 확인하기 위해 일차적으로 참조하는 자료는 각 시험 때마다 합격자 명단을 비롯한 시험 관련 정보를 정리해 간행하는 사마방목(司馬榜目) 및 문과방목(文科榜目)인데, 단회 방목이 남아 있지 않은 경우가 많을 뿐더러, 『국조문과방목(國朝文科榜目)』 등의 종합 방목의 경우에는 전시(殿試)의 시험 문제만 기록되어 있는 경우가 거의 대부분이다. 그런데 『임헌공령』에는 초시의 시험 문제를 지역별로 모두 수록하고 있는 점이 주목된다. 이를테면 1책에 수록된 책(策)은 1777년(정조 1)에 치러진 증광시(增廣試) 초시(初試)의 종장(終場)으로 치러진 책문의 문제와 답안을 싣고 있는데, 한성에서 치러진 초시 문제 및 답안 두 편을 비롯하여 지역별 문제와 답안을 모두 수록하였다. 이를 표로 보이면 다음과 같다.

시험장소	문체	문제	답안 작성자	성적	비고
漢城 1所	策	則	鄭斗榮	三下	
漢城 2所	策	試士	吳翼煥	三中	최종 급제(병과 1인)
慶尙左道	策	名	金熙稷	三中	최종 급제(병과 3인)
慶尙右道	策	損益	李萬運	三中	최종 급제(을과 3인)
全羅左道	策	鳶魚	黃珪	三中	
全羅右道	策	夢	李徹鑑	三下	
忠淸左道	策	文軌	李基崇	三下	

시험장소	문체	문제	답안 작성자	성적	비고
忠淸右道	策	論語	李敏采	三中	최종 급제(을과 1인)
平安南道	策	鳳	洪秋鏡	三中	

표 8. 1777년(정조 1) 증광 초시 종장의 책문 문제 및 우수 답안 작성자.

통상 문과 단회방목에는 초시 문제를 잘 수록하지 않는 경우가 많으며,[25] 수록하더라도 지역별 초시 문제까지 수록하는 경우는 찾아보기 힘들다. 그렇기 때문에 경시(京試)를 제외한 향시(鄕試)의 시험 문제는 개별 과문선집을 뒤지거나 개인 문집을 통해 확인하는 수밖에 없는데, 이 『임헌공령』은 각 지역별 향시의 문제와 우수 답안을 일목요연하게 정리해 수록해 놓고 있어서 과시 자료의 외연을 크게 확대해 준다.

물론 그렇다고 해서 『임헌공령』이 모든 과거 시험의 자료를 담고 있지는 않기 때문에, 과거 문제 및 답안 자료를 연구함에 있어서는 이 책과 더불어 그 신뢰성이 검증된 다른 과문선집 자료 등의 검토를 병행할 필요가 있다. 위에서 살핀 1777년 증광시 자료와 관련하여 숙종대부터 정조대까지의 과문 자료를 모은 『과려(科儷)』[26]는 숙종부터 정조 연간까지의 다양한 과거 시험 문제 및 답안을 수록하였는데, 이 책에는 바로 이 시험의 초시 중장(中場)으로 출제된 표(表) 문제가 역시 지역별로 모두 수록되어 있다. 따라서 『임헌공령』을 다른 여러 과문선집들과 상호 참조하여 시험 문제 및 답안을 정리한다면 우리는 특정 시험의 모든 문제 및 답안 자료를 온전하게 재구할 수 있게 될 것이다.

과거 시험 문제 및 답안 자료를 보존하고 있는 또 다른 사례로 공도회(公都會) 자료를 언급할 수 있다. 공도회는 지역 유생들을 대상으로 치러지는 시험이라는 태생적 한계로 인해 중앙의 역사 기록에는 시행 사실조차도 충실하게 기록되어 있지 않다. 공도회도 방목이 별도로 작성되

---

25 증광시 방목의 경우는 비교적 문제를 소상히 수록하지만 식년시 방목은 초시 문제를 잘 수록하지 않는 경향이 있다.
26 국립중앙도서관 소장(한古朝26-15). 필사본 9권 9책.

기는 하나 여기에는 합격자 명단만 있는 경우가 대부분이다. 그나마 공도회 답안을 모은 '공도회 과작(科作)' 서적이 일부 현전하지만[27] 현전 자료들은 모두 순조 연간의 것들이어서 정조 연간의 공도회 문제 및 답안 자료를 모은 자료는 찾아보기가 힘든 것이 현실이다.

그런데 『임헌공령』에는 정조 연간의 공도회 문제와 더불어 우등 답안까지 함께 수록하고 있어서 정조 연간 및 그 이후의 공도회 실상을 확인할 수 있게 해준다. 3책의 경우를 예로 들어 보면, 1783년(정조 7) 12월에 지역별로 시행되었던 공도회의 문제 및 답안, 우등자와 성적 자료가 빠짐없이 실려 있다.

당시 공도회 시행 현황을 표로 정리해 보면 다음과 같다.

지역	문제	출전	우등자	성적
開城府	治裴		金鼎漢	三上
江華府	意者中國有聖人	尚書大傳	閔?	三中
洪忠道(忠淸道)	讀其書如聞湘靈皷瑟	楚辭 遠遊	兪漢綺	三上
黃海道	鍾皷旣設一朝饗之	詩經 小雅 彤弓	宋喆命	三中
全羅道	陳平亦知學	二程遺書 卷17	金達生	三上
濟州道	唐民有堯風	詩經 國風 唐風	洪達勛	三中
平安道	初行養老禮	後漢書 卷2 顯宗孝明帝紀	張致說	三中
	七德	舊唐書 卷28 音樂志	盧尙愼	三下
慶尙道	能以美利利天下不言所利大矣哉	周易 乾卦 文言傳	成東直	三中
	下愚不能無道心	書經集傳	禹秉簡	三下
咸鏡道	議賑	漢書 卷4 文帝本紀	金彦璜	次上

표 9. 1783년(정조 7) 공도회 문제 및 우수 답안 작성자.

여기에 이름과 작품을 올린 인물들이 해당 시험에서의 수석 합격

---

[27] '과작' 자료는 중앙정부에 보고하기 위한 목적으로 만들어진 것으로 현전 자료는 거의 대부분 규장각에만 소장되어 있다. 『廣州府公都會科作』(奎11434-1), 『水原府公都會初場科作』(奎11434-2), 『晋州公都會科作』(奎3253), 『忠淸左道燕岐都會監試作』(규9853), 『平壤都會科作』(奎9854-1) 나반 이들은 모두 순조 연간의 것들이고 정조 연간의 자료를 모은 작품집은 현전하는 것이 하나도 없다.

자인지는 상호 검증이 가능한 자료가 없기 때문에 확언할 수는 없다. 그러나 『임헌공령』의 기록 사례를 두루 살폈을 때 적어도 해당 시험에서 가장 우수한 성적을 얻었던 답안을 가장 먼저 수록하는 경향이 있으므로 상기 인물들이 해당 시험의 최우등을 차지했던 사람들이라고 추정할 수 있다. 또한 이들의 성적이 삼상 내지는 삼중이어서 성적상으로 보아도 최우등이거나 그에 가까운 성적을 받았음을 확인할 수 있다.

　　이처럼 『임헌공령』에는 다른 과문선집에서 찾을 수 없는 다양한 시험 문제 및 답안이 수록되어 있어서 향후 과거 연구에 있어서 매우 중요한 참고 자료로서 연구 가치를 지니고 있다고 할 수 있다.

조선시대 학술을 엿보는 창, 『임헌공령』

정조는 문장은 시대를 보여주는 거울이라는 생각을 가지고서 자기 시대에 출제되었던 과거 문제와 답안 자료를 집대성한 자료집을 편찬하고자 하였다. 이를 통해 그 시대를 가감 없이 보여줄 수 있다고 생각했기 때문이었다. 이렇게 해서 편찬된 『임헌공령』은 정조대부터 고종대까지 치러졌던 다양한 고시(考試)들, 대소과 과거를 비롯하여 문신 과제(課製), 지역별 공도회 등 다양한 시험의 문제와 답안 자료를 담았다. 이 논문에서는 이에 대한 문헌학적 고찰을 통해 그 체재와 내용 및 그 특징적 면모 등을 초보적 차원에서 다각도로 탐색하였다. 이 책은 특히 다른 자료에서는 찾을 수 없는 각종 시험 관련 기록들이 상세하고, 문제와 답안 역시 누락 없이 전문을 싣고 있다는 점에서 자료적인 가치가 매우 크다.

　　향후 『임헌공령』을 다각도로 활용하여 과거 문제 및 답안에 대한 연구를 보다 적극적으로 수행할 수 있을 것이다. 또한 이 책에 실린 작품들을 다양한 방법으로 통계 처리하고 거기에서 의미를 찾아내거나, 작품 내지는 작품군에 대한 실제적 분석을 통해 다채로운 시대상을 발견할 수 있으리라 기대한다. 후속 논의를 통해 본 논문의 미진한 점을 보완하고, 과거라는 도구를 활용하여 조선시대의 학술 및 사상, 문화를 새로이 규명하는 작업에 힘을 보태고자 한다.

참고문헌

1. 원전 자료

『內閣日曆』, 서울대학교 규장각한국학연구원 소장본.

『常目總攬』, 국립중앙도서관 소장본.

『臨軒功令』, 국립중앙도서관 소장본.

『臨軒功令』, 서울대학교 규장각한국학연구원 소장본.

『臨軒題叢』, 서울대학교 규장각한국학연구원 소장본.

柳宗元, 『柳河東集』, 文淵閣 四庫全書本.

정조, 『弘齋全書』, 『한국문집총간』 262~267, 한국고전번역원.

2. 연구 논저

김광년(2022), 「『임헌공령』 해제」, 서울대학교 규장각한국학연구원,
"https://kyudb.snu.ac.kr/book/view.do?book_cd=GK11437_00&notes=gyeongbu"

박선이(2018), 「『正始文程』을 통해 살펴본 정조 문체정책의 한 국면」, 『민족문화연구』 80, 고려대학교 민족문화연구원, 47~73면.

박재경(2014), 「조선시대 책문 연구」, 서울대 박사학위논문.

박현순(2016), 「정조의 『臨軒題叢』 편찬과 御題 출제」, 『규장각』 48, 서울대학교 규장각한국학연구원, 147~189면.

심경호(2016), 「정조의 문체정책과 제술부과」, 『진단학보』 127, 진단학회, 131~157면.

윤선영(2016), 「正祖代 四書疑 試題 小考」, 『태동고전연구』 37, 한림대학교 태동고전연구소, 245~278면.

윤선영(2017), 「순조~철종대 科擧 四書疑 시제 출제경향 연구」, 『규장각』 51, 서울대학교 규장각한국학연구원, 341~372면.

윤선영(2018), 「조선시대 과거 사서의 試文 일고」, 『한문학논집』 50, 근역한문학회, 245~278면.

윤선영(2019), 「조선 시대 科試의 四書疑 연구」, 고려대 박사학위논문.

이상욱(2015), 「조선 과문 연구」, 연세대 박사학위논문.

김광년 金光年

고려대학교 국어국문학과와 한문학과를 졸업하고, 동 대학원에서 석사, 박사 학위를 취득하였다. 현재 고려대학교 한자한문연구소 연구교수, 카이스트 겸직교수로 재직하고 있다. 전공 분야는 조선 후기 한문산문 및 한문비평, 과문 등이다. 저서로 『어문학 연구의 넓이와 깊이』(공저, 2006, 역락), 『한중일 동아시아 신화의 문화적 교차』(공저, 2018, 제이앤씨) 등이, 역서로 『수원을 짓고 글을 짓다: 기문과 상량문』(2020, 수원시정연구원 수원학연구센터), 『백운 십대유의 백운집』(공역, 2015, 사람의무늬), 『자산어보』(공역, 2021, 더스토리) 등이 있다.

e-mail   llght1979@hanmail.net

조선 후기 과책(科策) 참고서의 작법 요령
— 『책형(策型)』과 『변려화조(駢儷華藻)』를 중심으로

이상욱

조선의 과거제도

전근대 조선과 중국, 베트남에서는 시험으로 정부 관료를 등용해 왔다. 현대 대한민국에서 조선의 과거제도 운영에 대해서는 대체적으로 부정적인 평가들이 많다. 실제로 시험제도 운영을 위해서는 시험 범위가 특정될 수밖에 없었기 때문에, 시험 범위 안의 내용에 대해서는 '과도한' 학습과 시간 투자가 이루어졌고, 반대로 시험 범위가 아닌 분야는 경시될 수밖에 없었다. 이는 문·무과 모두의 문제였다. 임진왜란 초기에 활쏘기, 검법, 말타기 등 전통 무예를 익히고, 고대(古代)의 병법서들을 공부해 시험에 합격한 조선의 무관들은, 오랜 기간 동안 실전(實戰) 경험과 총이라는 신무기로 무장한 일본군들을 당해낼 수 없었다. 또한 조선의 과거 시험에서 주요한 시험 범위가 되지 못한 자연과학적, 공학적 지식들은 대체적으로 천시되었다. 그 역사적 결과는 주지하고 있는 바와 같다. 현재도 마찬가지이다. 수능이나 공무원 시험 등에서 좋은 성적이 곧 좋은 실무 능력을 의미하는 것은 아니다. 이는 시험제도의 명확한 한계이다.

그럼에도 불구하고, 시험을 통해 누군가를 선발하고, 그에 따라 중요한 일을 맡기는 제도는 인류사에 있어 매우 획기적인 제도 중 하나이다. 근대 문명을 주도한 서양에서도 '객관적' 기준에 의해 공무원을 뽑

는 제도는 20세기에나 들어와서 본격적으로 가능해진 일이었다. 민주주의가 어느 정도 보편화된 20세기 초반에도 국가와 관련된 공직은 세습에 의한 출신 성분이나 추천, 임의적 발탁 등의 비공식적 경로를 통해 채워졌다. 인류사에서 '실력'에 의해 국가 운영에 필요한 인재를 '공정하게' 선발한다는 생각 자체는, 사실 고대 그리스에서 발원한 민주주의만큼이나 획기적인 생각이었다. 과거제의 운영에 의해 많은 폐해가 있던 것도 사실이지만, 그리스의 민주주의가 노예제도에 기반을 두고 있다고 해서 현대 민주주의를 폄하할 필요가 없는 것처럼, 과거제 역시 운영상 다소간의 폐해가 있었다고 해서 이를 구시대적 유물로만 생각할 필요는 없다. 과거제는 어쨌든 인류의 '세습 권력' 또는 '유·무형 권력의 세습 욕망'에 대한 역사적 반작용이기 때문이다. 따라서 조선의 과거제는 일국사의 관점에서 벗어나 '국가와 개인의 관계'라는 인류사적 틀에서 좀 더 다면적이고, 객관적인 관점에서 평가될 필요가 있다.

과거제는 단순히 정부 운영에 필요한 업무 인력을 뽑는 인사제도가 아니다. 과거제는 당대의 교육·문화·사회·정치의 여러 부문과 긴밀하게 연동되어 있었다. 특히 본 논문에서 주목하고 있는 바는 과거제 운영이 개인의 사고의 틀과 공부 내용에 미친 영향이다. '입신양명'을 인생 최대의 목표로 삼았던 다수의 조선시대 식자층들에게 과거 시험에서의 성공은 거부할 수 없는 목표였다. 따라서 조선시대의 식자층들은 당국에서 정한 시험 내용과 출제 경향에 지대한 관심을 가졌으며, 시험에서 좋은 점수를 받기 위해 어린 시절부터 부단히 노력하였다. 다시 말해, 과거제는 국가가 정한 특정한 내용/콘텐츠를 민간에 퍼트리는 매우 정교한 교육·문화 제도이기도 했다.

조선의 학술·문화 형성에서 과거제의 역할은 지대했다. 가령 조선에서 과거제를 운영하지 않았다면, 조선의 문화가 현재 우리가 알고 있는 그 모습 그대로였을까? 혹은 예컨대, 과거 시험에서 수학을 시험하고, 그 점수로 관직을 주었다면, 조선시대 사람들이 그렇게 사서오경(四書五

經)을 달달 암기하고, 열심히 공부했을까? 물론 순수하게 학문적 관심에서, 또는 윤리적 사명감에서 여러 유교 경전을 공부하고 연구한 사람들도 있었을 것이다. 하지만 이런 학자들은 매우 극소수였을 것이다. 조선에서는 시골의 코흘리개 아이들부터 정부 부처의 관료들까지 모두 이 경전들을 암기하고, 이해하는 데에 많은 노력을 기울였다. 또한 어려서부터 한시(漢詩)를 쓰고 연습하는 것이 기본적인 교육 과정에 있었다. 이는 기본적으로 과거제를 통해 제공한 사회적 보상이 있었기 때문에 가능한 일이었다.

조선의 과거 과목별 시험

문관을 뽑는 조선의 과거 시험 중 초급 단계의 시험을 생원·진사시(生員·進士試) 또는 소과(小科)라 했고, 고급 단계의 시험을 문과(文科) 또는 대과(大科)라 했다. 소과는 지금으로 생각하면 대학 입시 정도의 위상으로 볼 수 있다. 물론 기본적으로 3년마다 보는 시험에서 총 200명 정도의 최종 합격자가 나오니, 지금의 대학 입시와는 비교도 되지 않을 정도로 경쟁이 치열했다. 하지만 합격하면 공식적으로 주어지는 보상은 생원과 진사라는 국가공인 타이틀뿐이었고, 실제로 관리로 임용되는 것도 아니었다. 그리고 서울의 국립대학 격인 성균관(成均館)에 정식으로 입학할 수 있는 자격 정도가 주어졌다. 단, 생원·진사라는 호칭은 공식적으로 '사족(士族)'임을 증명해 주는 표지로 당대 사람들에게는 상당히 중요했다. 이에 반해 문과는 지금의 사법고시와 행정고시를 합한 것과 같았다. 고위 관료가 되기 위해서는 반드시 이 시험을 통과해야 했다. 물론 이 시험에서 급제했다고 해서, 모두 고위관료가 되는 것도 아니었고, 평생 직업이 보장되는 것은 아니었다. 하지만 적어도 고위관료가 되기 위해서는 필수적으로 문과에 급제해야 했다.

각 과(科)마다 시험 보는 내용이 달랐다. 생원·진사과에서는 대체로 경전의 뜻을 해석하는 시험이나, 시(詩)나 부(賦) 문체 중 하나를 골라 작문하는 시험이 주어졌다. 문과에서는 경전 내용을 암송하는 시험과 부(賦), 표(表), 책(策) 등의 문체를 작문하는 시험이 치러졌다. 조선에서는 전자를 대략 명경과(明經科)라 했고, 후자를 제술과(製述科)라 불렀다. 물론 시대에 따라 시험 과목이 자주 바뀌고, 채점·평가 방식 등이 자주 바뀌어서 일률적으로 말하기는 힘들다. 다만 조선 후기가 될수록 제술과 출신들이 고위 관리로 임용되는 경향이 뚜렷했다. 제술과에서 보는 시험 중 부(賦) 문체의 경우 일반적인 작문 능력과 해박한 고전 지식이 주요한 평가 기준이 되었다. 표(表)는 사륙변려문(四六騈儷文)으로 주로 공적인 예식(禮式)이나 외교(外交)에서 쓰이는 다양한 형식적 문체의 대표격이며, 책(策)의 경우 신하로서 왕과의 소통을 전제한 글쓰기로 임금에게 올리는 소(疏)·차(箚) 등 정치적인 글과 그 내용·형식이 유사했다. 다시 말해 문과에서 시험 보는 문체들은 나름 수험생들의 관료로서의 실무 수행 능력을 시험했다.

대책(對策) vs 과책(科策)

위 문제들 중 특히 책(策)은 일반적으로 가장 최종 단계에서 시험되던 문체였다. 책(策)의 정식 명칭은 '대책(對策)'이다. 이 말은 현재 우리가 "대책을 세워라", "대책도 없이" 같은 일상적인 대화에서도 쓰이기도 한다. 본래 대책이라는 문체는 왕이나 상관(上官) 등이 여러 현실 문제에 대해 질문하면, 그 질문에 대답하는 형식의 글쓰기이다. 이 문체는 질문하는 방식이나 대답하는 방식에 일정한 격식이 있었다. 통상적으로 질문하는 글의 형식을 '책문(策問)'이라 하고, 이에 대한 답안은 '대책'이라 하며, 이 질문과 답을 포괄하는 글쓰기 형태를 '책문(策文)'이라고 한다. 3년마다 보는 문과 식년시(式年試)를 기준으로 하면, 통상 1차 시험[初試]과 2차 시험[會試]의 세 번째 단계[終場]에서 대책을 시험 봤고, 마지막으로 최종 합격자 33명이 왕 앞에서 등수를 결정하는 시험을 보았는데, 여기서도 가장 높은 빈도수로 대책이 시험되었다. 이 마지막 시험을 전시(殿試)라 하고 이때 시험된 책문을 전책(殿策)이라 한다. 전시의 응시자들은 별다른 문제가 없는 한 급제가 확정되었지만, 왕이 직접 답안을 읽는 경우도 많고, 최종 등수 역시 향후의 관로(官路)에 영향을 끼쳤으므로 응시자들은 이 시험을 상당히 중요하게 생각했다.

조선 초기에 실제 전시에서 출제된 책문의 예는 다음과 같다.

왕이 다음과 같이 말한다. "나는 선왕의 업적을 받들어, 그 뜻을 이어 나가고자 하나, 그 방법을 얻지 못했다. 내 생각에, 정치를 행하는 것은 백성을 잘 먹이는 것 만한 것이 없다. 하지만 심한 흉년이 계속되는 것도 아닌데, 백성의 먹거리가 풍부하지 못한 것은 어째서인가? 혹시 세금을 걷는 것에 원칙이 없어서인가? 삼농(三農)이 그 때를 잃어서인가? 혹은 진휼에 수완이 없어서인가? 백성을 풍족하게 하는 것에는 균등한 부세만한 것이 없다. 부세가 균등하지 않은 것은 아니건만 백성들이 납세를 힘들어하는 것은 어째서인가? 혹시 부세로 걷는 것이 그 생산한 것과 같지 않아서인가? 생산한 것이 걷는 것을 감당하지 못해서인가? 백성을 편안하게 하는 것에는 도적을 막는 것 만한 것이 없다. 법이 지엄하지 않은 것이 않은데, 도적떼가 생겨 주민들을 노략질하는 것은 어째서인가? 혹 도적을 막는 법이 허술해서인가? 관리들이 법을 받드는 것에 태만해서 결국 도적떼가 성행하게 된 것인가? 반드시 이 폐단을 구제하는 방법이 있을 터이니, 너희들은 모두 진술하라."[1]

1　蔡壽,『懶齋集』卷1,「養民均賦弭盜」,"王若曰: '予承先業, 思有以繼志述事, 而未得其道. 竊念爲

이 책문(策問)은 1469년 증광 전시에 실제로 출제된 문제이다. 왕은 현안들을 양민(養民), 균부(均賦), 미도(弭盜) 세 가지로 정리하여 문제를 출제했다. 당시 전시에 임한 수험생들은 이 세 가지 질문에 대해 각각 본인들이 생각한 '대책'을 써 냈다. 전책의 책문은 통상적으로 '왕은 이렇게 말한다[王若曰]'로 시작하고, 대책문(對策文)은 '신이 대답합니다[臣對]'로 시작하여 '신이 삼가 대답하였습니다[臣勤對]'로 마쳤다. 그리고 어투나 문단 구성에 있어서 일정한 격식이 존재했다. 조선 초기의 책문은 일반 한문 문체로서의 책문과 크게 다르지 않았다. 특히 전책은 임금이 현실 문제에 대한 대책을 신하들에게 구한다는 책문의 기본적인 소통의 틀이 유지되었다. 물론 이제 갓 시험을 통과한 젊은 응시자들에게 현실 문제에 대한 대단한 '대책'을 기대하기는 힘들었겠지만, 어쨌든 형식적으로 임금은 자문을 구하고, 응시자들은 각 문제에 대한 실질적 대책을 써냈다.

조선 후기 과거에서도 대책은 여전히 중요한 문체였지만, 그 성격은 완전히 바뀌어져 있었다. 조선 후기의 대책은 임금이 실제적인 '대책'을 구한다기보다는 '누가 대책문을 잘 쓰나'를 시험하는 데에 집중되어 있었다. 즉, 대책의 내용보다는 대책문의 작문 실력에 평가의 초점이 주어진 것이다. 따라서 조선 후기의 대책은 흔히 과책(科策, 시험용 책문)이라 불린다. 대책은 대책인데, 실제 '대책'이 없는 대책문이 된 것이다. 따라서 대책의 원활한 작성을 위해, 수험생들은 현실 문제들에 관심을 가지기보다 세세한 작법(作法)을 익히고, 유려한 문장을 구사하는 데 집중하게 되었다. 이를 돕기 위해 조선 후기에는 여러 작법이 개발되어 실제 시험장의 글쓰기에 적용된다. 이는 출제자의 입장에서 제시한 글쓰기 지침이 아닌, 이른바 사교육시장에서, 효율적인 답안 작성을 위해 발달시킨

政莫如養民, 年不至凶, 而民食不裕, 何歟? 將由徵斂無節歟? 三農失時歟? 賑救無術歟? 裕民莫如均賦, 賦非不均也, 而民苦輸納, 何歟? 將由所收不因所產歟? 所產不足支所收歟? 安民莫如弭盜, 法非不嚴也, 而成群之盜, 勤掠居民, 何歟? 將由弭盜之法不密歟? 官吏慢於奉法, 而遂使滋蔓至此歟? 必有救之之術, 子大夫其悉陳之?"

방법이다. 지금도 각종 논술시험에서, 문제 자체에서 그렇게 요구하지 않더라도, 모두가 '약속한 듯이' 서론·본론·결론으로 단락을 나누는 것과 비슷하다.

과책 참고서와 작법

특히 조선에서 17세기 후반부터는 과책을 포함한 주요 과문(科文)에서 작법이 정교하게 발달한다. 본 논문에서 다루고 있는 『책형(策型, 책문의 틀)』과 『변려화조(駢儷華藻, 변려문장)』는 과책의 작법을 자세하게 설명하고, 이 작법을 응용하여 시험장에서 높은 점수를 얻을 수 있도록 돕는 전용 참고서이다. 이러한 참고서들은 대략 17세기 후반부터 편집되기 시작하는데, 이후에는 이러한 참고서들에서 설명되는 작법이 다시 시험관의 평가 기준이 되어 반드시 준수해야 하는 형식처럼 인식되기에 이른다. 이는 서론·본론·결론이 글쓰기 규범이 된 현재의 경우와 같다. 조선의 과문이 점차 일반 글쓰기에서, 테스트용 글쓰기로 특화된 것과 발맞춰 이러한 참고서들 역시 '속성'으로 특정한 과목을 효율적으로 '마스터'하기 위한 수험 전용 참고서로 변화했다.

　　　　본고에서는 이 조선 후기 과책 참고서 문헌들의 내용들을 살펴본다. 이어 이 참고서들이 설명하고, 지시하고 있는 작법 요령들을 분석한다. 과책은 통상 허두(虛頭), 중두(中頭), 축조(逐條), 당금(當今), 설폐(說弊), 구폐(救弊), 편종(篇終) 등으로 명명된 단락으로 구성된다. 첫 부분의 허두와 편종은 중간의 본격적인 답안을 액자식 구성에 넣는 역할을 한다. 허두와 편종의 서술 주체는 바로 문제를 받은 이 답안을 쓰는 이로, 기본적으로는 왕이나 집사선생 등 출제자와의 대화 상황을 전제한다. 현대의 서문과 그 성격이 유사하다. 중두부터 구폐까지는 본격적인 답안으로 논지를 요약 제시[중두]하고, 역대의 사례들을 검토[축조]하고, 현재의 상황

[당금]을 정리하고, 일어나고 있는 폐단의 제시[설폐], 폐단을 구제(救濟)할 수 있는 대책[구폐]의 제시 등의 순서로 구성된다. 이와 같은 과책의 대체적인 구성 방식은 조선 초기부터 있었다. 이는 특히 조선 초기의 시무집책(時務執策)의 구성 방식이었다. 조선 후기에는 이 구성 방식이 역대책(歷代策)이나 전책(殿策) 등 모든 종류의 과책(科策) 글쓰기에 일률적으로 적용되었다.

조선 후기에는 위의 기본적인 단락 구성에 더해 새로운 단락을 추가하기도 하고, 허두나 중두, 또 구폐 등 평가 기준이 된 주요 단락을 다시 너덧 개의 소단락으로 세분했다. 결과적으로 이 주요 단락의 모든 문장이 템플릿으로 제시되었다. 글쓰기 전부터 이미 대략의 내용구성이 정해진 것이다. 수험생들은 책문(策問)에서 질문된 구체적인 내용들을 적절히 이 문장 템플릿 안에 배치함으로써 비교적 손쉽게 한 편의 긴밀히 구성된 답안을 작성할 수 있었다. 이는 지금도 토플 등의 라이팅이나 논술 쓰기 방식을 교수할 때 쓰이는 방식이다. 이 참고서들에는 기타 '고득점'을 가능케 하는 다양한 세부적 기술이나 방법 등이 제시되어 있다. 이들은 일부 지식인들에게 '꼼수'로 인식되어 많은 비판을 받았지만, 실제 시험장에서는 꽤 유효한 답안 작성 방식으로 유행했다. 특히 조선 후기에는 허두에 중심을 두고 쓰는 방식이 유행했으며, 작품 전체의 내용이 하나의 논지로 연결되는 '일관성'을 특히 강조하였다. 이는 많은 답안지를 검토해야 하는 채점관들이 허두만 보고 점수를 매기는 세태를 반영하고 있으며, 구체적인 '대책'의 내용보다 긴밀하게 구성된 완결된 글 한 편을 내는 것이 더 중요해지고 있음을 의미한다.

한편 조선 과책의 이 같은 대세적 경향은 조선 후기 주자학의 위상과도 관련이 깊다. 이와 같은 형식 틀은 결과적으로 책문(策問)에서 제시된 여러 현실 문제를 단 하나의 원인으로 환원하는 논리적 구성이다. 이는 주자학에서 강조하는 '군주성학론(君主聖學論)'이 글쓰기 문체로 양식화된 것이다. 군주성학론은 현실의 여러 문제를 결과적으로는 근본(根

本) 즉, 임금이 바로 서지 못하기 때문에 일어난 것이라 파악한다. 과책의 양식은 이러한 논리를 단락의 구성을 통해 구현하였으며, 수험생들에게 이를 내재화할 것을 강제하고 있었다. 『조선왕조실록』 등에서 왕과 신하의 대화에서 숱하게 보이는 "임금이 바로 서야, 문제가 해결된다"는 종류의 신하들의 대체적인 논리는 현대의 관점에서 다소 이상하게 보일 수도 있지만, 이는 주자학의 핵심적인 논리 중 하나이며, 이는 과거를 통해 '입신양명'을 꿈꾸는 응시자들에게 반강제적으로 주입되고 있었다. 이렇듯 과거제는 단순히 '시험을 쳐서 인재를 뽑는다'는 인사제도뿐만 아니라, 특정한 사상적 내용/사고방식을 전파하는 유력한 제도적 기제(agent)로서 기능하고 있었다.

시험 과목으로서의 대책(對策)

과책(科策)은 조선의 과거(科擧)에서 시험된 대책(對策)[2]을 이르는 말이다. 조선에서 과책은 문과(文科)의 종장(終場)과 최종 합격자를 대상으로 왕 앞에서 치르는 전시(殿試)에서 주로 시험된 문체였다. 물론 성균관 월과(月課)나 비정기 과거 시험인 정시(庭試)나 별시(別試) 등에서도 자주 출제되었다. 과시(科詩)는 소과(小科)인 진사시(進士試)에서만 시험되었고, 과부(科賦)는 소과와 대과(大科)에서 모두 광범위하게 시험되었다. 과부는 여타 문체들에 비해 형식적 제약이 가장 적고, 비교적 쓰기가 쉬워 조선 후기에는 향유(鄕儒)를 배려하는 차원에서 많이 시험되기도 하였다.[3] 이

---

2 본고에서 대책(對策)이라 하면, 왕 또는 시험관의 질문에 대해 답해 쓰는 한문 산문 문체를 지칭하며, 책문(策問)은 질문, 대책문(對策文)은 답안으로 작성되는 개별 글, 책문(策文)은 책문(策問)과 대책문(對策文)을 포괄하는 개별 글을 지칭하기로 한다. 과책(科策)은 과거 시험이라는 특성한 맥락에서 직싱되는 대책(對策)을 뜻한다.
3 박현순(2008), 15~16면; 장유승(2013), 21~23면 참조.

에 비해 과표(科表)와 과책은 문과 이상의 시험에서 주로 채택되었다. 이는 실제적으로 과표와 과책이 관리가 된 후 써야하는 관각문(館閣文)과 비슷해서 이들의 실제 쓰기 능력을 시험할 수 있었기 때문이다. 과표는 왕실의 경조(慶弔) 등 의례적인 상황이나 외교 문서에 쓰이는 글들과 그 형태가 유사했고,[4] 과책은 왕에게 의견을 진달하는 소·차(疏·箚) 류의 글들과 그 기본적인 성격이 같았다.

본래 대책(對策)은 왕이 어떤 문제를 해결할 목적으로 신하에게 질문하면, 신하 입장에서 그 해결책을 제시하는 문체이다. 조선에서는 대책이 과거 시험의 한 과목으로 시험되면서, 실질적 해결책 자체보다 이 해결책을 도출하기 위한 적절한 논리 구성과 풍부한 전고 구사 능력 등 글쓰기 능력이 더 중요해졌다. 조선에서 이 '해결책'을 도출하는 논리는 매우 형식화되어 허두(虛頭), 중두(中頭), 축조(逐條), 대저(大抵), 아동(我東), 당금(當今), 설폐(設弊), 구폐(救弊), 편종(篇終) 등으로 명명된 정식(程式) 단락이 구성되었다. 이 과책 정식은 조선 초기부터 있었고, 여타 과문 문체에 비해 비교적 공식적으로도 인정되어서 『조선왕조실록』과 같은 공적인 대화에서도 자주 언급되기도 한다.

> 신 심염조(沈念祖)와 정지검(鄭志儉)에게 이르기를, "지금의 책문(策問)은 옛 법식이 아니다. 그러므로 그에 따른 응대(應對)의 수준이 더욱 낮다. 소위 '허두(虛頭)', '중두(中頭)', '축조(逐條)', '설폐(設弊)', '구폐(捄弊)', '편종(篇終)'을 질문하는 자가 모두 미리 가설하고 응대하는 자가 조목에 따라 양식대로 부연 설명할 뿐이다. 인습한 지가 오래되어 일정한 투식이 되고 말았으니 말이 비록 좋더라도 어디에 쓰겠는가. 책문에 응하는 선비가 실제적인 일에 마음을 쏟아 미리 강구하지 않는 것은 투식어가 따로 있어 이를 일삼을 필요가 없기 때문이다. 하물며

4　심경호(2020), 270~272면.

초계문신(抄啓文臣)은 경제(經濟)에 급급함이 사자(士者)보다 더함이 있다. 이제부터는 책문(策問)을 대략 옛 법식을 모방해서 근래의 규식을 모두 버리고 당세의 요긴한 급선무에 대해 질문함으로써 모방하고 꾸미어 짓지 못하게 하고, 각자 자신의 의견에 따라 소씨(蘇氏)의 책략(策略) 같은 수십 줄의 글을 지어내게 한다면 아마도 체재와 내용이 일정한 투식에 빠지지 않고 유용한 글이 될 것이며 잘하고 못한 것을 쉽게 판별할 수 있을 것이다. 오래도록 시행하면 필시 신진배(新進輩)들이 세무(世務)에 유의(留意)하게 하는 데 일조가 될 것이다. 그대들은 알아두라" 하였다.[5]

정조에게 당대의 과책은 투식(套式)에 지나치게 구애되어 '실제 내용'을 담을 수 없다고 보고, 소식(蘇軾)의 책략 형식을 따라 질문된 내용에만 한정해 답안을 쓰도록 하고자 했다. 위 정조의 발언에서도 볼 수 있듯이, 글쓰기 능력이 강조된 조선 후기의 과책은 본래 문체인 대책과는 전혀 다른 별격(別格)의 문체가 되었다.[6] 그도 그럴 것이 전통 문체로서의 대책의 목표가 기본적으로 왕에게 해결책을 제시하는 것이었다면, 조선의 과책은 시험관의 눈에 들어 급제하는 것이 최종 목표가 된 글 양식이기 때문이다. 글의 완성도를 판단하는 기준, 글의 구성 방식, 수사 방식 등이 이 '최종 목표'에 의해 재구성될 수밖에 없었다. 수험생들이 사회의 실제 문제에 대해 공부하지 않는다는 정조의 불만은 어찌 보면 당연한 결

---

5 『弘齋全書』卷161,「日得錄」, 文學一, "謂臣念祖臣志儉曰: '今之策問, 非古也, 故其對愈下. 如所謂虛頭、中頭、逐條、大抵、設弊、捄弊、篇終, 問者皆預爲之設, 而對者則隨條步趨, 依樣敷衍而已. 因襲旣久, 莫不有一定之套, 語雖善, 將焉用之? 策士之不經心事務而預講之者, 以有套語在而無事乎此也. 況抄啓文臣, 其急於經濟, 有甚於士者, 始自今策問, 略倣古式, 盡擺近規, 問以當世之要務, 俾不得以摸擬粧撰, 各隨己見, 倣出數十行文字, 如蘇氏策略, 則庶乎其機軸指畫, 不歸一套, 爲有用之文, 而易辨其工拙, 行之悠久, 則亦必爲新進輩留意世務之一助也, 爾等識之.'" 원문과 번역은 한국고전종합DB의 내용을 토대로 필자가 수정하였다

6 이상욱(2015), 109-194면 참조.

과였다. 문제는 이와 같은 과책 문체의 특징이 조선 초기로부터 오랜 시간에 걸쳐 일정한 방향성을 가지고 형성되었다는 것이다.[7] 이는 조선만의 특유한 교육·문화적 배경이 작용한 결과로, 이 별격 문체는 조선의 고유한 역사적, 지성사적 논점을 포함하고 있을 가능성이 높다.

특히 조선 후기에는 과책을 포함한 모든 과문 문체에 걸쳐 정식(程式)이 세분되고 획일화되는 경향이 있다. 그리고 과표와 과책을 중심으로 구체적인 작법 요령들을 설명한 참고서들이 등장하게 된다. 사실 과문 정식(程式)의 형식화와 작법 참고서[8]의 출현은 서로 긴밀하게 연관되어 있다. 다분히 강제성을 띠는 규식화된 정식이 있어야 이를 설명하는 참고서가 있을 수 있고, 또 이 참고서들은 다시 정식 내지 작법들을 더 강하게 규식화하는 상호작용을 하기 때문이다. 이러한 상호작용은 대략 17세기 후반부터 시작되는 것으로 생각되는데, 이를 통해 18~19세기에는 여러 과문 문체에 상당한 구속력을 갖는 일종의 규식(規式)이 확립되었다. 국가 차원에서 공식적으로 특정 과문 문체의 작법에 대해 공표한 적은 없음에도 불구하고, 이 '규식'은 실제 시험장에서 출제자와 응시자 사이에 암묵적인 평가 기준이 되었으며, 이 새로운 문체의 주요한 변별 자질이 되었다. 따라서 과책 참고서는 앞서 정조가 언급한 조선 후기 과책의 형식화 문제를 구체적으로 살펴볼 수 있는 주요한 텍스트가 된다.

조선 초기의 대책문들은 과거 시험에서 시험되었더라도, 왕이 널리 의견을 구한다는 본래 취지에 부합하는 면이 있었다. 따라서 이들 대책문의 '내용'은 당대 지식인들의 정치적 식견이나 여론, 사상 등을 엿볼 수 있는 텍스트로서 연구가 가능하다.[9] 하지만 시험 문체로서의 성격이

---

7 이상욱(2015b), 186~188면; 195~207면 참조.
8 본고에서 과문 작법 참고서라 함은 광의의 과거 시험 참고서, 예컨대 경전·사서나 각종 시·문집 또는 과문 모음집 등을 제외한, 오로지 과문 작성을 위한 작법이 제시된 문헌을 지칭하기로 한다.
9 조선 초기 대책문 내용에 관한 연구는 상당히 많은데, 본고가 참조한 최근 논문들은 다음과 같다. 임완혁(2009); 김현옥(2011); 안소연(2018); 도현철(2018).

강화된 조선 후기의 과책은 소수의 특별한 예[10]를 제외하고는 시험의 논리에 의해 작성된 시험 답안의 성격을 벗어나지 않으며, 그 내용도 천편일률적인 경우가 많다. 따라서 조선 후기 과거 시험에서의 대책, 즉 과책에서 역사적으로 유의미한 '내용'을 찾기는 쉽지 않다. 반면에 '글쓰기'의 측면에서 조선 후기 과책은 상당한 연구 가치가 있다. 위 정조의 언급처럼 조선 후기의 과책에는 일종의 거푸집과 같은 글쓰기 틀이 적용되어 수험생들이 이 '틀'을 이용해 글을 써 냈다. 특히 여러 과문 문체 중 과책은 당대의 여러 정치·사회 문제들을 인식하고, 정리하고, 또 근거를 모아 그 해결책을 도출하는 당대 지식인들의 문제 인식, 사고 과정에 상당한 영향을 끼쳤을 것으로 생각된다.

최근 들어 과문 전반에 대한 관심이 고조된 가운데, 과책 문체 또는 글쓰기 방식에 대해 다각도의 연구가 이루어졌다. 이들 연구를 통해 과책 문체의 전반적 특징과 대략적인 역사적 변화 경향이 밝혀졌다.[11] 조선 후기에는 과책의 정식이 세분화되고, 정형화되는 가운데, 각 내용 단락 간 긴밀한 연락 관계가 강조되고 있다는 사실도 지적되었다.[12] 하지만 조선 전기(全期)를 다루는 연구들의 특성상, 조선 후기라는 특정한 시기의 과책 문체 특징과 글쓰기 문제에 예각화된 시각과 분석은 이루어지지 못했다. 또한 과책 참고서나 과책 모음집 등 과책과 관련한 여러 문헌들이 다각적으로 검토되고 활용되지 못해 분석이 단편적인 한계도 있었다. 최근 들어서는 과문과 관련된 여러 문헌 자료가 소개되고 있고,[13] 글쓰기 형식의 관점에서 실제 과책 작품에 대한 분석들이 이루어지기 시작

---

10 특히 정조대에 작성된 책문(策文)은 과책의 전체적인 역사적 흐름에 의도적으로 역행한 측면이 있다. 양원석(2006); 김동민(2014); 김현옥(2008; 2009; 2010); 장진엽(2013); 백진우(2014); 윤재환(2017).

11 과책을 포함하는 과문 글쓰기 관점의 박사학위논문으로 김동석(2013); 박재경(2014); 이상욱(2015b)이 있다.

12 이상욱(2015b), 106-100면 참조.

13 황위주(2014); 허경진·최영화(2014); 박헌순(2015; 2016); 박서이(2018; 2020).

하였다.[14]

　이에 본고는 조선 후기에 작성된 과책 작법 참고서인 『책형(策型)』과 『변려화조(騈儷華藻)』의 과책 작법에 대한 기술들을 검토하여, 당대 과책 문체의 일반적인 내용 구성 방식을 재구성해 볼 것이다. 『책형』과 『변려화조』는 현재까지 발견된 과책 참고서 중에서 그 내용이 가장 상세하고 체계적이다.[15] 특히 『책형』은 18세기 초반, 『변려화조』는 19세기 초반으로 대략의 작성 연대가 특정된다는 점에서, 당대 수험생들의 과거 시험 대비 공부 방식과 출제 및 채점 경향 등을 시대적 맥락에서 살펴볼 수 있다. 본고는 양 문헌에 대한 내용 소개를 겸해, 과책 작법 요령에 대한 검토를 토대로 조선 후기 과책의 형식화 문제를 좀 더 구체적으로 살펴보고자 한다.

『책형』과 『변려화조』

『책형』은 장서각 소장의 과책 참고서 문헌으로 총 3책으로 구성되어 있다. 표제(表題)는 '策型一', '策型二', '策型三'으로 되어 있으나 권수제(卷首題)는 각각 '策型上', '策型下', '策型補遺'로 되어 있다. 제1책과 제2책이 먼저 상하권으로 기획·작성되었고, 제3책은 나중에 추가된 듯하다. 제1책은 「허두규(虛頭規)」, 「중두규(中頭規)」로, 제2책은 「축조규(逐條規)」, 「대저규(大抵規)」, 「당금규(當今規)」, 「설폐규(設弊規)」, 「구폐규(捄弊規)」, 「편종규(篇終規)」, 「총론(總論)」으로, 제3책은 「전편총론(全篇總論)」, 「전편격식(全篇格式)」, 「전편함용문자(全篇含用文字)」, 「구폐편종규(捄弊篇終規)」, 「전편

14　강혜종(2020).
15　이상욱(2015b)에서 다수의 과책집과 본고의 연구 대상인 『책형』과 『변려화조』가 간단하게 소개되기도 하였다. 이상욱(2017)에서는 과표(科表) 문체에 관한 분석에서 『변려화조』를 보조 자료로 활용하였다.

동인(全篇東人)」의 항목으로 구성되어 있다.

각 정식 단락 규(規)에는 각 단락의 특성과 작법을 설명하는 내용이 먼저 소개된다. 『책형』에서는 크게 세 가지 문헌에서 인용되고 있는데, 『동인(東人)』과 『우(又)』, 그리고 『여암(旅庵)』이라는 문헌으로 출처가 표시되었다. 여기서 『동인』은 이미 소개된 『책문준적』의 과책 정식과 소수의 자구(字句) 출입을 제외하고 거의 같다.[16] 단 이 내용은 『책형』의 편집 차례에 따라 각 정식 단락별로 해체되어 배치되어 있다. '허두'와 관련된 내용은 『책형』의 허두규에 배치되고, '중두' 관련 내용은 중두규에 배치되는 식이다.

작법 소개에 이어 해당 단락의 모범 예들이 절취되어 인용된다. 예컨대 허두규 뒤에는 여러 모범 작품의 '허두'만 절취되어 인용되고, 각각의 작품 앞에는 책문(策問)이 1~2행 정도로 간단하게 요약·제시되어 있다. 대부분의 작품에 작자 표시가 없으나 간간히 작자가 기재된 경우가 있는데, 이를 살펴보면, 윤봉조(尹鳳朝, 1680~1761), 권부(權扶, 1688~?), 오광운(吳光運, 1689~1745), 허채(許采, 1696~?), 오익현(吳翼顯, ?~?), 손명래(孫命來, 1664~1722), 김창협(金昌協, 1651~1708), 최창대(崔昌大, 1669~1720), 남하정(南夏正, 1678~1751), 허반(許槃, 1698~?), 김석주(金錫胄, 1634~1684), 권이진(權以鎭, 1668~1734) 목천현(睦天顯, 1669~?), 이동표(李東標, 1644~1700) 등이다. 윤봉조와 오익현의 '허두'에는 이례적으로 시험 정보와 성적이 적혀 있다.[17] 이 작자들의 생년(生年)과 문과 급제년 등을 감안해 보면, 수록된 작품들은 대략 17세기 후반에서 18세기 전반 사이에 작성된 것으로 볼 수 있고, 따라서 『책형』은 대략 1730년대 이후에 편집된 것으로 유추해 볼 수 있다. 하지만 가령 1750년대에 편집된 것이라면, 시제(試題)나 작법 경향, 이른바 시호(時好)에 비교적 민감한 과책 문체의 특성상

---

16 최식(2009). 참조.
17 윤봉조는 乙酉 증광 회시에서 二下, 오익현은 丁丑, 증광 초시, 2소에서 三中을 받았다고 되어 있다.

1730년대 이후 작품들을 싣지 않을 이유가 없다. 따라서 이 『책형』은 대략 1720~30년대를 전후하여 편집되었을 가능성이 많다.

『책형』1, 2책의 편집 방식은 『동인』, 『여암』 등의 작법 설명과 당대에 실제 작성된 과책을 수록한 문헌을 놓고, 정식 단락 별로 해당 내용을 절취해 재구성하는 식이다. 한 세대 정도 이전 작자들의 작품들을 기록한 『책문준적』[18]은 수험생들이 먼저 과책 단락 구성의 대강을 전체적으로 이해하고 나서 실제 작품의 전편(全篇)들을 보게 되어 있다. 이에 반해 『책형』에서는 각 정식 단락의 설명을 보고 바로 해당 정식 단락의 모범 예문들을 볼 수 있다. 『책형』에서는 특히 '허두' 부분이 강조된 것을 볼 수 있는데, 허두규에 예로 인용된 작품 수가 35편으로 가장 많다. '중두'는 20편, '축조' 9편, '대저' 8편, '구폐' 3편, '편종' 1편, 총론 8편이 인용되어 있다.

『책형』 3책은 과책의 전체적인 구성을 설명하는 데 주안점이 맞춰져 있다. 과책 참고서의 작법 설명 방식이 변화하고 있는 정황을 보여준다. 「전편총론」은 각각의 정식 단락에 대한 객관적 설명으로, 대략 『책문준적』의 설명과 방식이 유사하다. 「전편격식」은 각 단락을 이끄는 상황이나 논리 구성에 따라 달라지는 상투구의 예를 한두 개씩 제시하면서, 과책의 논리 구성의 전체적인 틀을 설명한다. 「전편함용문자」에서는 각 정식 단락별로 상투적으로 쓰이는 문장들을 여러 글에서 인용해 제시해 놓았다. 이후에는 제2책에서 비교적 소략하게 다루어진 '구폐'와 '편종' 부분을 보충하는 의미로 9편의 과책문의 '구폐+편종' 단락들을 수록하였다. 마지막으로는 '樂'과 '人生而靜'에 대한 과책문 두 편의 전문(全文)을 인용하였는데, 각 정식 단락을 표시해 놓았다. 요컨대 『책형』 제3책의 전

---

18 유독 중두규에 인용된 작품들은 『책문준적』에 수록된 작품과 겹치는 경우가 많다. 그 이유는 정확히 알 수 없으나, 김창협, 김석주, 이동표 등 전(前) 세대의 과책에서는 유독 '중두'가 강조되었던 상황과 관련이 깊어 보인다. 실제로 이들의 과책문을 수록한 『책문준적』의 맨 앞에 나오는 작법 설명에서 '중두'에 관한 설명이 가장 자세하며 내용도 가장 많다.

체적인 항목 구성은 과책 작법의 추상적 설명으로부터 점차 더 구체적인 예들을 제시하는 차례를 지닌다.

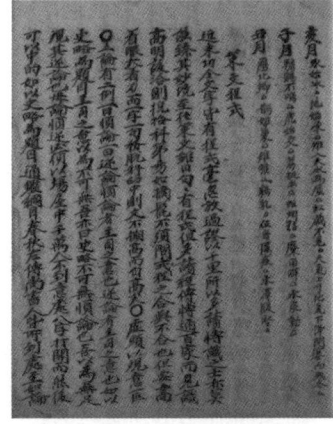

그림 1. 『책형』(우, 한국학중앙연구원 장서각 소장[K4-319])의 중두규 설명과 『변려화조』(좌, 국립중앙도서관 소장[古3603-3-109])에서 제시된 과책 총론.

『변려화조』는 주로 과표(科表)의 정식을 설명해 놓은 문헌인데, 마지막 부분에 「책문정식(策文程式)」이 수록되어 있다. 이 책의 중간에는 국휘(國諱) 항목이 있는데, 역대 조선 왕의 묘호(廟號), 이름, 자(字)가 열거되어 있다. 목조(穆祖), 익조(翼祖), 도조(度祖), 환조(桓祖)로부터 영종대왕(英宗大王), 정종장헌(正宗莊獻), 순조(㝓), 그리고 순조의 세자(旲, 德寅), 세손(奐)까지 소개되었다. 이를 통해 이 문헌이 편찬된 시기가 순조대(1800~1834)임을 알 수 있다.

『변려화조』에서 소개된 「책문정식」은 과책의 각 정식 단락별로 작법을 자세하게 설명하고 있다. 이 작법은 동 도서관 소장의 『대책(對策)』(古 3652-22)에도 같은 내용이 수록되어 있다. 이 '책문정식'은 당대에 나름 널리 보급된 과책 작성법인 듯하다. 대략적인 내용 구성은 과책 정식의 순서대로 제시되어 있다. 과책총론-허두-중두-축조-대저-아동-당금-섬폐-구폐-편종-과책총론의 순서이다.

'허두'는 크게 '입론(立論)', '희(噫)', '수연(雖然)', '우야(愚也)', '허두총론', '두 분량'[19] 등으로 하부 항목이 설정되어 있는데, '입론'은 '허두'의 논리 구축 방식을 설명하며, 순론(順論)과 역론(逆論)의 방법을 제시하였다. 이어 '噫', '雖然', '愚也'로 설정된 소단락의 구성 방식을 설명하였다. '허두총론'에서는 '허두' 소단락들이 다른 정식 단락과 맺는 의미 관계를 자세히 설명하였다. '중두'는 크게 '절위(窃謂)', '개(盖)', '수연(雖然)', '희(噫)', '연즉(然則)', '중두총론'으로 각 항목이 구성되었다. '절위'부터 '연칙(然則)'까지의 내용은 『책형』에서 제시되었던 중두규와 대동소이하다. '중두총론'에서는 '허두'와 마찬가지로 전체 과책문의 정식 단락의 내용과 내용적으로 긴밀하게 연결되어야 함을 강조하고, '중두'의 정식은 질문 내용에 따라 바뀔 수 있음을 언급하고 있다.

축조에서는 주로 수사적(修辭的) 기술에 대해 설명하였고, '대저', '아동', '당금' 단락은 비교적 간단하게 설명하였다. '대저', '아동', '당금' 단락이 과책문에서는 다분히 형식적인 구색을 맞추는 부분임을 알 수 있다. '설폐'에서는 '시의(是宜)'와 '부하(夫何)'로 구성되는 단락을 설명하고, 대략의 기술 내용을 설명하였다. '구폐'는 '수연(雖然=救措)'과 '성원(誠願=救弊)', '명견(明見) 또는 해단(奚但)' 등의 문장을 이끄는 상투어로서 '구폐'에 종속된 소단락 구성을 설명하였다. '편종'에 대해서는 특별한 작법이 없다고 하면서, 길게 하지 않을 것을 주문하고 있다.

---

19 '허두총론'과 '허두분량'은 본문에 나온 표현이 아니라 필자가 내용을 감안해 항목의 제목을 붙였다.

조선 후기 과책 작법 요령의 특징

(1) 허두의 강조

> 근체(近體)는 혹 신기하게 하거나 또는 분량을 많게 하기도 하는데, 이것은 진실로 책가(策家)의 병폐이다. 하지만 과목(科目)에서 실정(實情)을 잊어서는 안 되며, 이런 시호(時好)를 전적으로 배격하면 안 된다.[20]

18세기 초반에 작성된 위의 허두규는 '허두'를 늘려 쓰는 것을 '시호(時好)'라 지칭하며, 이를 무시해서는 안 된다고 말하고 있다. 이 『책형』에서는 전반적으로 '중두'의 중요성이 자주 언급되는데, 실제로 18세기 초반까지는 '중두'가 중요시 여겨졌다. 하지만 점점 '허두'가 중요한 단락이 되어간 정황을 볼 수 있다. 점점 길어지는 '허두'에 대해서는 18세기의 여러 과폐에 대한 논의에서 언급되고 있으며, 실제 작품들을 살펴봐도 '허두'의 분량이 점점 늘어나는 것을 볼 수 있다. 19세기 초중반에 작성된 『변려화조』에서는 '허두'에 대해 다음과 같이 설명하고 있다.

> 고인(古人)의 취사(取士) 방법은, 혹은 허두를 취하기도 했고, 혹은 중두, 혹은 구폐를 취하기도 했다. 요즘은 단지 허두 2~3행 안에서 결판난다. 이와 같다면, 삼행 안에 눈에 들지 못하면 문산(文山, 文天祥)이 초고를 쓰고 성재(誠齋, 楊萬里)로 하여금 윤색하게 한다 하더라도 도움이 되지 않는다. 기두(起頭)에 임해서는 특별한 생각에 착의하고, 그

---

20 『策型』 1책 허두규(虛頭規) 5면, "近體或欲奇且多, 此固策家之病也, 未能忘情於科目, 不宜全背時好." 『책형』과 『변려화조』는 각각 장서각과 국립중앙도서관 홈페이지에서 검색 가능하며, 원문 이미지를 볼 수 있다. 본고에서 표시한 면 수는, 『책형』은 표지(제1면)에서 시작한 면 수(다운로드 받는 PDF 파일상 페이지)이며, 『변려화조』는 국립중앙도서관 제공 이미지 파일 하단에 표시된 면 수이다.

것으로써 식견의 넓음과 입론의 고고(高古)함을 보인다면, 중두 이하에서 판에 박은 듯한 글을 써도 괜찮다.[21]

18세기 초반 이전에는 '중두'가 중요하게 생각되어 '중두' 내용을 '시고(是故)', '수연(雖然)', '오호(嗚呼)', '연즉(然則)' 등의 문장부사를 통해 내용을 분절하였다.[22] 허두가 중요해지자 허두에도 역시 이러한 문장 부사들을 활용해 문단 구성 틀이 만들어졌다. 19세기에 편집된 『변려화조』에서는 '하자(何者)', '희(噫)', '수연(雖然)'이라는 투식어를 활용해 크게 세 내용 단락으로 분절하였다. 이 세 단락의 앞에는 '기두(起頭)'가, 뒤에는 '우야(愚也)'가 위치하게 된다.

'何者' 밑이 첫 번째 내용(一轉)이 된다. 시작하는 곳은 단지 바로 위 기두(起頭)를 따라가는 것으로 할 수 있다. 혹은 대어(對語)를 사용해도 무방하나, 구법(句法)은 긴요하게[精緊], 의론(議論)은 시원하게[高爽], 구자(句字)는 해박(該博)하도록 힘쓴다. 또 일설(一說)처럼 장대할 필요가 없으니, 삼행(三行)이 넘으면 주사가 싫증나 버린다. 삼행 안에서도 구법이 서로 비슷한 것을 꺼리니, 상하가 짝으로 비슷하면 주사가 역시 싫증나 버린다.[23]

'噫' 밑은 두 번째 내용(再轉)이 되니, 이를 속칭 '신발 고쳐 신기[納履]'라 한다. 비유하자면 국수를 만들 때 겉(국수)은 호면(好麵)으로 하되,

---

21 『騈儷華藻』策文程式, 143면, "古人取士之法, 或取虛頭, 或取中頭, 或取救弊, 今則只決於虛頭三兩行之內, 若此三行不入眼, 則雖使文山草創, 誠齋潤色, 無益. 預於起頭時着意別念, 以示識見該洽設論高古, 而中頭以下雖依樣盡葫亦可."
22 이상욱(2015b), 169~170면 참조.
23 "何者下是爲一轉. 起意則只得逐上起頭說去. 或作對語無妨, 然句法務要精緊, 議論務要高爽, 句字務要該博. 又不須長大若一說, 過三行, 則主司厭棄之, 行之內, 句法亦忌相似, 句法上下隻相似, 主司亦厭棄之矣."

안(국물)에는 잡물(雜物)을 사용하는 것과 같다. 소 뼈, 닭 뼈, 생선 머리, 채소 뿌리로 (국물) 맛을 낼 수 있다. 따라서 3~4행을 모두 고문(古文)을 사용하거나, 비유(譬喩)를 써도 된다. 단, 구법은 신기(新奇)함에 힘쓴다.[24]

'雖然' 이하가 세 번째 내용(三轉)이 된다. 이곳에서는 문목의 내용으로 바로 꺾어 들어가며, 은미하게 구폐의 내용을 세워 암시한다. 단, 구폐의 재료가 바로 노출되지 않도록 하는데, 이는 주사가 기두(起頭)의 내용을 생각하며, 결미(結尾) 부분을 가볍게 여기는 것을 두려워하기 때문이다.[25]

첫째 단락[一轉]은 '하자(何者)'이다. 통상 대책의 첫 부분[起頭]에서 글 전체의 대지(大旨)를 표현할 수 있는 전고를 인용하거나 자기의 논의를 제시하는데, '하자'는 이에 이어지는 부분이다. 실제 책문에서는 "하이언지(何以言之)" 또는 "하자(何者)"로 쓰이며, (위 기두 내용은) 무엇을 의미하는가?' 같은 뜻이 된다. 여기에서는 말을 간단하게 하여 직설적으로 말하되, 문장에 장단의 변화를 주어 주사가 싫증나지 않도록 한다고 하였다. 두 번째 단락[再轉]은 '희(噫)'이다. 이 부분은 '하(何)'에서 제시된 내용에 대한 글쓴이의 평가를 다소간의 감정을 섞어 표현한다. 이 참고서는 이 부분에 대해 국수에서 국물과 같은 역할을 하는 것으로 비유하였다. 중요한 논리적 고리를 구성하는 부분이라기보다는, 인용이나 비유, 찬탄 등을 통해 글쓴이의 주제에 대한 생각이나 감정을 표현해 전체적인 분위기를 구성하는 부분이다. 이 참고서는 이 부분에서 구법(句法)을 신기

---

24 "噫以下是爲再轉. 此是俗謂之納履. 如作湯餠, 表以好麵, 而裏用雜物也. 牛骨鷄骨魚頭以菜根, 皆可助味, 故三四行內, 雖全用古文亦爲全用譬喩亦可. 但句法務要新奇."
25 "雖然以下是三轉. 此處折旋向問目中, 去而微微隱映, 設救弊意思. 但不可露出救材, 恐爲主司所輕結尾處, 囚照起頭意"

(新奇)하게 가져갈 것을 권하고 있다. 셋째 단락[三轉]은 '수연(雖然)'이다. 이 부분에서는 직접적으로 글 쓸 내용의 주제를 언급한다. 단 주제를 너무 노골적으로 노출시키지 않도록 제안하고 있다. 이어 '우야(愚也)'는 전대부터 내려오는 허두 말단의 상투적 표현으로 '제가 아는 것이 없습니다만, 평소에 생각한 바가 있으니 어찌 대답하지 않을 수 있겠습니까'와 같은 내용이 들어간다.

　　본래 '허두'는 그 명칭에서 의미하는 바처럼, '비어 있다'는 것인데, 이는 '중두' 이후의 다른 단락과 달리 답안의 실질적 내용이 언급되지 않는다는 뜻이다. '허두'는 집사선생(執事先生)이나 왕 등 출제자의 책문(策問) 내용을 평가·칭양하고, 답안 작성자 자신에 대한 겸사를 형식적으로 진술하는, 말하자면, '답안' 쓰기 전 시험에 임한 주체의 발화이다. 그리고 "오늘 좋은 질문을 받아, 부족하지만 어찌 몇 마디 진술하지 않을 수 있겠습니까"와 같은 상투적인 말로 마무리되었다. 하지만 '허두'가 중요한 부분이 되면서, 조선 후기 '허두'는 '전체 과책문의 논리전개 요약'이라는 기능을 수행하게 되어, 답안 내용이 시작되는 '중두'의 내용과 다소 겹치게 되었다. 다른 점이라고 한다면, '허두'의 초점은 왕 또는 집사선생의 책문(策問)에 대한 평가에 맞추어져 있다는 것이다.

(2) 수사법(修辭法)

두 참고서에는 '더 높은 점수를 얻을 수 있는' 수사법(修辭法)[26]이 자세하

---

[26] 수사법(修辭法, rhetoric)의 개념은 한 가지로 정의하기 힘든데, 크게 문학적 의미로 쓰이는 경우와 철학적, 또는 논리학적 의미로 쓰이는 경우로 나뉜다. 대략 전자는 비유법, 강조법 등 주로 문채(文彩)와 관련된 기술을, 후자는 삼단논법(三段論法)과 같은 논증의 방법을 지칭한다. 이들은 주로 서양의 문학·철학의 문맥에서 생겨난 기법, 또는 그에 대한 학문이므로, 이 개념을 엄밀하게 조선의 과문에 적용시키는 것에는 무리가 있다. 따라서 본고에서는 '일정한 결론을 효과적으로 도출하고 설득시키기 위한 글쓰기상의 기법'이라는 다소 느슨한 개념을 가지고 수사법에 접근하고자 한다. 여기에는 논리의 진행, 문단·문장의 배치, 전고의 인용, 문맥의 구성 및 문장의 수식(修飾) 방법이 포괄된다. 이렇게 본다면, 조선의 과책 참고서는, 물론 제한된 조건(시험) 하에 형성된 것이긴 하지만, 그 전체가 수사법에 관한 논의이다. 박성창(2000). 참조.

게 기술되어 있다. 시제의 성격에 따라 달라질 수 있는 논리 구축 방법이나 전략, 또 전고의 활용 방법, 구법 등에 대한 다양한 해결책이 제시되어 있다. 『변려화조』에는 특히 '허두'의 수사법에 많은 지면을 할애하고 있다. 그 내용을 보면 다음과 같다.

(허두의) 입론에는 두 가지 방법이 있다. 하나는 순론(順論)이라 하고, 하나는 역론(逆論)이라 한다. 순론은 주사의 뜻을 따르는 것이다. 역론은 주사의 뜻을 거스르는 것이다. 예컨대, 사략(史略)을 제목으로 삼고, 주사의 뜻이 이를 없앨 수 없다고 하는데, 나 역시 없애서는 안된다고 하는 것이 순론이며, (사략은) 볼 것이 못된다고 하는 것이 역론이다. 순론과 역론을 막론하고, 반드시 과장(科場)의 많은 사람들이 도달하지 못하는 뜻으로써 분명히 보인 후에야 적중(的中)할 수 있다. 만약 사략(史略)이 제목이 된다면, 『통감강목(通鑑綱目)』이나 『춘추좌전(春秋左傳)』, 『상서(尙書)』 같은 것(을 인용하는 것)은 사람들 생각이 모두 미치는 곳이다. 가령 『논어』나 『맹자』 역시 그것을 사용하는 사람이 있을 것이다. 나는 모두 다 제외하고, 도리어 의서(醫書)나 병서(兵書), 강산풍월(江山風月) 등 다른 사람들이 생각지 못하는 내용을 꺼내 첫 부분에 쓸 것이니, 이것은 백발백중의 요법(要法)이다. 하지만 첫 머리를 일으키고자 할 때에는 먼저 상세하게 문목(問目)을 살피고, 주사가 물어 본 바를 통관해야 하니, 주의(主意)가 어떤 질문에 있는지, 구폐(救弊)에는 어떤 도리(道理)를 쓸 것인지, 축조(逐條)에 묻는 것은 몇 개인지, 이것은 어떤 일, 어떤 설(說)을 물은 것인지, 살펴본 연후 이로부터 구폐의 재료를 정할 수 있을 것이다. 처음에는 배 속에 감추고, 신중히 누설하지 않으며, 이것으로써 구폐에 영향을 주면서 기두를 잡아 쓴다면, 거의 제외(題外, 제목과 관련 없는 글을 쓰는 것)에 빠질 일이 없을 뿐만 아니라, 범축(犯逐, 단락 구성의 실패를 뜻하는 듯)했다는 지적을 면할 수 있다. 가령 단지 문목(問目) 중 한두 글자만 보고,

바로 자기 논의를 세우게 되면, 서쪽 진(秦)에 가지 못하고, 반드시 남쪽 월(越)에 가거나 북쪽 연(燕)으로 달려가게 되니, 신중해야 한다. 성현의 격언이나 가르침같이 폄하하면 안 되는 내용이 문목에 제시되어 있다면, 부득불 순론으로 할 수밖에 없다. 그 방법에는 세 가지가 있다. 혹 선유의 설을 인용하기도 하고, 혹은 자기의 의견으로 입론하거나, 또는 제자서(諸子書)를 인용한다. 선유의 설을 인용하면 십여 자를 넘으면 안 되니, 대개 선유의 설이 길면 주사들이 싫어하기 때문이다. 자기의 의견으로 논의를 세우려면 반드시 비유를 취하는데, 가령 단목(單木)이나 금수(禽獸), 강산(江山), 월로(月露) 같은 것들을 모두 인용할 수 있다. 제자서는 문목 가운데의 격언과 서로 어긋나는 것을 인용해야 하는데, 기두에서 한 행 정도를 인용하고 급격히 자기의 의견으로 그 오류를 타파하면 백발백중이다. 이것이 순론 중 역론이다. 역론은 가령 관실(官室), 기용(器用), 산천(山川), 인물(人物) 등이 문목에서 언급되었다면 마땅히 주사의 뜻을 살펴 그것을 역으로 꺾는다. 혹은 자기의 의견으로써 논의를 세우거나 선유의 설을 인용하는데, 이 경우 한 행을 넘지 않도록 한다. 과책은 역을 귀하게 여기지 순을 귀하게 여기지 않는다.[27]

---

27 『駢儷華藻』策文程式, 141~143면, "立論有二例. 一曰順論, 一曰逆論. 順論者(順)主司之意也. 逆論者(逆)主司之意也. 如以史略爲題目, 主司之意以爲不可無, 吾亦曰史略不可無順論也. 吾以爲無足觀其逆論也. 毋論順逆, 必須以場屋中, 千萬人不到意處, 八字打開, 而然後可以中的. 如以史略爲題目, 通鑑綱目春秋左傳尙書, 人皆所道處 至如論魯(語)孟子, 亦必有用之者矣. 吾卽一齊掃去, 却披醫書兵書江山風月等, 千萬不近處, 作ород來, 此是百發百中之要法也. 雖然欲起頭時, 先須詳看問目, 一通觀主司所問, 主意在那問, 救弊當用那道理, 逐條所問幾箇, 是謀事某說, 然後自可以救弊材料. 須先藏置腹裏愼勿泄露, 乃以救弊影響, 把作起頭, 庶幾不落題外, 而亦免犯逐之譏矣. 若只看問目中一兩字, 便己立論, 其則不西入秦, 必南走越北適燕, 愼之順論. 如以聖賢格言至訓, 不容貶意者, 揭爲問目, 則不得不順論. 其法有三. 或引先儒說, 或以己意立說, 或引諸子書也. 引先儒說, 則無得過中(十)餘字, 蓋先儒說太長, 主司厭看矣. 以己意立說, 則須取譬喩如單木禽獸江山月露, 皆可引用. 諸子書則須取諸子說, 如問目中格言相悖者, 起頭而纔滿一行, 急以其意打破彼說之謬, 則當百發百中矣. 此則順論中逆論也. 逆論, 官室器用山川人物之類, 發爲問目, 則看主司之意, 而逆折之. 或以己意立說, 或引先儒說, 而無過一行, 策貴逆不貴順."

이 '허두'에 대한 설명을 보면, 논리 구축 방법뿐만 아니라 전고의 인용 방법, 비유법, 구법(句法), 적절한 분량 등에 대해 자세한 조언을 하고 있다. 설명 분량도 눈에 띄게 많아졌지만, 『책형』의 비교적 건조한 설명 방식에 비해, 기술자의 주관적 시점을 노출하고 있다는 점, 그리고 글 자체의 완성도보다 시험에서의 성공에 초점을 맞추고 있다는 점을 확인할 수 있다. 예컨대 "나라면 어떻게 할 것"이라든지 "이렇게 하면 백발백중"이라든지 "이렇게 해야 주사(主司)의 눈에 들 수 있다"와 같은 표현들이 그 예이다.

문제는 이렇게 늘어난 수사법에 대한 기술에 비례해 그 내용에 변통할 여지가 없어진다는 점이다. 물론 이러한 '주관적' 지침들이 그대로 시험장의 답안 작성 과정에서 적용된다고 볼 수는 없다. 하지만 초학자들이 이러한 참고서들을 통해 과책문 글쓰기를 공부한다고 했을 때, 이 지침들은 상당히 광범위한 영향을 주었을 것이다. 이런 지침들은 일종의 글쓰기의 틀로서 작용해 실제 시험장에서는 답안 작성 시간의 절약과 '효율적인' 내용 구성에 도움이 되기 때문이다. 이렇게 발달된 수사법은 점점 '수사'의 더 세세한 '법'을 제시함으로써 과책의 형식화를 가속시켰을 것이다.

(3) 투식(套式)

셋째는 문장 구성 형식, 다시 말해 투식의 제시이다. 이전의 대략적인 과책 설명방식은 '중두'는 어떻게, '구폐'는 어떻게 어떻게 써라와 같은 외부적 지침이었다. 하지만 『책형』 제3책의 「전편격식(全篇格式)」에서는 일종의 '답안의 모범'이 제시되고 있다는 점이 다르다. 이는 전대에 비해 정식(程式)을, 더 작은 단위의 소단락 또는 문장 단위로 구성함으로써 가능해졌다. 이 모범답안은 요즘 말로 '탬플릿'이라고 할 수 있는데, 현재 사교육 시장에서 논술고사나 토플 따위의 외국어 능력 시험의 작문 시험 준비에도 사용되는 방법이기도 하다. 이 같은 설명 형태는 비교적 형식적 틀

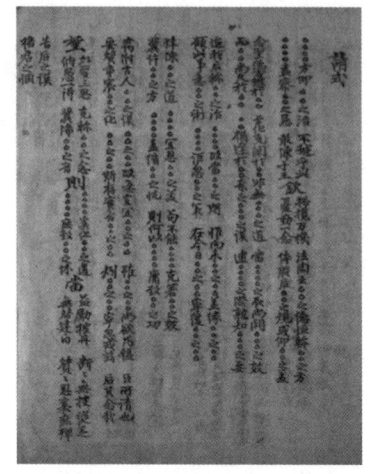

그림 2. 『변려화조』(우, 국립중앙도서관 소장[古3603-3-109])의 과표의 투식과 『책형』 3책(좌, 한국학중앙연구원 장서각 소장[K4-319])의 과책 투식의 구폐 부분(제4행 '嗚呼'부터).

이 강하게 구성되어 있는 과표(科表) 참고서에서 주로 보이는 형식 설명 방법이다.[28] 과표의 글쓰기 틀은 각 단락과 구에 상투적으로 들어가는 연결어, 문장부사와 '○○' 표시를 조합해, 수험생들이 한눈에 과표의 형식적 구성과 내용의 논리 전개를 알 수 있으며, 이 형식의 학습을 통해 효율적으로 다양한 시제에 기민하게 대응할 수 있게 된다. 하지만 과책은 과표와 달리 기본적으로 산문인 데다, 시제(試題)의 질문 형식에 답안의 형식이나 구성이 강하게 종속되는 특징이 있으므로, 과표와 같이 고도로 정형화된 논리 틀의 적용이 힘들다. 그럼에도 불구하고, 『책형』 제1책의 일부 중 두규나 제3책의 「전편격식」에는 이 문장 구성 형식이 제시되고 있다.

과표의 경우처럼 정교하게 정형화된 틀은 아니지만, '내용'이 없는 연결어, 내지는 문장부사 등을 활용해 글쓰기 틀을 가시적으로 제시하고 있다. 아래의 예는 「전편격식」의 '구폐' 투식이다.

---

28 이상욱(2017), 173~174면 참조.

'嗚呼' 시제에서 물어본 것으로써, 폐단의 단서를 말한다.

아! 우리 임금의 ○○하는 정성으로 이처럼 근신하시는데, ○○의 폐단이 이와 같고, 성상의 ○○하는 도가 이와 같이 지극한데, ○○의 폐단이 이와 같으니, 저는 그 허물이 어디서부터 온 것인지 모르겠으며, 진실로 좌우를 살펴봐도 그 할 말을 알지 못하겠습니다만, 제가 청컨대, 고루한 이야기[芻蕘之說]로 우러러 진달하고자 합니다.

이어 '구조(救措)'를 놓는다. 아! 주부자가 가르침이 있어 이르기를, "천하의 일에는 모두 근본과 말단이 있다. 그 말단을 고치는 것은 비록 가까운 듯 보여도 실제로 공효를 이루기 힘들고, 그 근본을 바로 하는 것은 비록 멀고 힘들어 보여도 실제로는 착력하기 쉽다"고 하셨으니, 이것은 진실로 적확한 논의입니다. 진실로 질문 중 말씀하신 일로 말하자면, 오늘날 ~운운한 도는 과연 능히 그 말단을 일삼지 않아도, 그 근본을 알 수 있는 것입니다. 무릇 이와 같은 이유로, ○○○의 폐해는 그 단서가 하나는 아니나, 지금 그것을 고치고자 하는 자가 각각 그 마땅함을 얻으면 어찌 또한 그 근본을 구해 돌아가는 것이 아니겠습니까?

'대개(盖)' (이하는) 이어 구폐의 조목(措目)을 들어 간략하게 제기해 말한다. 이것이 어찌 근본을 들어 그 말단을 고치려고 한 것이 아니겠습니까? 제가 일찍이 망령되이 논하기를, '○○의 폐단은 다른 것이 아니라, ○○○의 도를 행하지 않기 때문이다'라고 하였는데, 따라서 제게 금일의 고황(膏肓: 고치기 힘든 병폐)을 논하게 하신다면, 오늘 당장 약이 되는 음식을 버리고, 부득불 ○○○로써 임무를 삼아야 한다고 하는 것입니다.

'誠能' (아래는) 구폐의 조목(條目)으로 반복해서 말한다. (그러면) 즉 질문에서 말한 바, ○○의 폐단은 장차 바르게 구해질 것입니다.[29]

---

29 『策型』 3책, 「全篇格式」, 8면, "嗚呼! 以題之所問者, 言其爲弊之端. 嗚呼! 我后○○之誠, 如彼其

이러한 투식을 통해 수험생들은 한눈에 과책의 논리 구성 방법을 파악할 수 있으며, 이 논리적·수사법적 구성을 염두에 두고, 혹은 체화시키고 실제 글쓰기에 임할 수 있다. 흥미로운 점 한 가지는 '구조(救措)'에 인용된 '주부자(朱夫子)'의 문구[30]이다. '○○'이 사용된 다른 부분은 다소 추상적인 진술로서 구체적 내용 없이 전체적인 틀만 보여주는 기능을 가진다. 이에 비해 주희 글의 인용은 과책 글쓰기의 추상적 틀을 제시하는 「전편격식」의 전체 의도와는 다르게 특정인과 특정 내용이 언급되었다는 점에서 이례적이라 할 수 있다. 사실 이 주희의 '본말론(本末論)'은 조선 후기 과책 논리의 핵심을 요약하고 있다는 점에서 문제적이다.[31] 이 본말론은 '말단'이 중요한 것이 아니라 '근본'을 다스리면 '말단'은 저절로 다스려진다는 대체적인 논리인데, 과책의 문맥에서 보면, 시제에서 주어지는 대부분의 구체적인 사회문제들은 '말단'으로 환치되고, 결국 그 문제의 '근본'인 왕이 스스로를 바르게 다스려야 한다는 전체적인 논리를 제공한다. 조선 후기의 많은 답안이 이러한 본말론을 활용해 '구폐' 단락에서 왕이 마음을 바르게 해야 한다는 따위의 구폐책을 내놓고 있다. 이는 신유학의 이른바 군주성학론(君主聖學論)의 내용이[32] 과책이라는 문체로 양식화된 결과이다. 결과적으로 이 논리 구조 하에서 조선 후기 과책 작

勤矣, ○○之弊如此. 聖上○○之道, 若斯其至矣, ○○之弊若玆, 則愚未知厥咎何自, 誠左右視而罔知其說, 愚請以蒭蕘之說仰陳之. 因設措. 嗚呼! 朱夫子有訓曰: '天下之事, 莫不有本有末, 捄其末者, 雖若切近而實難爲功, 正其本者, 雖若迂緩而實易着力.' 此其的確之論也. 誠以明問中事言之, 今日云-之道, 果能不事其末, 而能知其本乎! 夫如是故, ○○○之弊, 不一其端, 而今欲捄者之各得其宜, 則盍亦求其本而反之歟! 盖, 因捄弊之指目, 畧提而言之曰: '此豈非擧其本, 而捄其末耶?' 愚嘗妄論之曰: '○○之弊無他焉, 以其不行○○○之道也. 然則, 使愚論今日之膏肓, 投今日之藥餌, 不得不以○○○爲務焉.' 誠能, 以捄弊之目反復言之 則問所謂○○之弊, 將可捄正矣."

30 朱熹, 『晦庵集』 卷24, 「與陳侍郎書」, "天下之事, 有本有末, 正其本者, 雖若迂緩, 而實易爲力, 捄其末者, 雖若切至, 而實難爲功."
31 강혜종은 17세기 초반의 법제 과책에서 '본말론적 법제론'이 전개되고 있음을 밝히고 있다. 강혜종(2020), 18~22면 참조.
32 이른바 군주성학론의 '내용'은 조선의 이른 시기부터 국가 통치 이념으로써 존재해 왔다. 도현철(2018), 131~138면 참조.

성자들은 제기된 실제 문제에 대해, 답안에 이를 굳이 자세히 언급할 필요가 없으며, 따라서 미리 힘들여 공부할 필요도 없게 된다. 앞에서 제시한 정조의 당대 과책문에 대한 언급 중, "실제적인 일에 마음을 쏟아 미리 강구하지 않는다"는 비판은 이를 두고 한 말이다.

(4) 내용의 일관성 강조

마지막으로 두 참고서에서 공통적으로 가장 강조하는 바는 내용의 일관성이다.

> 무릇 책문의 교졸의 차이는, 기두(起頭)부터 끝까지 위를 침범하거나 밑으로 늘이지 않게 함으로써 끝까지 이르게 하고, 대의를 살펴보고, 조응에 어긋남이 없게 하며, 구성 관계를 물 샐 틈 없이 해야 하니, 이것이 거의 모든 것이라 할 수 있다.
> 무릇 책제(策題)는 변덕스러워 알 수가 없고, 책식(策式)의 경계는 한정되어 있으나, 수주대토(守株待兎-요행을 바람)를 해서는 안 되며, 또한 교주고슬(膠柱鼓瑟-변통하지 않는 것)을 해서도 안 된다. 모름지기 깊고 얕음을 짐작하고 선후를 잘 살핀 후에 맥락을 관통하게 하고 수미(首尾)를 통하게 해야 한다.[33]

이 '일관성의 강조' 문제는 조선 후기 과책의 가장 핵심된 내용으로, 여러 가지 방법으로 참고서 전편에서 강조되고 있다. 사실 이 문제는 '허두의 강조', '수사법', '투식'이라는 특징과 동일한 층위라기보다, 이 특성들이 최종적으로 지향하는 바이다. 예컨대 '허두'나 '중두'를 구성하는 '噫', '何則', '雖然', '竊謂', '盖', '然則' 등의 소단락들은 이후 기술되는 대단

---

[33] 『策型』 2책, 「總論」, 47면, "凡作策巧拙間, 自起頭至歸宿處, 無令上侵下累, 以迄于終, 環顧大意, 呼應無差, 闌緒个漏, 斯所謂庶幾也. 凡策題之反復無常, 策式之界限有定, 旣不可守株而待兎, 亦不可膠柱而鼓瑟, 湏斟淺深商量先後, 要使脉胳貫通首尾周轉可也."

락과의 긴밀한 연락관계를 전제로 구성된 체계이다.

> 허두는 또 하나의 작은 책자(策子)이니, 기두(起頭)는 허두의 허두이며, '何則'은 허두의 중두이다. '然則'은 허두의 축조이며, '雖然'은 허두의 설폐, 구폐이다.[34]

> 중두는 한편의 정신(精神)이 된다. 따라서 파제(破題)로 하였으면 기구(起句)가 있게 되고, 강제(講題)로 하였으면 '盖'자가 있게 된다. '是以'로는 '古'(축조-역자주)를 비추고, '雖然'으로는 '今'(當今)을 비추니, 한계를 세워 서로 간섭하지 않게 한다. 이는 오장육부(五臟六腑)가 몸통 안에서 각각 한 가지 기운을 주관하고, 이로써 이목구비(耳目口鼻)와 사지(四支)와 백체(百體)가 바깥에서 발동되고 운용되는 것과 같으니, 배우는 이가 가히 힘을 들이지 않을 수 있겠는가?[35]

각 단락별, 소단락별로 제시되는 수사법 역시 그 자체가 단락의 분절과 형식화를 강화하는 한편, 한 편의 과책문 안에서의 유기적 기능을 강조한다. 논리 전개 방식, 전고 인용방법, 구법, 분량 조절 등 자세한 수사법에 대한 조언들은 기본적으로 과책문 한 편의 균형적 구성을 염두에 두고, 타 단락과의 조응관계나 전후 문장들 사이에서의 맥락적 위치를 설명하는 데 초점을 둔다. 예를 들면 다음과 같다.

> 초두는 짧게 맺는 것을 귀하게 여기니, 혹은 반 행, 또는 1행으로 하

---

[34] 『騈儷華藻』, 「策文程式」, 143면, "虛頭亦是一箇小策子. 起頭者虛之虛也, 何則者虛之中也, 然則者虛之逐也, 雖然者虛之設弊也."

[35] 『策型』 1책, 「中頭規」, 74면, "中頭最爲一篇之精神, 故破題則有起句焉, 爲講題則有盖字焉, 是以所以映乎古, 雖然所以映乎今, 設爲限界不相侵洩. 有如五臟六腑各主一氣於腔子之裡, 而耳目口鼻四支百體得以發動運用於外, 學者可不致力耶?"

되, 혹은 반론(反論)으로, 혹은 직론(直論)으로 한다. 그 분량의 많고 적음은 상황에 따르는데, 서너 단락이나 대여섯 단락으로 하기도 한다. 초두를 직론으로 했다면, 중간에서 반론으로 하고 마지막에 직론으로 하며, 초두가 반론이라면, 중간은 직론 또는 반론, 마지막은 직론으로 한다.[36]

위 문장은 '허두' 문단의 전체 논리 구성에 대해 설명하고 있는데, 가령 이 구성을 따른다고 하면, '허두'의 모든 문장은 하나의 내용적 맥락 안에 일사불란하게 위치되게 된다.

물론 이와 같은 내용의 일관성에 대한 강조는 과책에만 강조되는 것도 아니고, 단순히 조선 후기에만 국한되는 이야기도 아니다. 내용의 일관성을 강조하는 경향은 과시나 과부, 과표에서도 동일하게 보이는 현상으로, 각 문체의 정식 단락의 확립 자체가 글 내용의 일관성을 추구하는 경향에서 생겨난 것이다.[37] 또한 과책에 한해서 말하자면, '구폐식' 대책이 '축조식' 대책을 대체하기 시작한 16세기 중반 이후 지속적으로 강조된 바이기도 하다. 구폐식 대책의 형식 자체가 정식 문단 간 연락 관계를 특별히 강조하는 단락 형식이기 때문이다.[38] 요컨대 내용의 일관성의 강조는 조선 과문 전체의 거시적인 역사적 경향이자 조선 후기의 중요한 평가 기준이다. 이 조선 후기 과책 참고서는 이에 대한 메타 기술이라는 점에서 의미가 있다.

---

[36] 『策型』 3책, 「全篇格式」, 7면, "初頭短結爲貴, 或半行或一行, 或反或直, 多少隨宜, 三四轉或五六轉, 初頭直則中反末直, 初頭反則中直又反末直."
[37] 이상욱(2015b), 204·206면 참조.
[38] 이상욱(2015b), 171~172면 참조.

조선 후기 과책의 전체 내용 구성 방식

기존 연구에서 조선 과책의 '허두', '중두', '축조', '당금', '설폐', '구폐', '편종' 등의 단락에 대한 설명은 여러 차례 제시되었다.[39] 하지만 『책형』과 『변려화조』는 특히 '허두', '중두', '축조', '설폐', '구폐' 등 주요 단락을 더 세분화된 내용으로 나누어 설명하고 있다. 기본적으로 'OO'를 이용한 과책 투식은 이러한 세분된 내용 분절이 선행되었기에 가능한 설명방식이었다. 위 두 과책 참고서의 단락 분절과 구성, 그리고 지시 사항 등을 요약해 표로 제시하면 다음과 같다.[40, 41]

정식문단	문단 시작 상투어	세부 단락별 템플릿(문단상투어구)		주요기능/분량/수사법
虛頭	對 於戲	起頭	답합니다. 아, OO는 ~라 말했습니다.	인용 또는 자신의 의견
		何者	그 뜻은 무엇입니까, ~입니다.	起頭 요지 설명, 3행 이하, 산문체
		噫	아, 이 뜻은 ~입니다.	기두 내용에 대한 개인적 감정 표출, 전고 또는 비유, 구법은 新奇
		雖然	하지만 중요한 것은 OO입니다.	구폐 재료의 암시 (노골적 노출 자제)
		結語	제가 OO에 대해 생각한 바가 있었으니, 어찌 말씀드리지 않을 수 있겠습니까?	
中頭	切謂, 酒言曰	竊謂	말씀드립니다. 『OO』에서는 ~라 하였고, 『OO』에서는 ~라 했습니다.	전체 글의 논리적 근거나 이론적 배경을 제시하는 전고성 문구 제시, 8~9자 정도로 짧게
		蓋	대개 ~을 이루려면 ~하게 해야 합니다.	竊謂 내용의 일반화, 3~4행, 경서나 훈고체
		是以	따라서 ~하게 하면 잘 다스려지고, ~하게 하면 혼란스럽게 됩니다,	축조 내용(실제 잘 다스려지고 혼란스러웠던 역사상 예)의 일반 진술

---

39 최식(2009), 391~394면; 김동석(2013), 247~266면; 박재경(2014), 70~98면; 이상욱(2015a), 328~343면.
40 이 형식적 구성은 집책(執策, 執事策)을 기준으로 한 것이지만, 몇몇 상투어구만 바꾸면 전책(殿策, 殿試策)에도 적용이 가능하다.
41 각 정식 용어나, 제시되는 구체적인 표현들은 각 문헌마다 다른 점이 많다. 하지만 본고에서는 과책 구문 형식의 세세함과, 그 대체적인 구성 경향을 파악하는 것을 목표로, 가장 일반적이라고 생각된 용어와 표현들을 두 참고서에서 임의로 선택해 제시하기로 한다.

정식문단	문단 시작 상투어	세부 단락별 템플릿(문단상투어구)		주요기능/분량/수사법
中頭	切謂, 竊言曰	雖然	하지만 이에는 긴요한 방법이 있으니, ~로써 한 후에 ~를 가히 할 수 있습니다.	설폐 내용과 연동
		嗚呼	아! ~의 중요함이여	위 진술 내용의 수렴, 감정적 분위기의 고조
		然則	따라서 ~에는 ~만 한 것이 없습니다.	구폐책의 단언, 길지 않게
逐條	請因明問而條陳之		질문하신 조목에 따라 답하고자 합니다.	시제에서 질문된 구체적 사례에 대한 언급, 변려구의 사용, 2~3단락 (再轉, 三轉)으로 구성 가능, 博雅와 宏辯 위주
大抵	大抵		대저 ~의 사례들은 ~로 귀결됩니다.	진술 내용 혹은 주사의 문제의식 요약 및 부연 반복, 길지 않게
我朝	恭惟我 朝 (我太祖, 我國家)		우리 조선은 태조 이래로 ~을 계승하여 잘 다스려져 왔습니다.	찬송문자, 길지 않게
設弊	奈之何		(그런데) 성상의 정성이 이와 같이 지극한데, 어찌하여 요즘 들어 이런 폐단이 보이게 된 것입니까?	변려구의 사용, 길지 않게
救弊	嗚呼	總論	아, ~의 폐단은 ~의 문제입니다	
		救措 雖然	(주자)의 말씀을 가지고 대답하고자 합니다. (주자)는 ~라고 말한 바 있으니, 진실로 그러합니다.	구폐책 해결의 실마리가 되는 전고 인용과 자신의 평가 혼합, 10행 이상
		原弊	하지만 요즘의 이 폐단은 이유가 있으니, ~하지 못하기 때문입니다.	명료하게
		救弊	이 폐단을 구제하는 것에는 다른 방도가 없고 ○○해야 할 따름입니다. 이렇게 하면 모든 것이 제자리를 찾게 됩니다.	구폐의 해결책 직접제시, 1행 정도, 명료하게,
		誠願	진실로 원컨대, 성상께서 ○○하시어, ○○를 보이시면 폐단이 구해질 것입니다	길지 않게
篇終	愚於篇終, 更有獻焉		편의 마지막에 한 말씀 더 올리겠습니다.	길지 않게
			이 폐단의 해결은 ○○에 있으니, 그 이른 바 ~의 요체는 ○○의 위에 있습니다.	
			원컨대 집사선생께서는 이를 잘 살펴주시기 바랍니다. 삼가 대합니다.	

표 1. 과책문의 과투(科套)와 작법.

먼저 조선 후기의 '허두'는 책문(策問) 내용을 종합·평가하여 앞으로 기술될 내용의 논지를 보인다. '허두'는 먼저 '기두(起頭, 또는 初頭)'에서 질문된 문제를 포괄하는 전고를 인용하고, 이의 중요성을 강조하며,

그 해결책을 암시하는 것으로 문단을 마무리 한다.[42]

'중두'는 '허두'에 비해 조금 더 구체적으로 앞으로 전개될 대책문 한 편의 내용을 요약한다. '중두'의 첫 문장 '竊謂'에서는 대책문 전체의 내용을 포괄할 수 있는 경전 문자나, 유명 문인들의 언급 등을 인용하고, '盖'에서 이를 일반화시킨다. 예를 들어, '竊謂'에서는 '답합니다. 역경에서는 ~고 말했고, 대대례에서는 ~고 말했습니다'라고 하고, '盖'에서는 "대개 역경과 대대례의 말은 ~의 의미입니다."라고 하는 식이다. 이어 '是以'에서는 예컨대, "따라서 ~하게 하면 잘 다스려지고, ~하게 하면 혼란스럽게 됩니다" 같은 여러 사례들을 일반화하는 진술이 나온다. 다음 단락 '축조'에서 이 '是以'의 내용에 조응해 실제로 역사상 ~해서 잘 다스려진 예와 혼란스럽게 된 예가 제시된다. 예를 들어, '是以'에서 '용인(用人)을 잘 하면 다스려지고, 못하면 혼란스럽게 됩니다'라고 기술했다면, '축조'에서는 '당태종은 위징을 써서 정관의 치를 이루었고, 당현종은 이임보를 써서 천하를 혼란에 빠뜨렸다'와 같은 식으로 구체적 사례를 제시한다. 같은 방식으로 '雖然'에서는 '설폐'(현재의 폐단) 내용을 일반화하며, '然則'에서는 구폐책(해결책)을 암시한다.

'축조'에서는 역사상 과책문의 주제와 관련된 사례들이 제시되고, 이에 대한 포폄이 이루어진다. 대부분의 사례들은 책문(策問)에서 질문이 된 사항들이고, 답안 작성자들은 중두에서 제시한 포폄의 기준을 가지고 사례들을 나열한다. 위 과책 참고서들은 '축조'에서 변려문 형식의 글을 쓸 것을 권유한다. 보통 '축조'에서 제시되는 역사적 사례들의 범위는 삼황오제(三皇五帝)의 시대로부터 대략 당송(唐宋)시대를 하한선으로 하며, 원나라의 사례도 드물게 제시되는 경우가 있다. 이후 기술될 '현재'의 상황(당금 또는 설폐)을 역사적으로 조망하기 위해, 명나라나 한반도의 삼국시대, 고려의 사례가 제시되기도 한다. 대부분은 책문(策問)에서 이 시기

---

42 '허두' 단락 내용은 본고 3장 (1), (2) 내용 참조.

특정 사례에 대한 질문이 있을 때에만 하나의 단락을 세우는 경우가 대부분이다. '축조' 이후의 '대저' 단락은 대략 17세기 후반부터 생긴 것으로 보이는데, 대략적인 기능은 '축조'까지의 논의를 일단 마무리하고, 요약·갈무리하는 부분이다.

이어지는 '아조'에서는 조선 태조(太祖) 이후로 역대 임금들이 나라를 잘 다스려왔고, 해당 사안에 대해 잘, 적절하게 처리해왔다는 내용이 칭양된다. 이 부분은 참고서에 따라 '當今'으로 표현되기도 하는데, 이는 거꾸로 이전의 사례들이 '古'에 해당한다는 말이다. 전책에서는 '중두'와 '아조'(혹은 '당금') 그리고 '편종'의 앞머리에 '臣伏讀聖策曰'이라는 상투어를 쓰고, 책문(策問)의 해당 내용을 직접 인용하는데 '삼복독지법'이라 한다. 이를 보면 '중두'와 '축조'가 크게 한 묶음이 되고, '당금' 이하 '설폐', '구폐' 단락이 하나의 묶음이 되는 것을 알 수 있다. 이를 통해 구폐식 과책문 본문은 크게 '고'와 '금'의 인식적 분절을 바탕으로 삼고 있는 양식임을 알 수 있다.

이어 '설폐'는 시제에서 제기된 폐단들을, 당대의 맥락에서 더 구체적으로 제시하는 단락이다. '설폐'는 통상 '奈之何' 또는 '夫何'라는 의문부사로 시작한다. 대부분 '당금' 부분에서 '이러이러하게 조선에서 덕치가 이루어져 왔는데'(당금), '어찌하여 성상이 즉위한 이후로 이러이러한 폐단이 생기게 된 것입니까?'라는 내용적 흐름으로 이어진다. 물론 '설폐'의 주 내용은 바로 이 '이러이러한 폐단'이 된다. 두 참고서에서는 이 부분을 장황하지 않게 정제하여 제시할 것을 주문하고 있다.

'구폐'는 대략 두 가지 의미로 쓰이는데, 문맥에 따라 '구폐' 단락 전체를 의미하기도 하고, 아니면 실제 '폐단을 구(救)하는 방법'을 뜻하기도 한다. 후자의 경우는 대략 '구폐' 단락의 후반부에 삽입되는 내용으로, 글 전체의 내용이 모아지는 핵심 부분이다. '구폐' 단락은 다른 단락에 비해 참고서 문헌마다 분절된 소단락들의 명칭이 다른 경우가 많다. 대략적으로는 첫 부분 총론에서는 폐단을 규정하는 일반론을 전개하고(총론),

구조에서는 이 폐단을 해결할 수 있는 단초가 될 수 있는 경전문구를 인용한다(구조). 폐단의 직접적이며 구체적인 원인을 명시하고(원폐), 그리고 '구폐'에서 폐단을 구할 방법을 제시하는 구조이다. 기타 '구폐' 단락에 대한 설명에서 구폐 절 이후에는 '~을 명백하게 보이시어(明見)' 또는 '어찌 단지 ~뿐이겠습니까' 같은 상투적인 첨언을 하며, 마지막에 '진실로 바라건대(誠願)'를 붙여 마무리 한다. 혹은 '집사의 가르침, 또는 집사의 이른바, ~은 ~이 아니겠습니까' 같은 말로 마무리하기도 한다.

　　이 구폐식 과책문의 논지 전개를 요약하면, 먼저 질문자의 질문을 요약하고(허두), 본인 대책문의 전개를 요약 제시하며(중두), 적시된 폐단에 대한 역사적 사례들을 언급하고(축조), 현재 이 폐단이 일어나고 있는 현실과 원인을 진술하고(설폐, 원폐), 그 해결책을 제시한다(구조, 구폐). 이어 '편종'에서는 여의(餘意)를 진술한다. 조선 후기로 올수록 이 글쓰기 틀은 더 세세하고 정교하게 규정되면서, 어떤 폐단의 사례들이 제시되더라도 폐단의 원인과 해결책을 마치 깔때기처럼 구폐책 하나로 집중시키는 역할을 한다. '중두'에서는 관련된 경전문구를, '축조'에서는 역사에서의 사례, '설폐'에서는 현금의 폐단, '구폐'에서는 현재 폐단에 대한 경전적(經傳的) 해결 방안과 그 해결책을 제시한다. 어떤 폐단이 제시되더라도 이 경전-사서-조선-현재-경전-해결책 제시라는 고금을 훑는 사고의 경로를 강제하며, 단 하나의 해결책으로 결론이 귀결되도록 구성되어 있다.

　　이에 『책형』에서는 다음과 같은 작법 요령을 제시하고 있다.

　　책문 글쓰기를 배우고자 하는 자는 먼저 구폐(救弊)를 배운다. 제목 중에서 먼저 (구폐규를 보라) 허두, 중두, 축조, 설폐 매 단락 마지막에 간략하게 구폐자(救弊字)를 써 놓고, 그것으로써 조응(照應)의 바탕으로 삼는다. 이렇게 하면, 수미(首尾)가 통괄되고, 자연스럽게 통일성을 갖

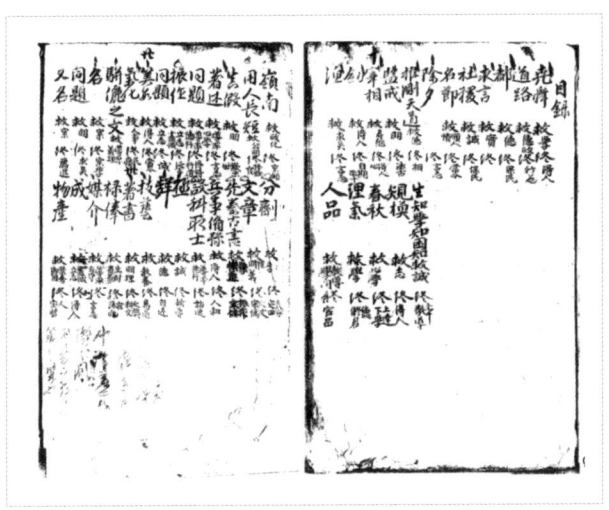

그림 3. 『동책』의 목록 면. 각 과책문의 제목 아래에 구폐자(救弊字)가 표시되어 있다. 한국학중앙연구원 장서각 소장(D2F-160).

춘 글이 되며, 또한 스스로도 막힘이 없게 된다.[43]

각 단락 끝에 구폐자(救弊字)를 써 놓고, 단락을 쓸 때 항상 구폐자를 염두에 두면서 글을 구성하라는 구체적인 글쓰기 지침이다. 다시 말해 이 구폐책은 구폐식 과책의 정식(程式)과 모든 논지 전개를 구조화시키고 있다. 구폐자는 과책문의 '결론'과 같은 것으로 왕에게 결국 '이것'을 해야 한다고 요구하는 내용을 한두 글자로 축약한 것이다. 17세기 실제 시험장에서 작성된 집책을 모아 놓은 『동책』(장서각, D2F 160)이라는 책(그림3)의 목록을 보면, 각 책문(策文)의 주제 아래 해당 책문에 쓰인 구폐자들이 제시되어 있다. 구폐자로 '學'이 되어 있으면, '구폐' 단락에서 임금에게 '배울 것'을 특정한 문제의 해결책으로 제시하고 있다는 의미이다. 여기

---

43 『策型』 2책 總論, 47면, "欲學做策者先學救弊, 先於題目中云云(見救弊規), 而或於虛中逐設, 每段之末略略提起捄弊字, 以爲照應之資, 如是則首尾該括, 自然爲一統文字, 亦自無妨."

제시된 '구폐'자들을 보면, 대략 '學', '德', '實', '誠', '明', '得人', '化', '志', '節用', '敎養' 정도의 범주로 나눌 수 있다. 질문의 주제는 각 책문별로 다양한데, 이 질문에서 주어진 다양한 폐단에 대한 해결책은 대개 왕의 윤리적 각성을 촉구하는 내용으로 귀결된다. 모든 구체적 폐단의 원인이 왕의 윤리적 결함에 있다는 내용을 이미 전제하고 있으며, 논리 진행 틀에서 벗어나지 않는 틀을 여러 방면에서 강화하고 있다.

과책 정식의 정립과 그 의미

본고는 조선 후기에 작성된 과책 참고서 두 종을 대상으로 그 내용을 분석하고, 이 참고서들에서 강조하는 글쓰기 방식을 검토함으로써, 조선 후기 과책 문체의 역사적 성격을 분석하였다. 『책형』과 『변려화조』에는 18세기 이후 과책의 작법을 자세하게 소개하고 있다. 이전 시대 과책문 작성법은 과문 모음집의 대략 한두 장 정도를 할애해 정식 단락별로 주의해야 할 사항들을 간단하게 주지시키는 것에 불과했으나,[44] 18세기 이후로는 상당한 분량의 참고서가 등장하게 된 것이다. 이 참고서들은 각 정식 단락을 세분하여, 그 논리의 진행과 수사법을 형식화, 유형화하고 있으며, 설명 내용에 대한 풍부한 예문이나 모범답안, 또 문장 구성 투식 등을 제시함으로써 수험생들이 효과적으로 과책문을 공부할 수 있도록 돕고 있다. 특히 이 내용들은 과책문의 각 내용 구성 요소들의 내적 관계를 더 긴밀하게 엮어주는 데 주안점을 두고 있었다.

　　　　내용의 일관성이 강조된 이른바 구폐식 과책은 대략 16세기 중반을 기점으로, 집책(執策), 전책(殿策)을 포괄하는 조선 과책의 대표 문체 형식이 되었다. 이전 시기에는 특히 전책을 중심으로 출제자의 질문 항목

---

44 최식(2009), 391~394면; 박재경(2014), 68~70면 참조.

에 맞춰 답안을 구성하는 축조식이 주로 쓰였다. 이는 각각 제시되는 실제 문제들에 대해 각각 실질적인 해결책을 제시하기 용이한 구성 방식이었다. 하지만 구폐식은 '구폐'라는 단락을 글 후반에 한 번 배치함으로써, 제기된 문제들이 하나의 구폐책에 의해 해결되어야 하는 구조적 문제를 가지고 있었다. 18세기에 이르면, 이 참고서들에서 볼 수 있듯이, 이 구폐식 과책의 형식과 수사법이 더 세세하고 정교하게 규정되기에 이르며, 이들은 모두 내용 일관성의 긴밀한 구성이라는 큰 방향성을 가지고 있었다. 다시 말해 조선 후기의 구폐식 과책의 정식, 글쓰기 틀은 16세기 중반 이후로부터, 이렇게 모든 현상의 원인들을 하나로 귀결시키도록 고안된 혹은 진화된 체계이다.

여기서 과책문의 '구폐' 단락에서 결론적으로 제시되는 해결책 즉 구폐책에는 군주성학론[45]의 핵심 개념들이 주로 제시되고 있으며, 이는 각 단락을 논리적으로 조직하는 절대적 기준이 되고 있다. 조선 후기 과책의 '구폐' 단락에서는 시제에서 제기된 구체적 문제들에 대해 통상 임금의 수신(修身), 정심(正心), 근독(謹獨), 지경(持敬) 등 몇 안 되는 신유학적 제왕학의 개념을 그 해결책으로 제시한다. 뒤집어 말하면, 조선 과책의 글쓰기 방식은 군주성학론적 결론을 도출하기 위해 양식화된 체계이다.[46] 또, 주희가 언급했던, 말단(末端)과 근본(根本)의 이분법은 조선 후기 과책의 문제 인식 방법과 해결책 제시의 사고 틀로서 작용하고 있는 바, 모든 문제의 원인을 '근본'인 왕에게 돌리는 경향을 보이고 있다. 이 군주성학론과 과책 문체의 결합 양상은 당대의 철학, 문학, 사회, 교육, 문화, 정치, 제도가 복잡하게 얽힌 결과물로서, 조선 후기를 바라보는 흥미로운 관점을 제공할 것으로 기대된다.

---

45 군주성학론에 대한 논의는 도현철(2018) 참조.
46 강혜종(2020)은 17세기 초반 법제(法制) 책문(策文)에서 군주성학론의 내용이 법제와 관련된 책문 내용에 반영된 측면을 밝혔으니, 시늠 그니꼰 후기 과책 양식은 이러한 내용을 이미 형식에서 강제하고 있다.

참고문헌

1. 원전 자료

『對策』, 국립중앙도서관 소장본.
『東策』, 한국학중앙연구원 장서각 소장본.
『騈儷華藻』, 국립중앙도서관 소장본.
『策型』, 한국학중앙연구원 장서각 소장본.

2. 연구 논저

강혜종(2020), 「계유년(1633) 法制策 검토」, 『한국민족문화』 75, 부산대학교 한국민족문화연구소, 261~288면.

김동민(2014), 「正祖의 「策問: 春秋」를 통해 본 조선조 春秋學의 문제의식」, 『동양고전연구』 56, 동양고전학회, 171~207면.

김동석(2013), 「朝鮮時代 試券 硏究」, 한국학중앙연구원 박사학위논문.

김성진(1993), 「正祖年間 科文의 文體變化와 文體反正」, 『한국한문학연구』 16, 한국한문학회, 247~280면.

김현옥(2008), 「정조의 책문에 나타난 애민사상 연구」, 『한문고전연구』 17, 한국한문고전학회, 127~155면.

김현옥(2009), 「정조의 인재관 연구-「책문」을 중심으로」, 『한문학논집』 28, 근역한문학회, 91~125면.

김현옥(2010), 「「책문」에 나타난 정조의 학문관」, 『한문고전연구』 21, 한국한문고전학회, 155~177면.

김현옥(2011), 「성삼문과 신숙주의 책문에 나타난 현실인식 비교」, 『한문학논집』 33, 한국한문고전학회, 35~72면.

도현철(2018), 「대책문을 통해 본 조선초기 군주성학론: 정도전과 김익정을 중심으로」, 『동방학지』 183, 연세대학교 국학연구원, 115~144면.

박선이(2018), 「정조의 『瓊林文喜錄』 편찬과 그 의의」, 『Journal of Korean Culture』 40, 한국어문학국제학술포럼, 445~477면.

박선이(2020), 「조선 후기 科文選集 『儷林』에 대하여-자료 개관 및 가치와 그 의의를 중심으로」, 『Journal of Korean Culture』 50, 한국어문학국제학술포럼, 253~279면.

박성창(2000), 『수사학』, 문학과지성사.

박재경(2014), 「조선시대 策文 연구」, 서울대 박사학위논문.

박현순(2008), 「조선 후기 文科에 나타난 京鄕 간의 불균형 문제 검토」, 『한국문화』 58, 서울대학교 규장각한국학연구원, 3~37면.

박현순(2015), 「조선시대 과거 수험서」, 『한국문화』 69, 서울대학교 규장각한국학연구원,

205~243면.

박현순(2016), 「정조의 『臨軒題叢』 편찬과 御題출제」, 『규장각』 48, 서울대학교 규장각한국학연구원, 147~189면.

백진우(2014), 「策文의 정치적 활용성에 관한 시론-정조시대 이가환의 「蕭何大起未央宮論」 분석을 중심으로」, 『동양고전연구』 57, 동양고전학회, 359~382면.

심경호(2020), 「한국한문학의 변문 활용 문체와 그 역사문화상 기능」, 『한국한문학연구』 77, 한국한문학회, 225~300면.

안소연(2018), 「금남 최부의 정치 활동과 인재관-성종 17년 重試책문과 최부의 대책문을 중심으로」, 『한국학논총』 49, 국민대학교 한국학연구소, 199~227면.

양원석(2006), 「정조 문자책문에서의 문자학제설에 대한 논의(1)」, 『민족문화연구』 45, 고려대학교 민족문화연구원, 185~225면.

윤재환(2017), 「論難과 筆禍를 통해 본 조선 시대의 책문-『조선왕조실록』 속 책문 論難과 筆禍를 중심으로」, 『한국한문학연구』 68, 한국한문학회, 79~114면.

이상욱(2015a), 「조선 후기 對策의 역사적 추이」, 『열상고전연구』 44, 열상고전연구회, 311~348면.

이상욱(2015b), 「조선 과문 연구」, 연세대 박사학위논문.

이상욱(2017), 「조선 후기 科表의 문체적 특징과 글쓰기-科表 작성을 위한 참고서를 중심으로」, 『대동한문학』 53, 대동한문학회, 159~193면.

임완혁(2009), 「조선 전기 策文과 士의 세계 인식:『殿策精粹』를 중심으로」, 『한문학보』 20, 우리한문학회, 355~382면.

장유승(2013), 「科詩의 형식과 문체적 특징」, 『대동한문학』 39, 대동한문학회, 5~45면.

장진엽(2013), 「18세기 후반 문자학을 둘러싼 논점들-정조의 문자책과 이에 대한 對策을 중심으로」, 『남명학연구』 39, 경남문화연구원, 241~273면.

최식(2009), 「策文의 특징과 글쓰기-策文準的을 중심으로」, 『동방한문학』 39, 동방한문학회, 381~404면.

허경진·최영화(2014), 「科試 참고서를 통해 본 조선시대 受驗 문화의 한 국면-科文 規式 참고서를 중심으로」, 『열상고전연구』 40, 열상고전연구회, 39~61면.

황위주(2013), 「科擧試驗 硏究의 現況과 課題」, 『대동한문학』 38, 대동한문학회, 5~46면.

황위주(2014), 「『離騷遺香』을 통해 본 조선 후기 '科賦'의 출제와 답안 양상」, 『대동한문학』 40, 대동한문학회, 5~41면.

이상욱 李祥旭

연세대학교 국어국문학과를 졸업하고, 연세대학교에서 석사, 박사학위를 취득하였다. 현재 연세대학교 국어국문학과 강사로 재직하고 있다. 조선의 과문(科文)과, 과문과 관련된 조선 후기 문화에 대해 연구를 지속하고 있다. 번역서로 『외무성(外務省) 一, 二』(보고사, 2020)이 있다.

e-mail melancolie@yonsei.ac.kr

한·중 과거(科擧) 경의문(經義文) 비교
— 조선시대 사서의(四書疑)·오경의(五經義)와
명·청대 팔고문(八股文)을 중심으로

윤선영

과거 시험의 명암

중국의 과거제도는 시험이라는 공정한 방식으로 인재를 선발하겠다는 '개방적인' 사고로 시작하였으나 응시자들을 극도로 '폐쇄적인' 사고에 갇히게 만든 채 쓸쓸히 역사 속으로 사라졌다. 인재 선발에 있어 추천이나 세습의 방식이 아닌 시취(試取)를 통한다는 발상은 전세계에서 그 유례를 찾기 어려운 시도였다. 그러나 과문(科文)만을 익히며 평생을 과거 공부에만 매달리는 과거 낭인을 대량 양산하고, 합격한 후에는 전혀 쓸모없는 공부가 되어 버리는 시험 합격만을 위한 학습을 하게 만들었다는 점에서 과거제는 실로 그 명암이 뚜렷한 문화유산이라 할 수 있다.

이는 중국의 과거제에 많은 영향을 받은 한국의 과거에서도 그대로 보이는 수순이었다. 후주인(後周人) 쌍기(雙冀)의 건의로 958년 처음 과거제가 고려 시대에 시행된 이후로 조선시대에 이르러서는 나름의 방식으로 정착·변화·발전을 이어갔으나 온갖 문제점과 비판 의식 속에 결국 1894년 갑오개혁 때 폐지되기에 이른다.

그간 조선시대 과거제에 관한 활발한 연구로 시험의 절차, 방법, 과목 등 외면적인 틀은 대부분 중국의 제도와 유사함이 밝혀졌다. 이제는 한발 더 나아가 동일한 과목의 시험 문제와 답안, 과장(科場) 속 응시자들의 서술 방식에는 어떠한 차이점이 있을지 궁금해진다. 본격적인 비교를 위해 양국 과거 시험에서 사서(四書)와 오경(五經)을 대상으로 경의(經義)를 물었던 경학 관련 시험의 답안을 우선 살펴보기로 한다.

왜 경학 시험인가?

과거 시험은 크게 경학에 대한 이해도와 문장을 잘 짓는 제술 능력을 평가하는 시험으로 나눌 수 있다. 양국의 과시에서 경학 시험은 가장 필수적이고도 기본적인 시험으로 여겨졌다. 간혹 시험의 첫 단계에서 주로 출제되었고, 가장 마지막 단계인 전시(殿試)에서 출제되지 않았다는 이유로 시험의 중요도를 높지 않게 여기는 시선들도 있다. 그러나 다른 측면에서 생각해 본다면, 다음 시험의 진출을 위해서는 반드시 통과해야만 했다는 점에서 무엇보다 중요한 시험이 아니었을까?

　　조선시대 과시에서는 사서에 관한 의문점을 물은 사서의(四書疑)와 오경 속 한 구절의 전체적인 뜻을 물은 오경의(五經義)로 경학을 시험하였다. 중국에서는 사서와 오경 가운데 한두 구를 제목으로 하여 성인의 입장에서 그 뜻을 설명한 팔고문(八股文)이 있었다.

　　팔고문은 경의문(經義文)·제의(制義)·사서문(四書文)·시문(時文) 등 다양한 이름으로 불렸는데, 시험 과목이나 방식보다는 구속력이 심한 형식이 주목되어 '생동감이 전혀 없는 무미건조한 답안'이라는 과문(科文)의 대표적 부작용으로 지금까지도 인식되고 있다.

답안을 통해 마주하는 진실과 오해

사실 경학 시험에 관한 당대의 다양한 여론들 가운데 가장 큰 문제로 대두되었던 점은, 특정 학자의 설, 즉 정자(程子)와 주자(朱子)의 설을 위주로 답안을 작성해야만 하는 서술의 경직성에 있었다. 중국에서는 주자의 설을 따를 것을 아예 모범 답안의 정식(程式)으로 삼았으며, 조선에서는 답안에 대한 별다른 규식이 없었음에도 불구하고 주자설 외의 다른 설은 거의 찾아볼 수 없을 정도로 상당히 보수적인 기조가 지속되었다.

이에 관해 중국과 일본의 연구자들은 청대 후기 이후로 중국의 경학 관련 시험 답안에서 고주(古註)를 근거로 하여 주자설의 미진한 부분을 보충하거나, 주자설의 오류를 지적하는 답안이 나오기 시작했다고 밝혔다. 이러한 양상이 실제 과거 시험 답안에서 어떻게 구현되고 있는지 더욱 궁금해지는 대목이다.

양국 경학 시험의 답안에는 과연 어떠한 공통점과 차이점이 발견될까? 중국의 과장에서 17세기 이후 감지되는 변화의 기조가 당대의 주된 양상이라고 말할 수 있을까? 중국에서 일기 시작한 새로운 바람은 조선에까지 영향을 미치게 되었을까? 이제 한·중 과거 응시자들이 제출한 답안을 펼쳐놓고 실체적 진실을 마주할 때이다.

한국의 과거제도를 면밀히 살펴보기 위해서는 처음 과거제가 고려 시대에 시행된 이후부터 조선시대에 계승·발전하기까지 지대한 영향을 끼친 중국의 그것에 대한 이해가 반드시 선행되어야 한다는 점은 연구자들의 공통적인 생각일 것이다. 다만, 그간의 연구는 한국 과거제도의 제도사 및 과문의 형식에 대해 중국의 사료를 통해 그 기원을 유추해보는 방식이 주를 이루었으며, 내용적인 측면에서 양국 과문의 답안을 비교한 연구는 찾아보기 힘들다.

본고는 이점에 착안하여 한·중 양국의 동일 문체의 과문을 직접적으로 비교해 보고자 하며 그 시발점을 경의문(經義文)[1]으로 삼고자 한

---

1 본래 經義文은 송대 과거에서 經義 시험의 답안을 일컫는 용어로 사용되나, 본고에서는 이를 확대하여 한·중 양국 과거에서 經義로 시험했던 과목의 답안을 종합하여 일컫는 용어로 사용하고자 한다.

다. 그 이유는 한국과 중국 양국의 과거(科擧)에서 경학(經學)을 시험하는 과목은 문장의 제술 능력을 평가하는 이른바 사과(詞科) 과목과 더불어 양대 산맥을 이루며 과거 시험이 폐지될 때까지 그 명맥을 유지해왔기 때문이다. 또한 시제 출제 및 답안 작성의 제한성 등 많은 문제점을 야기했던 과목이기도 하다.

양국 경의문에 쏟아진 여러 비판 가운데 가장 중요한 것은 역시나 정(程)·주(朱)의 해설을 위주로 답안을 작성해야 했던 점을 들 수 있을 것이다. 중국에서는 이를 과거의 정식(程式)으로 명문화하였으며, 조선시대의 경의문에는 이처럼 정해진 규식은 없었으나 실제 답안의 대부분은 정·주자의 설로 채워졌다.[2] 이는 양국에서 경의(經義) 시험이 과거에 도입되고 제술 시험의 형태로 굳어진 이후 폐지될 때까지 일관적으로 보이는 현상이라고 할 수 있다.

그러나 17세기 이후인 중국 청대를 기점으로 하여 중국에서는 과거 시험의 답안에서 고주(古註)를 통한 고증적 사실이 빈번하게 출현하였으며 이러한 경향은 과장에도 나타나게 되어, 주자의 주석을 근거로 답안을 작성해야 했던 규정이 점차 완화되었다고 보는 견해[3]가 있다. 그리고 청대 후기에 이르면, 향시에서 주자의 주석이 아닌 다른 설을 내세운 시관과 응시자의 사례를 소개한 사례[4] 또한 있다.

이처럼 선행 연구에서 제기된 변화의 양상을 청대 과문의 실제적

---

2 윤선영(2020), 368면. 참조.
3 청대 학자 梁章鉅는 주자의 주석을 따르지 않더라도 그 내용이 허용되는 경우에 대해 주자가 『집주』 등에서 제대로 밝히지 못한 설을 보충하거나, 古註에서 근거할 만한 것이 있는 경우라고 설명하였다. 양장거(1976), 頁1。 참조.
4 일본의 水上雅晴는 1786년(건륭 51) 강남 향시에서 『論語』「鄕黨」의 '過位色勃'장을 출제하며 主考官 江永의 『鄕黨圖考』의 설을 참고한 점, 1818년(가경 23) 점강 향시에서 毛詩의 공영달 소를 인용한 답안 등을 예로 들었다. 그는 명물·제도를 고증한 책이 향·회시에서 가장 중요한 초장의 제1도에 쓰일 수 있었던 것에 대해 초장은 程·朱의 이학을 기본으로 성인의 의리를 해명하는 장이었다고 하는 그동안의 통념에서 벗어난 사례라고 보았다. 水上雅晴(2011), 38頁。 참조.

인 예에서도 볼 수 있는지, 그리고 동시기인 조선시대의 답안 또한 이러한 흐름을 따랐는지에 대해 궁금하지 않을 수 없다. 그러므로 본고에서는 17세기 이후 한·중 양국 경의 시험의 답안을 직접 살펴봄으로써, 청대 과거제에서 나타나는 변화의 바람과 조선 후기의 과문 또한 그 궤를 같이 하는지 확인해 보고자 한다.

이를 위해 필자는 양국 과거의 경의문 자료를 최대한 수집하고자 하였다. 중국의 경의문은 1736년 건륭제의 명으로 방포(方苞, 1668~1749)가 편찬한 팔고문 선집인 『흠정사서문(欽定四書文)』 속 명·청대 팔고문을 중심으로 하고 이와 더불어 『제의총화(制義叢話)』 등 팔고문 관련 문헌과 청대 학자들의 개인 문집을 참고하였다. 조선의 경의문은 시권(試券), 과문집(科文集), 개인 문집 등에서 수집한 조선시대 사서의(四書疑)·오경의(五經義) 과목의 답안을 대상으로 하였다.

이 자료들을 토대로 양국 경의문의 실제에 대해 파헤쳐 보도록 하며, 경문 속 동일한 구절을 시제로 한 양국의 답안을 비교해봄으로써 그 내용에 있어서는 어떠한 차이점이 있는지, 주자설에 대한 의존도가 변화하는 양상이 있는지 등을 분석해 보고자 한다.

한·중 과거제에서 경의(經義) 시험의 역사

본 단락에서는 양국 경의문의 답안을 구체적으로 분석하기에 앞서, 이에 대한 선제적 연구로 한국과 중국의 과거제에서 경의를 시험하는 과목의 역사를 간단히 약술하고 양국의 경의 시험의 공통점을 정리해 보고자 한다. 그리고 차별적인 지점이 드러나는 부분에 대해 본격적인 문제 제기를 해보고자 한다.

(1) 중국과 한국의 경의 시험

중국의 경의 시험은 당대(唐代) 명경과(明經科)의 첩경(帖經)과 묵의(墨義)로 시작하여 송대(宋代)에 이르러 왕안석(王安石)의 신법(新法) 개혁으로 여러 변화를 겪게 된다. 이후 경서에서 한 문장이나 단락을 뽑아 수험생에게 그 정신과 요지를 의론문의 형식으로 밝히게 한 사서의(四書義)와 오경의(五經義) 과목을 시험하였다. 원대(元代)는 역사적으로 100여 년이 채 되지 않는 짧은 시기였지만, 과거사로 보자면 상당히 중요한 시기라고 할 수 있다. 이 시기에는 사서(四書)에 한해 경의(經疑) 2문제로 시험하며, 정(程)·주자(朱子)의 주소(註疏)를 따라 답안을 작성하도록 규정[5]하였는데, 이는 곧 조선시대의 사서의(四書疑) 시험에도 직간접적인 영향을 주었다고 판단되기 때문이다.

이후 명(明)·청대(淸代)의 팔고문(八股文)으로 이어지게 되는데, 명대 초기와 청대 건(乾)·가(嘉) 시기에 간혹 오경(五經)에서 출제하기도 하였으나, 대부분 사서(四書)에서 출제되었다. 팔고문은 심한 형식적 제약으로 익히 알려져 있는데, 이는 송대 경의문에서 쓸 수 있는 내용이 한정되다 보니 응시생들이 보다 나은 점수를 받기 위한 출로로 수사적인 기교 등 형식적 측면에 치중한 점이 팔고문의 작법으로 나타나게 된 것이 아닌가 추정할 수 있다.

청대의 학자 방포(方苞)는 팔고문이 명대에 시작되어 전성기를 맞았다가 융경(隆慶)·만력(萬曆) 연간에 쇠락기를 가졌다고 주장하였다. 그리고 청대에 새롭게 다시 바로잡고자 하는 마음으로 건륭제(乾隆帝, 재위 1735~1795)는 방포에게 팔고문 선집인 『흠정사서문』의 편찬을 지시하기에 이른다.[6]

당대의 첩경·묵의부터 송대의 경의문(經義文), 명·청대의 팔고문

---

5 『元史』卷81,「選擧(一)」, "漢人南人第一場明經經疑二問, 大學論語孟子中庸內出題, 並用朱氏章句集註, 復以己意結之, 限三百字以上."

6 왕카이푸 저, 김효민 역(2015), 104~105면. 참조.

(八股文)에 이르기까지 경의(經義) 시험의 방식은 끊임없이 변화되었고 존폐에 관한 논쟁 또한 지속되었다.[7] 그러나 경전에 밝은 정도[明經]를 시험하여 나라의 인재를 선발한다는 기본적인 기조는 1902년 팔고문이 폐지될 때까지 그대로 유지되었다.

한국의 경의 시험은 고려시대 명경과로부터 시작되었으며, 이 때에는 사서보다 오경이 중시되었다. 이후 『사서집주(四書集註)』가 보급되면서 과거 시험에서도 사서가 더욱 중요한 위치를 차지하였고, 조선시대 생원시 시험 과목의 성립과 실시에도 영향을 미치게 된다. 조선시대의 생원시에서는 사서의(四書疑)와 오경의(五經義)를 시험 보았고 문과 초시에서는 오경의와 사서의, 논(論) 가운데 2편을 뽑아 시험 보다가 이후 사서의 1편과 논 1편을 시험 보았다.

조선시대의 경의문은 특별히 정해진 양식은 없었으나, 몇몇 학자가 중국 경의문의 정식을 설명한 글을 문집에 싣고 있을 따름[8]이다. 조선후기의 문신인 이학규(李學逵, 1770~1835)의 『낙하생집(洛下生集)』을 보면, 원대(元代) 과거의 정식을 기술하며 그 소주(小註)에 '지금의 문과 초시 및 표(表)·책(策)·의(義)·의(疑) 등의 문체는 아마도 이를 근본으로 한다.'고 첨언하였다.[9] 이러한 점을 볼 때 조선시대의 답안 또한 중국의 영향을 받아 정·주자의 설을 위주로 답안을 작성해야 한다는 기조가 이미 확립되어 있었던 것으로 볼 수 있다.

사서의와 오경의 또한 시험이 실시되는 동안 지속적으로 여러 지식인들의 폐지 여론[10]에 시달려야 했다. 하지만 보다 나은 대안이 없이 법

---

7 이는 왕카이푸 저, 김효민 역(2015)의 '9. 명청 조정에서 벌어진 팔고취사제 존폐 논쟁', '12. 명청 문인학자들의 팔고문 비판'; 김쟁 저, 김효민 역(2003)의 '6. 청초 팔고문 존폐에 관한 논쟁과 시첩시'에 자세하다.

8 이 밖에도 李圭景(1788~?)의 『五洲衍文長箋散稿』「經典總說」등을 보면 元代 과거의 정식을 설명한 글을 볼 수 있다.

9 李學逵, 『洛下生集』 20책, 「東事日知·科擧程式」, "今東堂三場及表策義疑等文體, 盖本于此."

10 조선 후기 학자인 芝峯 李睟光(1563~1628), 無名인 尹愭(1741~1826), 楚亭 朴齊家(1750~1805)

전에 명시된 선대의 제도를 함부로 폐지할 수 없다는 분위기로 인해 경의 시험은 특별한 부침없이 실시되었다. 결국 문과에서 폐지된 오경의와는 달리 사서의는 1894년 과거 폐지시까지 문과 초시의 과목으로 존속하였다.

(2) 양국 경의 시험의 공통점

이상에서 한국과 중국 양국 경의 시험의 제도사를 간략하게 알아보았다. 이에 관한 지금까지의 연구들로 비추어 볼 때, 양국의 경의 시험은 여러 부분에서 공통적인 면모를 보여주었다. 이를 정리해 보면 다음과 같다.

첫 번째로 진사과에 비해 명경과의 위상이 낮았던 풍조를 들 수 있다. 양국의 과거에서 명경으로 선발된 관리들은 진사과에 합격한 사람보다 능력이 부족한 것으로 평가되기 일쑤였다.[11] 『남부신서(南部新書)』를 보면 당문종(唐文宗)은 명경과로 합격한 자들의 수준에 대해 재상과 이야기하며, 경문과 주소를 읽을 줄만 알고 경문의 대지를 모른다면 앵무새가 말하는 것과 다를 바가 없다[12]고 말하기도 하였다. 조선시대에도 명경과는 비슷한 인식으로 치부되었는데, 진사시에 합격한 이력이 없는 다산(茶山) 정약용(丁若鏞, 1762~1836)이 자신을 경의진사(經義進士)라고 부른 일화[13] 또한 유명하다. 명경과를 천시했던 양국의 분위기를 여실히 보여준다고 하겠다.

두 번째로 향시(鄕試-初試)와 회시(會試-覆試)의 첫 장에서 시험한 점이다. 사서의(四書疑)는 조선 전(全) 시기 소과 생원시의 초시와 복시 및

등은 傳寫의 문제 및 시제 출제의 한정성, 사서 학습의 폐습을 야기한다는 측면에서 疑·義 과목을 비판적으로 논의했다. 이에 대해서는 윤선영(2019), II-2, '四書疑에 대한 비판'에 자세하다.

11 『승정원일기』 정조 8년(1784) 3월 21일 병오 사십 번째 기사. "宋語曰, 焚香取進士, 瞋目待明經. 王鏊制科議曰, 明經雖近正, 而士之拙者爲之, 詞賦雖近浮艷, 而士之高明者爲之. 由此觀之, 貴文詞而賤明經, 非今斯今."

12 『南部新書』卷2, "太和中上謂宰臣曰, 明經會義否? 宰臣曰, 明經只念經疏不會經義. 帝曰, 只念經疏, 何異鸚鵡能言?"

13 丁若鏞, 『與猶堂全書』卷19, 「與尹畏心永僖」, "旣而竊經義進士, 徙寓樓山(會賢坊)則慨然自咎曰, 名之曰經義進士, 而不讀周易乎?"

문과 초시의 초장에서 시험하였다. 오경의(五經義) 또한 이와 같았으나, 후에 문과 초시에서는 폐지되었다. 중국의 경의문은 각 시대에 따라 시험의 종류와 범위가 다양하다. 본고에서 다루려는 명·청시대에는 전시(殿試) 이전 단계까지, 즉 동시(童試)-원시(院試)-향시(鄕試)-회시(會試)에서 고시되었다. 향시는 조선시대 생원시의 초시를 의미하는데, 명·청대에는 향시 이전에 동시(童試)와 원시(院試)가 있었으며 동시 또한 현시(縣試)-부시(府試)의 과정을 거쳐야 했기 때문에 조선시대의 향시와는 상당한 온도 차가 있다. 즉, 명·청시대의 향·회시는 조선시대의 문과 초·복시와 같은 단계로 볼 수 있기에, 문과 초장까지만 고시한 조선시대에 비해 더 높은 단계까지 경의를 시험했다고 볼 수 있다.

하지만 모든 시험 단계의 첫 번째에서 경의 과목을 고시했다는 점과, 이미 합격한 후 순위를 매기는 전시 이전 단계까지 고시되었다는 면에서 공통점이 있다. 이는 경의 과목이 과거 시험의 가장 첫 단추로써 가지는 기초·기본의 의미와, 다음 단계의 진출을 결정짓는 중요한 시험이라는 양단의 의미를 모두 포함하고 있는 것이다. 명·청대의 과거제도를 다른 말로 팔고취사(八股取士)라고 부른 점에도 그 중요성이 내포되어 있다고 할 수 있다. 아래의 표는 양국의 과거 시험 단계와 각 단계에 고시되었던 경의 과목을 정리한 것이다.

단계	1단계	2단계	3단계	4단계	5단계
명·청	童試(縣試-府試)	院試	鄕試	會試	殿試
	四書文, 五經文(청대 초기까지)		사서문, 오경문(논, 경사책 등 중 1)		X
조선	생·진시 초시	생·진시 복시	문과 초시	문과 복시	문과 전시
	생원시 - 四書疑, 五經義 후에 四經義 (春秋 폐지)	초시와 동일	초장: 四書疑, 五經義, 論 중 2 / 후에 사서의, 논 (五經義는 폐지)	X (식년시 초장 - 七書講)	X

표 1. 명·청대와 조선시대의 과거 시험 단계와 경의 과목 고시 여부.

세 번째로 오경(五經)보다는 사서(四書)에서 더욱 많이 출제했다는 점을 들 수 있다. 조선시대 소과 생원시에서는 사서의와 오경의 가운데 각기 한 문제를 출제하였다. 그러나 대부분의 시권의 원편(原編)에는 사서의가, 비편(裨編)에는 오경의가 기록되어 있어, 오경의는 구색 맞추기용으로 전락하게 된다. 그리고 문과 초시에서도 사서의(四書疑) 과목만이 전(全) 시기 동안 폐지되지 않고 출제되었다. 팔고문 또한 사서문(四書文)이라 불릴 정도로 기본적으로 사서에서 출제하였다. 다만, 명대~청대 건륭제 이전에는 오경에서 간혹 출제하기도 하였다. 사서에서 주로 출제한 이유에 대해 여러 가지로 생각해 볼 수 있는데, 주자가 사서를 제정한 이후 사서가 중시되었던 사회적 분위기 및 오경을 제대로 이해하는 응시자가 적어 비교적 대비가 수월했던 사서를 선호한 점 등을 들 수 있다.

마지막으로 정·주자의 설을 위주로 답안을 작성한 점을 들 수 있다. 이는 앞서 서술한 양국 경의 시험의 역사와 정식을 통해서도 알 수 있는 부분으로, 가장 주요한 공통점이라고 할 수 있다. 하지만 상술하였듯이, 청대 건·가기(건륭제: 재위 1736~1795, 가경제: 재위 1796~1820) 이후의 팔고문에서 이러한 흐름에 변화의 조짐이 발견되어 이에 대한 보다 자세한 고찰이 필요하다.

이처럼 양국의 경의 시험은 상당히 닮아 있는 모습으로 여러 존폐 논쟁 속에서도 굳건히 그 자리를 지켜왔다. 앞선 논의들을 통해 양국 경의문의 답안이 주자설을 위주로 작성되었으며 이는 가장 큰 공통점이자 후기로 가면서 차이점이 발생하는 지점임을 유추해 볼 수 있었다. 이제부터는 그 다른 모습에 초점을 맞추어 양국의 경의문이 어떠한 방식으로 주자의 설을 인용하였는지 과문의 실례를 통해 이를 구체적으로 살펴보도록 한다.

조선의 의(疑)·의(義)와 명·청대 팔고문의 주자설 인용 방식

양국의 경의문은 주자의 설을 어떠한 방식으로 인용하여 답안을 작성했을까? 우선 조선시대의 경의문부터 살펴보도록 하겠다. 다음은 1814년 식년감시초시(式年監試初試) 경상우도(慶尙右道)에서 『논어』 '선진어예악(先進於禮樂)'장에 관해 출제[14]된 사서의(四書疑) 답안들이다. 당시의 유생 송흠명(宋欽明, 1790~1840)과 안윤적(安允迪, 1783~?), 권계하(權啓夏, 1790~?)의 답안 일부를 차례대로 살펴보면 다음과 같다.

송흠명 대답합니다. 아! 야인(野人)은 질(質)이 지나친 것을 일컬음이 아니겠습니까? 군자(君子)는 문(文)이 지나친 것을 일컬음이 아니겠습니까? 문(文)이 질(質)을 앞서는 것은 질(質)이 문(文)을 앞서는 것만 못하기 때문에 군자를 따르지 않고 반드시 야인을 따르겠다고 하신 것입니다. … 중략 … 다만 선유들의 논변을 보건대, 호씨(胡氏)가 이른바 '나는 주나라를 따르겠다[吾從周]'고 한 것이 어찌 부자께서 질(質)을 숭상하는 뜻을 발명한 것이 아니겠습니까? 요씨(饒氏)가 이른바 '검소함을 숭상한다[尙儉]'고 한 것이 어찌 문(文)과 질(質)이 마땅함을 얻었다는 뜻을 추명한 것이 아니겠습니까? 아! 삼가 대답합니다.[15]

권계하 대답합니다. 아! 일찍이 이언평(李彥平)의 손암기(巽巖記)에서 말하기를, '예악이 알맞음을 얻으면 야인의 실수가 없는 것이요, 예악이 마땅함을 잃으면 군자의 실질이 없는 것이다.'라고 하였습니다. … 중략 … 선유께서 이 장의 의미에 대해 논변한 것이 많습니다. 여러 책에 산출되어 있는 것 가운데 살펴보면 '문(文)과 질(質)이 예악에서 마땅을 얻었다'고 한 것은 호운봉(胡云峯)의 설이요, '알맞음을 얻어 저

---

14 이때의 시제는 問. "子曰, 先進於禮樂, 野人也, 後進於禮樂, 君子也. 如用之, 則吾從先進." 古今之禮樂一也, 而於先進則謂之以野人, 於後進則謂之以君子者, 何歟? 夫子之不從君子, 而必從野人者, 其義可得聞歟? 였다.

15 『臨軒功令』 20책, "對. 於戲! 野人是質過之稱耶? 君子是文過之稱耶? 文之過質不若質之過文, 故不從其君子, 而必從野人也. …(중략)… 第觀先儒論辯, 則胡氏所謂吾從周者, 何莫非發明夫子尙質之旨乎? 饒氏所謂尙儉者, 何莫非推明文質得宜之義乎? 吁! 謹對."

절로 촌스러운 폐습이 없다'고 한 것은 진서산(眞西山)의 설입니다.[16]

안윤적 아! 오늘날의 예악은 곧 옛날의 예악이나 주나라 말엽에는 문이 질을 앞서는 폐단이 있었던 까닭에 선진의 예악을 도리어 질박하다 이르며 야인이라 여기고, 후진의 예악을 문질이 잘 조화되었다고 이르며 군자라 여깁니다. …(중략)… 이 까닭에 주부자(朱夫子)께서는 거문고 소리의 옹용평담(雍容平淡)함을 선진에 비유하였고, 번쇄완롱(繁碎玩弄)함을 후진의 군자에 비유하였습니다.[17] …(중략)… 여러 책에 풀이되어 있는 것을 살펴보면 '순박하여 질이 앞선다[淳朴而質勝]'는 것은 주부자의 설이요, '문이 앞서 문채가 성대하다[文勝而郁郁]'는 것은 호운봉의 설입니다.[18]

위는 '선진어예악'장과 관련하여 고금의 예악이 한결같은데, 이를 군자와 야인으로 나누어 부르고 부자께서 야인을 따르겠다고 말하신 의미를 물은 것에 대해 각기 서술한 답안들이다.

한눈에 보아도 집주의 설을 그대로 가져오거나(본문에 강조 표시), 『사서대전』을 비롯한 주자학파의 여러 설들을 빈번히 인용하고 있음을 알 수 있다. 답안에는 호병문(胡炳文, 1250~1333), 요로(饒魯, 1193~1264), 이

---

16 문화재청 국가기록유산 제공(보물-權橃宗家古文書-試券), "對. 於戱! 嘗觀李彦平巽巖記曰, 禮樂得中而無野之失, 禮樂失宜而無君子之實. …(중략)… 先儒之以此義論卞者, 多矣. 試以散出於諸書中者觀之, 有曰文質得宜禮樂者, 胡云峯之說也, 有曰得中自無野蔽者, 眞西山之說也."
17 『朱子語類』卷39, "禮只是一箇, 禮用得自不同, 如升降揖遜, 古人只是誠實行許多威儀, 後人便式好看, 古人只正容謹節, 後人便近於巧言令色, 如古樂雖不可得而見, 只如誠實底人彈琴, 便雍容平淡自是好聽, 若弄手弄脚撰出無限, 不好底聲音, 只是繁碎耳."
18 한국고문서자료관 제공, 『고문서집성43 -안동 갈전 순흥안씨편-』, 8.시문류, (4)시권. "噫! 今之禮樂, 即古之禮樂, 而周末之弊文勝其質, 故以先進之禮樂, 而反謂質朴而以爲野人矣, 以後進之禮樂, 而謂之彬彬而以爲君子矣. …(중략)… 是以朱夫子琴聲之雍容平淡比之於先進, 繁碎玩弄比之於後進之君子, …(중략)… 試以散出於諸書註解者觀之, 有曰淳朴而質勝者, 朱夫子之說也. 有曰文勝而郁郁者, 胡雲峯之說也."

형(李衡, 1100~1178), 진덕수(眞德秀, 1178~1235) 등 송·원대 주소가들의 이름을 직접적으로 거론하며 서술하였다.

그렇다면 중국의 답안들은 과연 어떠할까? 보다 수월한 비교를 위해 위와 동일한 구절에 대해 작성한 청대 학자 웅백룡(熊伯龍, 1617~1669)과 장대수(張大受, 1660~1723)의 답안을 살펴보도록 하겠다.

웅백룡 성인께서 세상의 예악을 논한 것을 통해 자신을 바로잡고자 한 것이다. 무릇 야인과 군자에 관한 논의가 분분하여 그치지 않은 것은 자신을 바르게 하여 감응한 자가 없는 것이니, 선진을 따르겠다고 하신 것은 성인의 책임이 아니라면 누구의 책임이겠는가? …(중략)… 예악의 규칙은 선진들이 능히 줄일 수 있는 것이 아닌데 그것을 사용하는 때에 당하여 유독 한결같이 돈농혼후(敦厖渾厚)의 뜻이 그 가운데에 굳게 맺혔다. 지금으로부터 이를 생각하면 일상 생활의 먹고 마시는 바탕을 엄연히 접할 수 있으니 야인이라는 명칭이 여기서부터 귀의되었다. 예악의 규칙은 후진들이 능히 늘릴 수 있는 것이 아닌데 그것을 사용하는 때에 당하여 유독 한결같이 풍형예대(豐亨豫大)한 모습이 그 사이에 유행하였다. 이 시대에도 생겨나 저 도인사(都人士)들의 풍속이 사뭇 사람들의 뜻과 맞으니 군자라는 명칭이 여기서부터 귀의되었다.[19]

장대수 성인께서 예악의 폐단을 구제하고자 오직 자신이 따르는 바를 결단하였을 따름이다. 대개 예악은 선진의 것이 아니면 따를 만한 것이 없거늘 이에 사람들이 예악을 논한 것이 이와 같으니 장차 군자

---

19 『欽定四書文』「本朝四書文」卷5, "聖人於世之論禮樂者, 而以身正之焉. 夫野人君子之論, 紛紛而不止者, 無人焉正其身以感之也. 從先進者, 非聖人之責而誰責哉? …(중략)… 禮樂之數, 非先進所能減, 而當其用之之時, 獨有一敦厖渾厚之意, 固結於其中. 由今思之, 日用飲食之質, 儼乎可接也, 而野人之稱, 由此歸焉. 禮樂之數, 非後進所能增, 而當其用之之時, 獨有一豐亨豫大之象, 流行於其間. 生斯世也, 彼都人士之風, 殊快人意也, 而君子之稱, 由此歸焉."

를 따라야 하겠는가? 차라리 야인을 따를 것이다. …(중략)… 선민들께서 숭상하던 바를 거슬러 올라가 이로써 인도하면 큰 예는 반드시 간략하고 큰 악은 반드시 쉬울 것이다. 오히려 인정이 권태로워지고 생각이 떠날까 두려우니 하물며 야인이라고 지목하며 배척함에 있어서랴. 말류가 쫓던 바를 거울삼아 이로써 경계하면 예가 치우쳐 멀어지게 되고 악이 지나쳐 흘러가게 된다. 오히려 인정이 이에 물들어 돌이키기 어려울까 두려우니 하물며 군자라고 칭송하며 높힘에 있어서랴. …(중략)… 내가 선진을 따르고 사람들이 예악을 씀에 일에 따르는 번화로움을 점차 없애고자 하니 이는 대도(大道)의 다행이요, 나의 능력이 아니다. 내가 선진을 따르고 사람들이 예악을 씀에 무릇 박략한 구습을 끝내 싫어하니, 이는 세풍(世風)의 흐름이요, 실로 내가 근심하는 바이다.[20]

'선진어예악'장에 대한 웅백룡과 장대수의 답안 일부를 살펴보았다. 우선 성인께서 이러한 말씀을 하신 까닭을 한 줄로 요약하고, 이에 대한 설명을 이어가고 있다. 이 과정에서 웅백룡은 '자신을 바르게 한다[身正, 正其身]'는 문구를 재차 사용하였는데 이는 『논어』 「자로(子路)」의 구절과 연관시켜 서술한 점을 알 수 있다. 장대수 또한 『예기』 「악기(樂記)」의 구절[大禮必簡, 大樂必易]과 『논어집주』에 기록된 정자(程子)의 설[禮勝則離, 樂勝則流]을 인용하여 서술하였다. 이처럼 다른 경문을 인용하여 본 구절의 경문을 해석하는 이경해경(以經解經)의 방식을 자주 사용하였고, 주자의 설을 기본 전제로 하여 서술하였으나, 주소가의 이름을 직접 거론

---

20 『欽定四書文』 「本朝四書文」 卷5, "聖人救禮樂之弊, 惟決其所從而已. 蓋禮樂非先進無可從也, 乃人之論禮樂若此, 將從其爲君子者耶, 寧從其爲野人者矣. …(중략)… 即溯先民之所尚而導之, 以大禮必簡, 大樂必易, 猶恐人情倦而思去也, 況斥之以野人之目也? 即鑒末流之所趨而戒之, 以禮勝則離, 樂勝則流, 猶恐人情習而難返也, 況尊之以君子之稱也? …(중략)… 吾從先進而人之用禮樂者, 漸去其踵事之華, 是大道之幸也, 非予之力也. 吾從先進而人之用禮樂者, 終厭夫樸畧之舊, 是世風之漓也, 實予之憂也."

하는 모습은 보이지 않았다.

이상에서 양국의 경의문 일부를 살펴보았다. 조선의 경의문은 선유들의 설을 직접 인용하는 방식이 주를 이루고 있는데, 주자설을 기본으로 하고 그의 설을 보충하는 방식으로 주자 문인들의 설 및 조선의 주자학자들의 설을 인용하는 방식이었다. 동일한 경문으로 비교하기 위해 사서의(四書疑) 과목의 답안들을 위주로 예시를 들었으나, 사서의는 시제에서 이미 정·주자의 설을 싣고 있는 경우도 많아, 답안에 상당한 영향을 주었을 가능성을 배제할 수 없다. 그러나 팔고문과 시제의 형식이 같은 오경의 과목 또한 이와 별반 다르지 않아, 경문의 대지를 설명하며 주자학파의 설을 다수 인용한 답안을 흔히 볼 수 있었다.

반면, 중국의 경의문은 주자설을 직접 인용하기보다는 문장 속에 녹여내어 자신의 말로 풀어내는 방식으로 서술하였다. 그러므로 답안 속에 주소가의 이름을 드러내지 않고 주석만을 간접적으로 드러내는 경우가 대부분이었다. 이는 팔고문의 '성현을 대신하여 글을 쓴다[代聖賢立言]'는 기조, 대구를 중요시 여긴 엄격한 형식적 제약과 관련이 있어 보인다.

그리고 조선의 경의문을 살펴보면 자신이 과거 시험 응시자이고 이것이 과거 시험의 답안임을 의미하는 용어들, 예컨대 우생(愚生-응시자 자신)이나 집사(執事), 주사(主司-시관) 등의 용어를 흔히 볼 수 있다. 그러나 팔고문의 경우는 자신이 직접 성현의 입장이 되어 그의 생각을 대신 전한다는 전제하에 글을 작성하므로, 사실상 주소가들의 이름을 일일이 밝힐 필요가 없는 것이다. 또한 팔고(八股)로 격식화된 제약 속에서 이러한 방식이 문장을 완성하기에 보다 효율적이었을 것이다.

18세기 후반 이후 주자설 의존도 변화 양상

앞서 살펴보았듯이, 양국의 경의문은 인용 방식에 있어 약간의 차이점은 보였으나 엄격한 존주자적(尊朱子的) 분위기 속에서 작성되었음을 살펴볼 수 있었다. 그렇다면 이러한 존주자적 양상은 시간의 흐름에 따라 아무런 변화 없이 지속되었을까? 여기에서는 조선 중기와 후기의 경의문, 명대와 청대의 팔고문의 내용을 비교하여 답안 속의 주자설 의존도에 과연 변화의 조짐이 보이는지를 고찰해보고자 한다.

우선 조선시대의 경의문부터 살펴보도록 하겠다. 다음은 1633년 식년 감시 복시에서 출제된 『주역』「계사상전(繫辭上傳)」의 '일음일양지위도(一陰一陽之謂道)'에 대한 우암(尤庵) 송시열(宋時烈, 1607~1689)의 답안 일부이다.

> 그대는 이기(理氣)의 설을 아는가? 일찍이 듣건대, 주자(周子)의 말에 '태극(太極)이 동(動)해서 양(陽)이 되고, 정(靜)해서 음(陰)이 되니, 태극은 본연(本然)의 묘함이고, 동정(動靜)은 작용의 기틀이다.'라고 하였다. …(중략)… 대개 '이통기국(理通氣局)'의 네 글자는 실로 이것을 발명한 것이다. …(중략)… '~이 되는 까닭이다[所以]'라는 두 글자에 대해서 주부자(朱夫子)께서 일찍이 말하였는데, 이는 쓸데없는 말이니 그 까닭은 무엇인가? 한 번 음이 되고서 한 번 양이 될 수 없는 것은 도(道)가 아니요, 한 번 양이 되고서 한 번 음이 될 수 없는 것 또한 도가 아니다. 그러므로 지금 이미 한 번 음이 되고 한 번 양이 되었다고 하면 이는 음양을 관통해서 말한 것이니, 또한 도가 음양을 관통했다는 것은 기(氣)인가 도(道)인가? 도가 아니라고 말할 수 없다면 한 번 음이 되고 한 번 양이 된다는 반 마디의 말에서 도체(道體)의 묘가 이미 분명해진다. 비록 '이것을 도라고 이른다[之謂道]'는 세 글자를 밑에 쓰지 않아도 그 도가 됨을 볼 수 있으니 다른 말을 어찌 더할 것이 있겠는가? …(중략)… 그렇다면 주자(周子)가 이른바 '동정(動靜)이 서로 그 뿌리가 된다[動靜互爲其根]'고 한 것과 소자(邵子)가 이른바 '양의 모(母)는 음이요, 음의 부(父)는 양이다[陽母陰父陽]'라고 한 것은 잘못된 것

인가? …(중략)… 정자(程子)가 말하기를 '동(動)과 정(靜)에는 끝이 없고, 음과 양에는 시초가 없다.'고 하였으니, …(중략)… 그러므로 소자(邵子)의 시에, '하늘은 하나에서 조화가 나누어지고 사람은 마음에서 경륜을 일으킨다[天向一中分造化, 人於心上起經綸]'고 하였다. …(중략)… 때문에 맹자께서 말하기를 '마음을 기름에 있어 욕심을 적게 하는 것보다 더 좋은 것이 없다.'고 하였으니, 욕심을 적게 하는 도리는 또한 경(敬)의 마음에 있는 까닭에 정자께서 경(敬)을 중시하신 것이다.[21]

송시열은 위 답안에서 혹자가 묻고 자신이 대답하는 형식을 빌어 경문의 대지를 밝히고 있다. 그는 이기론에 대해 설명하며, 주돈이의 『태극도설』과 주자의 「태극도설해」를 중심으로 하고 조선의 대표적 주자학자인 율곡(栗谷) 이이(李珥, 1536~1584)의 이통기국론(理通氣局論)을 거론하고 있다. 또한 주자와 정자의 설을 인용하고 자신의 생각을 밝히고 있으며, 북송대 학자인 소옹(邵雍)의 설과 시까지 인용하였음을 볼 수 있다. 마지막으로 그는 『맹자』의 본문과 정자의 학설을 부연하며 글을 마무리 하였다. 그는 이 답안으로 생원시에서 장원(壯元)을 차지하였다.

그의 답안에서 눈여겨볼 만한 점은, 성리학자인 주돈이의 설을 시작으로 다양한 범주의 학자들의 설을 싣고 있으며, 무조건 주자의 설을 찬양하기보다는 이에 대한 자신의 생각을 여과 없이 서술했다는 점이다. 그는 『주자어류』에서 음양의 도리를 이(理)와 기(器)의 관계로 설명한 글

---

21 宋時烈, 『宋子大全』 卷136, 「一陰一陽之謂道(癸酉科義)」, "子知理氣之說乎? 嘗聞周子之言曰, 太極動而生陽, 靜而生陰, 太極者, 本然之妙也, 動靜者, 所乘之機也. …(중략)… 蓋理通氣局四字, 實所以發明乎此也. …(중략)… 曰所以二字, 朱夫子蓋嘗言之, 而是亦臆語也, 何也? 一陰而不能一陽者非道也, 一陽而不能一陰者又非道也. 而今旣曰一陰一陽則是貫陰陽而言也, 且道貫陰陽者, 是氣耶道耶? 不可謂非道則一陰一陽半辭之間, 道體之妙已躍如矣, 雖不下之謂道三字, 而可見其爲道矣, 尙何待於他說乎? …(중략)… 曰自然則周子所謂動靜互爲其根, 邵子所謂陰母陰父陽者非耶? …(중략)… 程子曰動靜無端, 陰陽無始. …(중략)… 故邵子之詩曰, '天向一中分造化, 人於心上起經綸.' …(중략)… 故孟子曰養心莫善於寡欲, 而寡欲之道, 又在於敬, 故程子每說敬字, 謹義."

속에 "이(理)는 단지 기(器)에 있으니 이와 기는 서로 분리되지 않는다. 이 것이 한 번 음이 되고 한 번 양이 되는 도라고 이르는 까닭이다[所以一陰一陽之謂道]."라고 한 말[22]을 단장취의(斷章取義)하며 여기에서의 '소이(所以)' 두 글자는 군더더기의 말이라고 여겼다. 선유들의 설로 답안의 상당 부분을 채우고 있으면서도 어느 정도 객관적인 시각을 유지했음을 알 수 있다.

다음으로 19세기의 후기 답안들에 대해 살펴보도록 하자. 다음은 1859년 증광 감시 초시에 응시한 심인규(沈驎奎, ?~?)의 답안과 1876년 식년 감시 초시 평안도회에 응시한 송신목(宋臣穆, ?~?)의 답안 일부를 살펴보도록 하겠다. 심인규의 답안은 『맹자』「공손추상(公孫丑上)」의 '호연지기(浩然之氣)'장과 관련한 시제[23]에 대해 작성한 것이며, 송신목의 답안은 『서경』「하서(夏書)·우공(禹貢)」의 '유목(惟木)'[원문-齒革羽毛惟木] 구절에 대해 작성한 것이다.

> **심인규** 경문에서 '(그 기가) 의(義)와 도(道)에 짝한다[配義與道]'고 한 것은 기(氣)를 기른 후의 일을 말한 것이 아니겠습니까? '의가 모여서 생긴다[集義所生]'라고 한 것은 기를 기르기 시작할 때의 일을 말하는 것이 아니겠습니까? …(중략)… 정(程)·주(朱)의 명확한 논의를 살펴보면 이 장의 의미에 대해 어렵지 않게 밝힐 수 있습니다. 그리고 선유들의 격언을 참고하면 이 편의 뜻은 거의 분변할 수 있습니다. …(중략)… 이 때문에 주문공(朱文公)은 시에서 '성인의 말은 오묘한 이치라 무궁한 뜻이니, 깊이 잠심하고 마음을 차분히 하여 스스로 알 따름이네[聖言妙蘊無窮意, 涵泳從容只自知]'라고 하였습니다. 학자들이 성현의

---

22 『주자어류』卷77, "器亦道, 道亦器也, 道未嘗離乎器, 道亦只是器之理. 如這交椅是器, 可坐便是交椅之理, 人身是器, 語言動作便是人之理, 理只在器上, 理與器未嘗相離, 所以一陰一陽之謂道."

23 『崇禎紀元後四己未增廣司馬榜目』(1859), "問. 孟子曰, '其爲氣也, 配義與道', 又曰, '是集義所生者', 由前觀之, 則氣以配義, 由後觀之, 則義以生氣, 前後之論不同, 何歟? 願聞其說."

가르침에 대해 진실로 정밀히 사고하고 이치를 이해할 수 있으면 비록 은미한 말과 심오한 뜻이라 할지라도 결코 그 뜻을 밝히는 데 어렵지 않을 것입니다. 이 장의 가르침에 대해서도 또한 성경(聖經)과 현전(賢傳)에 가장 명백하게 드러나 있으며, 선유들이 저보다 앞서 이해한 견해가 더욱 자세하고 밝으니 제가 어찌 굳이 여기에 더할 말이 있겠습니까?[24]

송신목 아! 나무의 수는 이루 다 헤아릴 수가 없으니, '유(惟)'라는 하나의 글자로 쉽게 분변할 수 있는 것이 아닙니다. …(중략)… 이 장의 뜻에 대해 선유들의 정론(定論)이 많이 있습니다. 뜻은 같으나 그 말이 다른 것도 있으며 말은 같으나 뜻이 다른 것도 있습니다. 문자만으로 궁구하여 살펴보면 진실로 밝히기 어려운 단서가 되겠지만, 그 요지를 궁구해보면 자연스럽게 얼음이 녹듯 하며 뚜렷하게 전부 밝혀진 듯하여 진실로 막히는 곳이 없을 것입니다. …(중략)… 주자양(朱紫陽)이 하경숙(何叔京)에게 답한 편지에 금일의 논의를 강론한 바가 있으니 모두 한가지로 귀결되는 설이며, 여동래(呂東萊)가 채계통(蔡季通)에게 답한 편지에 이 장의 뜻을 언급한 바가 있으니 마치 부절이 합해지는 듯한 설입니다. 이 두 선생의 말을 들어 주사(主司)께서 오늘날 물으신 것을 궁구해보면, 거의 모든 이치를 두루 통달하여 분명치 못한 단서가 결코 없을 것입니다.[25]

---

[24] 『임헌공령』61책, "其曰配義與道, 非言養氣之後事乎? 其曰集義所生, 非言養氣之初事乎? …(중략)… 觀乎程朱確論, 而此章之義, 不難明矣. 参以先儒之格言, 而此篇之意, 庶可卜矣. …(중략)… 是以朱文公詩曰, '聖言妙蘊無窮意, 涵泳從容只自知', 學者於聖賢之訓, 苟能精思而理會, 則雖有微辭奧旨, 決無難明之義, 而至於此章之訓, 則又是聖經賢傳之最是明白, 而先儒之先我見得尤爲詳明, 愚何必更爲疊床哉?"

[25] 『임헌공령』23책, "吁! 木不可勝數, 則易不以惟一字弁之乎? …(중략)… 此章之旨, 先儒定論, 多矣. 有旨同而語異者, 有語一而旨異者, 究於文字而觀之, 則誠爲難明之端, 究其要, 則怡然氷釋, 渙然縷折, 固無滯礙之端也. …(중략)… 朱紫陽答何叔京之書, 有所講論於今日之論, 而有同歸一轍之說, 呂東萊答蔡季通之書, 有所提及於此章之意, 而有若合符節之說. 執此二先生之語, 而究於主

심인규와 송신목은 비록 생원시에 최종 합격하지 못했으나, 위 답안으로 삼하(三下)의 무난한 성적을 거두었다. 심인규는 『맹자』 '호연지기'장에 대해 정자와 주자의 설이 이미 명확하고 선유들의 여러 설을 참고할 수 있다고 하였다. 그리고 성현의 말을 찬탄하는 내용을 담은 주자의 시[26]를 인용하며 자신의 부족한 뜻을 굳이 더할 것이 없다고 하였다. 송신목 또한 『서경』의 유목(惟木) 구절을 설명하며 주자가 자신의 문인인 하고(何鎬, 1128~1275)에게 보낸 편지[27]와 여조겸이 채원정(蔡元定, 1135~1198)에게 보낸 편지 등을 예시로 들었다. 그러면서 이 두 사람의 설을 이해할 수 있다면 이 장의 뜻이 두루 통하고 매우 분명하게 될 것이라고 하였다.

이 두 사람의 답안을 통해 조선 중기부터 계속된 주자설 존신의 분위기가 여전하였으며, 선유들의 설에 지극히 의존하고 있음을 알 수 있었다. 조선 후기로 갈수록 자신의 목소리는 거의 내지 않은 채 선유의 설에 절대적인 권위를 부여함으로써 자신의 논지를 뒷받침하는 방식의 답안이 주를 이루게 되는데, 이러한 현상은 19세기 이후부터 더욱 두드러지게 나타난다.

그렇다면 중국의 경의문은 과연 어떠할까? 우선 명대의 문학가인 왕오(王鏊, 1450~1524)가 『논어』 「안연(顏淵)」의 '백성족, 군숙여부족(百姓足, 君孰與不足)'장에 대해 작성한 것과 오관(吳寬, 1435~1503)이 『논어』 「술이(述而)」의 '자재제문소(子在齊聞韶)'장에 대해 작성한 팔고문의 일부를 살펴보도록 하겠다.

司今日之問, 則庶可以曲暢旁通, 而決無含糊之端矣."
26 『性理大全書』卷70, 「送林熙之二首」
27 朱熹, 『晦庵集』卷40, "惟其敬足以直內, 故其義有以方外, 義集而氣得所養, 則夫喜怒哀樂之發其不中節者, 寡矣. 孟子論養吾浩然之氣, 以爲集義所生而繼之曰, 必有事焉, 而勿正心勿忘勿助長也. 蓋又以居敬爲集義之本也, 夫必有事焉者, 敬之謂也."

왕오 백성이 아래에서 이미 넉넉하면, 임금은 위에서 절로 넉넉해진다. 대개 임금의 넉넉함은 백성에게 달린 것이니, 백성이 이미 넉넉하면 임금이 어찌 홀로 가난한 이치가 있겠는가? 그러므로 유약(有若)이 군민일체(君民一體)의 뜻을 깊이 말하여 애공에게 (다음과 같이) 고한 것이다. "임금께서 세금을 늘리려는 것은 재정이 부족하기 때문이니, 재정을 풍족하게 하고자 한다면 어찌 먼저 백성들을 풍족하게 하지 않는 것입니까? 진실로 백무(百畝)에 철법(徹法)을 시행하며 항시 절용애인(節用愛人)의 마음을 지니며, 수확량의 1/10을 거두면서 백성들을 가혹하게 착취해 자신만 잘 살려는 생각을 하지 않을 수 있다면 백성들은 자신들의 힘으로 생산한 것에서 세금을 내는 데 곤궁하지 않을 것이며, 백성들이 가진 재물을 모조리 취렴당하는 일도 없을 것입니다."[28]

오관 성인께서 주변국에 머무르며 고악(古樂)을 들으심에 그것을 오래도록 배우시고 그 아름다움을 오로지 칭송한 것이다. 무릇 고악은 소악(韶樂)보다 아름다운 것이 없으니, 성인께서 이것을 배우시고 칭송하신 까닭을 살펴보면 성악(聖樂)의 아름다움과 성심(聖心)의 진실함을 모두 볼 수 있다. …중략… 그 마음이 음악에 있으면 발분하여 먹는 것을 잊을 정도로 부지런한 지경에 이르고 그 뜻이 옛것을 좋아하면 종일토록 밥도 먹지 않는 독실함이 있으니, 저 추환(芻豢) 따위가 어찌 나의 입을 기쁘게 하기에 족하겠는가? 무릇 그것을 이미 배우고 얻는 바가 있으니 칭송하기를 절로 멈출 수 없는 것이다.[29]

---

[28] 『欽定四書文』「化治四書文」卷3, "民既富於下, 君自富於上. 蓋君之富, 藏於民資也, 民既富矣, 君豈有獨貧之理哉? 有若深言君民一體之意, 以告哀公. 蓋謂公之加賦, 以用之不足也. 欲足其用, 盍先足其民乎? 誠能百畝而徹, 恒存節用愛人之心, 什一而征, 不爲厲民自養之計, 則民力所出, 不困於征求, 民財所有, 不盡於聚斂."

[29] 『欽定四書文』「化治四書文」卷2, "聖人寓鄰國而鰓占樂, 學之久而專稱其美也. 至夫古樂莫美於韶也, 觀聖人所以學之與所以稱之者, 則聖樂之美, 聖心之誠, 皆可見矣. …(중략)… 其心在於樂,

왕오는 위 답안에서 유약이 애공에게 철법(徹法)을 권한 이유를 자세히 풀이하고, 세금을 더 부과하는 방식으로 재정을 늘리려는 애공의 생각을 비판하였다. 백성이 부유하게 되면 임금도 절로 부유하게 된다는 경문의 원론적인 대지를 반복하며 여기에 자신의 생각을 첨언하였다. 그는 이 과정에서 거의 『집주』의 설을 바탕에 두고 서술하였는데, 특히 '유약이 군민일체(君民一體)의 뜻을 깊이 말하여[有若深言君民一體之意]'라고 한 것은 『집주』의 구절[30]을 그대로 차용한 것이다.

오관의 답안 또한 철저하게 주자의 설에 입각하면서도 『논어』의 발분망식(發憤忘食), 『맹자』의 추환(芻豢), 『예기』의 '吾端冕而聽古樂, 則唯恐臥' 구절 등 다양한 경문을 곳곳에 삽입하여 그 묘미를 더했다. '자재제문소'장은 '不圖爲樂之至於斯也'를 어떻게 해석하느냐에 따라 문장의 뜻이 확연히 달라지는 구절이다. 송대 학자 황간(黃幹)은 이에 대해 제후의 나라인 제나라에서 천자의 음악이 연주된 사실을 안타까워한 내용으로 보았으며,[31] 주자의 경우는 순임금의 음악이 이처럼 훌륭한 경지에 이를 줄 몰랐다고 찬미한 내용으로 보고 있다. 그리고 삼월(三月) 앞에 '학지(學之)' 두 글자가 있다는 『사기(史記)』[32]의 견해를 인정하였다. 즉 순임금의 음악을 오래도록 배우고 난 후에 이를 칭송했다는 의미로 본 것[33]이다. 오관의 답안 역시 '소악(韶樂)을 배우고[學之]'라는 표현을 답안에 반복하는 등 집주의 설을 거의 그대로 싣고 있다.

則發憤至於忘食之勤, 其志好乎古, 則終日且有不食之篤, 彼芻豢何物, 果足以悅我口耶? 夫既學之而有所得, 則稱之自不能已."

30 『論語集註大全』卷12, "公意蓋欲加賦以足用也. …(중략)… 民富則君不至獨貧, 民貧則君不能獨富. 有若深言君民一體之意, 以止公之厚斂, 爲人上者, 所宜深念也."

31 『論語集解義疏』卷4, "孔子至齊聞齊君奏於韶樂之盛, 而心爲痛傷, 故口忘肉味, 至於一時乃止也. 三月一時也. 何以然也? 齊是無道之君, 而濫奏聖王之樂, 器存人乖, 所以可傷慨也."

32 『史記』卷47, 「孔子世家」, "與齊太師語樂, 聞韶音, 學之三月, 不知肉味."

33 『論語集註大全』卷7, "史記, 三月上有學之二字. 不知肉味, 蓋心一於是而不及乎他也. 曰不意舜之作樂, 至於如此之美, 則有以極其情文之備, 而不覺其歎息之深也. 蓋非聖人, 不足以及此. ○范氏曰, 韶盡美又盡善, 樂之無以加此也, 故學之三月不知肉味, 而歎美之如此, 誠之至, 感之深也."

이상에서 살펴본 명대 문인 왕오와 오관의 답안은 조선시대의 답안들과 내용면에서 크게 차이를 보이지 않았다. 앞서 서술했던 선유들의 설을 인용하는 방식과 문장의 어조에 있어 약간의 차이를 보일 따름이었다. 청대 이후의 답안에서도 이러한 양상이 지속되는지, 아니면 더욱 심화 또는 변화되는지 알아보기 위해 청대 이후의 답안들을 계속해서 살펴보도록 하자. 다음은 1774년(건륭 39) 향시에서 작성된 『논어』「향당」의 '향례유용색(享禮有容色)'에 대한 관세명(管世銘, 1738~1798)의 답안 일부이다.

> 향례(享禮)와 예빈(禮賓)을 겸하여 성인의 안색을 살핀 것이니, 공경함이 넘쳐 흘러 조화됨이 있는 것이다. 무릇 빙문하는 의식을 마친 후에 향례를 행하며, 향례로 인해 예빈을 하는 것이 대개 정해진 의식이다. …(중략)… 이로부터 빈이 주인에게 국군(國君)의 예물을 바치면 향례가 있었으며, 주인이 빈객의 예물을 받고 나면 예빈이 있게 되었다. 과군(寡君)께서 넉넉지 않지만 복숭아로 던져주면 오얏으로 보답하는 정성을 부치시어 명을 받들고 말씀을 고한다. 애초부터 그 이름을 존대하여 국체(國體)를 떠벌이지 않는다. 이로부터 예물을 진상하는 것을 향(享)이라고 이르니, 이는 우방국을 높여 자신들의 일을 낮추는 것이다. 폐읍(敝邑)이 비록 변변치 않으나 박잎을 따다 삶고 데치는 뜻을 보태어 술잔을 가득 채우고 좌석을 마련한다. 감히 평소 먹는 음식을 올려 귀한 손님을 욕보이지 않는다. 이로부터 공경하는 예식으로 대접하는 것을 예(禮)라고 이르니, 이는 중요한 손님을 흠향하여 신명으로 여기는 것이다.[34]

---

[34] 管世銘, 『韞山堂時文(初集)』「享禮有容色」, "兼享與禮賓以觀聖人之色, 有敬溢爲和者焉. 夫聘畢而享, 因享而禮賓, 盖成典也. …(중략)… 自是賓致君之獻於主人, 則有享焉, 主人旣受賓之事, 則有禮賓焉. 寡君無腆, 聊寄木桃投報之誠, 而受命陳詞, 初無取尊大其名, 以張國體, 自夫薦幣, 而謂之享也, 所以重友邦, 而降事之也. 敝邑雖羸, 竊附瓠葉熟燔之義, 而盈樽設几, 復不敢常褻其味, 以忝嘉賓, 由其受禮, 而謂之禮也, 所以歆上客, 而神明之也."

관세명(管世銘)의 자(字)는 함약(緘若)이며 호(號)는 온산(韞山)이다. 위 답안은 그의 팔고문 모음집인 『온산당시문(韞山堂時文)』에 실려있는 것으로, 해당 글에 '갑오위묵(甲午闈墨)'이라고 기록되어 있다. 위묵이란, 청대의 향시 또는 회시에 합격한 자들의 답안 중에서 모범이 될 만한 글을 선별하여 책으로 만든 것을 의미한다. 명대에는 이를 소록(小錄)이라고 불렀다. 즉, 관세명의 이 답안이 당시에 훌륭한 성적과 좋은 평가[35]를 받았음을 알 수 있다.

주자는 '향례유용색(享禮有容色)'에서의 향례를 '연향하는 예석'으로 보아, 사신이 다른 나라를 방문했을 때 상징적 예물인 규벽을 바친 후 실질적으로 가지고 온 예물을 조정에 펼쳐 놓는 일을 말한다고 풀이[36]하였다. 공자가 제후국에 방문하여 예물을 바치는 한 가지 일로 한정한 것이다. 그러나 관세명은 이와는 달리 향례를 향례와 예빈의 두 가지 일로 나누어 풀이하였는데, 이렇게 하면 예물을 바치는 일과 빈으로써 대접을 받을 때의 상황을 포함하게 된다.

관세명은 이에 대한 근거로 『의례(儀禮)』「빙례(聘禮)」의 여러 구절을 예로 들고 있다. 「빙례」의 '빈은 석의를 드러내고 속백(束帛)을 받들어 그 위에 벽옥을 올려놓고서 향례를 행한다[賓裼, 奉束帛加璧享]'는 구절과 '향례를 행할 때는 기색을 펴고 용모를 장중하게 한다[及享, 發氣焉盈容]'는 구절을 보면 향(享)자 만을 쓰고 예(禮)자를 붙이지 않았음을 볼 수 있다. 그리고 「빙례」의 구절을 순서대로 살펴보면, 향례를 마치고 임금을 사사로이 뵙기[私覿] 전에 예빈의 절차가 있음을 알 수 있다. 이외에도 예가 예빈을 가리키는 구절들과, 향(享)과 예(禮)를 나누어 서술한 경문[37]들

---

35 이 글의 말미에 당시 시관들의 평가가 기록되어 있는데, 座主 董蔗林은 禮자에 대한 해석이 세속의 해석과는 달라 부득이 1위를 차지했다고 하였으며, 劉雲房은 享禮를 두 절로 분속한 것은 곧 경문을 해설함에 도움이 되기 족하다고 하였다. 管世銘, 『韞山堂時文(初集)』「享禮有容色」
36 『論語集註大全』卷10, "享獻也. 既聘而享, 用圭璧, 有庭實."
37 『의례』「빙례」, "若君不見, 使大夫受. 自下聽命, 自西階升受, 負右房而立. 賓降亦降. 不禮."; "小聘曰問. 不享, 有獻, 不及夫人. 主人不筵几, 不禮." 『韞山堂時文(初集)』「享禮有容色」

로 볼 때 향례를 향례와 예빈으로 나누어 본 관세명의 해설은 비교적 그 근거가 충분하다고 볼 수 있다.

하나의 예시를 더 살펴보도록 하겠다. 다음은 1834년(도광 14) 강남 향시에서 작성된 『논어』「향당」의 '집규국궁여야(執圭鞠躬如也)'장에 대한 진립(陳立, 1809~1869)의 답안 일부이다.

> 옛날에는 국궁(鞠躬)을 몸을 굽힌다[曲躬]는 의미로 보지 않았으며, 국궁은 일설에 국구(鞠軀)라고도 하였으니 공경하고 조심한다는 의미이다. 또한 '여(如)'라고 한 것은 모두 형상을 비유한 말이니, 몸을 이미 굽혔다면 그저 국궁이라고만 말하면 될 것을, 어찌 '여국궁(如鞠躬)'이라고 했겠는가? '국궁여(鞠躬如)'라는 것은 '축적여(蹙踖如)'와 같은 말일 따름이다. …(중략)… 그런즉 '상여읍(上如揖)'은 '올라가서 읍한다[上而揖]'의 의미이지 규를 잡고 있는 손의 위치가 읍할 때의 정도라는 의미가 아니며, '하여수(下如授)'는 '빠른 걸음으로 예물을 준다[趨而授]'의 의미이지 손의 위치가 물건을 줄 때의 정도라는 의미가 아니다. '하(下)'자는 '추(趨)'로 읽어야 하며, '여(如)' 자는 '이(而)'로 읽어야 하니 고훈(古訓)이 진실로 이와 같을 따름이다. 그렇지 않다면 국군(國君)의 기물을 다룸에 있어 평형(平衡)하게 해야 하거늘 어찌 위로 하고 아래로 함이 있겠으며, 또한 읍을 하고 예물을 줄 때의 위치는 그 높낮이가 현저히 다르거늘 어찌 읍을 하는 듯이 하고 예물을 주는 것과 같이 하면서 평형하게 했다고 말할 수 있겠는가?[38]

---

[38] 『제의총화』 卷13, "古未有以鞠躬爲曲躬者, 鞠躬一曰鞠軀, 敬謹之意也. 且如之云者, 皆有所比象之辭, 若躬旣曲矣, 則直謂之鞠躬可也, 安得謂之如鞠躬乎? 鞠躬如者, 猶言蹙踖如爾. …(중략)… 然則上如揖者, 上而揖, 非予之卜其手也, 下如手者, 趨而授, 非予之下其手也. 下讀爲趨, 如讀爲而, 古訓尙如是耳. 不然執國君之器則平衡, 烏有所謂上下者, 且揖之與授繩判低昂, 烏有如揖如授而猶得曰平衡者?"

진립의 자는 탁인(卓人) 또는 묵재(默齋)이며, 소학(小學) 및 공양학(公羊學)에 밝은 것으로 이름난 청대의 경학가이다. 그의 과환(科宦) 이력을 살펴보면 그가 1834년에 거인(舉人)이 되었으며 1841년에 진사(進士)가 되었다고 한 것으로 보아, 그는 위의 답안으로 강남 향시에서 합격한 사실을 알 수 있다. 이 답안은 그의 문집에서는 찾아볼 수 없으나,『제의총화』에 자세히 기록되어 있다. 그는 '집규국궁여야(執圭鞠躬如也)'장과 관련한 여러 주소가들의 설에 대해 자신의 생각을 명확하게 밝혔다.

진립은 우선 '여(如)'자를 굳이 붙인 이유에 주목하며 몸을 굽힐 듯이 공경히 한다는 비유의 의미이지 실제로 몸을 굽힌다는 의미가 아니라고 하였다. 또한 주자가 상(上)자와 하(下)자를 규를 잡은 손의 위치로 해석한 것[39]이 이치에 맞지 않는다고 하며 읍을 할 때와 물건을 줄 때의 높낮이가 현저히 다르므로 이렇게 하면서 기물을 평형하게 해야 한다고 한 말은 모순이 있음을 지적하였다. 그리고 상여읍(上如揖)에 대해서는『의례』의 구절을 근거로 하여[40] '상이읍(上而揖)'의 의미로 보았으며, 하여수(下如授) 또한『노론(魯論)』에서 이 구절의 '하(下)'를 '추(趨)'로 읽었음을 서술한『경전석례』의 주[41]를 근거로 들었다. 주자설에 대한 비판적인 시각을 직설적으로 드러내고, 경문과 고주에 근거하여 자신의 견해를 밝힌 것이다.

관세명과 진립의 답안을 통해 주자의 해설과 부합되지 않는 견해 또한 수용되었던 청대 과장의 분위기를 짐작할 수 있었다. 응시자들은 선

---

39 주자는 규를 잡음에 평형하게 하고 손과 마음을 가지런히 하여 그 위치가 아무리 높아도 읍할 때의 위치를 벗어나지 않으며 낮아도 물건을 줄 때보다 더 낮게 하지 않는다는 의미로 해석하였다.

40 『의례』「빙례」, "厥明, 訝賓于館. 賓皮弁, 聘至于朝, 賓入于次. …(중략)… 公揖入, 每門·每曲揖. 及廟門, 公揖入, 立于中庭. 賓立接西塾. 几筵旣設, 擯者出請命. 賈人東面坐, 啓櫝, 取圭, 垂繅, 不起而授上介. 上介不襲, 執圭屈繅授賓. 賓襲執圭. 擯者入告, 出辭玉, 納賓. 賓入門左. 介皆入門左, 北面, 西上. 三揖至于階, 三讓. 公升二等, 賓升, 西楹西, 東面. …(중략)… 聘于夫人用璋, 享用琮, 如初禮. 若有言, 則以束帛, 如享禮. 擯者出請事, 賓告事畢."

41 『경전석례』卷24, "下如, 魯讀下爲趨, 今從古."

유의 설에 의존하지 않으면서 주자설의 미흡한 부분을 보충하거나, 직접적인 비판을 가하기도 하였다. 또한 이러한 답안들이 당시의 위묵으로 선별되었다는 점 또한 시사하는 바가 크다고 하겠다. 주자설과 위배되는 부분이 있을지라도 근거가 명확하고 논리가 정연하다면, 시관들 또한 열린 사고로 평가했음을 보여주는 일면이기 때문이다.

이 밖에도 청대 이후의 변화된 양상을 보여주는 여러 예시들을 개인 문집 및 참고서 등을 통해 볼 수 있다. 복초재(復初齋) 옹방강(翁方綱, 1733~1818)은 1752년(건륭 17)부터 1768년(건륭 33)까지 자신이 지은 팔고문을 모아 1787년에 『복초재시문(復初齋時文)』을 간행하였는데, 이 책에 약 40여 편의 팔고문을 싣고 있다. 그는 『논어』「옹야(雍也)」의 '觚不觚, 觚哉觚哉'장과 관련해서 전체적인 내용은 주자설에 근본하고 있으나, '고(觚)'자의 연원이 『전한서(前漢書)』 '육고(六觚)'에서 근원한 것이라고 하며 이에 대해 자세히 풀이하였다.[42] 이는 고(觚)를 그릇 가운데 모난 것으로 간략하게 해설[43]한 주자설의 미흡한 부분을 보충한 것이다.

또한 『사서척여설(四書摭餘說)』의 저자로도 알려진 청대의 문인 인곡(寅谷) 조지승(曹之升)은 『시경』「기오(淇奧)」의 '瞻彼淇澳, 綠竹~~'에 대해 기(淇)와 오(奧)를 모두 물의 이름으로, 녹죽(綠竹)을 모두 풀의 이름으로 풀이한 답안을 제출하였다. 그는 『후한서(後漢書)』「군국지(郡國志)」에서 『박물기(博物記)』를 인용하여 주해한 것과 『모시정의(毛詩正義)』에서 육기(陸機)의 설을 인용한 것[44], 그리고 『이아(爾雅)』에서 녹(綠)을 왕추(王芻)로 풀이한 설[45] 등을 근거로 하여 서술하였다. 이는 주자가 기(淇)는 기수(淇水), 오(澳)는 구석 모퉁이, 녹(綠)은 푸른 색이라고 한 해설[46]과는 다

---

42 『전한서』 卷21, "其算法用竹, 徑一分, 長六寸, 二百七十一枚而成六觚, 爲一握."
43 『論語集註大全』 卷6, "觚, 棱也, 或曰酒器, 或曰木簡, 皆器之有棱者也."
44 『後漢書』 卷29, "博物記曰, 有澳水流入淇水."; 『毛詩正義』, "淇澳二水名."
45 『爾雅証疏』 卷0, "菉王芻, 注荩蓐也."
46 『詩經集傳』 卷3, 「淇奧」, "淇, 水名. 奧, 隅也. 綠, 色也.", 『詩經集傳』 卷15, 「采綠」 "綠, 王芻也."

른 것이다. 그는 또한 주자가 「채록(采綠)」에서는 녹(綠)을 왕추로 풀이하였는데, 「기오」에서는 달리 풀이하고 있음에 대해서도 지적했다. 당시의 시관이었던 소진함(邵晉涵, 1743~1796)은 조지승의 이러한 이수(二水), 이초(二草)설에 대해 '자연스러운 대구를 이루었다[天然對仗]'라고 평하였다.⁴⁷

이상의 예시들을 통해 청대 이후에 작성된 경의문의 답안에서 보이는 탈주자적 견해들을 확인할 수 있었다. 물론 이러한 양상이 명대에는 전혀 보이지 않다가 갑자기 드러난 것은 아니었다. 명대의 학자인 전복(錢福, 1461~1504)은 『논어』 「양화(陽貨)」의 '삼년상(三年喪)'장에 대해 삼년상은 부모님께서 돌아가셨을 때 뿐만이 아니라, 적손(適孫)으로서 조(祖)의 상에, 또는 장자(長子)나 처(妻)에 대하여 모두 삼년상을 치렀다고 하였다. 그 근거로 주(周)나라 태자(太子) 수(壽)가 죽고 목후(穆后)가 죽자 숙향(叔向)이 "왕께서 일년에 삼년상을 두 번 당하였다"라고 한 『좌전』의 구절⁴⁸을 들었다. 이는 주자가 『집주』에서 삼년상을 부모지상(父母之喪)으로 한정하고 자세히 언급하지 않은 부분에 대해 보충하여 밝힌 것이다.⁴⁹

다만 이러한 예는 흔치 않아, 명대부터 그 조짐이 나타났다고 단언할 수는 없다. 그러나 청대 이후, 특히 18~19세기에 접어들면서 변화 양상이 점차 확대되어 감을 분명하게 볼 수 있으며, 이는 답안을 작성하는 응시자와 평가하는 시관 모두에게 해당되는 부분이었다. 그런데 여기에서 한 가지 짚고 넘어가야 할 부분이 있다. 이는 바로 이러한 양상이 팔고문 참고서, 총서류, 개인 문집 등에서 그 예를 찾아볼 수 있을 뿐, 임금의 명으로 간행한 『흠정사서문』에 수록된 글에서는 주자의 해석을 벗어나는 답안을 거의 찾아볼 수 없다는 점이다.

---

47 『제의총화』 卷14, "邵二雲評此文云, 淇澳作二水名, 綠竹作二草名, 亦天然對仗."
48 『左傳』 昭公 15년, "六月乙丑, 王大子壽卒. 秋八月戊寅, 王穆后崩. …(중략)… 王一歲而有三年之喪二焉."
49 『제의총화』 卷14, "錢鶴灘文云, 三年之喪, 不獨父母也. 適孫爲祖爲長子爲妻, 天子達於庶人一也. 周穆后崩太子卒, 叔向曰, 王一歲而有三年之喪二焉, 此足補章句所未及."

명대 왕수인(王守仁, 1472~1529)의 『중용』 '연비려천(鳶飛戾天)'에 대한 답안[50]이나, 귀유광(歸有光, 1506~1571)의 『논어』 「태백(泰伯)」 '순유신오인이천하치(舜有臣五人而天下治)'에 대한 답안[51]부터 청대 서용석(徐用錫, 1657~1736)의 「술이(述而)」 '자소아언(子所雅言)'에 대한 답안이나 조병(趙炳, ?~?)의 「자한(子罕)」 '자재천상(子在川上)'에 대한 답안[52] 등 그 시기와 상관없이 거의 일관되는 흐름이었다. 이는 특히 『집주』와 고주(古注)의 해석이 분분한 장절들의 답안에서 더욱 확연하게 드러나는 부분[53]이었다. 극소수의 답안에서 주자설을 확장하여 자신의 견해를 밝히기도 하였으나, 이 또한 주자의 설을 파격적으로 배제하기보다는 그의 설을 존숭하며 기본적으로 전제하는 경우가 대부분이었다.

『사고전서』에 유일하게 수록된 팔고문 선집인 이 책에서 주자의 해설을 벗어난 답안이 거의 수록되지 않은 이유에 대해 크게 두 가지로 추측을 해 볼 수 있다. 첫 번째로 이 책은 건륭제의 명으로 편찬되었기에, 그 이전 시기까지의 팔고문을 대상으로 선별하였다. 청대 학계에 불어온 변화의 바람이 건·가 시기 이후에 본격적으로 과장(科場)에 스며들기 시작했다면 이 책의 편찬 시기와 맞물리지 않았을 수 있다. 두 번째로 임금의 명으로 간행한 책과, 개인이 편찬한 책에서 보여지는 편찬 주체에 따른 성격 차이에서 기인한 것으로 볼 수 있다. 조선시대 정조의 어제조문

---

50 『欽定四書文』 「化治四書文」 卷4, 〈詩云鳶飛戾天〉. 王守仁이 지은 팔고문에 대해 시관은 "淸醇簡脫, 理境上乘, 陽明制義, 謹遵朱註如此."라고 평하였다.
51 『欽定四書文』 「正嘉四書文」 卷2, 舜有臣五人而天下治. 歸有光은 '唐虞之際, 於斯爲盛'에 대해 "(요순보다) 周의 신하가 많다"는 하안과 황간의 해설보다는 "(周나라 보다) 요순의 신하가 많다"는 주자의 해설에 근본하여 답안을 작성하였다.
52 『欽定四書文』 「本朝四書文」 卷3, 子所雅言. 徐用錫은 雅言의 의미를 바른 말[正言]의 의미로 본 하안의 견해보다는 평소 하는 말[常言]의 의미로 본 주자의 설에 근본하여 답안을 작성하였다. 卷4, 子在川上曰. 趙炳 또한 이 장을 세월의 흐름에 대한 탄식을 담은 장으로 풀이한 황간과 형병의 해설보다는 道의 본체를 물에 비유한 주자의 설에 따라 답안을 작성하였다.
53 이에 대해서는 이강재(1998)에서 다룬 구절들을 주로 참고하였다. 213면; 221~222면; 225면. 참조.

(御製條問)에 대해 초계문신으로서 조정에서 한 대답과 자신의 개인 문집에 실린 글의 문세(文勢)가 사뭇 다를 수밖에 없는 것처럼, 왕명으로 편찬을 지시하고 왕이 직접 감수하는 책에 실릴 글을 선발하는 데 있어 보수적인 편찬자의 시각이 작용했음을 짐작할 수 있는 것이다.

결론적으로, 청대 건륭제 이후로 과거 시험의 경의문에 주자설에 대한 의존도가 점차 낮아지고 탈주자적 견해에 입각하여 자신의 주장을 펼치는 답안들이 이전 시대에 비해 늘어난 것은 확연한 사실이다. 그리고 이러한 답안들이 한 개인의 일탈로 치부된 것이 아니라, 시관들의 좋은 평가를 받고 위묵으로 선발된 점은 상당히 의미 있는 점이라 할 수 있다. 이는 팔고문 해설서나 참고서 등에서 예시를 찾을 수 있으며 개인 문집을 통해 실제를 파악할 수 있었다.

하지만 그럼에도 불구하고 여전히 대다수의 답안에서 주자설에 엄격한 권위를 부여하고 이를 존숭하는 태도를 보였다는 점, 『흠정사서문』과 같이 국가에서 간행한 팔고문 선집에서 이러한 예시가 거의 보이지 않는 점 등을 통해 볼 때 그간의 엄격했던 과장의 기조가 청대 후기에 완전히 새로운 국면을 맞이했다고 말하기에는 무리가 있다. 이는 조선 후기에 윤휴(尹鑴), 박세당(朴世堂), 정약용(丁若鏞) 등의 탈주자적 시각을 가진 학자들의 설이 나왔다고 해서 탈주자적 분위기가 학계에 완연했다고 함부로 말할 수 없는 것과 같은 이치가 아닐까.

한중 경의문의 차이와 그 의미

양국의 경의 시험은 여러 면에서 공통점을 가지고 있었지만, 결과물로 작성된 답안에 있어서는 형식적인 면과 내용적인 면에서 어느 정도의 차이점을 발견할 수 있었다. 지면의 한계로, 본고에서는 양국 경의문의 형식에 대해서는 별도로 다루지 않았으나 여기에서 간략히 서술하고자 한다.

중국에서는 송대 경의문에서 명·청대 팔고문(八股文)으로 변화하면서 답안의 작법 구속력이 더욱 심해졌고[54], 이는 청대 말의 답안에서도 여전히 유효하여 팔고(八股)의 철저한 격식[파제(破題)-승제(升題)-기강(起講)-입제(入題)-기고(起股)-중고(中股)-후고(後股)-속고(束股)] 하에 답안이 작성되었다. 반면, 조선의 경우 '對'로 시작하여, 중간부에 '請申之', '請詳論之' 등, 결미에 '吁, 勤對'라는 투식어가 후기 답안들에 보인다는 점 이외에는 그 형식에 있어 거의 제약이 없었던 것으로 보인다. 조선 중기까지는 팔고문 수준의 엄격한 격식까지는 아니더라도 대구법이 활발히 사용되는 모습을 보이나, 후대로 갈수록 이마저도 거의 지켜지지 않고 몇 문장에서 대구가 이루어지는 수준에 그치고 있다.

내용적인 면에 있어서는 주자설 인용 방식과 그 내용의 변화 양상에 중점을 두고 살펴보았다. 조선시대의 경의문은 시제와 답안에서 주소가들의 이름을 직접적으로 거론하고 이 설들을 그대로 인용하고 있으나 팔고문에서는 성현을 대신하여 글을 쓴다는 기조 하에 선유들의 설을 자신의 글 속에 녹여 내어 간접적으로 인용하는 방식을 사용하였다.

조선시대의 경의문은 시제와 답안에서 『사서대전(四書大全)』을 포함하여 『주자어류(朱子語類)』, 『회암집(晦庵集)』 등 주자 관련서와 조선의 주자학자들의 설을 대다수 인용하였다. 그리고 후기로 갈수록 자신의 견해는 거의 싣지 않은 채 주자설 의존도가 더욱 심해지는 경향을 보였다. 하지만 중국은 청대 18세기 이후의 팔고문에서 古註 또는 다른 경문의 예시를 근거로 하여 주자설의 미진한 부분을 보충하는 답안들이 종종 출현하게 된다. 즉 중국의 경의문은 답안 내용의 측면에서, 조선은 형식의 측면에서 후대로 갈수록 구속력이 약화되는 모습을 보이고 있다. 그러나 양국의 경의문은 모두 이경해경(以經解經)의 방식을 주로 사용하고 주

---

54 『宋文鑑』 卷111에는 송대 학자 張庭堅(1074~1131)이 쓴 경의문 2편(「惟幾惟康其弼直」, 「自靖人自獻于先王」)이 실려 있다. 이를 통해 팔고문과의 형식 비교가 대략 가능하다. 왕카이푸 저, 김효민 역(2015), 53~61면. 참조.

자설을 기본 전제로 서술했다는 점에서 공통점을 보여주었다.

청대 이후의 팔고문에서 탈주자적 시각에 입각하여 작성된 답안들이 나타나는 현상은 원대(元代)부터 제정되었던 주자설 위주의 답안 작성 규식이 점차 완화되고, 당시 학계의 동향을 좇아 과장(科場)에도 그 변화의 물결이 조금씩 출렁이고 있었음을 보여주는 것이다. 물론 이러한 양상을 두고 청대 이후 제출된 경의문 답안에서 주자적 색채가 완전히 옅어졌다고 확언할 수는 없다. 그러나 이러한 답안들이 훌륭한 성적을 받고 모범 답안으로 채택되었다는 점에서 이는 청대 과장에서의 의미 있는 변화의 조짐이자 특징지어지는 일면이라고 할 수 있다. 또한 과거 시험 폐지 직전까지도 여전히 존주자의 분위기가 삼엄했던 조선시대의 과장과는 분명 차별점이 드러나는 부분이라 하겠다.

보다 면밀히 양국의 경의문을 비교하기 위해서는 시제의 형식과 시험 대상의 경전이 동일한 원대의 경의(經疑)와 조선시대의 사서의(四書疑), 송대의 경의문 및 명·청대의 팔고문 가운데 오경을 다룬 것과 조선시대의 오경의(五經義)를 비교하는 것이 가장 적합할 것이다. 그러나, 시험 대상 과목이 같은 조선시대 사서의(四書疑)와 중국의 사서문(四書文)은 시제의 형식이 다르며, 오경의와 시제의 형식 및 시험 대상 과목이 같은 중국의 경의문은 현전하는 자료 수가 현저히 적다는 한계점이 있다. 그러므로 본고에서는 주자설 수용 방식과 의존도의 변화 양상에 초점을 두고 두 과목을 모두 연구의 대상으로 삼았다.

이처럼 양국 자료가 집중되어 있는 시기와 주대상으로 삼는 경전이 제각각인 부분에서 오는 미진함을 극복하기 위해서는 추후 비교 대상 자료를 더욱 보충하고, 다양한 참고자료 및 개인 문집 속의 경의문 수집이 관건이라 하겠다. 하지만 중국의 과거 시험 관련 자료로의 접근이 어려운 점, 경의문은 과거 시험만을 위한 글이라는 인식 때문에 문집에 수록되어 있는 경우가 드물다는 점 등에서 이 또한 앞으로의 난항이 예상된다. 이는 후일의 과제로 남겨둔다.

참고문헌

1. 원전 자료

『臨軒功令』, 서울대학교 규장각한국학연구원 소장본.

管世銘,『韞山堂時文』, 하버드대학교 옌칭도서관 소장본.

宋 黎靖德 등 編,『南部新書』, 文淵閣四庫全書.

宋 黎靖德 등 編,『四書大全』, 文淵閣四庫全書.

宋 黎靖德 등 編,『宋文鑑』, 文淵閣四庫全書.

宋 黎靖德 등 編,『朱子語類』, 文淵閣四庫全書.

宋 黎靖德 등 編, 朱熹,『晦庵集』, 文淵閣四庫全書.

宋 黎靖德 등 編,『欽定四書文』, 文淵閣四庫全書.

宋時烈,『宋子大全』,『한국문집총간』108~116, 민족문화추진회.

梁章鉅,『制義叢話』, 廣文書局, 1976.

翁方綱,『復初齋時文』, 하버드대학교 옌칭도서관 소장본.

李學逵,『洛下生集』,『한국문집총간』290, 민족문화추진회.

丁若鏞,『與猶堂全書』,『한국문집총간』281~286, 민족문화추진회.

2. 연구 논저

김쟁 저, 김효민 역(2003),『중국 과거 문화사』, 동아시아.

왕카이푸 저, 김효민 역(2015),『팔고문이란 무엇인가』, 글항아리.

윤선영(2019),「조선시대 科試의 四書疑 연구」, 고려대 박사학위논문.

윤선영(2020),「조선시대 科擧 四書疑 과목에 보이는 尊朱子的 양상 고찰」,『동아한학연구』14, 고려대 한자한문연구소, 501~537면.

이강재(1998),「論語 上十篇의 解釋에 관한 硏究」, 서울대 박사학위논문.

水上雅晴(2011),「淸代學術と科擧 – 乾嘉期における學風の變化と受驗生の對策」,『琉球大學教育 學部紀要』79.

윤선영 尹善英

단국대학교 한문교육과를 졸업하고, 고려대학교 국어국문학과에서 석사, 박사학위를 취득하였다. 현재 고려대학교 한자한문연구소에 연구교수로 재직하고 있다. 과거 시험 시제와 답안을 통한 조선시대 경학론에 관심을 가지고 그와 관련한 연구를 진행하고 있다. 저서로 『다시 시작하는 인문학 공부』(홍익출판사, 2020), 『네 글자 인문학』(홍익출판사, 2020), 『채근담-고난을 딛고 일어서게 할 말들』(Bookers, 2021)이 있다.

e-mail　bacaaltto@korea.ac.kr

색인

용어

가위법[簾律, 가새법] 40, 113, 134, 227, 243, 251, 253
감시(監試) 14, 42, 84, 109, 150, 156, 272~274, 277, 341, 346, 348
갑과(甲科) 81-82
갑인자(甲寅字) 24~25, 36~37, 41, 57
강경(講經) 14, 29, 58
거성(去聲) 40, 66, 93, 219
결표(乞表) 179
검서관(檢書官) 64, 273~274
결두(結頭) 231, 239, 243~244, 247, 250~251
결미(結尾) 231~232, 239, 243~244, 247, 250~252, 309, 361
경과(慶科) 58
경서(經書) 13~14, 26~27, 54~55, 59, 62, 320, 336
경술(經術) 30, 34, 53
경시(慶試) 204
경시(京試) 282
경시관(京試官) 122
경연(慶筵) 16~18, 24, 57
경의(經義) 13, 19, 202, 218, 221, 331~341, 345~346, 350, 358, 360~362
경자자(庚子字) 41, 57
경학(經學) 14~15, 26, 30, 33, 54, 62, 78, 332~334
계(啓) 271, 274, 278~279
계목(啓目) 272, 278~279
고문(古文) 7, 27~28, 67, 309
고부(古賦) 14, 30, 35

고시(古詩) 35~38, 40, 86, 93, 97, 104, 140, 160, 271~272
고시(考試) 14~15, 33, 40, 62~63, 81, 86~88, 120, 218, 284, 339
고증학(考證學) 62
공도회(公都會) 85~86, 123~125, 164, 218, 260, 272~274, 282~284
과거(科擧) 13~14, 18~19, 26~30, 33, 35, 37~41, 44, 53~60, 62, 66, 68, 70~71, 77~79, 82, 86~88, 114, 122~124, 126, 129, 134~135, 145, 163, 169, 172~173, 178~179, 181~182, 184~185, 187~189, 195, 218, 225, 228, 230, 257~262, 278, 280~282, 284~285, 289~291, 294, 297~298, 300~302, 331~336, 338~339, 345, 362
과문(科文) 40, 43~45, 52~54, 57, 60, 62, 66, 68, 70, 80, 88~89, 92, 104~106, 109, 117, 141, 169, 170~173, 178, 184~186, 188~190, 218, 225~230, 233~236, 252, 258, 262, 282, 295, 300~301, 319, 326, 331~333, 335, 340
과문선집(科文選集) 69~70, 169~174, 182~184, 187~190, 226, 228~233, 235, 252, 280, 282, 284
과문육체(科文六體) 18, 278
과문집(科文集) 19, 66, 70, 252, 257~258, 276
과부(科賦) 43~44, 70, 193~196, 202, 206~207, 212~213, 218~220, 297, 319
과시(科試) 5~8, 31, 33~34, 55, 59, 65~68, 71, 77, 81~82, 89, 93, 97, 102, 104, 109, 125, 134, 170, 196, 226, 260, 278,

280~282, 332
과시(課試) 67, 142, 144, 272~273, 277~279
과시(科詩, 科體詩) 43~44, 81, 102, 104~105, 110, 112, 139~142, 145~146, 149, 154~157, 160~165, 219, 264~265, 267, 319, 297
과장(科場) 26~27, 60, 64~65, 102, 105, 109, 142, 155~156, 174, 202, 218~219, 232, 311, 331, 333~334, 356, 359~360, 362
과차(科次) 19
과책(科策) 43~46, 48, 70~71, 122~123, 128, 172, 185, 289, 292, 294~307, 310, 312~314, 316~327
과체시집(科體詩集) 139, 141, 155, 164, 165
과폐(科弊) 123, 307
과표(科表) 43~44, 55, 58~59, 69~70, 112~114, 131, 170~174, 179, 181~184, 186~187, 189, 225~233, 236, 243~244, 250~253, 298, 300, 305, 314, 319
괴(魁) 108, 115~117
교(敎) 272, 278~279
구일제(九日製) 274
구폐(救弊) 45~46, 122~123, 295~296, 298, 302, 304~307, 309, 311, 313~316, 318~321, 323~325, 327
국자시(國子試) 109
군주성학론(君主聖學論) 71, 296, 316, 327
근체시(近體詩) 81, 160
기(記) 15, 18, 40, 86, 265
기로과(耆老科) 83
난사(亂辭) 195, 215, 217, 219~220
남인(南人) 69, 123~125, 139, 141, 145~146, 153, 163~165, 178
노론(老論) 125, 178

녹명(錄名) 41
논(論) 15, 18, 30, 86~89, 91, 107, 109, 221, 265, 271, 273~274, 278~279, 337, 339
당금(當今) 45, 123, 295~296, 298, 302, 305~306, 319, 322~323
당송팔대가(唐宋八大家) 52, 55
대과(大科) 86~88, 120, 144, 173, 218, 291, 297
대륜차(大輪次) 85, 88
대저(大抵) 123, 298, 302, 304~306, 321~322
대책(對策) 15, 42~43, 47, 79, 86~88, 91, 114~115, 117, 120, 126~128, 292~294, 296~301, 309, 319, 321, 324
대책과(對策科) 79
도기(到記) 83, 85, 88, 260, 266~267, 272~274, 277
도산별시(陶山別試) 70, 194~195, 197, 199, 201~202, 204, 210, 213, 218
동당시(東堂試) 41, 272, 276~277
동시(童試) 339
동진사(同進士) 81, 89
두시(杜詩) 25, 31~33
등준시(登俊試) 83
만필(漫筆) 123
망제(望題) 44
명(銘) 18, 35, 40, 58, 86~88, 218, 221, 264~265, 271~275, 277~279
명경과(明經科) 19, 79, 80, 109, 292, 336~338
무과(武科) 14, 82, 93, 289
묵의(墨義) 336
문과(文科) 15, 19~20, 29~30, 39~40, 45~46, 63, 67, 82, 84~88, 91~93, 100, 106~107, 112, 131, 145, 150~152,

266, 272~274, 276~277, 282, 291~293, 297~298, 303, 337~340
문과방목(文科榜目) 88, 130, 281
문체순화정책 105
박학홍사과(博學鴻詞科) 79
반시(泮試) 49, 67
반제(泮製) 77, 89, 110
발(跋) 271
발영시(拔英試) 83
방목(榜目) 77, 82, 88~89, 106, 144~145, 151~152, 154, 196, 267, 281~282
배강(背講) 86~88
배율시(排律詩) 36
배율십운시(排律十韻詩) 30, 35~36, 86, 104
(사륙)변려문(騈儷文) 40, 57~59, 62, 67, 171, 181, 185~186, 188~189, 292, 322
(사륙)변려체(騈儷體) 61~62, 67, 227, 229, 243, 251, 253
변(辯) 265
별시(別試) 39, 46, 69, 83~84, 87, 89, 91~93, 181, 193~194, 218, 220, 273, 297
병과(丙科) 81~82, 89, 130~131, 204, 281
병진자(丙辰字) 25
복시(覆試) 19, 45, 84~88, 93, 97, 218, 273~274, 277, 338~339, 346
부(賦) 15, 18, 29~30, 35, 40~41, 43, 53, 62, 66~67, 79~80, 86~90, 109, 139, 149, 156, 169, 194, 203, 207, 218, 225, 264~265, 271~274, 277~279, 292
비(碑) 272, 278~279,
비점(批點) 163, 174, 183, 194~196, 198~200, 202, 204, 206, 209~212, 215, 217~220, 232~233, 281
비편(備篇) 19

빈흥(賓興) 69~70, 193
빈흥록(賓興錄) 69~70, 193~195, 199, 218, 220~221
빈흥법(賓興法) 70, 193
사(詞) 79, 98
사마방목(司馬榜目) 88, 144, 281
사마시(司馬試) 100
사서(四書) 13~15, 86~88, 172, 324, 332, 336~337, 339, 340
사서오경(四書五經) 28, 169, 290
사서의(四書疑) 18~20, 22, 30, 86~87, 169, 331~332, 335~341, 345, 362
사성(四聲) 64
사장(詞章) 30, 33~34, 39
사정전훈의(思政殿訓義) 24
사표(謝表) 179
사학(四學) 15, 64, 130, 155, 272
사학합제(四學合製) 85~86, 164, 218
삼경(三經) 86~88
삼상(三上) 90, 92, 115~116, 194, 202~203, 212, 219~220, 283~284
삼일제(三日製) 60, 151, 273~274, 277
삼장(三場) 14
삼중(三中) 20, 91, 112, 115~116, 194, 203, 213, 215, 219~220, 267, 278~279, 281~284
삼하(三下) 128, 130, 203, 269, 278, 281, 283, 350
상량문(上樑文) 271
상성(上聲) 40, 65, 219
생원(生員) 28, 30, 35, 106, 148, 150~152, 203, 267, 291~292
생원시(生員試) 19, 30, 41, 84, 86, 89, 145, 337~340, 347, 350
서(書) 271~272, 278~279
서(序) 265, 271, 273~274, 278~279

설(說) 271, 274, 278~279
설폐(說弊) 45, 295~296, 298, 302, 305~306, 318~320, 322~324
성균관(成均館) 15, 28, 30, 63~64, 66~67, 105, 107, 110, 130, 201, 225, 260, 291, 297
성리학(性理學) 19, 23, 35, 45~46, 50, 347
소(疏) 271, 273, 278~279, 292, 298
소과(小科) 5~6, 19, 86, 148, 173, 218, 258, 284, 291, 297, 338, 340
소론(少論) 178
송(頌) 15, 18, 40, 58, 86~87, 221, 264~265, 271~273, 277~279
(과거/과시)수험서 26~27, 32, 34, 55, 59, 169~170, 173, 178, 184, 189, 226
순제(旬製) 63
승보(陞補) 84~86, 90, 155, 164, 218, 268, 272~274, 277
시(詩) 15, 18, 43, 53, 64, 80, 88~90, 109, 139, 169, 218, 221, 225, 271~274, 277~279, 292
시강(試講) 13
시관(試官) 22, 35, 57, 114, 121~122, 125, 157, 217, 260, 345, 357~358, 360
시권(試券) 6, 40, 42, 66, 68~70, 77, 105, 110, 113, 127, 129~131, 142, 156, 164, 171~172, 193~196, 198~202, 204, 206, 209~210, 212~213, 215, 217~220, 260, 268, 335, 340
시무집책(時務執策) 296
시무책(時務策) 15, 45, 122~123
시제(試題) 43~44, 57, 63~64, 66, 68, 71, 89, 93, 97, 102, 105, 110, 125, 130, 156, 179~180, 194~195, 207~208, 212, 220~221, 227, 236, 243~244, 251, 253,

303, 311, 314~316, 323, 327, 334~335, 345, 348, 361~362
식년시(式年試) 19~20, 33, 40, 58, 81~82, 84, 89, 92, 115~116, 144~145, 156, 293, 339
십운시(十韻詩) 35, 109
아동(我東) 45, 298, 305~306
아조(我朝) 45, 321~323
악부(樂府) 81
악부체(樂府體) 36
알성시(謁聖試) 58, 89, 181, 277
압운(押韻) 36, 38, 40, 65~66, 81, 97, 102, 112~113, 207, 219
어고(御考) 107, 193~194, 196, 202, 206, 212~213, 219~220
언해(諺解) 25, 33
역과(譯科) 82
역대책(歷代策) 45, 122~123, 296
영사시(詠史詩) 36~38
영사악부(詠史樂府) 36~38
예조(禮曹) 14, 28, 43, 105, 130, 260~261, 268
오경(五經) 13~15, 19, 88, 332, 336~337, 339~340, 362
오경의(五經義) 18~19, 22, 30, 54, 86, 169, 331~332, 335~340, 362
오언시(五言詩) 35
온양정시(溫陽庭試) 130
외방별과(外方別科) 85, 87
운서(韻書) 7, 64~66, 68, 77, 134
원점유생(圓點儒生) 83
월과(月課) 8, 64, 297
유초류(類抄類) 59
유학(幼學) 20, 106, 203
육경(六經) 62
윤음(綸音) 260, 274, 278~279

율과(律科) 82
율부(律賦) 39~43, 271~272
율시(律詩) 32~36, 66~67, 88, 264~265, 267, 269, 271, 273
을과(乙科) 89, 281~282
음양과(陰陽科) 82
응제(應製) 8, 64, 66, 70, 77, 83, 89, 105~107, 193, 204, 210, 220~221, 272~274, 277
의(疑) 15, 18, 271~274, 277~279, 337, 340
의(義) 15, 18, 202~203, 271~274, 277~279, 337, 340, 348
의과(醫科) 82
의작(擬作) 97, 130, 172, 179~180, 187~188, 227, 236, 244~245, 250, 252~253, 269, 275
이상(二上) 116
이중(二中) 115~116
이하(二下) 91, 115~117
인일제(人日製) 272~274, 277
일기(日記) 123, 197, 198~199, 201
임인자(壬寅字) 66
입격(入格) 69, 90~93, 97, 106, 126~128, 139, 144~145, 148~152, 154~156, 194~196, 202, 204, 213, 265
입성(入聲) 65~66, 104
입제(入題) 44, 71, 158, 161, 207
자서(字書) 7, 68, 77, 134
작법류(作法類) 59
잠(箴) 18, 35, 40, 58, 86~88, 218, 264~265, 271~272, 278~279
장원(壯元) 26, 29, 30, 46, 54, 89, 92, 100, 112, 127, 156, 169, 177, 213, 347
장주(章奏) 14
전(箋) 18, 39~40, 42~43, 67, 86~89, 91~92, 174, 182, 221, 230, 269,

272~274, 278~279
전강(殿講) 83, 85, 87~88
전문(箋文) 40~42, 186
전시(殿試) 45, 83~85, 87~88, 91, 109, 225, 266, 273~274, 277, 281, 293~294, 297, 332, 339
전책(殿策) 44~46, 122~123, 264~266, 272, 274, 277, 293~294, 296, 323, 326
절동제거(浙東提擧) 114
절일제(節日製) 64, 83, 85, 87
정시(庭試) 34, 39, 57~58, 85, 87~89, 108~109, 112, 156, 181, 273, 277, 297
제(制) 18, 67, 87~88, 271
제술(製述) 8, 15, 26, 29~30, 39, 43, 58, 63~64, 67, 85~88, 105, 109, 188, 218, 267~268, 272~274, 277, 332, 334
제술과(製述科) 292
제의(制義) 332
조(詔) 18, 67, 87~88, 271~273, 278~279
종장(終場) 14~15, 45, 86~87, 281~282, 293, 297
종친과(宗親科) 83
좌주문생제(座主門生制) 14
주(奏) 271, 274, 278~279
주사(主司) 345, 349
주자학(朱子學) 16, 18~19, 23, 48, 296~297
중두(中頭) 45, 121~123, 295~296, 298, 303~308, 310, 313, 317~318, 320, 322~324
중시(重試) 8, 82, 85, 88, 92~93, 100
중장(中場) 14~15, 30, 39~40, 86~87, 282
즉일방방(卽日放榜) 58, 181
증광과(增廣科) 82, 292
증광시(增廣試) 19, 22, 58, 82, 84, 86~87, 89, 106, 116, 181, 213, 218, 266, 272,

274, 277, 281~282, 284, 348
증운(增韻) 65~66
지공거(知貢擧) 80, 89
직부전시(直赴殿試) 130, 204, 210
진사(進士) 26, 30, 35, 106, 142, 144~145, 148, 156, 203, 213, 356
진사시(進士試, 進士科) 30, 35, 37~38, 40~41, 80, 84, 86, 93, 97, 139, 164, 291~292, 297, 338
진표(進表) 179
진현시(進賢試) 83
집책(執策) 44~45, 114~115, 117, 122~123, 264~266, 272~274, 276, 325~326
차(箚) 292, 298
차상(次上) 106, 129, 283
차하(次下) 106
차항(次項) 231, 238, 243, 246, 250~251
찬(贊) 271~272, 278~279
(과시)참고서 28, 59, 68, 70~71, 280, 289, 295, 301~302, 304, 309~310, 313~314, 317, 319~320, 322~323, 326~327
책(策) 18, 43, 87~89, 121, 169, 221, 225, 271~274, 276~279, 281~282, 292, 337
책문(策問) 14, 29, 44, 47~48, 50~51, 53, 56, 60, 104, 115~117, 120, 123, 126, 266, 281~282, 292~294, 296, 298~299, 303, 310, 322~323
책문(策文) 292, 309, 317, 325~326
첩경(帖經) 336
첩운(疊韻) 40
청표(請表) 179
초계문신(抄啟文臣) 60~61, 63~64, 66, 110, 182, 210, 213, 268~269, 272, 278~279, 299, 360
초기(草記) 271, 273, 278~279
초시(初試) 19~20, 45, 83~88, 91, 106,

108~109, 164, 218, 272~274, 277, 281~282, 293, 337~341, 348
초장(初場) 14~15, 19, 86~87, 339
초항(初項) 161~162, 207, 231, 237, 243, 246, 250~251
추과(秋科) 92
축조(逐條) 45, 121, 123, 295, 298, 302, 304, 305, 306, 311, 318~324, 326
축조식(逐條式) 45~46, 122~123, 319
춘당대시(春塘臺試) 58, 84, 87, 181, 274
충량과(忠良科) 83
측성(仄聲) 237, 243, 245
친림시(親臨試) 58
친시(親試) 60~61, 64, 66, 82, 182, 269, 272, 274, 277
칠언배율(七言排律) 64, 273
칠언시(七言詩) 35
탁영시(擢英試) 108~109
태학(太學) 193
통독(通讀) 87~88
통운(通韻) 65~66
파제(破題) 44, 71, 104, 123, 161, 207, 318, 361
판(判) 271~273, 278~279
팔각법(八角法) 41
팔고(八股, 八股文) 63, 71, 331~332, 335~337, 340, 345~346, 350, 354, 357, 358~362
패관소품(稗官小品) 62
편종(篇終) 45, 47, 295, 298, 304~306, 319~321, 323~324
평성(平聲) 36, 66, 104, 219, 237, 243, 245
평측(平仄) 36, 81, 93, 104, 113, 131, 158, 160, 162, 204, 207, 218~219, 227, 243~244, 253

포치(鋪置) 158, 160~164, 204
표(表) 15, 18, 27, 30, 39, 40, 42~43, 57~59, 64, 66~67, 86~89, 91~92, 169, 171, 174, 182, 187~188, 221, 225, 230, 264~265, 269, 271~272, 274~275, 278~279, 282, 292, 337
표문(表文) 14, 38~39, 42, 58, 186
하비(下批) 120
하표(賀表) 179
향교(鄕校) 13, 15
향시(鄕試) 70, 109, 193, 282, 334, 338~339, 353~356
허두(虛頭) 45, 120~123, 231~232, 237, 243, 245, 250~251, 295~296, 298, 303, 308, 310~311, 313, 317~322, 324
현량과(賢良科) 83, 88
협운(協韻) 219
협음(叶音) 65~66
호당(湖堂, 독서당) 260
황감(黃柑) 83
황감제(黃柑製) 85, 130, 273
회시(會試) 30, 41, 91, 97, 107, 293, 338~339, 354
회제(回題) 44, 104, 162, 209, 231, 237~238, 243~244, 250

작품명·서명

『가례(家禮)』 41
『가정집(稼亭集)』 108
「가족제복(加足帝腹)」 108
『갈파일고(葛坡逸稿)』 127
「감귤봉진(柑橘封進)」 130
「강촌(江村)」 158, 162
「강촌즉사(江村卽事)」 110
『강해집(江海集)』 127

「거안(擧案)」 197, 201
「검대책문(劔對策文)」 117
「검책문(劔策問)」 117
『경국대전(經國大典)』 33, 35, 40~41, 53, 86~88, 104, 218
『경림문희록(瓊林文喜錄)』 66, 195, 198
『경산일기(經山日記)』 126~127
「경외대책방(京外對策榜)」 126~127
「경외대책시소방(京外對策試所榜)」 126
『고려사(高麗史)』 24, 26
『고문진보(古文眞寶)』 53, 55
『고산유고(孤山遺稿)』 89, 117
『고악부(古樂府)』 36
「고조본기(高祖本紀)」 238, 245, 251
「공안소낙하사(孔顔所樂何事)」 108
「관영전(灌嬰傳)」 239
『과거급과문(科擧及科文)』 78, 82
『과거사목(科擧事目)』 38~40, 43
『과려(科儷)』 282
『과문규식(科文規式)』 204, 208
『과시분운(科詩分韻)』 80, 110, 113
『관동빈흥록(關東賓興錄)』 193, 195, 220
『관북빈흥록(關北賓興錄)』 193
『관서빈흥록(關西賓興錄)』 193, 218
「관어대부(觀魚臺賦)」 29
『교남빈흥록(嶠南賓興錄)』 70, 193~203, 210, 212, 220
「구사목(舊事目)」 38
『구해남화진경』 57
『국조문과방목(國朝文科榜目)』 130, 281
『군서표기(群書標記)』 32, 66, 106, 260, 276
『규장전운(奎章全韻)』 64~66, 128
『규화명선(奎華名選)』 66, 279
『귤정유고(橘亭遺稿)』 108
『극원유고(展園遺稿)』 107

『근사록(近思錄)』 52~53
『근선(近選)』 149
『근예준선(近藝雋選)』 69, 139~149, 152~157, 160, 163~165
「기자위무왕진홍범(箕子爲武王陳洪範)」 108
『낙하생집(洛下生集)』 337
『남부신서(南部新書)』 338
『내각일력(內閣日曆)』 64, 263, 281
『노자(老子)』 15, 53, 56
「노처화지위기국(老妻畫紙爲碁局)」 155~156, 158, 162~163
『논어(論語)』 18, 20~22, 46~47, 52, 282, 311, 341, 344, 350, 352~353, 355, 357~359
『단지독대(丹墀獨對)』 27~28
「단회종전(段會宗傳)」 237
『당송천가연주시격(唐宋千家聯珠詩格)』 35
『당시고취(唐詩鼓吹)』 33~34
『당시화(唐詩話)』 33
『당유선생집(唐柳先生集)』 31
『당음(唐音)』 33
『당현시(唐賢詩)』 34
「대우륙방풍론(大禹戮防風論)」 108
『대전통편(大典通編)』 86~88
『대전회통(大典會通)』 86~88, 140, 218
『대책(對策)』 305
『대학(大學)』 18, 34, 52
『대학연의(大學衍義)』 16, 26
『대학연의집략(大學衍義輯略)』 26
「대학연의집략서(大學衍義輯略序)」 26
『대학장구대전(大學章句大全)』 16
「도산시사단비명(陶山試士壇碑銘)」 197~198, 201, 220
『동국논선(東國論選)』 107~110
『동국장원집(東國壯元集)』 30

『동국장원책(東國壯元策)』 30
『동국통감(東國通鑑)』 24, 37
『동려문(東儷文)』 70, 183, 225~227, 229~236, 252~253
『동문선(東文選)』 108
『동사일지(東史日知)』 81
『동인(東人)』 303~304
『동인책선(東人策選)』 30
『동책(東策)』 325
『동책정수(東策精粹)』 30, 104
『동표(東表)』 183
『두공부초당시전(杜工部草堂詩箋)』 25
『두륙천선(杜陸千選)』 32~33
『두시언해(杜詩諺解)』 32~33
『두율분운(杜律分韻)』 32~33
「등악양루(登岳陽樓)」 44
「등악양루탄관산융마(登岳陽樓歎關山戎馬)」 44
「등현문(登賢門)」 89
「마원불여운대(馬援不與雲臺)」 109~110
『매월당집(梅月堂集)』 108
『맹자(孟子)』 18, 52, 311, 347~348, 350, 352
『모시정의(毛詩正義)』 357
『몽구(蒙求)』 38
『무경칠서(武經七書)』 14
「무왕불포록이제(武王不褒錄夷齊)」 109
『무하옹집(無何翁集)』 109~110
『문곡집(文谷集)』 100
「문례어노담(問禮於老聃)」 109
「문무길보(文武吉甫)」 89
『문범(文範)』 29~30
『문선(文選)』 28, 31, 40~42, 53, 55, 247
『문장궤범(文章軌範)』 53, 55
『문장변체(文章辨體)』 28
『문장정종(文章正宗)』 28

『문천상집(文天祥集)』 33
『문한유선(文翰類選)』 33
『박물기(博物記)』 357
『반상과시집(泮庠科詩集)』 141, 155
「반촌치제시일기(頖村致祭時日記)」 198, 201
『백거시초(白渠詩抄)』 127
「번쾌전(樊噲傳)」 239
『변려화조(駢儷華藻)』 70, 289, 295, 302, 305, 307~308, 311, 314, 320, 326
『병문양체(駢文兩體)』 60
『병세재언록(竝世才彦錄)』 160, 186, 227, 236, 244, 251, 253
『보한집(補閑集)』 33
『복재문집(復齋文集)』 127
『복초재시문(復初齋時文)』 357
『분류두공부시언해(分類杜工部詩諺解)』 25
『분류보주이태백시(分類補註李太白詩)』 31
「불관불견급암(不冠不見汲黯)」 108
『비해당정선반산정화(匪懈堂精選半山精華)』 31
『사고제요(四庫提要)』 18
「사구첩자상관격(四句疊字相貫格)」 35
「사금용선(賜金龍扇, 금용선을 하사하다)」 93
『사기(史記)』 53, 55~56, 236~238, 245~247, 251, 352
『사기평림(史記評林)』 56
『사문유취(事文類聚)』 33
『사서오경대전(四書五經大全)』 16~19, 24, 26
「사서오경성리대전발(四書五經性理大全跋)」 17
『사서집주(四書集註)』 337
『사서척여설(四書摭餘說)』 357
『사숙재집(私淑齋集)』 92
『사찬(史纂)』 56

『산곡시주(山谷詩註)』 31
『산천집(山泉集)』 127
「살구익부인(殺鉤弋夫人)」 108
『삼운통고(三韻通考)』 65
「삼인검가(三寅劍歌)」 117
『삼장문선(三場文選)』 29
『삼정이정절목(三政釐正節目)』 127
『삼정책(三政策)』 126~128
『삼체시(三體詩)』 33
『상목총람(常目總攬)』 263, 267~269
『상정일고(橡亭逸稿)』 108
『서경(書經)』 19, 52, 207, 348, 350
「서북인재여동남불동(西北人才與東南不同)」 109
『서전대전(書傳大全)』 17
「서정기행이백운(西征記行二百韻)」 197, 201
『서포일기(西浦日記)』 123
『설봉소선(雪峰所選)』 60
『설원(說苑)』 247
『성리군서(性理群書)』 35, 52
『성리군서구해(性理群書句解)』 35
『성리대전(性理大全)』 16~17, 19, 24, 26, 52
「성시전도(城市全圖)」 64
『성원명현파방속집(聖元名賢播芳續集)』 28
『성재집(性齋集)』 127
『성학집요(聖學輯要)』 129
『소식시집(蘇軾詩集)』 33
「소하불고한왕추한신(蕭何不告漢王追韓信)」 108
『소학(小學)』 15, 41, 52
『소학집설(小學集說)』 56
『속고취(續鼓吹)』 33
『속대전(續大典)』 86~88, 218
『속동문선(續東文選)』 108
『속문범(續文範)』 104

색인 373

「송경불상변공(宋璟不賞邊功)」109
『송시화(宋詩話)』33
『송원파방(宋元播芳)』27
『송재선생유고(松齋先生遺稿)』108
『송조명현오백가파방대전문수(宋朝名賢五百家播芳大全文粹)』28
「송최자부파거시서(送崔子符罷擧詩序)」261
『송현시(宋賢詩)』34
「수익유관(溲溺儒冠)」108
『순자(荀子)』53, 55
『숭절의(崇節義)』108~109
「숭절의론(崇節義論)」108
『시경(詩經)』19, 32~33, 52, 67, 94, 142, 164, 204, 207~209, 212, 357
『시과(詩課)』141, 155~156
『시림광기(詩林廣記)』34
「시아손등(示兒孫等, 아손들에게 보이는 글)」52, 55
『시인옥설(詩人玉屑)』31
『시학대성(詩學大成)』33
『신간대자부음석문삼주(新刊大字附音釋文三註)』37
「신과거사목(新科擧事目)」38~39, 43
『신축선(辛丑選)』66
『심경(心經)』52
『양자법언(揚子法言)』53, 55
「어고우등시권(御考優等試券)」194, 197, 200~202, 204, 210, 212~213, 215, 220
『어고은사절목(御考恩賜節目)』107
『어시책(御試策)』104
『어정규장전운(御定奎章全韻)』64
「억계(抑戒)」108~109
『여강록(驪江錄)』144
『여림(儷林)』69~70, 169~174, 177~190, 225~227, 229~236, 252~253
『여문정선(儷文程選)』59
『여문주석(儷文註釋)』60
『여문집성(儷文集成)』60
『여문초(儷文抄)』60
『여사난고(餘事亂藁)』127
『여암(旅庵)』303~304
『역전(易傳)』50
『연려실기술(燃藜室記述)』89, 140
『연북삼존(硯北三存)』127
『연주시격(聯珠詩格)』33, 35
『열선전(列仙傳)』247
『열수문황(洌水文簧)』67, 110
『열자(列子)』53, 56~57
『영규율수(瀛奎律髓)』34
『예기(禮記)』19, 52, 344, 352
『예기의(禮記義)』29
「오행지(五行志)」246
「오호도조전횡(嗚呼島弔田橫)」100
『온산당시문(韞山堂時文)』354
『완릉매선생시선(宛陵梅先生詩選)』31
『왕형공시집(王荊公詩集)』33
「요불주사흉(堯不誅四凶)」108
『용비어천가(龍飛御天歌)』24
『용호한록(龍湖閑錄)』126
『우재선생표주숭고문결(迂齋先生標註崇古文訣)』28
『원류지론(源流至論)』27
『원시체요(元詩體要)』34
『원암선생유고(垣庵先生遺稿)』109
『원전(元典)』30
「유생응제방(儒生應製榜)」197, 220
「육방풍(戮防風)」108
『육영성휘(育英姓彙)』106
『육율분운(陸律分韻)』32
「육재변재용재지도(育才辨才用才之道)」92
「위의제발상(爲義帝發喪)」108
「위치필법삼대(爲治必法三代)」108

『은대조례(銀臺條例)』 88
「은사출(恩賜出)」 89
「을유구월유관학제생방(乙酉九月諭館學諸生榜, 을유년 9월에 관학의 제생에게 고유한 방문)」 57
『음점춘추좌전상절구해(音點春秋左傳詳節句解)』 25
『음주전문춘추괄례시말좌전구두직해(音註全文春秋括例始末左傳句讀直解)』 25
『의고악부(擬古樂府)』 36
「의당요군신하광피사표(擬唐堯群臣賀光被四表)」 275
『의동(疑東)』 22
『의례(儀禮)』 52, 354, 356
「의주군신하간록백복자손천억(擬周群臣賀千祿百福子孫千億)」 275
「의주군신하군자유효자(擬周群臣賀君子有孝子)」 275
「의주군신하문왕후비덕수우신자손종족개화어선(擬周群臣賀文王后妃德修于身子孫宗族皆化於善)」 275
『이백시집(李白詩集)』 33
『이아(爾雅)』 357
『이정전서(二程全書)』 52
『일득록(日得錄)』 78
『일성록(日省錄)』 89, 130, 267, 281
『임헌공령(臨軒功令)』 19~20, 70, 105~106, 257~259, 262~263, 265~271, 274, 276~284
『임헌제총(臨軒題叢)』 105~106, 271
『입암집(立巖集)』 108
『자저실기(自著實記)』 186
『자치통감(資治通鑑)』 14, 16, 24, 238~239
『자치통감강목(資治通鑑綱目)』 16, 24

『자치통감강목사정전훈의(資治通鑑綱目思政殿訓義)』 24~25
『자치통감사정전훈의(資治通鑑思政殿訓義)』 24
「장사명산(藏史名山)」 100, 102
『장자(莊子)』 15, 53, 56~57
『전국책(戰國策)』 56~57
『전책(殿策)』 127~128
『전책정수(殿策精粹)』 30, 104, 126
『전한서(前漢書)』 357
『정몽(正蒙)』 49
『정선당송천가연주시격(精選唐宋千家聯珠詩格)』 35
『정시문정(正始文程)』 66~67, 279
『정씨가숙독서분년일정(程氏家塾讀書分年日程)』 27
『정헌집(定軒集)』 127
「제매선생비음(題梅先生碑陰, 매선생의 비음에 제하다)」 93, 97
「제육형(除肉刑)」 109
『제의총화(制義叢話)』 335, 356
「조포충효론(趙苞忠孝論)」 108~109
『주문공교창려선생집(朱文公校昌黎先生集)』 31
『주문공교한창려집(朱文公校韓昌黎集)』 56
「주발적인걸우열(周勃狄仁傑優劣)」 109
『주역(周易)』 19, 28, 49, 50, 52, 86, 142, 207, 346
『주역대전(周易大全)』 17
「주자만년정론(朱子晚年定論)」 23
『주자어류(朱子語類)』 23, 347, 361
『주자언론동이고(朱子言論同異攷)』 23
『주자전서(朱子全書)』 53
『중용(中庸)』 18, 21~22, 34, 52, 359
『중산교징욍장원집주분류동파선생집(增刊

색인 **375**

『校正王壯元集註分類東坡先生集)』31
『증보삼운통고(增補三韻通考)』64
『증주당현절구삼체시법(增註唐賢絶句三體詩法)』31
『지봉유설(芝峯類說)』160
『지수재집(知守齋集)』125
「지재노화천수변(只在蘆花淺水邊)」110
「진삼강행실전(進三綱行實箋)」29
『진서(晉書)』246
『진주선(眞珠扇)』110
『집천가주비점분류두공부시집(集千家註批點分類杜工部詩集)』25
『찬주분류두시(纂註分類杜詩)』31~32
「참정공(斬丁公)」108
『책문준적(策文準的)』104, 303~304
『책학제강(策學提綱)』27
『책형(策型)』70, 289, 295, 302~307, 313~314, 320, 324, 326
『천자문(千字文)』37, 130
『천휘(千彙)』141, 163
『첩산선생비점문장궤범(疊山先生批點文章軌範)』28
『초사(楚辭)』31, 53, 55
「춘우경림연록포(春雨瓊林宴綠袍, 봄비가 온 뒤 유생들에게 경림연을 베풀다)」64
『춘추(春秋)』19, 28
『춘추경전집해(春秋經傳集解)』25
『춘추대전(春秋大全)』17
『춘추좌전(春秋左傳)』33, 311
『치평요람(治平要覽)』24
『탐라빈흥록(耽羅賓興錄)』193
「탐라순력도(耽羅巡歷圖)」130
『태극도설(太極圖說)』49, 347
『태학응제어고안(太學應製御考案)』107
『통감(通鑑)』13, 28
「투금궤맹(渝金櫃盟)」108

「파초(芭蕉)」35
『파한집(破閑集)』33
『표수(表藪)』112
『풍아익선시(風雅翼選詩)』31
『풍패빈흥록(豐沛賓興錄)』193
『필재집(蓽齋集)』108
「한고조위의제발상론(漢高祖爲義帝發喪論)」108
「한군신하취소산초병(漢群臣賀吹簫散楚兵)」227, 244~245
『한비자(韓非子)』53, 55
『한서(漢書)』53, 55, 97, 237~239
「한신사봉회음후(韓信謝封淮陰侯)」187, 227, 236
「한신전(韓信傳)」237~238
「항우본기(項羽本紀)」246~247, 251
「항우불도오강(項羽不渡烏江)」108
「한유호승(韓愈好勝)」109
「해동악부(海東樂府)」36~37
『향산삼체법(香山三體法)』31
『협리한화(峽裏閑話)』123
『홍재전서(弘齋全書)』210
『화동정음(華東正音)』65
『황록차집(黃綠此集)』127
『황산곡시집(黃山谷詩集)』33
『회암집(晦庵集)』361
「회음후열전(淮陰侯列傳)」236~239
『후한서(後漢書)』283, 357
『흠정사서문(欽定四書文)』335~336, 358, 360

인명

가의(賈誼) 91
강백년(姜栢年) 60
강세귀(姜世龜) 115

강세백(姜世白) 194~195, 200, 202~204,
    206~207, 209~210, 212, 215, 219~220
강위(姜瑋) 123
강희맹(姜希孟) 92~93
경종(景宗) 146
고조(高祖) 236, 244
고종(高宗) 19, 218, 257~258, 263, 279,
    284
공자(孔子) 48~49, 51, 354
곽명한(郭溟翰) 203
곽선(郭璿) 203
곽시(郭詩) 107, 109
관세명(管世銘) 353~356
광해군(光海君) 36, 42, 56, 90, 140
구치동(丘致峒) 28~29
권경(權絅) 69, 171, 186, 190, 226, 234~
    235, 253
권계하(權啓夏) 341
권기(權愭) 130
권대재(權大載) 116
권부(權扶) 303
권사호(權思浩) 203
권성(權偗) 139~145
권성직(權聖直) 143
권시(權諰) 130
권엄(權襹) 149
권열(權說) 115
권오(權悟) 116
권이진(權以鎭) 303
권형복(權馨復) 203
귀유광(歸有光) 359
김계온(金啓溫) 279
김계환(金啟煥) 177
김광동(金光鍊) 203
김근순(金近淳) 89, 278
김달생(金達生) 283

김돈(金墩) 17
김득필(金得弼) 110
김락선(金洛善) 203
김령(金坽) 116
김만중(金萬重) 123
김말(金末) 28
김명석(金命碩) 116
김문(金汶) 25
김상구(金象九) 194~195, 203~204, 212~
    213, 215, 219~220
김상성(金尙星) 177, 233
김상헌(金尙憲) 100, 104
김서구(金敘九) 148
김석주(金錫冑) 60, 303
김석통(金石通) 28
김수항(金壽恒) 100
김숙(金璛) 203
김시습(金時習) 108~109
김시우(金時遇) 16
김언기(金彦璣) 283
김완섭(金完燮) 148
김유경(金有慶) 175, 178, 234
김이영(金履永) 66~67
김인탁(金寅鐸) 213
김정언(金精彦) 93
김정한(金鼎漢) 283
김조(金銚) 28
김종직(金宗直) 57
김진규(金鎭圭) 60
김창협(金昌協) 48~49, 52, 303
김치묵(金致默) 149
김형진(金馨進) 203
김흥근(金興根) 126
김희락(金熙洛) 194, 202~204, 210, 212~
    213, 215, 219~220
심희직(金熙稷) 281

나세찬(羅世纘) 108~109
나은(羅隱) 97
나익(羅瀷) 109
남경복(南景復) 213
남공철(南公轍) 64
남구만(南九萬) 59, 115
남용익(南龍翼) 60
남태계(南泰階) 176, 233
남하정(南夏正) 303
남한조(南漢朝) 203
노상신(盧尙愼) 283
능치륭(凌稚隆) 56
니탕개(泥湯介) 47
단종(端宗) 28
동중서(董仲舒) 91
두보(杜甫) 31~33, 42, 44, 53, 55, 158, 162~163
두예(杜預) 25
류득용(柳得鏞) 149
맹자(孟子) 48~49, 347
명종(明宗) 19, 38~42, 57
목만중(睦萬中) 143~145
목천운(睦天運) 178
목천임(睦天任) 178, 234
목천현(睦天顯) 303
목황중(睦黃中) 148, 152
문종(文宗) 35~36
민유(閔瑜) 93
민점(閔點) 116
민정(閔貞) 26
민제인(閔濟仁) 108
민조영(閔祖榮) 203
박경행(朴敬行) 177~178
박광우(朴光佑) 108~109
박도상(朴道翔) 69, 171, 178, 186~187, 190, 226, 234~235, 253

박민중(朴敏中) 109
박세당(朴世堂) 23, 360
박세채(朴世采) 23
박손경(朴孫慶) 213
박수현(朴守玄) 116
박제가(朴齊家) 64
박팽년(朴彭年) 28
박한익(朴漢翼) 203
방산두(方山斗) 275
방포(方苞) 335~336
배익소(裵益紹) 149
백거이(白居易) 91
변계량(卞季良) 17~18, 81, 140, 219
사마천(司馬遷) 90
서영보(徐榮輔) 64
서용석(徐用錫) 359
서유구(徐有榘) 106
선조(宣祖) 46~47, 56, 104, 107
설위(薛緯) 28
설장수(偰長壽) 89
섭분(葉棻) 28
성대중(成大中) 64
성동직(成東直) 283
성삼문(成三問) 92~93
성종(成宗) 25, 33, 35, 41, 57
세조(世祖) 25
세종(世宗) 16~18, 24~28, 30, 33, 35, 41, 57, 92~93
소식(蘇軾) 53, 55, 299
소옹(邵雍) 35, 347
소진함(邵晉涵) 358
손명래(孫命來) 303
송개신(宋介臣) 88
송근수(宋近洙) 126
송성명(宋成明) 178, 234
송시열(宋時烈) 23, 130, 346~347

송신목(宋臣穆) 348~350
송진명(宋眞明) 234
송철명(宋喆命) 283
송흠명(宋欽明) 341
숙종(肅宗) 23, 48~49, 58~59, 63, 69, 123, 146, 170~173, 180~182, 189, 229~230, 282
순조(純祖) 67, 270~271, 276~277, 279, 283, 305
신광수(申光洙) 110, 140~142, 144~150, 154, 156~157, 164
신광하(申光河) 110, 149, 155
신맹권(申孟權) 145, 149~150
신명권(申命權) 150
신사원(申史源) 155, 162
신석상(申奭相) 150
신숙주(申叔舟) 28
신우상(申禹相) 145, 150
신응연(申應淵) 110
심광세(沈光世) 36~37
심노숭(沈魯崇) 178, 186~187
심사순(沈思順) 107~109
심염조(沈念祖) 263, 298
심우정(沈友正) 46~47
심인규(沈驎奎) 348, 350
심재(沈梓) 116
심정(沈貞) 108~109
쌍기(雙冀) 80, 331
안윤적(安允迪) 341~342
안지(安止) 24
안후태(安後泰) 123~125
양유정(楊維楨) 36
엄기(嚴耆) 149
여규형(呂圭亨) 160
여조겸(呂祖謙) 350
연산군(燕山君) 33~34

영조(英祖) 23, 69, 78, 140, 144~145, 164, 170, 180~181, 188, 230, 259
오관(吳寬) 350~353
오광운(吳光運) 177, 234, 303
오명신(吳命新) 234
오보(吳䎃) 28
오세우(吳世佑) 108~109
오익현(吳翼顯) 303
오익환(吳翼煥) 281
오인상(吳仁相) 20~21
오태증(吳泰曾) 149
옹방강(翁方綱) 357
요로(饒魯) 342
왕세정(王世貞) 143
왕수인(王守仁) 23, 359
왕안석(王安石) 336
왕오(王鏊) 350~353
우병간(禹秉簡) 283
우원계(禹元啓) 275
우창적(禹昌積) 116
웅백룡(熊伯龍) 343~344
원굉(元紘) 89
위제현(魏齊賢) 28
유근(柳近) 60
유근(劉瑾) 109
유동빈(柳東賓) 69~70, 171, 178, 186~187, 190, 226~227, 234~236, 244~245, 250~253
유득공(柳得恭) 64, 140
유방(劉邦) 236
유언국(兪彦國) 176, 233
유의손(柳義孫) 25
유일(柳逸) 175, 234
유종원(柳宗元) 31, 53, 55, 261~262
유척기(兪拓基) 125
유한기(兪漢綺) 283

유헌(兪櫶) 116
육구연(陸九淵) 23
육상산(陸象山) 23
육유(陸游) 33
윤곤(尹坤) 116
윤구(尹衢) 108~109
윤근수(尹根壽) 56
윤기(尹愭) 123
윤봉조(尹鳳朝) 177~178, 185, 234~235, 303
윤선도(尹善道) 89, 117
윤성시(尹聖時) 175, 234
윤순(尹淳) 177~178, 185, 234~235
윤원형(尹元衡) 39
윤이원(尹而遠) 117
윤증(尹拯) 130
윤지태(尹志泰) 187, 226, 234~235, 253
윤춘년(尹春年) 39
윤행임(尹行恁) 64, 270
윤헌주(尹憲柱) 177, 234
윤휴(尹鑴) 360
윤희성(尹希聖) 109
의종(懿宗) 109
이가환(李家煥) 64, 155
이거원(李巨源) 177, 234
이계전(李季甸) 25
이곡(李穀) 108~109
이관(李寬) 28
이광덕(李匡德) 177~178, 186, 234~235
이규상(李圭象) 160, 178, 186~187, 227, 236, 244, 251, 253
이규진(李奎鎭) 203
이긍익(李肯翊) 88
이기덕(李基德) 176, 233
이기숭(李基崇) 281
이남직(李南稙) 275

이단석(李端錫) 116
이덕무(李德懋) 64
이덕형(李德馨) 56
이돈(李敦) 115
이동양(李東陽) 36
이동표(李東標) 117, 303
이만수(李晩秀) 107, 196~197, 202
이만운(李萬運) 281
이만웅(李萬雄) 116
이맹균(李孟畇) 30
이명석(李明錫) 115
이문철(李文哲) 149
이민채(李敏采) 282
이백(李白) 31, 42, 53, 55, 80, 160
이변(李邊) 28
이복원(李福源) 177, 234
이사관(李思觀) 176, 233
이사철(李思哲) 92
이삼환(李森煥) 143, 155
이상발(李祥發) 203
이상정(李象靖) 210, 213
이서구(李書九) 64, 269
이석형(李石亨) 26
이선(李善) 41
이섭원(李燮元) 176, 233
이성중(李成中) 176, 233
이수광(李睟光) 160
이수대(李遂大) 176, 234
이수항(李壽沆) 176, 234
이승소(李承召) 92
이시성(李時省) 116
이식(李植) 52~57, 59, 100
이용(李瑢) 28
이용휴(李用休) 140~141, 144~146, 148~150, 157, 164
이우명(李宇溟) 149

이원손(李元孫) 109~110
이유행(李儒行) 203
이이(李珥) 23, 51, 129, 347
이이첨(李爾瞻) 42
이인형(李寅炯) 203
이일운(李日運) 151, 155
이일제(李日躋) 69~70, 171, 178, 186~187,
　　190, 226~227, 231, 234~237, 243~244,
　　251~253
이정엄(李鼎儼) 203
이진망(李眞望) 175, 234
이찬(李燦) 155, 162
이철감(李徹鑑) 281
이철보(李喆輔) 176, 234
이태순(李泰淳) 203
이학규(李學逵) 81, 337
이한(李澣) 37
이한경(李漢慶) 148~149, 155~156, 158,
　　162
이한응(李漢膺) 213
이항(李沆) 107~109
이항복(李恒福) 56
이형(李衡) 342
이형상(李衡祥) 130
이황(李滉) 23, 51, 201
이흡(李熻) 155
임경(林絅) 27
임상덕(林象德) 175, 177, 186~187, 234
임석헌(林錫憲) 176, 234
임요수(林堯叟) 25
임유(任濡) 129~130
인조(仁祖) 52, 90~92, 100, 104
장대수(張大受) 343~344
장량(張良) 251~252
장만(張晩) 93~94, 97, 104
장영(張詠) 93

장재(張載) 49
장치설(張致說) 283
장횡거(張橫渠) 35
전겸익(錢謙益) 143
전복(錢福) 358
정규헌(鄭圭獻) 275
정뇌경(鄭雷卿) 116
정단례(程端禮) 27
정동신(鄭東愼) 130~131, 134
정두경(鄭斗卿) 115, 117
정두영(鄭斗榮) 281
정만조(鄭萬朝) 78, 80~82
정민정(程敏政) 23
정박(鄭璞) 203
정범조(丁範祖) 81, 85, 144
정수준(鄭壽俊) 177
정약용(丁若鏞) 67, 81, 110, 112~113, 128,
　　149, 218, 338, 360
정원용(鄭元容) 126
정이(程頤) 129
정인석(鄭麟錫) 275
정인지(鄭麟趾) 28, 92
정자(程子) 333~334, 340, 344~345, 347,
　　350
정조(正祖) 19, 32~33, 60~67, 69~70,
　　78, 89, 104~107, 110, 120~121, 123,
　　130, 140, 145, 164, 170, 172~173, 182,
　　188~189, 193~199, 201~202, 206~207,
　　210, 213, 215, 218~220, 229~230,
　　257~263, 266~270, 272~273, 276~284,
　　299~301, 317, 359
정종로(鄭宗魯) 204
정지검(鄭志儉) 267, 298
정척(鄭陟) 28
정필양(鄭必讓) 203
정협조(丁協祖) 203

조거신(趙居信) 203
조두순(趙斗淳) 126
조만원(趙萬元) 278
조맹문(曹孟文) 215
조목수(趙沐洙) 202~203
조문명(趙文命) 178, 234~235
조상경(趙尙慶) 175, 233
조석윤(趙錫胤) 58
조심(曹深) 194~195, 202~204, 213, 215, 217, 219~220
조영국(趙榮國) 176, 233
조운(趙橒) 115
조위(曹偉) 25
조위봉(趙威鳳) 116
조위한(趙緯韓) 55
조윤석(趙胤錫) 116
조의명(曹義明) 203
조재영(趙存榮) 149
조종저(趙宗著) 116
조지(趙祉) 26
조지세(趙持世) 117
조지승(曹之升) 357~358
조진세(趙鎭世) 176, 234
조태억(趙泰億) 175, 177, 234~235
조현명(趙顯命) 175, 177~178, 233
주돈이(周敦頤) 49, 347
주신(朱申) 25
주자(朱子) 20, 22~23, 81~82, 261, 321, 333~337, 340, 344~347, 350, 352, 354, 356~362
주흥사(周興嗣) 37
주희(朱熹) 19, 21, 23, 32, 35, 50~51, 114, 316, 327
중종(中宗) 19, 41, 57, 81, 107, 109
증점(曾點) 91~92
진덕수(眞德秀) 16, 26, 343

진둔(陳鈍) 28~29
진립(陳立) 355~356
채득순(蔡得淳) 110, 149, 155
채시숭(蔡蓍崇) 203
채원정(蔡元定) 350
채정린(蔡廷麟) 116
채제공(蔡濟恭) 120~121, 145~146, 153, 165, 198
채홍리(蔡弘履) 63, 146, 155
철종(哲宗) 106, 126~128, 273~274, 279
최광태(崔光泰) 66
최립(崔岦) 48
최봉수(崔鳳洙) 117
최부(崔府) 17
최세절(崔世節) 34
최위(崔煒) 149
최창대(崔昌大) 178, 303
최책(崔策) 261
최치성(崔致誠) 176, 234
최항(崔恒) 28
최훤(崔烜) 155
축요(祝堯) 28
태조(太祖) 13, 15, 88, 321, 323
하고(何鎬) 350
하연(河演) 92
한광억(韓光億) 155, 162
한광전(韓光傳) 146
한명상(韓命相) 112~113
한신(韓信) 187, 227, 231, 236~237, 243~244, 253
한원진(韓元震) 23
한유(韓愈) 31, 53, 55, 109
항우(項羽) 108, 243, 248, 251~252
허담(許醰) 177, 234
허반(許槃) 303
허적(許積) 58

허전(許傳) 127~128
허조(許稠) 92
허채(許采) 303
헌종(憲宗) 273~274, 279
현종(顯宗) 58, 115, 129
호병문(胡炳文) 342
호원(胡元) 37
홍경손(洪敬孫) 26
홍달훈(洪達勳) 283
홍도(洪覩) 116
홍리건(洪履健) 155
홍석주(洪奭周) 278~279
홍수보(洪秀輔) 165
홍위(洪葳) 116
홍추경(洪秋鏡) 282
홍화보(洪和輔) 155
황간(黃幹) 352, 359
황규(黃珪) 281
황상(黃床) 117
황이옹(黃履翁) 27
황정견(黃庭堅) 53, 55
황최원(黃最源) 203
황필(黃㻶) 108
효종(孝宗) 58, 115